BUHRAN ÇAĞINDA HAYSİYET

ZOR ZAMANLARDA İNSAN HAKLARI

Koç Üniversitesi Yayınları: 29

Buhran Çağında Haysiyet: Zor Zamanlarda İnsan Hakları
ŞEYLA BENHABİB
SİYASET BİLİMİ | FELSEFE | HUKUK

Çeviri: Barış Yıldırım
Redaksiyon: Suphi Nejat Ağırnaslı
Düzelti: Göksun Yazıcı
Yayıma hazırlayan: Çiçek Öztek, Defne Karakaya
Sayfa tasarımı ve uygulama: Sinan Kılıç
Kapak tasarımı: Cüneyt Aksay
Kapak görseli: Hrant Dink'i anma töreni © Reuters

1. baskı: İstanbul, Ekim 2013
ISBN 978-605-5250-12-6
Dignity in Adversity: Human Rights in Troubled Times
© Şeyla Benhabib, 2011
© Türkçe yayın hakları: Koç Üniversitesi Yayınları, 2012, (sertifika no: 18318)

Buhran Çağında Haysiyet

Zor Zamanlarda İnsan Hakları

ŞEYLA BENHABİB

İNGİLİZCEDEN ÇEVİREN:

BARIŞ YILDIRIM

KOÇ
ÜNİVERSİTESİ
YAYINLARI

Bu kitap geri dönüşümlü kâğıda basılmıştır.

Baskı: Ofset Yapımevi (sertifika no: 12326)
Tlf. +90 212 295 86 01

Koç Üniversitesi Yayınları
Rumeli Feneri Yolu, 34450 Sarıyer-İstanbul
Tlf. +90 212 338 17 97
kup@ku.edu.tr • www.kocuniversitypress.com • www.kocuniversitesiyayinlari.com

John E. Smith ve David E. Apter'ın anısına

İçindekiler

Önsöz

Yaklaşık on sene önce, muhtemelen 18 Eylül 2001 günü, Connecticut'ın New Haven kentinde, 14 yaşındaki kızımla birlikte evden çıkıp Whitney Caddesi'ni geçtik; 150 km uzaktaki İkiz Kuleler'deki kurbanlar ve kurtarma ekipleri için kan vermek üzere bir Kızıl Haç merkezine girdik. İsmimin Şeyla Benhabib olduğunu duyan görevli hemşire bir an donakaldı: "Ben-habib" Arap ismi değil miydi? Muhtemelen, "Kan vermek için gelen, yabancı aksanlı bu kadın da kim?" diye düşünüyordu.

Hemşirenin tereddüt ettiğini fark eden kızım, Arap ya da Müslüman sanıldığımı derhal anladı ve dayanışma amacıyla elimi sıktı. O akşamüzeri Connecticut'ta, 11 Eylül kurbanları ve New York kentinin itfaiyecileri ve polislerine yönelik dayanışmamın hoş karşılanmadığını hissetmekten alamadım kendimi. Sonradan dayanışmama gerek de duyulmadığı anlaşıldı: Yale ve diğer üniversitelerden öğrenciler çoktan New Haven'ın dört bir yanındaki Kızıl Haç kan bankalarına koşturmuştu, bankaların stokları oldukça iyi durumdaydı.

Buna rağmen içimde bir acı hissettim. Bu kıssanın hissesi, her ne kadar gerçek de olsa Ortadoğuluların, Müslümanların veya Arap-Amerikalıların yaşadığı ayrımcılık değil. Daha ziyade, ismimin gösterdiği kimliklerin karmaşıklığı ve çokluğu; dünyanın giderek güvenlik eksenli hale gelen politik ortamında, sözde "teröre karşı savaş" esnasında bürokratik idarenin başvurduğu kestirmelerin ismimi mutlak bir tehlike işaretine indirgemesidir. Kızıl Haç merkezindeki kadın benim İstanbul doğumlu bir Sefarad Yahudisi olduğumu, bilinen en eski atamın İspanya'nın Zamora kentinden Jacob İbn-Habib olduğunu ve onun soyundan gelenlerin önce İspanya'da ardından da Selanik ve Gelibolu'da Yahudi cemaatinin hahamları ve önde gelen mensupları olduklarını bilemezdi. Kimi tarihi kayıtlara göre, atalarım Hıristiyan yetkilileri Yahudilerin İspanya'da kalmasına izin vermeye ikna etmeye çalışmış ancak başarısız olmuş, bunun üzerine, o dönemde binlerce kişinin yaptığı gibi, ülkeyi terk edip Osmanlı İmparatorluğu'na sığınmışlardı.[1]

Onların gözünde İslam bir savaş ve cihad dini değil, müsamaha diniydi. İslam, Yahudilere saygı gösteriyor ve onlara, Kant'ın kullandığı anlamda "misafirperverlik hakkı" tanıyordu; bunun tek nedeni, İncil gibi İslamın da kutsal addettiği Tevrat'ın halkı, "ehl-i kitap" olmaları da değildi. Şüphesiz Osmanlı İmparatorluğu'ndaki Yahudilerin tarihi, ayrımcılık, önyargı, ezilme ve dışlanma deneyimleri de içeriyordu. Ancak Fransa'da yetkililerin, Müslüman kızların başları örtülü halde devlet okullarına gitmesini yasaklaması üzerine patlak veren *l'affair du foulard*, yani başörtüsü olayını veya Türkiye'de söylendiği gibi "türban ya da başörtüsü meselesi"ni okuduğumda, büyükannelerim ve teyzelerim geliyor aklıma. Onlar da Müslüman komşularına oldukça benzer bir biçimde başlarını örtüyor ve açıyorlardı. Öte yandan, Brooklyn, Queens, Kudüs, ayrıca Paris ve Londra'da kamusal alanlarda peruk takan Ortodoks Musevi kadınlar da geliyor aklıma. Kendi kendime soruyorum: "Türk Yahudisi?" "Yahudi Türk?" "Müslüman çoğunluğa sahip bir ülkede büyüyen bir Sefarad Yahudisi?" "Atatürk Cumhuriyeti'nin bir çocuğu?" Bütün bunlar ne anlama geliyor?

11 Eylül 2001 sonrasında siyasal İslamın dünya siyaset sahnesinde ön plana çıkması, yaşamöykümün, o ana dek sadece özel düzlemde önemli olduğunu düşündüğüm bu veçhelerini bir dizi kuramsal ve politik tartışmanın ortasına fırlattı: "Aydınlanmanın diyalektiği" ve Yahudi deneyimi, uluslararası hukuk ve Holokost, çağdaş Avrupa'da İslam ve çağdaş kozmopolitizmin anlamı.

Elinizdeki kitapta derlenen, 2006 ile 2010 arasında kaleme alınmış makaleler söz konusu gidişatı belgeliyor. 1990'ların başlarından bu yana çeşitli çalışmalarımda ortaya koyduğum söylem etiği ve iletişimsel rasyonalite ve özgürlük projelerini geliştiren bu makaleler, söz konusu projeleri hukuki kozmopolitizm alanına ve dünyadaki yakın tarihli siyasi olaylara doğru genişletiyor.

Pek çok çağdaş siyasi söylemin merkezinde "insan hakları" kavramı bulunur: Söz konusu hakların gerekçelendirilmesi; kapsamı; haklara dair felsefi açıklamaların uluslararası beyannamelerle ve uluslararası insan hakları hukukuyla ilişkisi ve bu hakların farklı anayasa ve hukuk geleneklerinde arz ettiği çeşitlilik.

İzleyen bölümlerde, insan haklarının söylem etiği ve iletişimsel rasyonalite projeleri çerçevesindeki konumunun sistematik bir biçimde ele alınması suretiyle, insan haklarının felsefesi ve siyaseti tartışılıyor. Ayrıca makalelerde, Avrupa'da—özellikle Müslüman göçünün sonucu olarak—vatandaşlık tasavvurlarında yaşanan değişimin oluşturduğu arka plan üzerinde insan hakları inceleniyor. Diğer taraftan, 11 Eylül 2001 ertesinde yaşanan şiddetli tartışmalar da ele alınıyor: Zaman zaman söz konusu tartışmalarda insan hakları talepleri, en hafif ifadeyle "insani" müdahalelerin, en ağır deyişle, küresel kapitalizmin yeni emperyalist maceralarının ikiyüzlü bahaneleri olarak yaftalanıyor. Öte yandan insan hakları, devlet egemenliğinin geçirdiği dönüşümlerden bağımsız bir biçimde ele alınamaz. Günümüzde, uluslararası hukukta devlet egemenliğinin değişen konumu ile halkın demokratik özyönetimi şeklindeki normatif ideal arasındaki gerilimler, pek çok keskin tartışma doğuruyor. Kimilerine kalırsa, uluslararası hukuk demokratik egemenliği baltalıyor; kimilerine göreyse—ki kendimi bu gruba dahil ediyorum—bilakis onu güçlendiriyor. Elinizdeki kitaptaki amacım, bu karmaşık manzarayı incelemek ve insan hakları söylemini demokratik yinelemeci bir siyaset vizyonu çerçevesinde konumlandırmaktır.

Teşekkür

Yale Üniversitesinin Ocak-Temmuz 2009 tarihleri arasında sağladığı akademik izin yılı ve *Wissenschafstkolleg zu Berlin* tarafından sağlanan cömert destek, elinizdeki derlemeyi tasarlamamı mümkün kıldı. Ardından, 2010 Haziran ortasından Temmuz ortasına kadar Bad-Homburg'daki *Forschungskolleg Humanwissenschaften* tarafından ağırlandığım süreçte çalışmamı daha da geliştirme fırsatı buldum. *Wissenschaftskolleg*'de bana zaman ayıran Dieter Grimm, Andrea Büchler ve Dipesh Chakrabarty'ye, ayrıca "Exzellenzcluster Initiative" kanalıyla Bad-Homburg'da kalmamı mümkün kılan ve bunun için gerekli kaynağı temin eden, Frankfurt Üniversitesinden Rainer Forst ve Stefan Gosepath'a müteşekkirim. Bad-Homburg'da kaldığım sürece keskin gözlemlerini benden esirgemeyen Peter Niesen ve David Owen'a da sonsuz teşekkürler.

Benjamin Barber, Ken Baynes, Richard Bernstein, Hauke Brunkhorst, Maeve Cooke, Nancy Fraser, Alessandro Ferrara, Jürgen Habermas, Regina Kreide, Thomas McCarthy, David Rasmussen, Bill Scheuerman ve Christian Volk ile gerçekleştirdiğim sohbetler düşüncelerim kadar hayatımı da zenginleştirdi. Yale'deki meslektaşlarımdan Bruce Ackerman, Alec Stone Sweet, Anthony Kronman, Karuna Mantena ve Andrew March'ın eleştiri ve gözlemlerine müteşekkirim. Fulbright bursuyla Yale'de bulunan İspanyol David Garcia Alvarez ile son yıllarda kozmopolitizm konusunda zihin açıcı sohbetler gerçekleştirdik; kendisi, aksi takdirde haberdar olamayacağım bir literatüre ait pek çok referansı cömert bir biçimde benimle paylaştı.

RESET Foundation on Dialogue of Civilizations [Medeniyetler Arası Diyalog Vakfı] ile yürüttüğüm işbirliği ve 2007 yılından bu yana İstanbul'da Bilgi Üniversitesinde "Felsefeciler Boğazı Birleştiriyor: Farklılıklar Arası Yakın Karşılaşmalar" başlığı altında düzenlediğimiz seminerler, düzenli olarak Türkiye'ye dönmemi sağlayarak, bu zor zamanlarda insan haklarının anlamını tekrar yaşamamı ve yeniden düşünmemi sağladı. İstanbul seminerlerini mümkün kılan Giancarlo Bosetti ve Nina von Fürstenberg'e teşekkür borçluyum.

Yale Hukuk Fakültesinden yorulmak bilmez arkadaşım ve meslektaşım Judith Resnik özel bir teşekkürü hak ediyor; onun toplumsal cinsiyet, federalizm, göç ve insan haklarına ilgisi son on yılda düşüncelerime ilham kaynağı oldu. Yale Hukuk Fakültesi dekanı Robert Post'a da, birlikte verdiğimiz "İnsan Hakları ve Egemenlik" dersinden dolayı teşekkürü borç biliyorum. Ders sürecinde elinizdeki kitapta tartışılan temaların pek çoğu netlik kazandı. 2010 yılının yazında, Tel-Aviv Hukuk Fakültesinden Leora Bilsky ile birlikte İnsan Hakları ve Egemenlik seminerinin bir mini versiyonunu Zvi Meitar İleri Hukuk Araştırmaları Merkezinde sunduk ve söz konusu meseleleri Holokost ve yirminci yüzyıl Yahudi tarihi bağlamına oturttuk. İsimlerini zikrettiğim üç akademisyenin eserlerinde sergilediği normatif teori ve hukuk düşüncesi arasındaki etkileşim bu derlemedeki makalelerin pek çoğuna esin verdi.

Öğrencilerim Anna Jurkevics, Peter Verovsek ve Axel Wodrich bana yoğun bir kaynakça desteği ve yorum sundu. Bilhassa Anna Jurkevics makalelerin çeşitli taslakları boyunca yorulmak bilmez ve titiz bir asistan olarak yanımda oldu.

"Avrupa'nın İşlevsel Kuruluşu: Devletin Ötesine Geçen Bir Anayasa Kuramı" başlıklı mükemmel doktora tezini 2010 sonbaharında tamamlayan Türküler Işıksel, Avrupa Birliği'ne dair gözlemleri ve yazılarıyla yıllar boyunca bana ilham verdi.

Eşim Jim Sleeper'a, yalnızca kitaba getirdiği başlık önerileri için değil, kıtalar aşan editörlük ve lojistik desteği için de teşekkür borçluyum. Kızım Laura Schaefer'in insan hakları mücadelesini hayatının amacı kılmış olması beni hem yüreklendiriyor hem de gururlandırıyor.

Elinizdeki kitap 2009-2010 yıllarında yitirdiğim iki hocamın hatırasına adanmıştır. Yale Üniversitesinde Ahlak Felsefesi dalında Clarke Profesörü olan John E. Smith, doktora tezi danışmanım ve 1972 sonrasında manevi kılavuzumdu. Onun sayesinde, Alman felsefesi ve Amerikan pragmatizmi arasındaki tartışmanın içine dalmayı ve bu tartışmayı genişletmeyi öğrendim.

Yale'de Siyaset Bilimi ve Sosyoloji dalında Heinz Profesörü olan David E. Apter ise benim kozmopolit akıl hocamdı. Kendisinin sosyal değişime ve sosyal bilimlerde yüksek teoriye olan bağlılığı yıllar boyu bana parlak bir örnek teşkil etti. Okuduğunuz satırları yazarken John ve David'i özlüyorum.

Şeyla Benhabib
Alford, Massachusetts ve New York
Aralık 2010

Türkçe Çeviriye Önsöz

Elinizdeki derlemede yer alan makaleler, 2006 ile 2010 yılları arasında kaleme alındı. Bush döneminin "teröre karşı küresel savaş" ideolojisine ve Irak ve Afganistan'daki savaşların yıkıcı etkilerine tepki olarak, ABD, Avrupa ve Türkiye'deki ilerici düşünürler uluslararası insan hakları ve kozmopolitizm doktrinlerine karşı çıkmaya başladılar. Kimilerine göre, söz konusu doktrinler sadece dünya çapında egemen bir gücün, yani ABD'nin amaçlarını, birtakım gösterişli idealleri şişiren cafcaflı sözlerin ardında iki-yüzlüce gizlemeye hizmet ediyordu. Kimilerine göreyse, uluslararası insan hakları ve kozmopolitizm Kantçılara ait naif birer inançtan ibaretti: Buna göre Kantçıların düşüncesi, hâlâ şiddet, savaş ve saldırganlığın hüküm sürdüğü bir siyasi gerçeklikten kopuk durumdaydı.

Aradan geçen yıllarda, söz konusu meseleler çözüme kavuşmadı. Bilakis. Arap Baharı'nın uyandırdığı umutlar yerini soğuk ve fırtınalı bir Suriye kışına bırakırken, Esad rejiminin sivil halka yönelik kimyasal silah kullanması karşısında insan haklarının nasıl savunulabileceğine dair ikilemler olanca çıplaklığıyla dünyanın karşısında dikiliyor. Bir taraftan, bütün dünyada "insani müdahaleler"e dair bir bıkkınlık söz konusu. Suriye'ye askeri müdahaleyi ne İngiliz Parlamentosu, ne de Amerikan Kongresi—eğer mesele oya sunulsaydı—onaylıyor. Öte taraftan, Başkan Obama'nın bu konuda açıkça sergilediği gel-gitler, kimyasal silahların yasaklanması veya uluslararası insan haklarının korunması gibi konularda İkinci Dünya Savaşı sonrası döneme ait uluslararası sözleşmelerin statüsüne dair kabul edilemez ikilemler yaşandığını gösteriyor.

Elinizdeki derleme, İkinci Dünya Savaşı sonrasında yeniden formüle edilmiş biçimiyle insan haklarının felsefi, ahlaki ve hukuki temellerini

17

inceliyor. Nazilerin Avrupalı Yahudilere yaşattığı Holokost'u ele alma-
dan, 1948 tarihli İnsan Hakları Evrensel Beyannamesi'nin ardında yatan
ahlaki saiki kavramak mümkün değil. Gerek İnsan Hakları Evrensel
Beyannamesi'nin gerekse 9 Aralık 1948 tarihli Soykırım Sözleşmesi'nin
Birleşmiş Milletler Genel Konseyi'nde kabul edilmesinin sebebi, Winston
Churchill'in tabiriyle "ismi olmayan suç" karşısında dünyanın yaşadığı
şoktu (bkz. Üçüncü Bölüm). Ancak en başından beri, devlet egemenliği
ilkesi ile insan haklarının savunusu arasında apaçık gerilimler yaşandı.
İnsan haklarını hunharca ihlal eden kimi devletlerin de söz konusu
sözleşmelerin altında imzası bulunuyor. İkinci Dünya Savaşı sonrası
dönemin sorunlu mimarisinin karşımıza çıkardığı bir diğer alan, BM
Güvenlik Konseyi'nin İkinci Dünya Savaşı'nın muzaffer güçlerine "veto
yetkisi" tanırken diğer ulusları marjinalize eden yapısı. Bu tür kurum-
sal ve doktrinsel güçlükler karşısında, John Rawls gibi kimi felsefeciler
insan haklarının uluslararası adaletteki rolünü asgariye indiriyor, hatta
"demokrasinin bir insan hakkı olmadığını" iddia ediyor (bkz. Dördüncü
ve Beşinci bölümler).

Ancak uluslararası insan hakları ve kozmopolitizm, sadece uluslarara-
rası ve devletler arası ilişkiler alanında önem taşımıyor; aynı zamanda,
ulusaşırı vatandaşlık temelli yeni bir siyasetin gelişimini de müjdeliyor.
Haziran 2013'te Türkiye'deki siyaset alanını altüst eden ve halen farklı
biçimler altında süregiden Gezi Parkı protestoları, söz konusu yeni si-
yaset biçiminin habercilerinden (ulusaşırı vatandaşlık konusunda bkz.
Altıncı Bölüm).

Yeni küresel insan hakları kültürü, bugüne kadar marjinalleştirilmiş
ve kamusal siyaset alanından dışlanmış gruplara güç veriyor. Söz konusu
gruplar arasında kadınları, etnik, dini ve ırklaştırılmış azınlıkları, gay ve
lezbiyen bireyleri, göçmenleri ve mültecileri, çevrecileri ve küresel adalet
aktivistlerini sayabiliriz. Bu grupların pek çoğu Gezi Parkı protestolarında
rol aldı: Gay ve lezbiyen grupları, antikapitalist Müslümanlar, seküler ve
mütedeyyin kadın grupları, çevre ve kent aktivistleri, futbol taraftarları
ve Kürt militanlar arasında kurulan ittifaklar Türk siyasetinde deprem
etkisi yarattı. Şüphesiz bu protestolar, 12 yıllık AKP iktidarını ve partinin
ekonomik, sosyal ve kültürel politikalarının yol açtığı gayet yerele özgü

ihtilafları hesaba katmadan kavranamaz.* Gelgelelim bu protestolar, 2010 yılından bu yana Mısır'da ve 2013 yazında Brezilya'da gerçekleşen eylemler gibi dünya çapındaki protesto hareketleriyle ortak veçhelere de sahiptir. Dışlanmış ve marjinalleştirilmiş grupları güçlendirmenin ve onların kamusal siyaset alanına dahil olmasını sağlamanın yanı sıra, uluslararası insan hakları ve kozmopolitizm, yeni meselelerin yeni siyasi terimlerle ifade edilmesi için de alan açar (bkz. Yedinci ve Sekizinci bölümler). Gerek sol gerek sağ cenahtaki eski usul parti siyasetine damga vuran para, makam ve statü mücadeleleri, giderek yerini "mesele odaklı" siyasete ve yeni bir "siyasi öznellik" biçimine bırakıyor. Taksim Meydanı'nı yıkıp yerine Osmanlı tarzı bir kışla inşa etme planlarını durdurmak için Gezi Parkı'nda biraraya gelen eylemciler, başka konularda aralarında pek anlaşamayabilir, hatta gelecekte kalıcı ittifaklar da oluşturamayabilir. Ancak onlar, "eski tas eski hamam" parti siyasetine karşı antiotoriter bir seferberlik siyasetinin habercisi. Söz konusu vatandaşlar politikaların belirlenmesinde ve yaşadıkları ortamın şekillendirilmesinde söz sahibi olmak istiyor. Onlara göre bu söz hakkı sadece seçim sandığından çıkan sonuçlara indirgenemez. AKP ve Mısır'daki Müslüman Kardeşler'de ortak olan, demokrasiyi sandık zaferine indirgeyen minimalist demokrasi anlayışına karşı Gezi Parkı eylemcileri, *demokrasiyi özgür bir kamusal alanda vatandaşlar, seçimle başa gelen yöneticiler ve siyasetçiler arasında etkileşime dayanan bir süreç olarak görüyor.* Türk toplumunun geniş kesimleri, seksen yıldır Türkiye'yi boyunduruk altında tutan otoriter, sekülerist Kemalizmden yeni çıkmışken, bu sefer İslamcı bir otoriterlik biçimine boyun eğmek istemiyor. AKP'nin anlayamadığı işte bu.

Demokrasinin vatandaşlar, siyasetçiler ve seçimle başa gelen yöneticiler arasında etkileşime dayalı kamusal diyalog olduğu şeklindeki kavrayışın yanı sıra, yeni kozmopolit insan hakları siyasetinin bir diğer özelliği de yeni bir "siyasi öznellik"in öne çıkışı. Bilhassa kadınlar bu açıdan

---

* Bu konuda *The New York Times*'da çıkan "Turkey's Authoritarian Turn" başlıklı yazıma http://nyti.ms/1aYbVB7 (3 Haziran 2013) ve şu Türkçe söyleşime bakabilirsiniz: http://konusakonusa.org/2013/08/25/seyla-benhabib-ile-turkiyenin-demokrasi-yolculugu-ve-gezi-olaylari-uzerine-konustuk/#more-143.

çok önemli bir rol oynuyor. Kadınların siyasete girişi, kamusal ve özel alanlar arasındaki geleneksel sınırları aşındırıyor; bu zamana dek "siyaset dışı", "özel" mevzular addedilen konular, mesela cinsel taciz, tecavüz, kürtaj, aile planlaması ve işyerinde cinsiyet ayrımcılığı, giderek siyaset arenasına giriyor. Dünyanın pek çok yerinde 1970'lerden bu yana, kadın meseleleri siyasete damgasını vurmuştur. Türkiye'de de, kadın haklarına dair mücadeleler "türban meselesi" bağlamında kendine has bir biçime bürünmüştür. Söz konusu ihtilaf pek çok farklı boyuta sahip: "Seküler" addedilen Batılı liberal demokrasilerde dinin yeri; Avrupalıların İslama dair algıları; demokrasiler arasında (mesela ABD ve Fransa arasında) evrensel din ve vicdan hürriyeti hakkına riayet noktasındaki farklar; Türkiye'de laikliğin anlamı vs.

Türban meselesinin, özünde, kamusal alanda kadın bedeninin sunum biçimiyle ilgili olması son derece çarpıcıdır. Müslüman kadınlar, yabancıların da bulunduğu bir genel kamusal alanda, aile ferdi olmayan ötekilerin karşısına nasıl çıkmalıdır? Modernite, kontrol edilmeyen kamusal alanlara hem bir anonimlik hem de farkların çoğulluğunu getirir. Bilhassa çoğunluğu Hıristiyan olan toplumlarda yaşayan göçmen kökenli pek çok genç kız ve kadın için, türban takmak aynı zamanda bir meydan okuma edimi, bireyin ötekiliğinin ve farklı kimliğinin tezahürü haline gelir. Burada şüphesiz dini inanç bir rol oynar oynamasına, ama bir biçimde "kültürel köklere sadık kalmak" şeklindeki yoğun arzu da ön plandadır. (Bu paradoksları Dokuzuncu Bölümde ele alıyorum). Kamusal alana girmeleriyle beraber, bu kadınların bilincinde ilginç bir dönüşüm olur. Türkiye, İran ve Mısır'da gördüğümüz gibi, kadınlar sokaklara dökülüyor, sık sık gösterilerin başını çekiyor, polisle çatışıyor ve "devlete cevap veriyor." Başörtüsü taksın takmasın, ister başörtüsünün altına kot pantolon giysin, ister cep telefonuyla konuşsun, kadınlar başlı başına bir siyasi değişim öznesi olarak karşımıza çıkıyor. Kadınlar yeni bir sese ve militanlığa kavuşmuş durumda.

Bilindiği gibi Hegel, "Felsefe, kendi zamanını düşüncede kavramaktır" der. Ancak kişinin kendi felsefi kategorilerini formüle etme ve savunma biçimiyle, günün olayları arasında belirli bir kavramsal mesafe bulunmalıdır. Felsefe dediğiniz, ne gazeteciliktir ne de siyasi yorumculuk. Hegelyen

Marksizm ve Frankfurt Okulu ile Jürgen Habermas'ın teorik geleneğinden gelen bir eleştirel kuramcı olarak, günümüzün olaylarını kavramaya dair belirli bir perspektif sunuyorum burada. Bu kitabın amacı, söz konusu felsefi önsayımlarımı savunmak değil. Bunu başka kitaplarda yerine getirdim.* Ancak felsefenin temel soruları, bu kitaptaki makalelerin bazılarının da merkezinde bulunuyor. Bu derlemenin "bugünü düşüncede kavrama" görevini layıkıyla yerine getirip getirmediğineyse ancak okurlarım karar verebilir.

Şeyla Benhabib
Eylül 2013, New York

---

* *Modernizm, Evrensellik ve Birey*, çev. Mehmet Küçük, 1999. İstanbul: Ayrıntı Yayınları; *Situating the Self: Gender, Community, and Postmodernism in Contemporary Ethics*, 1992. New York: Routledge; *Ötekilerin Hakları*, çev. Berna Akkıyal, 2006. İstanbul: İletişim Yayınları.

Giriş

YANILSAMASIZ KOZMOPOLİTİZM

Kozmopolitler ve Ölü Ruhlar

2004 yılının baharında, huzursuz edici ama ileri görüşlü siyaset bilimci Samuel P. Huntington "Ölü Ruhlar: Amerikan Elitinin Gayri Millileştirilmesi" adlı makalesini yayımladı.[1] Daha on yıl önce meşhur "medeniyetler çatışması" ifadesini ortaya atan Huntington, 2004 tarihli bu makalesinde de başka bir argümana çarpıcı bir imge yakıştırmaya çalışıyordu. Yazar, Walter Scott'ın "Son Ozanın Türküsü" adlı şiirinden şu dizeleri alıntılar: "Ruhu nasıl da ölü bir adam nefes alıp veriyor şurada/ Hiçbir zaman diyemedi ki kendine: 'Burası benim, öz vatanım'/ Kalbini asla sarmadı mı alevler/ Yolu memleketine düştüğünde... /Yaban elleri arşınladıktan sonra?"[2]

Huntington, "Amerika'nın ekonomik, profesyonel, entelektüel ve akademik elitlerindeki" bu tür "ölü ruhlar"ın sayısının da aynı şekilde arttığını ileri sürer. Söz konusu elitlerin bazıları *evrenselci*dir: Amerikan milliyetçiliğini ve istisnailiğini uç noktaya taşırlar ve Amerika "evrensel millet" olduğu için demokrasiyi tüm dünyaya yaymak isterler (6). Bazılarıysa *ekonomik* elitlerdir: Küreselleşmeyi, milli sınırları yıkan ve küresel piyasa şeklinde yeni bir *civitas maxima* yaratan aşkın bir kuvvet olarak görür. Huntingon'a göre, ölü ruhların bir de üçüncü grubu vardır ki, bunlar *ahlakçı*dır: Vatanseverliği ve milliyetçiliği yeren bu grup, "uluslararası hukuk, kurumlar, rejimler ve normların tek tek milletlerinkine göre ahlaken üstün olduğunu" savunur (6). Gelgelelim, der Huntington, milliyetçilik çoğu devletin çoğu sıradan vatandaşının gözünde hâlâ ciddi bir kuvvettir; kalplerindeki alevi harlar ve "yaban elleri arşınladıktan sonra" memlekete döndüklerinde mutlu olmalarını sağlar.

Öyleyse kozmopolitler birer ölü ruh mudur? Kozmopolitizm sıradan vatandaşların kaygılarından uzakta, dünyayı arşınlayıp gezegeni kucaklayan elitlere özgü ayrıcalıklı bir tutum mudur?

Elinizdeki kitapta derlenen makalelerde, "kozmopolitizm" sözünün bu tür bir ayrıcalıklı tutumu değil, daha ziyade, çözülmemiş çelişkilerden menkul bir alanı ifade ettiği ileri sürülüyor: Tikelci bağlılıklarla evrenselci emeller arasındaki çelişki, insan yasalarının çoğulluğu ile tüm insan kentleri tarafından paylaşılacak ortak bir rasyonel düzen ideali arasındaki çelişki ve insanlığın birliğine dair inanç ile insanların çeşitliliğinden doğan sağlıklı çekişmeler ve zıtlıklar arasındaki çelişki.

Kozmopolitler, ancak söz konusu gerilimleri ve tezatları unuturlarsa ve küresel teklik ve birliği Polyannavari bir tavırla külliyen olumlarlarsa, birer ölü ruha dönüşürler. David J. Depew'ın keskin biçimde gözlemlediği gibi, "Dolayısıyla, gerek biçimsel gerek maddi açıdan *pozitif bir ideal olarak kavranan* kozmopolitizm, kendi iç tutarlılığını baltalayan uzlaşmaz karşıtlıklar üretir. [...] Oysa eleştirel bir ideal olarak kavrandığı zaman, söz konusu zorluklar büyük ölçüde ortadan kaybolur. Bunun sonucunda beliren kozmopolitizm tasavvuru, sahte totalleştirmeyi engelleme amacı güden negatif bir idealdir."[3]

Eleştirel, yani "sahte totalleştirmeyi engelleme amacı güden negatif bir ideal" olarak kozmopolitizm tasavvurunun izinden giden elinizdeki makaleler, söz konusu projenin kalbinde yer alan gerilimleri araştırıyor. İnsan haklarının birliği ve çeşitliliğini; demokrasi ve kozmopolitizm arasındaki çatışmaları; geçirgen sınırlara sahip bir dünya vizyonu ile demokratik egemenliğin gerektirdiği kapanmayı ele alıyorum. Bu tür bir projeyi hayata geçirmek için *kozmopolitizm* terimini seçmiş olmam kimilerine şaşırtıcı gelebilir. Kısa süre öncesine dek, söz konusu terim on sekizinci yüzyılın düşünce tarihi incelemelerinde gömülü halde bulunuyordu; on dokuzuncu yüzyıla gelindiğinde tarihçiler çoktan milliyetçiliğin yükselişi meselesiyle boğuşmaya başlamıştı bile. Kozmopolitizm, itibarını yitirmiş Avrupa ve Kuzey Amerika Aydınlanmasına ait unutulmuş bir ifade gibi görülüyordu.[4]

Son yirmi yılda, hukuktan kültürel çalışmalara, felsefeden uluslararası siyasete, hatta şehir planlamasından kent çalışmalarına dek bir dizi alanda kozmopolitizme yönelik ilgide kayda değer bir canlanmaya tanık olduk.[5]

Şüphesiz, duyarlılık ve idrakımızdaki bu kaymanın en önemli nedeni; kimilerinin "Vestfalya-Keynes-Ford" paradigmasının sonu ve "küreselleşme,"[6] kimilerinin neoliberal kapitalizmin yayılması, kimilerininse çokkültürlülüğün yükselişi ve Batı'nın yerinden edilmesi olarak nitelediği, bir dizi çığır açan dönüşümün üst üste gelmesidir. Kozmopolitizm; karmaşık bugünün ötesini, olası ve gerçekleştirilebilir bir geleceği düşünmenin yerini tutan bir tabir haline geldi. Pheng Cheah söz konusu bugünün mahiyetini şu ifadelerle betimliyor:

> 1990'larda başlayan kozmopolitizmin yeniden doğuşu sürecinin ayırt edici yeniliği, milliyetçiliğin normatif eleştirisini, çağdaş küreselleşmenin ve etkilerinin analizi temeline oturtma çabasıydı. Dolayısıyla kültüraşırı karşılaşmalar, kitlesel göç ve Doğu ile Batı, Birinci ile Üçüncü Dünya, Kuzey ile Güney arası nüfus hareketleri, küresel finans ve iş ağlarının yükselişi, ulusaşırı savunma ağlarının şekillenişi ve ulusaşırı insan hakları araçlarının çoğalarak yayılması gibi çeşitli küresel olguları ele alan çalışmalar, şu genel argümanı desteklemek için kullanıldı: Hem geçmiş hem mevcut küreselleşme süreçleri nesnel olarak bir dizi normatif, etnosantrik olmayan kozmopolitizm biçimi ihtiva ediyordu, çünkü söz konusu süreçler bölgesel ve milli bilincin, ayrıca yerel etnik kimliklerin sınırlarını yeniden ifade ediyor, radikal biçimde dönüştürüyor hatta parçalıyordu.[7]

Bu çelişkili gerilimler hesaba katıldığında, pozitif bir normativiteyi ima eden "kozmopolitizm" terimi hem cazip hem de oldukça sorunlu bir hal alır.[8] Öyle ki, "bölgesel ve milli bilincin, ayrıca yerel etnik kimliklerin sınırlarını parçalayan" kuvvetlerden (Cheah) sadece bahsetmek dahi, bu kuvvetleri içeriği belirsiz bir kozmopolit ideal yönünde aşmak için yeterliymiş gibi görünebilir. Böyle olmadığı aşikârdır.

Benim argümanım ise şu şekilde: Her ne kadar kozmopolitizm projesinin belirli formülasyonları yanıltıcı olsa da, söz konusu proje, hem sağ cenahtaki milliyetçi-cemaatçi tenkitçilerin, hem sol cenahtaki kinik muarızların,[9] hem de postmodernist ve yapıbozumcu şüphecilerin elinden kurtarılmalıdır. Bir yanda farklılıklarla bölünmemiş cemaatlere yönelik nostalji ile öte yanda kozmopolitizmi emperyal tahakkümün kılıfına indirgeyen kinizm arasında sıkışıp kalan pek çok çağdaş düşünce, kozmopolit bir insan hakları söyleminin gelişiminin getirdiği yeniliği gözden kaçırıyor.[10]

Bahis konusu gerilimlerin derinliğini ve direncini kavrayabilmek açısından, tarihsel olarak kozmopolitizm ile ilişkilendirilen bir dizi temayı kısaca incelemek önem taşıyor.

Kısa Tarih

Kosmopolites terimi, *kosmos* (evren) ve *polites* (vatandaş) kelimelerinden oluşur. Bu perspektifler arasında kayda değer bir gerilim bulunur.[11] Montaigne'e göre, Sokrates'e nereli olduğunu sorduklarında,

> Sokrates, "Atina" yerine "dünya" cevabını verdi. Sadece durduğu yeri bilen bizlerin aksine, tahayyülü daha dolu ve geniş olan Sokrates, evreni kendi şehri olarak kucaklıyor ve bilgisini, dostluğunu ve sevgisini tüm insanlıkla paylaşıyordu.[12]

Sokrates'in gerçekten böyle bir laf edip etmediği tartışma konusu olsa da, aynı öykü Cicero tarafından *Tusculum Tartışmaları* metninde, Epiktetos tarafından *Söylevler*'de ve Plutarkhos tarafından *De Exilio*'da aktarılır. Sonuncu metinde yazar Sokrates'i, kendisini "Atinalı ya da Yunanlı değil, kozmoslu" olarak tanımladığı için över.[13]

Kozmoslu sözünden kasıt nedir? Aristoteles'e kalırsa, kentin sınırlarının dışında yalnızca hayvanlar ve tanrılar yaşardı; ancak insanlar bu iki kategoriye de girmediği için ve *kosmos* bir *polis* olmadığı için, *kosmopolites* gerçek anlamda vatandaş değil, başka tür bir varlıktı.

Diogenes Laertius gibi kinikler açısından bu çıkarımın pek de rahatsız edici bir tarafı yoktu; keza Diogenes Laertius kozmopolitin *kentte* kendini evinde hissetmediğini, aslında *bütün* kentlere karşı *kayıtsız* olduğunu iddia eder. *Kosmopolites* yurdu olmayan bir göçebeydi; aptallıklarından uzak durduğu insan kentiyle değil, doğa ve evrenle barış içindeydi. Kozmopolit teriminin modern tarihten aşına olduğumuz çeşitli olumsuz çağrışımlarının, örneğin Huntington'ın da gönderme yaptığı "köksüz kozmopolitizm" ifadesinin kaynağı kozmopolitizmin tarihinin bu erken evresine kadar geri gider. Antik dönem Kiniklerinin çeşitli insan kentlerindeki pratiklere yönelik muhalefeti ve bunları hor gören tutumu, söz konusu döneme dayanır.

Kiniklerin benimsediği, kozmopolitizmi belirli bir insan kentine bağlılığı olmayan bir göçebelik biçimi olarak gören bu negatif kozmopolitizm vizyonu, Stoacıların elinde dönüşüm geçirir. İnsan *nomos*'larının—farklı kentlerin hukuklarının—absürd ve birbiriyle bağdaşmaz çoğulluğuna işaret eden Stoacılar, insanlarda ortak olan asli unsurun *nomos* değil onlara akıl bahşeden *logos* olduğunu iddia eder. Marcus Aurelius *Düşünceler*'de* şöyle yazar:

> Eğer ortak bir zekamız varsa, aklımız (logos) var demektir [...] Bu durumda hukuk da hepimiz için ortaktır, dolayısıyla da hepimiz vatandaş sayılırız. Öyleyse ortak bir yönetime sahibiz demektir. O takdirde, evren bir bakıma bir kent gibidir.[14]

Sonraki yüzyıllarda, çeşitli kentlerin hukukları arasındaki farkları aşan ve bunun yerine doğanın rasyonel biçimde kavranabilen yapısından kaynaklanan bir düzen düşüncesi, Hıristiyanlık'taki evrensel eşitlik öğretisiyle birleşir.[15] Stoacıların doğal hukuk öğretisi, Hıristiyanlıktaki *insanların kentine karşı Tanrı'nın kenti* idealine ilham kaynağı olur ve nihayetinde Thomas Hobbes, John Locke, Jean-Jacques Rousseau ve Immanuel Kant'ın modern doğal hukuk kuramlarına kadar uzanır.

*Kosmopolites*in, ilk kez Yunan ve Roma düşüncesinde karşımıza çıkan negatif ve pozitif boyutları, asırlar boyunca terime eşlik eder: *Kosmopolites*, düşüncede ya da pratikte, kentindeki gelenekler ve yasalarla arasına mesafe koyar ve onları daha yüksek bir düzenin—genelde akıl, doğa veya başka bir aşkın geçerlilik zemininin—bakış açısından yargılar. Kozmopolit, kenti ve onun sıradan insani bağlarını aşan bir perspektife sahip olduğu için de, kentlerini sevenlerin gözünde bir kuşku ve hınç nesnesine dönüşür.

Sınırları belirli bir topluluğun vatandaşı olmak ile kozmopolitizm arasındaki söz konusu gerilimler, on sekizinci yüzyılın sonlarında, Kant,

---

* Marcus Aurelius (2006) *Düşünceler*, çev. Şadan Karadeniz. İstanbul: Yapı Kredi Yayınları.

kozmopolitizmin Stoacı anlamını canlandırıp, terime onu Aydınlanma projesinin merkezine oturtan yeni bir nüans kattığı zaman dönüşüm geçirdi. "Kozmopolit" teriminin vatandaşlığın inkârı olmaktan çıkıp "dünya vatandaşlığı" haline dönüşmesi ve kozmopolit haklar şeklinde yeni bir insan hakları tasavvuruyla bağlantılandırılması da Kant'la birlikte söz konusu oldu. Dolayısıyla, dünyanın günümüzdeki koşullarında dahi, kozmopolitizmin neden pozitif ama yanılma potansiyeli de taşıyan bir normativite biçiminde—veya benim tercih ettiğim terminolojiyle söylersek "sahte totalleştirmeyi engelleme amacı güden negatif bir ideal" olarak—karşımıza çıktığını anlamak için, kısaca Kant'a dönmemiz, ama aynı zamanda Kant'ın ötesine geçmemiz gereklidir. Kant'a hem geri dönmek hem de ondan uzaklaşmak şeklindeki bu ikili hamleye biraz açıklık getirmek istiyorum.

Batı'nın emperyalist yayılmasıyla arasındaki muğlak bağlara rağmen, Kant'ın kozmopolitizm vizyonu, uluslararası hukuku, devletin ötesinde devlet dışı aktörleri ve bireyleri de kapsayan bir adli düzen olarak kavramsallaştırmaya alan açması açısından değerlidir. Kant'ın kavramsal girişimi, ileride, özellikle 1948 sonrasında geliştirilen uluslararası insan hakları hukukunda zirveye çıkar. Söz konusu dönüşümler kozmopolitizmin normatif muğlaklıklarını ne çözer ne ortadan kaldırırlar, ancak insan haklarının sınırlar aşan birlik ve çeşitliliğini derinlemesine düşünme imkânı sunan bir "hukuk yaratımı" [jurisgenerativity] uzamının ortaya çıkmasına olanak tanırlar.

Kant'ın Elinde Kozmopolitizmin Dönüşümü

"Ebedi Barış" başlıklı, 1795 tarihli meşhur makalesinde Kant, üç "kesin madde" formüle eder: "Her Devletin Sivil Anayasası Cumhuriyete dayanacaktır;" "Uluslararası Hukuk Özgür Devletlerin Federasyonu esasına dayanmalıdır" ve "Dünya Vatandaşlığı Hukuku Evrensel Misafirperverlik Şartlarına tabi olmalıdır."[16]

Kant ebedi barışın Üçüncü Maddesi'ni "Weltbürgerrecht" terimiyle ifade eder. "Das Weltbürgerrecht soll auf Bedingungen der allgemeinen Hospitalität eingeschränkt sein," yani "Kozmopolit Hukuk evrensel misafirperverlik şartlarına tabi olmalıdır" (Kant [1795] 1923: 443, 2006: 82). Başka bir çalışmamda ileri sürdüğüm gibi, bizzat Kant "misafirperverlik" tabirini bu bağlamda kullanmanın tuhaf olduğuna işaret eder ve "mesele, hayırseverlik değil haktır," der.[17] Başka bir deyişle, misafirperverlik, sosyalleşmeyle ilişkili bir erdem olarak, örneğin kişinin topraklarına gelen yabancılara ya da doğal veya tarihi koşullar sonucu kişinin iyilik edimine bağımlı hale gelen yabancılara gösterdiği iyilik ve cömertlik bağlamında anlaşılmamalıdır. Burada misafirperverlik, bir dünya cumhuriyetinin potansiyel katılımcıları olarak görülen bütün insanlara ait bir haktır.

Kant şöyle yazar:

> Misafirperverlik (Wirtbarkeit), bir yabancının, başka bir ülkeye geldiğinde düşmanca muamele görmeme hakkını ifade eder. Söz konusu yabancıyı ülkede ağırlamayı reddetmek mümkündür; şayet bu, yabancının mahvolmasına yol açmayacaksa. Ancak yabancı barışçı bir biçimde davrandığı sürece, ona düşmanca muamele gösterilemez. Burada talep edilen sürekli misafirlik hakkı (Gastrecht) değildir. Dışarıdan bir kişiye belirli bir süre boyunca oranın sakini olarak kalma hakkı bahşetmek için özel bir hayırsever anlaşma (ein [...] wohltätiger Vertrag) gereklidir. Burada söz konusu olan, bütün insanların sahip olduğu bir ziyaret hakkı (ein Besuchsrecht), münasebet hakkıdır. İnsanlar yeryüzünün ortak sahipleri oldukları için bu hakka sahiptirler, zira yeryüzü bir küre olduğu için sonsuz biçimde yayılma olanakları yoktur ve nihayetinde birbirlerinin varlığına hoşgörülü olmak zorundadırlar. (Kant 1923: 443, 2006: 82)

Kant'ın, ülkeye girmek isteyenlerin "mahvolma" (Untergang) tehlikesi varsa geri çevrilemeyecekleri şeklindeki ilk vurgusu, 1951 tarihli Mültecilerin Hukuki Durumuna Dair Cenevre Sözleşmesi'ne, non-refoulement yani geri göndermeme ilkesi şeklinde eklenmiştir. Söz konusu ilke gereği, imzacı ülkeler mülteci ve sığınmacıları, şayet yaşam ve özgürlükleri tehlike altındaysa, ülkelerine zorla geri gönderemezler. Elbette egemen devletler amaçları doğrultusunda yaşam ve özgürlüğü az veya çok dar bir biçimde tanımlayıp bu maddeyi manipüle etmektedir; aynı şekilde, mülteci ve sığınmacıların "güvenli üçüncü ülkeler" olarak anılan ülkelere gönderilmesi suretiyle geri göndermeme ilkesinin etrafından dolaşmak da mümkündür. Pek çok Avrupa ülkesi 1990'larda, Yugoslav İç Savaşı'nın yol açtığı mülteci krizi esnasında bu uygulamaya başvurmuştur (bkz. elinizdeki kitabın Altıncı Bölümü).

Kant'ın formülasyonlarında da, takip eden devlet uygulamalarında da, egemen iktidarın denetlenmemiş bir unsuru baki kalır. Jacques Derrida'nın ileri sürdüğü gibi, misafirperverlik beraberinde her zaman tehlikeli bir belirsizlik uğrağı getirir. Ev sahibi, misafirin düşmanca niyetler beslemediğinden nasıl emin olabilir? Ortada devasa bir iletişim uçurumu varken söz konusu niyetler nasıl tespit edilebilir? Misafirperverlik çoğu zaman, aşılması gereken bir karşılıklı şüpheyle başlamaz mı? Latincedeki *hostis* ve İngilizcedeki *hospice* terimleri—düşmanlık ve misafirperverlik—arasındaki lingüistik yakınlığın nedeni de bu belirsizlik değil midir zaten? Söz konusu belirsizlik Derrida'yı, kozmopolit projenin misafirperverlik kadar düşmanlığa da yol açabileceği o tehlikeli anı yakalamak amacıyla *hostipitality*[18] terimini ortaya atmaya itmiştir.

Kant geride muğlak bir miras bırakmıştır: Bir taraftan, zamanındaki ticaret ve denizcilik eksenli kapitalizmin genişlemesini, söz konusu gelişme insan ırkını yakınlaştırdığı ölçüde meşrulaştırmak istemiştir; diğer taraftan, Avrupa emperyalizmini ne desteklemiş ne de teşvik etmiştir. Kozmopolit misafirperverlik hakkı, kişiye barışçı ziyaret hakkı tanır, ancak Avrupalıların Japonya ve Çin'e nüfuz etme çabalarına dair Kant'ın yorumlarının açıkça gösterdiği gibi[19] kişiye, ziyaret ettiği halkları ve milletleri üstün bir kuvvete başvurarak yağmalama ve sömürme, fethetme ve boyunduruk altına alma hakkı vermez.

Şu ayrımı Kant'a borçluyuz: Bir devlet bünyesindeki kişiler arasındaki hak-hukuk ilişkilerini ilgilendiren *Staatsrecht*—ki Almancada *recht* hem hukuk hem de kişilerin hakları, salahiyetleri şeklinde ikili bir anlama gelir—devletler arasındaki hak-hukuk ilişkilerini ilgilendiren *Völkerrecht* ve belirli insan topluluklarının vatandaşı olarak değil bir dünya sivil toplumunun mensubu olarak ele alınan kişiler arasındaki hak-hukuk ilişkilerini ilgilendiren "tüm milletlerin hukuku" ya da "kozmopolit haklar"—*jus cosmopoliticum*.[20] Kant, uluslararası düzlemdeki meşru aktörlerin devletler ve devlet başkanlarıyla sınırlı olmayıp siviller ve onların çeşitli örgütlenmelerini de içerdiğini, ayrıca bunların yeni bir hukuk alanına konu olabileceklerini ileri sürmek suretiyle, *kosmopolites* kelimesine, bir dünya vatandaşının belirlenmesi bağlamında yeni bir anlam kattı. *Dünya vatandaşlığı* mefhumu, insanlar arasındaki iletişimin, *le doux commerce* (latif ticaret) de dahil olmak üzere artması sonucu dünya barışına ulaşılması şeklinde ütopyacı bir beklenti içerir. Ayrıca insanlar arasındaki temasın artması sonucu "dünyanın bir köşesinde gerçekleşen adaletsizlikler herkes tarafından hissedilecektir." Kozmopolit vatandaşlık her şeyden önce, insanın sadece insanlığının sonucu olarak belirli haklara sahip olacağı yeni bir dünya hukuk düzeninin ve kamusal alanın yaratılması anlamına gelir.[21]

Kozmopolit Miras ve İnsan Hakları

Kantçı kozmopolitizm sadece yapıbozumcu eleştiri cenahından Derrida ve Cheah gibi felsefecilerin değil, Rawlscu gelenekten gelen liberallerin de saldırılarına maruz kaldı—bunu başlatan da *The Law of Peoples* (1999)* adlı kitabında bizzat John Rawls oldu.[22] Bu eleştiri, ilerleyen bölümlerde yürüteceğim tartışmanın merkezinde yer alacaktır (bkz. özellikle Üçüncü ve Dördüncü bölümler).

Rawls, uluslararası adalet konusunda fikir yürütürken kozmopolit değil devlet merkezli bir perspektif seçmesinin ardındaki mantıki gerekçeyi son derece açık biçimde ifade eder:

> Bir halkın hükümetinin önemli rollerinden biri, bir toplumun sınırları tarihsel açıdan ne kadar keyfi gözükürse gözüksün, halkın kendi toprakları ve ekolojik çevresinin bütünlüğü ile birlikte nüfus çokluğu üzerinde sorumluluk yüklenmesi ve halkın temsilcisi ve etkin bir amili olmasıdır. (Rawls, *Halkların Yasası*: 40)

Rawls, bu pasajın dipnotunda "Bu ifade bir halkın göçü önlemek için hiç olmazsa sınırlı bir hakka sahip olduğu anlamına gelir. Bu sınırların ne

---

* Rawls, J. (2003) *Halkların Yasası*, çev. Gül Evrin. İstanbul: İstanbul Bilgi Üniversitesi Yayınları. Alıntılar bu çeviriden alınmıştır. Sayfa numaraları Türkçe çeviriye aittir.

olduğunu burada tartışmayacağım" diye yazar (agy. 40, dipnot 48). Ulusal ve uluslararası bir adalet tasavvurunu geliştirirken belirli sınırları olan politik toplulukları esas almayı seçen Rawls, Kant'tan ve onun kozmopolit hukuk öğretisinden ciddi bir biçimde uzaklaşıyordu. Kant'ın başlıca katkısı uluslararası arenada, bütün bireyleri ahlaki kişiler sıfatıyla bağlayacak bir adalet ilişkileri alanını ortaya koymaktı; *Halkların Yasası*'nda ise bireyler adaletin asli failleri değildir, Rawls'un "halklar" dediği birliklere gömülü haldedir. Kant'a göre *ius cosmopoliticum*'un özü, bütün ahlaki kişilerin potansiyel olarak birbirleriyle etkileşebilecekleri bir dünya toplumunun mensupları olduğu şeklindeki tezdi. Buna karşın, Rawls bireyleri kozmopolit vatandaşlar olarak değil halkların mensupları olarak görür.

Rawls'un neden uluslararası adalet görüşünü bireyler değil halklardan yola çıkarak oluşturduğu konusunda kapsamlı tartışmalar yapıldı.[23] Rawls'un yöntemsel çıkış noktası onu, bir dünya toplumunun eşit ahlaki saygı ve ilgiye sahip birimleri olarak görülen bireyler için değil halklar ve onların temsilcileri için uluslararası adalet ilkeleri belirlemeye itti.

Rawls salt kozmopolit alternatifi reddetmekle kalmadı, aynı zamanda, halkların yasası perspektifine göre kabul edilebilir olan insan haklarının listesini de 1948 İnsan Hakları Evrensel Beyannamesi'ndekilerin ancak ufak bir kısmıyla sınırladı. İnsan haklarına—ve onların gerekçelendirilmesi ve kapsamına—dair yakın tarihli felsefi tartışmalar ile uluslararası düzlemde kabul gören insan hakları belgeleri arasındaki bu uçurum, üçüncü ve beşinci bölümlerde ele alınacaktır.

Ahlak ve siyaset felsefesinde insan haklarının yerine dair çağdaş tutumların çeşitliliği baş döndürecek kadar geniştir. Kimileri, insan haklarının "ince bir evrensel ahlak katmanının özünü" oluşturduğunu savunurken (Michael Walzer), kimileriyse "dünya-siyasal bir mutabakatın makul şartlarını" teşkil ettiğini iddia eder (Martha Nussbaum). Bazılarıysa insan hakları kavramını "bütün halklar için, düzenli politik kurumlardan oluşan asgari bir standart"[24] şeklinde daraltır (Rawls) ve halkların yasasına dahil (dolayısıyla küresel kamusal akıl açısından savunulabilir olan) insan haklarının listesi ile 1948 tarihli İnsan Hakları Evrensel Beyannamesi'nde sıralanan insan hakları arasında ayrıma gidilmesi gereğinin altını çizer.

"Başka Bir Evrenselcilik" başlığında (Dördüncü Bölüm), insan haklarının hem *gerekçelendirme* stratejisi hem de *içerik* bakımından minimalist kaygılardan uzaklaştırılıp, "haklara sahip olma hakkı" teriminde ifadesini bulan daha sağlam bir insan hakları anlayışına kaydırılması gerektiğini savunuyorum. Her ne kadar "haklara sahip olma hakkı" ifadesini Hannah Arendt'e borçlu olsam da, Arendt'in çalışmalarında bu hakkın aslen *siyasi* bir hak olarak görüldüğünü ve dar biçimde "politik bir topluluğa üyelik hakkı" ile özdeşleştirildiğini ileri sürüyorum. "Haklara sahip olma hakkı"nın daha geniş bir çerçevede, her insanın dünya camiası tarafından bir hukuki şahıs olarak tanınma ve korunma iddiası olarak anlaşılması gerektiğini öneriyorum. "Haklara sahip olma hakkı"nın devlet merkezli olmayan terimlerle bu şekilde yeniden kavramlaştırılması 1948 İnsan Hakları Evrensel Beyannamesi sonrası dönemde kilit önem taşıyor; zira bu dönemde salt uluslararası adalet normlarından daha oylumlu kozmopolit adalet normlarına yönelmiş durumdayız.

Benim gözümde kozmopolitizm, insanların, bir milletin ya da etnik grubun üyeleri oldukları için değil yalnızca insan oldukları için sahip bulundukları haklar icabı, eşit düzeyde hukuki korumayı haiz ahlaki kişiler olduğunun kabulünü ifade ediyor. Ancak bu denli kuvvetli bir iddia nasıl gerekçelendirilebilir? Bu tür bir ahlaki kabulü savunmak için hangi güçlü nedenleri ileri sürebiliriz? Dahası, dinlerin, kültürlerin ve görüşlerin birbiriyle çatıştığı, karıştığı, itişip kakıştığı ve rekabet ettiği bir dünyada, ortaya koyduğumuz bu nedenler kamusal akıl etrafında örtüşen bir mutabakatın parçası haline gelebilir mi? Minimalizm, insan haklarının gerekçelendirilmesi noktasında, hem arzu edilir hem gerekli bir alternatif strateji teşkil etmez mi?[25] Beşinci Bölümde Joshua Cohen'in "tözel minimalizm" ve "gerekçelendiren minimalizm" arasında yaptığı ayrım ele alınıyor. *Tözel minimalizm* insan haklarının içeriğine dairdir ve "daha genel planda, küresel adalet normlarıyla ilgilidir." "Gerekçelendiren minimalizm" ise aksine, "etik açıdan çoğulcu bir dünyaya ait bir küresel adalet tasavvurunun asli bir unsuru olarak [...] 'küresel kamusal akıl'ın temel bir özelliği olarak bir insan hakları tasavvuru"nun nasıl sunulacağıyla ilişkilidir.[26]

Benim iddiam, hem tözel hem gerekçelendiren minimalizmin ikna edici olmadığı yönünde: İnsan haklarının içeriği bağlamında, tözel minimalizm, uluslararası insan hakları hukukunda geçen yarım yüzyılda vuku bulan *siyasi-kurumsal* gelişmelere hak ettiği önemi verme noktasında yetersiz kalır. Bu tartışmaların bazıları, 1948 yılından bu yana, çeşitli insan hakları beyannameleri ve anlaşmalarının doğurduğu dönüşümleri yok saymaktan kaynaklanan sosyolojik bir uzaklıkla malul.

Gerekçelendiren minimalizm pek çok düşünüre cazip geliyor: Yalnızca, etik açıdan çoğulcu bir dünyada makul bir insan hakları vizyonu sunuyor göründüğünden değil, aynı zamanda ona alternatif teşkil edebilecek daha kuvvetli kozmopolitizm projesi, savunulması mümkün olmayan bir felsefi evrenselciliğe umutsuz bir biçimde saplanıp kalmış gibi göründüğü için de. Evrenselciliğin çeşitli türlerini "Başka Bir Evrenselcilik" başlıklı Dördüncü Bölümde ele alıyorum. Öncelikle özcü evrenselcilik, gerekçelendiren evrenselcilik, ahlaki evrenselcilik ve adli evrenselcilik arasında ayrıma gidiyorum. *Özcü evrenselcilik*, biz insanların kim olduğumuzu tanımlayan asli bir insan doğası ya da özü olduğu inancıdır. Kimileri, çoğu on sekizinci yüzyıl felsefecisinin de ileri sürdüğü gibi, insan doğasının sabit ve öngörülebilir tutku ve temayüllerden, içgüdü ve hislerden menkul olduğunu savunup, tüm bunların rasyonel bir biçimde keşif ve analiz edilebileceğini iddia eder. Kimileriyse ampirik psikoloji, felsefi antropoloji ve rasyonalist etiği reddeder: Onlara göre insanlık durumunun evrensel olan boyutu, aslında standart ve değerlerden yoksun olan bir evrende, kendi eylemlerimiz kanalıyla seçim yapma ve anlam yaratmaya mahkûm olmamızdır.

Çağdaş felsefi tartışmalarda, evrenselcilik, öncelikle bir *gerekçelendirme stratejisi*ne tekabül eder. Hermenötikçiler, bağlamcılar, postmodern kuşkucular ve iktidar/bilgi kuramcıları, tarafsız, nesnel ve nötr bir felsefi aklın olup olamayacağını sorgular (örneğin Michel Foucault, Jean-François Lyotard ve erken dönem Jacques Derrida).

Söz konusu bağlamcı eleştirmenlerin karşısına *gerekçelendiren evrenselciler* dikilir, ki onların çoğu özcü sayılamaz. Kimilerinde insan doğası ve psikolojisine dair zayıf da olsa asgari bir inanç bulmak mümkündür; ancak hepsi insan aklının normatif içeriğine dair kuvvetli inançlar besler ve bunları savunur—yani, Aydınlanmadan bu yana Batı felsefesinin bilişsel mirasını teşkil eden araştırma, kanıt ve sorgulama prosedürlerinin geçerliliğine dair kuvvetli bir inanca sahiplerdir. (Bu anlamda, Karl Otto-Apel, Jürgen Habermas, Hilary Putnam, Robert Brandom, John Rawls ve başkaları birer gerekçelendiren evrenselcidir.)

Kimilerine göreyse evrenselcilik, öncelikle bilişsel bir sorgulama terimi olarak kabul edilemez; bir o kadar önemli bir diğer yönü, *ahlaki anlamı*dır. Irk, cinsiyet, cinsel yönelim, bedensel ve fiziksel beceri, etnik, kültürel ve dini kökenleri ne olursa olsun tüm insanların eşit bir ahlaki saygı hak ettiği şeklinde bir ilke olarak tanımlanır sıklıkla.

Son olarak, evrenselcilik *adli* açıdan da ele alınabilir. İnsan doğası ve rasyonalitesine dair getirilen kesin açıklamalara kuşkuyla yaklaşan pek çok düşünür, yine de, meşruiyet iddiası olan bütün hukuki ve siyasi sistemlerin şu norm ve ilkelere riayet etmesi *gerektiğini* ileri sürebilir: Bütün insanlar temel insan haklarına sahip olmalıdır, ki bu asgari planda, yaşam, hürriyet, güvenlik ve bedensel bütünlük haklarını, bir mülkiyet ve kişisel sahiplik biçimini, usullere uygun hukuki muamele, ayrıca, din ve vicdan özgürlüğünü kapsayan ifade ve örgütlenme özgürlüğünü içermelidir (bkz. Yedinci Bölüm).

Kendi adıma, insan haklarının her tür siyasi gerekçelendirilmesinin—yani *adli evrenselciliğin*—öncelikle *gerekçelendiren evrenselciliği* verili kabul ettiğini ileri süreceğim. Öte yandan, gerekçelendirme çabası da, ötekinin iletişim özgürlüğü kabul edilmediği sürece işlemez; yani ötekinin, yalnız belirli gerekçeler temelinde geçerliliğine ikna olduğu normları meşru eylem kuralları olarak kabul etme hakkı olduğu teslim edilmelidir. Dolayısıyla gerekçelendiren evrenselcilik, *ahlaki evrenselciliği,* yani ötekinin iletişim özgürlüğü kapasitesine eşit derecede saygı gösterilmesini temel alır. Ancak, söz konusu "temel alma," bir tür ahlaki icap ilişkisi değildir. Ahlaki evrenselcilik, kişinin iletişim özgürlüğünün korunmasının ötesinde, belirli bir insan hakları listesini *icap* ya da *dikte* etmez; gerekçelendiren evrenselcilik için de aynı şey geçerlidir. İleride açıklığa kavuşturacağım gibi, bu noktada bir temelci gerekçelendirme stratejisi gütmüyorum, varsayımsal bir analiz yürütüyorum.

Gerekçelendiren evrenselciliği, kozmopolit projenin merkezi bir unsuru olarak savunmam bazılarına fazlasıyla iddialı gelebilir; bazılarınaysa yeterince iddialı gelmeyecektir. İlk olarak 1992 tarihli *Situating the Self:*

Gender, Community and Postmodernism in Contemporary Ethics*27 başlıklı çalışmamda geliştirdiğim "genelleştirilmiş" ve "somut öteki" kavramlarıyla birlikte gerekçelendiren evrenselciliği de özcü olmayan, indirgemeci olmayan, demokrasi projesini derinlemesine özümsemiş bir insan hakları vizyonunun temel bir unsuru olarak savunuyorum. Gerekçelendiren evrenselcilik ile kişiye dair iletişim eksenli vizyon bizi kesin bir insan hakları listesini kabul etmek zorunda bırakır mı? Cevap evetse, bu listede neler vardır? Dahası, bu tür bir insan hakları yaklaşımıyla, meşru olarak kabul edebileceğimiz farklı siyasi rejimlerin çeşitli hukuk belgelerinde kodlanan türden insan hakları arasında nasıl bir ilişki bulunur? Bu sorular, ilerleyen bölümleri kızıl bir iplik misali katediyor.

İnsan Hakları: Ahlaki İddialar ve Hukuki Salahiyetler

Modern anayasalar kozmopolit fikirleri bir temel haklar listesi biçiminde ihtiva eder. Söz konusu liste ya ABD Anayasası'ndaki bir Haklar Bildirgesi şeklinde ya da Fransız geleneğindeki gibi bir *Déclaration des droits de l'homme et du citoyen* [İnsan ve Vatandaş Hakları Beyannamesi] şeklinde formüle edilir. Söz konusu kozmopolit miras ayrıca Alman Anayasası'nın Madde 1 ila 19'undaki gibi, bir "temel haklar" sıralaması şeklinde de hayat bulabilir; hâlâ Lizbon Anlaşması'nın bir parçası olan Avrupa Birliği Temel Haklar Şartı bu formatı takip eder.[28] Gelgelelim, gerek söz konusu temel haklarda ifade bulan ahlaki ve hukuki ilkeler ile aynı anayasanın diğer maddeleri arasında, gerekse de, bu temel hakların adli mercilerce yorumlanma biçimi ile demokratik yasama organları tarafından belirli yasalar biçiminde somutlaştırılması arasında sık sık gerilimler yaşanabiliyor. Anayasal tartışmaların büyük bir kısmı bu yasal hermenötik görevle ilgilidir. Temel hakların yorumlanması siyasi bir projedir; zira bu yorumlar, değişken bir özkavrayış ışığında belirli ilkeler çerçevesinde yaşamak isteyen bir halkın, kendisini bir siyasa olarak inşa etmesini sağlayan bağlayıcı ilkeleri nasıl yeniden ve yeniden ifade ettiğiyle ilgilidir. Birer ilke teşkil eden hakların,

---

*   Bkz. *Modernizm, Evrensellik ve Birey: Çağdaş Ahlak Felsefesine Katkılar*, çev. Mehmet Küçük, 1999. İstanbul: Ayrıntı Yayınları.

özyönetim esaslı siyasalar tarafından sürekli yorumlanmadan ve ifade edilmeden somutlaştırılabileceğini düşünmek temel bir hata olur (bkz. Altıncı ve Yedinci Bölüm). Benim kozmopolit projeyi kavrayış tarzımın merkezi bir unsuru—ki bu benim kavrayışımı başkalarınınkinden ayırır— kozmopolitizmin insanı, belirli bir siyasanın mensubu olmayan hukuki bir özne olarak konumlandırmasının hata olacağı yolundaki inancımdır. Kozmopolit haklar, özyönetim esaslı birimler tarafından bağlama oturtulmadan ve ifade edilmeden hayata geçirilemez.

Temel hakların yorumlanışı ile demokratik anayasaların diğer veçheleri arasında gerek teoride gerek pratikte yaşanabilecek bu gerilimlerin yanı sıra, günümüzde pek çok devlet, gittikçe dönüşüm geçiren bir uluslararası hukuki düzlemde, çok sayıda hükümetlerarası örgüt, hükümet dışı örgüt ve Avrupa Birliği misali yeni ulus-sonrası egemenlik biçimleri ile çevrili bulunuyor. Kozmopolit normlar bu uluslararası düzlemi de, İnsan Hakları Evrensel Beyannamesi (İHEB) örneğindeki gibi, bir dizi uluslararası anlaşma kanalıyla yapılandırıyor. Halkın demokratik iradesinin, bu açıdan da, söz konusu uluslararası akitlere kendisini bağlaması gerekiyor.

"Sınır Aşan Hak Talepleri: Uluslararası İnsan Hakları ve Demokratik Egemenlik" başlığı altında gözlemlediğim gibi, 1948 tarihli İHEB'den bu yana küresel sivil toplumun evriminin *uluslararası* adalet normlarından *kozmopolit* adalet normlarına doğru yol aldığı artık geniş kabul görüyor. Evrensel Beyanname'nin Giriş bölümünde, Birleşmiş Milletler Antlaşması'nı imzalayan "halkların," "insan şahsının haysiyet ve değerine ve erkek ve kadınların eşit haklarına" olan inançlarını teyit ettikleri belirtilir.[29] "Herkes ırk, renk, cinsiyet, dil, din, siyasal ya da başka türden kanaat, ulusal ya da toplumsal köken, mülkiyet, doğuş veya başka türden statü gibi herhangi bir ayrım gözetilmeksizin" ve "ait olduğu ülke ya da toprağın siyasi, hukuki ya da uluslararası statüsüne bakılmaksızın" haysiyetle bağdaşan bir muamele görme hakkına sahiptir.[30]

Bahsi geçen kamu hukuku belgeleri, uluslararası hukukta ciddi dönüşümlere yol açmıştır. Bunları bir tür "dünya anayasası"na doğru giden adımlar olarak görmek epey ütopyacı olur; ancak salt devletlerarası sözleşmelerden ibaret olmadıkları da kesindir. Küresel bir sivil toplumun kurucu unsurlarını teşkil ederler. Söz konusu küresel sivil toplumda, *bireyler sadece devletlerin vatandaşı oldukları için değil, her şeyden önce insan oldukları için hak sahibidirler.* Her ne kadar devletler en güçlü aktörler olmaya devam etse de, meşru ve hukuki faaliyetlerinin kapsamı giderek sınırlanmaktadır.

Kozmopolit hukuki sistemin yaygınlaşması bir dizi meseleyi beraberinde getiriyor: Hak sahibi bir insan olmak her şeyden önce, kişinin "haklara sahip olma hakkını" (Hannah Arendt) koruyan egemen bir siyasanın mensubu olmak anlamına geliyorsa, kozmopolit bir pozisyonu savunmak ne anlama geliyor? "Egemenliğin Alacakaranlığı mı, Kozmopolit Normların Yükselişi mi?" başlıklı Altıncı Bölümde, şu soruyu ortaya atıyorum: Yöneliyor göründüğümüz Vestfalya sonrası dönem, (ki ulus-devletin gerileyişi ve egemenliğin alacakaranlığı üzerine inşa edilmiştir), gerek insan hakları gerek vatandaşlık pratiği açısından ilerici bir gelişme midir? Yoksa, insan hakları söyleminin yalnızca metalaşma ve parasallaşmanın dünyanın dört bir köşesine nüfuz etmesini sağlayan bir kalkan ya da Truva atı işlevi gördüğü, neoliberal bir imparatorluğun yayılmasına mı tanık oluyoruz? Pheng Cheah'ın ifadesiyle, "küresel kapitalizmde insan haklarının kirlenmiş normativitesi" için ne denebilir?[31] Hukuki kozmopolitizm, ahlaki müdahaleciliğin ve ahlaki emperyalizmin gerekçelendirilmesine tekabül etmiyor mu? Hiç şüphesiz, çağdaş düşüncedeki, insan haklarının evrenselci bir noktadan gerekçelendirilmesine dair mevcut çekince, kısmen insan haklarının siyasi amaçlara alet edileceği ve sağlam bir insan hakları söyleminin ahlaki emperyalizmi gerekçelendirmek için kullanılacağı kaygısından kaynaklanıyor (bkz. "Demokrasi de bir İnsan Hakkı Mıdır?" başlıklı Beşinci Bölüm).

Kozmopolitizmin bağrında yer eden bu muğlak miras, pek çok kişiyi, kozmopolitizmin, günümüzde neoliberal küreselleşme biçiminde arz-ı endam eden dünün emperyalizminin ince bir örtüye bürünmüş bir versiyonundan ibaret olup olmadığını sormaya götürüyor. İnsan hakları normlarının yaygınlaşması sahiden insanlığın alkışlanması ve savunulması gereken bir başarısı mıdır, yoksa İkinci Dünya Savaşı'ndan muzaffer çıkan ulusların kendi dar insan vizyonlarını bir sözde İnsan Hakları Evrensel Beyannamesi kanalıyla tahkim etme yolunda oldukça kinik bir manevrası mıdır?[32] Gayet iyi bilindiği üzre İHEB'e yönelik ilk şiddetli itirazları dile getiren Amerikan Antropoloji Derneği, söz konusu belgeyi, Batı'nın düzen vizyonunu gayri meşru bir tavırla insanlığın geri kalanına doğru evrenselleştirme çabası olarak nitelemişti.³³

Dolayısıyla bir muammayla karşı karşıyayız: Son 50 yılda, hukuki kozmopolitizm ilerleme kaydetti ve ulus-devletler, Gulliver'ın öyküsündeki dev gibi, yüzlerce akit, anlaşma ve beyanname ile yere çivilendi; öte yandan, hiç beklenmedik bir biçimde, söz konusu beyannamelerin geçerliliğine ve evrensel insan hakları normlarının yaygınlaşmasına yönelik kuşkuculuk da arttı. Bilhassa dünya siyasetinde son yıllarda yaşanan olaylar sonucu, uluslararası hukuk ve insan haklarına yönelik güven temellerinden sarsıldı: ABD ve müttefikleri Irak'a karşı yasadışı bir savaş yürüttü; 2001 tarihli ABD Vatanseverlik Yasası, Başkan'a "teröre karşı küresel savaş"ı komuta etme noktasında sınırsız ve yarı olağanüstü yetkiler tanıdı; Pakistan ve Afganistan topraklarında El Kaide'ye karşı yürütülen savaş, başlarda BM Güvenlik Konseyi kararları ve NATO anlaşmaları çerçevesinde gerekçelendirilebilirken, bugün, net bir amacı veya sonu yok gibi görünen bir tür ulus inşası çabasına dönüştü. Dahası, yaraya tuz basarcasına, işkence, yasadışı sorgu teknikleri ve Cenevre Sözleşmesi ihlallerinin gırla gittiği Küba'daki Guantanamo Kampı, Afganistan'daki Bagram Hava Üssü ve Irak'taki Ebu Garib, en şiddetli insan hakları ihlallerinin yeni odakları haline geldi. Kozmopolit proje hüsrana uğramış gibi görünüyor.

Ancak ben, elinizdeki kitapta, bu tür bir sonuca varmanın hatalı olacağını ileri süreceğim; ihtiyacımız olan şey, *yanılsamasız bir kozmopolitizmdir*. Başka bir ifadeyle, dünyamızın kamu hukuku belgelerini ve insan hakları sözleşmelerindeki hukuki ilerlemeleri salim kafayla, fazla ütopyacı yaygara koparmadan kullanmak suretiyle, hegemonya karşıtı ulusaşırı hareketlerin büyümesini sağlamalıyız. Söz konusu hareketler, sınırlar aşarak iç içe geçen bir dizi demokratik yineleme kanalıyla haklar talep etmeli; ilerleme kaydettikçe sık sık yanlış anlama ve suiistimale maruz kalan değerli normları yeniden icat etmeli ve yeniden sahiplenmelidir.

Yanılsamasız Bir Kozmopolitizm İçin

Elinizdeki kitabın temel argümanlarından biri, çağdaş insan hakları hukuku ve kozmopolit normlardaki gelişmelere dair pek çok yorumun, onların *hukuk yaratıcı etkisi*ni yanlış anladığıdır. İlk olarak Robert Cover tarafından ortaya atılan "hukuk yaratımı" sözünden,[34] hukukun, "formel yasa yapıcılık çerçevesi"ni sıkça kırabilen bir normatif anlam evreni yaratma kapasitesini ve bunun sonucunda bizzat hukukun anlam ve kapsamının genişletilmesini anlıyorum. Cover'a göre, "Anlamın kontrol edilemez mahiyeti, iktidar üzerinde istikrar bozucu bir etki yaratır."[35] Benim iddiam ise, insan hakları beyannameleri ve sözleşmelerinin "hukuk yaratıcı" etkilerinin, yeni aktörlerin—örneğin kadınlar ve etnik, dilsel ve dini azınlıklar—kamusal alana girmesine, kamusal talepler ileri sürmek üzere yeni lügatçeler geliştirmesine ve kademeli demokratik yineleme süreçleri şeklinde tezahür eden yeni adalet biçimleri talep etmesine olanak tanıdığı yönündedir.

Demokratik yinelemeler, insan haklarının birliği ve çeşitliliğinin kuvvetli ve zayıf kamusal alanlarda nasıl hayata geçirildiğini ve yeniden hayata geçirildiğini anlatmak için kullandığım bir terim; yalnızca yasama organları ve mahkemeler kanalıyla değil, çoğu zaman daha da etkili biçimde, sosyal hareketler, sivil toplum aktörleri ve sınır ötesi çalışan ulusaşırı örgütler eliyle. Benimki gibi, iletişim özgürlüğünü esas alan bir yaklaşımın ayırt edici yönü işte bu noktada ortaya çıkıyor: Bu yaklaşım, ifade ve örgütlenme özgürlüğünü, vatandaşların, içeriği siyasadan siyasaya değişen siyasi hakları olarak kavramakla yetinmez; daha ziyade, söz konusu özgürlükler, bireylerin, geçerli nedenlere bakarak meşruiyetine ikna oldukları bir siyasi düzende yaşayan varlıklar olarak kabul edilmesinin önemli bir koşuludur. Demokratik yinelemeler çerçevesinde başvurulan ifade ve örgütlenme hakları, bizzat özgürlüğün iletişim kanalıyla hayata geçirilmesine zemin teşkil ederler; dolayısıyla temel insan hakları arasında yer alırlar. Ancak ve ancak, "halk" yasanın salt tebaası değil yazarı şeklinde görüldüğü ve ortaya çıktığı zamandır ki, insan haklarının bağlama oturtulması ve yorumlanmasının, kamusal ve özgür demokratik görüş ve irade oluşumu süreçleri sonucu doğduğunu inandırıcı biçimde ileri sürmek mümkün olur. Elbette farklı ülkelerin çeşitli hukuki geleneklerine tabi olan bu tür bir bağlamlaştırma, sivil toplumun özgür kamusal alanlarında hukuki ve siyasi kurumların etkileşimi kanalıyla hayat bulduğu ölçüde demokratik meşruiyet kazanır. Halk tarafından tam anlamıyla sahiplenildiği zaman söz konusu haklar, onlara sık sık atfedilen dar görüşlülükten de, Batı vesayeti kuşkusundan da sıyrılır.

Gerek başka çalışmalarımda, gerek elinizdeki kitapta da ileri sürdüğüm gibi *demokratik yinelemeler*, karmaşık kamusal münazara, müzakere ve mübadele süreçleri içerir; bu sayede, evrenselci iddialar hem hukuki ve siyasi kurumlar hem de sivil toplum örgütleri bünyesinde tartışılır ve bağlama oturtulur, ileri sürülür ve geri çekilir, öne sürülür ve konumlandırılır.[36] Söz konusu kavram ampirik midir, yoksa normatif mi? Dahası, demokratik yinelemeler ile normatif gerekçelendirme söylemleri arasındaki ilişki nedir? En önemlisi de, demokratik yinelemelerin "hukukun donması" değil de "hukuk yaratımı" ile sonuçlanacağının garantisi var mıdır? Bu sorular, "Demokratik Dışlamalar ve Demokratik Yinelemeler" başlıklı Sekizinci Bölümde gündeme geliyor ve *The Rights of Others*'ta (2004)* liberal demokrasilere siyasi üyelik konusunda geliştirdiğim söylemsel-teorik yaklaşım ile ele alınıyor. Pratik söylemler ve demokratik yinelemeler arasındaki karşılıklı bağlantıları araştırarak, demokratik yinelemelerin, ampirik önemi haiz normatif bir kavram olduğunu ileri sürüyorum. Bu kavram, çekişmeli söylemler içeren makro süreçleri, iletişimsel etik program temelinde gerekçelendirilen belirli normatif kriterlere göre yargılamamıza olanak tanıyor.

"Politik Teolojinin Dönüşü: Fransa, Almanya ve Türkiye'deki Türban Meselesine Karşılaştırmalı Anayasal Bakış" başlıklı Dokuzuncu Bölümün merkezinde, Müslüman genç kız ve kadınların seküler liberal demokrasilerin kamusal alanlarında başörtüsü takma hakkı bağlamında, çağdaş demokratik yineleme süreçleri ele alınıyor. Gerek karmaşık ulusaşırı hukuki ve siyasi diyaloğu, gerek "türban" kullanımı etrafındaki siyasi çekişme ve mevzuatı, farklı biçimleriyle inceliyorum. Bu mevzu bir yanda, hem insan hakları hem hukuki teminat altındaki medeni haklar arasında yer alan din ve örgütlenme özgürlüğü hakları ile öte yanda devletin sözde *laïcité* ve kamu güvenliğini savunma kaygısını dengeleme meselesinin odak noktası haline geldi. Nihayetinde, türban meselesi, İslami kültürel

---

* Bkz. *Ötekilerin Hakları: Yabancılar, Yerliler, Vatandaşlar*, çev. Berna Akkıyal. İstanbul: İletişim Yayınları, 2006.

farklılık biçimlerini seküler demokrasilere uydurma meselesidir—gerek Türkiye gibi Müslüman çoğunluklu ülkelerde, gerek bugünkü Fransa ve Almanya gibi, çok sayıda Müslümanın yaşadığı göç toplumlarında. Söz konusu demokratik yineleme süreçleri her zaman başarıya ulaşmaz: Pek çok örnekte, yeni kamusal aktörlerin girişi ve yeni talep lügatçelerinin doğuşu kanalıyla kamusal alanın genişlemesini değil, dışlama ve marjinalleştirmeyi getirir.

Bu noktada, çağdaş kozmopolitizm ciddi birtakım meydan okumalarla karşı karşıya geliyor. Ancak, sözde beyaz, aydın ve aslen Hırıstiyan olan/ olması gereken bir hakiki ya da *"çekirdek" Avrupa'*yı muhafaza etme yollu bu tür kaygıları daha önce de duymamış mıydık? Tekrar bir "Aydınlanmanın diyalektiği" ile karşı karşıya değil miyiz—bu sefer Musevilik değil İslam bağlamında? Avrupa ve—şimdi giderek artan biçimde Kuzey Amerika— kamusal alanında tezahür eden, İslama dair bu içerme ve dışlama söylemi, ötekiliğe ancak kendisine benzemeye zorlamak suretiyle müsamaha gösteren dogmatik bir Aydınlanmanın bildik yöntemlerini tekrarlamıyor mu?

Değindiğimiz bu gelişme ve sorulardan yola çıkan elinizdeki kitap, bir yanda Horkheimer ve Adorno, öte yanda Arendt ve Lemkin tarafından tartışıldığı şekliyle Avrupa antisemitizmini ele alan iki bölümle açılıyor. Onların zamanında Avrupa Aydınlanması, Avrupalı Yahudilerin şahsında ilk "ötekiler"iyle karşı karşıya gelmişti: İngiltere ve Fransa'nın zengin banker ailelerinden tutun da Polonya ve Silezya'nın kalabalık gürühlarına kadar. Horkheimer ve Adorno'ya kalırsa, bu karşılaşma bir felaketle sonuçlanmıştı; sadece, Holokost'ta zirvesine ulaştığı için değil, aynı zamanda, Batı'nın aklı [reason] *orantı* [ratio] olarak, *soyut bir denklik arayışı* olarak kavramasının getirdiği şiddetli yozlaşmayı teşhir ettiği için de. *Aydınlanmanın Diyalektiği'*ndeki[*] bu savları yeniden ele alarak, Avrupa antisemitizminin kökenlerine dair Horkheimer ve Adorno'nun teşhisleriyle, Hannah Arendt'in teşhislerini karşılaştırıyorum. Arendt'in modern ulus-devlet sisteminin vaatlerinin boş çıkmasına yaptığı vurgu, söz konusu sistemin demokratik yinelemeler kanalıyla hak ve kimliklerin

---

[*]   Bkz. *Aydınlanmanın Diyalektiği*, çev. Elif Öztarhan ve Nihat Ünler, 2010. İstanbul: Kabalcı Yayınevi.

müzakere edilmesine gösterdiği dirençle yüzleşmemizi sağlar. Arendt'in gösterdiği gibi, insan haklarının kozmopolit vaati, ulus-devletlerde her zaman için homojen ulusu tahkim etme amacıyla feda edilme tehdidi altındadır. İki dünya savaşı arasında Avrupa'da var olan devlet sisteminin çöküşünün tetiklediği politik ve insani felaketin içinden çıkan yenilenmiş bir yirminci yüzyıl kozmopolitizmi, *haklara sahip olma hakkı* ve *insanlığa karşı suç* ilkelerine vurgu yapıyordu. Çağdaş kozmopolitizmin trajik kökenlerini anlamak demek, kozmopolitizmi daha bütünlüklü bir biçimde anlamak, "sahte totalleştirmeleri engelleme amacı güden negatif bir ideal" olarak kavramak demektir.

"Totalitarizmin Gölgesinde Uluslararası Hukuk ve İnsan Çoğulluğu: Hannah Arendt ve Raphael Lemkin" başlıklı Üçüncü Bölümde, *Totalitarizmin Kaynakları* kitabının meşhur yazarı ile kısa süre öncesine kadar pek az tanınan Polonyalı hukukçu ve Soykırım Sözleşmesi'nin fikir babası Ralph Lemkin arasında, gerçekte hiç yaşanmamış bir karşılaşma kurgulanıyor. Arendt ve Lemkin tutkulu bir biçimde, soykırım suçunun insanlığa karşı en büyük suçu teşkil ettiğine inandı—ancak farklı nedenlerle. Lemkin Soykırım Sözleşmesi'nin, yirminci yüzyılda akla hayale gelmez boyutlara varan, insan gruplarının topyekûn yok edilmesi suçunu tespit etmesini ve kovuşturmasını istiyordu. Yunanca ve Latince kökleri olan—*genos* ve *cide*—yeni bir kelime türeten Lemkin, ortaya çıkarılan suçları hukuk kanalıyla mahkûm etmek istiyordu. Onun gözünde insan grupları ontolojik bir önceliğe sahipti; oysa Arendt böyle düşünmüyordu. Arendt de, ne kadar korkunç olursa olsun bir suçun hukuk sistemi tarafından ele alınması gerektiğini düşünüyordu düşünmesine, ancak soykırım suçunun sadece grubu değil insanlığın çoğulluk kapasitesini de, yani insanların yakınlıkları ve tercihleri temelinde birlik ve örgütlenmeler oluşturma kapasitesini de yok ettiğine vurgu yapıyordu. Lemkin'e kalırsa, gruplar baştan beri vardı ve veriliydi; Arendt'e göreyse verili değil sonradan oluşturulmuşlardı. Arendt'in gözünde örgütlenmeler, benzer zihniyete sahip bireylerle birlik oluşturma deneyiminden doğuyordu.

Kozmopolitizmden "sahte totalleştirmeleri engelleme amacı güden negatif bir ideal" olarak bahsettiğimde, geçen yüzyılın en önemli ütopyacı düşünürlerinden birinin izinden gidiyorum: Ernst Bloch. Bloch, ütopya kavramını tarihin çöplüğünden ve bilimkurgunun elinden kurtardı, umut ilkesi şeklindeki merkezi konumunu ona geri verdi. Bloch'a göre, her mevcut an, gelecekteki ötekiliğe yönelik bir açılım içeriyordu: Eylem ve örgütlenme yetisine sahip yaratıklar olarak, edim ve sözlerimizle kendimizi bu geleceğe açıyorduk, yazara göre. Bloch "somut ütopya" ile "düşünümsel ütopya"dan bahsediyordu.[37] Sosyal ütopyalar, erken dönem burjuva düşünürlerin sosyal mühendislik hayallerinde tükenip gitmiş değildi; onların hedefi *noch-nicht*, yani "henüz gerçekleşmemiş" olandı. "Henüz gerçekleşmemiş" olan ne zaman ve nasıl tezahür ediyordu? Bloch'un müthiş başarısı, büyük ölçüde "aklın kurnazlığı"na yaslanan Hegelyen-Marksist tarih felsefesinin çöküşünden sonra dahi, ütopyacı umutları muhafaza etmiş olmasıydı.

"Naturrecht und menschliche Würde" ("Doğal Hukuk ve İnsan Haysiyeti") kitabını daha geniş bir kitleye tanıtmayı amaçlayan, aynı başlıklı 1961 tarihli radyo sunumunda, Bloch şöyle der:

> Bütün doğal haklar kuramlarının temel amacı olan insan haysiyetinin ekonomik kurtuluş olmaksızın asla mümkün olmadığını kabul edersek, insan hakları hayata geçirilmediği sürece ekonomik kurtuluşun da mümkün olamayacağını teslim etmemiz gerekir. [...] Sömürüye son verilmedikçe insan hakları gerçek anlamda tesis edilemez, fakat insan hakları tesis edilmeden de ekonomik sömürüye gerçek anlamda son verilemez.[38]

1930'lardaki Büyük Bunalım'dan sonra dünya ekonomisindeki en büyük çöküşle karşı karşıya olan bizler, insani haysiyete nasıl ulaşacağımızı hâlâ bilmiyoruz; zira ekonomik kurtuluşa varmış değiliz. Gelgelelim, insan hakları ve demokratik özgürlüklere tam bir saygı beslemeyen, fiilen yaşanan sosyalizmlerin ütopyacı tasarıları da ayakta kalamadı. Bloch, sosyoekonomik sömürü sonlandırılmadıkça insan haklarının gerçekleştirilemeyeceğini, ama insan hakları tesis edilmeden de sömürünün ortadan kaldırılamayacağını anlamıştı. Eylül 2009'da, Ludwigshafen Şehri tarafından Ernst Bloch Ödülü'ne layık görüldüm. Elinizdeki kitap, bu bağlamda yaptığım konuşmanın gözden geçirilmiş ve genişletilmiş bir versiyonuyla kapanıyor.

Aydınlanmanın Diyalektiği'nden Totalitarizmin Kaynakları'na*

THEODOR ADORNO VE MAX HORKHEIMER'I HANNAH ARENDT'LE BİRLİKTE OKUMAK

Antisemitizmle Yüzleşmek: Adorno, Horkheimer ve Arendt

Frankfurt Okulu'nun Eleştirel Teorisinin merkezinde, geçen yüzyılda Avrupa'da yaşanan felaketle hesaplaşmak yatar: Nasyonal sosyalizmin yükselişi, Sovyet komünizmi ve Holokost.[1] Institut für Sozialforschung'un ilk girişimlerinden biri olan "Otorite ve Aile" başlıklı araştırmada, Alman işçi ve ücretli sınıflarının neden sol partilerden genel olarak desteklerini çekip daha otoriter siyasi çözümlere yöneldikleri inceleniyordu.[2] Yazarlara göre, babanın piyasadaki ekonomik bağımsızlığını yitirmesiyle birlikte otoritesinin de altının oyulması ve büyüyen ekonomi ve devlet kuruluşlarının gayri şahsi gücüne giderek tabi hale gelmesi, patriyarkaya karşı isyanın kaynaklarını kurutuyordu ve kurulu statükoya direnme becerisi olmayan zayıf kişilik tiplerinin ortaya çıkışına yol açıyordu.

Daha bu çalışmada bile, sonraki yıllarda Frankfurt Okulu'nun çalışmalarına rehberlik edecek kuvvetli bir ön kabulün varlığı göze çarpıyordu. Söz konusu varsayıma göre, Avrupa antisemitizminin yükselişi ve

---

*   Bu bölüm ilk olarak "From 'The Dialectic of Enlightenment' to 'The Origins of Totalitarianism' and the Genocide Convention: Adorno and Horkheimer in the Company of Arendt and Lemkin" başlığıyla şu kitapta yayımlandı: *The Modernist Imagination: Intellectual History and Critical Theory. Festschrift for Martin Jay on his 65th Birthday,* der. Warren Breckman, Peter E. Gordon, A. Dirk Moses, Samuel Moyn ve Elliot Neaman (New York: Berghan Books, 2009), s. 299–330. Elinizdeki kitaba dahil edilirken gözden geçirildi ve kısaltıldı.

nihayetinde Holokost, *evrenselci* bir çerçeve içerisinden açıklanmalıydı; buna göre antisemitizm, Aydınlanma sonrasında Avrupa toplumlarına egemen olmaya devam eden pek çok önyargı türünden yalnızca *biriydi*. Bu evrenselci yönelim, 1940'lı yıllarda New York'ta kaldığı dönemde Adorno'nun da dahil olduğu ve Max Horkheimer'in Amerikan Musevi Komitesinin Bilimsel Araştırma Bölümü Direktörü olarak görev yaptığı önemli çalışmada da devam eder. *The Authoritarian Personality* [Otoriter Kişilik] adını taşıyan inceleme Horkheimer ve Samuel H. Flowerman'ın editörlüğünü üstlendiği *Studies in Prejudice* [Önyargı Araştırmaları] adlı dizide yayımlanır.[3] Martin Jay'in işaret ettiği gibi, otorite ve aile konulu erken dönem araştırmalarında, otoritarizm bağlamında antisemitizm konusuna neden ayrı bir inceleme hasretmedikleri sorusu karşısında, Friedrich Pollock şu cevabı verir: "'Bunun reklamını yapmak istemedik.' Bu kaygı belki de, Enstitü'nün üyelerinin büyük çoğunluğunun Yahudi kökenli olduğu gerçeğine gereksiz (metinde aynen!) ilgi çekmeme niyetinden kaynaklanıyordu"[4] (vurgu benim). *Dialectic of Enlightenment*'ın "Antisemitizmin Öğeleri" bölümündeki daha psikanalitik yönelimli pasajlarda dahi, bu evrenselci perspektif terk edilmez.

Buna karşın, bu dönemin Gershom Scholem, Leo Strauss, Jacob Taubes, Martin Buber, Leo Baeck ve Kurt Blumenfeld gibi[5] birçok Yahudi düşünür ve tarihçisinin gözünde, Avrupa'daki felaket her şeyden önce *Yahudilerle* ilgili bir felaketti; yalnızca, geleneksel Hıristiyan-Yahudi nefretinin ya da "Yahudi nefreti"nin (Leo Strauss), artık teknolojik açıdan gelişkin bir devletin tasarrufunda bulunan tüm imkânlarla desteklenen, modern bir kitlesel imha projesine dönüşümüne delalet ediyordu. Bu bakış açısına göre, Yahudilerin imhasında kullanılan teknoloji ve mekanizma farklıydı farklı olmasına, ancak Yahudilere yönelik asırlık nefretin ne mantığı ne yapısı değişmişti. Buna rağmen, Reich'ın içinde ve dışındaki Yahudi örgütlerindeki düşünür, görevli ve yöneticiler açısından hâlâ anlaşılır olamayan—aslında onlar için neredeyse akıl almaz olan—husus, Nazilerin Yahudi soykırımı programının *totalleştirici* mantığıydı.[6] Araçsal mantığın çok ötesine geçen Nazi antisemitizmi, tüm Yahudi ırkını yok etmeyi amaçlıyordu. Bu, ayrı bir kolektif Yahudi varlığını kabul etmeyip, din değiştirme, evlilik, toplumsal geçiş gibi çeşitli taviz ve gizlilik türleriyle Yahudilere birey olarak çıkış kapısı sunan, Hıristiyanlıktaki "Yahudi nefreti"nin hatta modern Alman antisemitizminin kategorilerine dahi meydan okuyordu. Sözde bilimsel bir ırk düşüncesinde temellenen Nazi antisemitizmi, Yahudilerin tikelci açıklama mantıklarına meydan okuyordu. İkinci Dünya Savaşı'nın ardından geçen yarım yüzyılı aşkın sürede, antisemitizmi ve Holokost'ta yaşananları değerlendirmeye yönelik *evrenselci* ve *tikelci* değerlendirme tarzları arasındaki bu teorik yönelim farkları devam etti, hatta daha da yoğunlaştı; zira Avrupa Yahudilerinin yok edilmesinin kapsamı ve çapı ahlaki imgelemimize meydan okumayı sürdürdü.[7]

Bu bölümde, Adorno ve Horkheimer'ın antisemitizme dair düşüncelerini, Hannah Arendt'in *The Origins of Totalitarianism** ve diğer çalışmalarında sunduğu tezleriyle birlikte ele alıyorum.[8] Gerek Adorno ve Horkheimer gerek Arendt, "Yahudi meselesi"ne yönelik yöntemsel ve normatif yönelimlerinde ve antisemitizme getirdikleri açıklamalarda evrenselcidir. Bu mevzulara bakışlarındaki fark, teorik açıdan, Adorno ve Horkheimer siyasal iktisat ve psikanalize başvururken, Arendt'in ideografik[9] tarihi anlatıya ve kültürel bakımdan daha bütünselci bir sosyolojiye başvurmasıdır. Bu konuyu ele alarak, her biri Atlantik'in iki yanındaki pek çok kişiyi derinden etkilemiş söz konusu düşünürler arasındaki çok geç kalmış bir tartışmaya katkıda bulunmayı umut ediyorum. "Fiilen var olan" sosyalizmlerin çöküşü ve Marksizmin ferinin sönmesiyle beraber, son on yıllarda Hannah Arendt'ın yıldızı parlarken, Frankfurt Okulu'nunki sönükleşti. Ancak, onların çalışmalarının özenli bir karşılaştırmalı analizinden öğrenilecek hâlâ çok şey var; çünkü farkları ne kadar derin olursa olsun, yirminci yüzyılın felaketine gösterdikleri tepki *teolojik* ya da salt *felsefi* değil *siyasiydi*. İnsanların "sil baştan başlama" ve kolektif varoluş koşullarını değiştirme kapasitesine (Arendt) ya da "bambaşka bir şey" (*das ganz Andere*) umudu gütme ve daha iyi bir gelecek tahayyül etme (Horkheimer) kapasitesine inançlarını asla yitirmediler. Arendt siyasi özgürlük projesini, yani özgürlüğün barınacağı cumhuriyetler inşa etme projesini Heidegger felsefesinin gizemlileştirici kıskaçlarından geri almaya çalıştı.

---

* Bkz. *Totalitarizmin Kaynakları I-II*, çev. Bahadır Sina Şener. İstanbul: İletişim Yayınevi.

Frankfurt Okulu'nun üyeleri tekrar tekrar, insanın kurtuluşunun içi boş değil somut bir ütopyanın muştusu olacağına dair umudu yeniden dile getirdi. İnsanların dünyalarını değiştirme gücünde ısrar, Hannah Arendt ve Frankfurt Okulu mensuplarını temelde birleştirir—umut kırıcı gelişmeler karşısında bile. Ancak alttan alta işleyen bu bağlantıların her zaman görünür olduğu söylenemez; bu "göçmen entelektüeller"in bıraktığı mirasa dair kavrayışımıza, hep aralarındaki rekabet, kişisel husumetleri ve ezeli kinleri egemen olageldi.

Arendt ve Frankfurt Okulu arasında bu tür bir diyalog başlatmak amacıyla, onların antisemitizme yaklaşımlarına odaklanacağım. Antisemitizm meselesi, Arendt ile Adorno ve Horkheimer arasındaki teorik farkları gözlemleme bakımından oldukça berrak bir mercektir. Arendt'in Avrupa antisemitizminin kökenlerini açıklama noktasındaki evrenselci yaklaşımı ve onun ötesine geçmeye dair çözüm önerileri, yazarın iki savaş arası dönemde basitçe ne Siyonist ne anti-Siyonist addedilebilecek bir özerk Yahudi siyasetini benimsemesiyle oldukça değişime uğramıştır. Arendt, Yahudileri, kendilerine yönelik saldırıya Yahudiler olarak *siyasi* biçimde tepki vermeye çağırır. Arendt'in düşüncesinin bu veçhesini vurgulamak suretiyle, Martin Jay'in 1978'de Arendt'i, Carl Schmitt ve Alfred Baeumler'e minnetle "siyasi olanın önceliği"ne inanan bir "siyasi varoluşçu" şeklinde nitelemesinin akla yatkın olmadığını da iddia etme niyetindeyim.[10] Arendt'in gözünde, "siyasi olanın önceliği"nin temeli, yazarın Avrupa antisemitizminin yükselişini, iki savaş arası dönemde ve sonrasında modern ulus-devletlerin siyasi paradoksları ve nihai başarısızlıkları ışığında açıklama yollu tarihi girişiminde yatar. Arendt, siyaseti Martin Heidegger'in derslerinde veya kollarında değil, Marburg Üniversitesinde ve Freiburg Üniversitesinde genç bir öğrenciyken, Yahudi meselesine olan ilgisi üzerinden ve 1926 yılında Heidelberg'de tanıştığı arkadaşı ve yol göstericisi, Siyonist lider Kurt Blumenfeld vasıtasıyla keşfetti.

Sonuç bölümünde, hem Adorno ve Horkheimer'in hem de Arendt'in "kanun hükmü" (Derrida) mefhumuna yönelik kayda değer şüpheciliği ile Raphael Lemkin'in Avrupa Yahudilerinin imhası karşısında, milletler hukukunun içinden, karşılaştırmalı ve tarihi bir kapsama sahip bir soykırım tasavvuru geliştirerek yanıt vermesi arasındaki tezatı kısaca inceliyorum.

Lemkin'in Üçüncü Bölümde uzun uzadıya inceleyeceğim "hukuki evren-selciliği," Arendt ile Adorno ve Horkheimer'inkine epey benzer biçimde, evrensel ve tikel arasında bir dolayım kurmaya girişir. Lemkin'in gözünde de Holokost, insanlığa yönelik başlıca suçun, yani soykırım suçunun *yegâne paradigması* değil bir *örneği* haline gelir.

"Yahudiler ve Avrupa" (1939) ve "Antisemitizmin Öğeleri" (1941)

Max Horkheimer'in 1939 tarihli "Yahudiler ve Avrupa" makalesi kısa ve öz bir metindir; dobra bir dille yazılmıştır ve "Kapitalizmden bahsetmek istemeyen, faşizm konusunda da susmalıdır" gibi pek çok vurucu ifade içerir.[11] Söz konusu makalede hâkim tez, faşizm ve/veya nasyonal sos-yalizmin—ki burada bunlar arasında net bir ayrım yapılmaz—"modern toplumun hakikatı" olduğu tezidir.[12] Horkheimer, liberal toplumdan otoriter devlete (muğlak bir ifadedir ve nasyonal sosyalizm kadar Stalinist komünizme de gönderme yapar) genel geçiş sürecinde, dolaşım alanının öneminin görece gerilemesi sonucu, Yahudilerin devlet iktidarı açısından "lüzumsuz" yani vazgeçilebilir hale geldiğini ileri sürer. Yahudiler bireyciliği ve mübadele ilkesini temsil ediyordu, dolayısıyla on dokuzuncu yüzyılın liberal kapitalizminin ideal ve yanılsamaları onlarda vücut buluyordu. Ekonomiye doğrudan siyasi denetimler dayatan ve piyasa kanunlarını tamamen yok etmese de askıya alan "devlet kapitalizmi"nin[13] yükselişiyle Yahudilerin işlevi ve faydası sona erdi.

Sadece, Aydınlanma sonrası toplumdaki Yahudi deneyiminin karma-şıklığına ekonomi-politik terimleri dahilinde indirgemeci bir açıklama getirdiği için değil, ekonomik olanın önceliğinde ısrar ettiği için de, bu erken dönemden kalma makale antisemitizme dair oldukça miyop bir "işlevselci" açıklama barındırır. Ekonomi ve toplumda benzer bir yer iş-gal eden, Yahudiler dışında herhangi bir grup da aynı türden önyargılara maruz kalır mıydı? Antisemitizm sadece ekonomik konumsallığın bir işlevi miydi? Tam da Yahudilerin dolaşım alanında banker ve tefeci ola-rak mevcudiyetinin nedeni antisemitik tedbirler değil miydi; Avrupa'nın büyük kısmında ve ortaçağ boyunca Yahudilerin toprak sahibi olması, orduya katılması ve devlet görevlisi olması Fransız Devrimine kadar hatta sonrasında da yasaklanmış değil miydi? Modern Avrupa toplumunda Yahudilerin konumu, maruz kaldıkları misilleme, dışlama ve imhanın uzun tarihinden nasıl soyutlanabilirdi? Horkheimer'in formülleri bu noktada çok yetersiz kalır.

Horkheimer'in Avrupa Yahudilerini, sadece genel bir kapitalist sınıflı toplum teorisinin parçası olarak görmekle kalmayıp, onların özgül akıbetine biraz kültürel duyarlılık gösterdiği yegâne konu, onların mülteci ve sığınmacı olma koşullarıdır. Özellikle sığınma hakkı bahşedildikleri ülkelerde, "göçmen" olan Yahudilerin, kapitalizme ayna tutup kendi içindeki faşist çekirdeği görmesini sağlamasının pek muhtemel olmadığını anlaşılır bir şey olarak kabul eder.[14] Ancak Horkheimer'in empatisinin sınırları vardır: Yahudilerin kayıp geçmişe, liberalizmin fiyaskosuna yaktıkları ağıtlar, ona kalırsa hem miyop hem de ikiyüzlüdür:

> Burjuva ekonomisinin politik bir zafer kazanmasını sağlayan ve Yahudilere eşitlik veren Fransız Devrimi bile, bugün pek çok Yahudi'nin hayal edemeyeceği kadar muğlaktı. Burjuvaziyi tanımlayan, fikirler değil, fikirlerin faydasıdır. [...] 1789'da ilerici bir düzen olarak yola çıkan şey, en başından itibaren içinde nasyonal sosyalizme yönelik bir eğilim barındırıyordu.[15]

Jay'in belgelediği gibi,[16] Horkheimer ve Adorno'nun antisemitizm mevzusundaki duruşu 1940'lar boyunca değişim geçirdi. Herbert Marcuse'ye yazdığı 1943 tarihli bir mektupta Horkheimer şöyle diyordu:

> Antisemitizm meselesi benim başta düşündüğümden çok daha karmaşık. Bir taraftan, ona neden olan ve onu kullanan iktisadi-siyasi faktörler ile antisemitik propagandaya diğer baskıcı girişimlere verdiği gibi tepki veren mevcut insan tipinin antropolojik unsurları arasında radikal bir ayrıma gitmeliyiz; öte taraftan söz konusu etkenlerin arasındaki tutarlı bağlantıları ifşa etmeli ve nasıl birbirlerine nüfuz ettiklerini betimlemeliyiz.[17]

Anson Rabinbach, söz konusu dönemde ekonomik boyutun Adorno ve Horkheimer'in antisemitizm açıklamasında büyük ağırlık taşımaya devam ettiğini belirttikten sonra şöyle der: "Artık buradaki vurgu, Yahudilerin dolaşım alanındaki *mevcudiyeti* değil, Nazizmin 'imgelem'indeki Yahudi vurgusudur; söz konusu imgelemde Yahudiler, metaforik biçimde 'kapitalizmin nefret edilen ayna imgesi' yerine geçer."[18] Antisemitizm'in bu yeni analizi *Aydınlanmanın Diyalektiği*'nde "Antisemitizmin Öğeleri" başlıklı bölümünde dile getirilir.

Aydınlanmanın Diyalektiği'nde Adorno ve Horkheimer, Batı modernitesi ve Aydınlanmanın mirası olan iki uğrağın—yani, özerk kişiliğin değeri ile değer yargılarından bağımsız ve teknoloji temelli bir doğa biliminin doğuşu—birbiriyle bağdaşamayacağını ileri sürer. Aydınlanmanın, insanları kendi yarattıkları vesayetten özgürleştirme vaadi, yalnızca kendini muhafaza etme aracı olarak işleyen bir akıl kanalıyla gerçekleştirilemez. "Doğa üzerinde dünya çapında kurduğu tahakküm, dönüp düşünen özneyi vurur; özneden geriye tek kalan şey ilelebet kendisiyle özdeş olan bu 'düşünüyorum' sözüdür ki, benim temsillerimin hepsine bu eşlik edecektir."[19]

Bu çalışmanın merkezi temalarından biri olan, doğa üzerindeki tahakkümün eleştirisi, Marksist tarih görüşünün yanlış olduğunu savunur; zira söz konusu görüşe göre, insanın özgürleşmesi, sosyal emeğin teknolojik örgütlenmesi kanalıyla doğanın giderek artan kontrolü sayesinde gerçekleşecektir. Oysa insanın doğadan özgürleşmesi ilerleme sayılamaz; bilakis içinde gerilemenin ve nihayetinde gerek iç gerek dış doğamızın bastırılmasının tohumlarını taşır. Günümüzde Marksist tarih felsefesinin yerini, ilerlemeyi hayat içgüdülerinin giderek yüceltilmesi, kendini bastırma ve hıncın artışı olarak gören Nietzscheci bir vizyon almıştır. Emek faaliyeti, yani insanın bir doğa gücü gibi davranmak suretiyle doğayı kendi amaçları doğrultusunda kullanması edimi, aslında bir insan kurnazlığı örneğidir. Gelgelelim kitapta Odysseus hikâyesinin yorumlanışının da gösterdiği üzere, doğaya hâkim olmak amacıyla doğaya benzeme çabasının (*mimesis*) bedeli, kurban etme ediminin içselleştirilmesidir. Emek gerçekten de arzunun yüceltilmesidir; ancak arzuyu bir ürüne dönüştüren nesneleştirme edimi, bir kendini gerçekleştirme edimi değil, kişinin kendi içindeki doğayı kontrol etmesini getiren bir korku edimidir. Marksizmdeki, sosyal emek kanalıyla türün insanlaşması düşüncesi reddedilmelidir.

"Bedene İlgi" bölümünün ekindeki notlardan birinde bu yeni yönelim ilan edilir:

Avrupa'nın bildik tarihinin altında, bir başka yeraltı tarihi akar. Bu tarih, uygarlık tarafından bastırılan ve kovulan insan güdü ve arzularının akıbetini içerir. Saklı olanın gün yüzüne çıktığı faşist bugünün getirdiği perspektiften bakıldığında, görünür tarih daha karanlık olan yüzüyle birlikte karşımıza çıkar; bu karanlık yüz, ulusal devletin efsaneleri kadar onun ilerici eleştirileri tarafından da göz ardı edilmiştir.[20]

Bir yanda Odysseus'un hikâyesi ve öte yanda Holokost, Aydınlanmanın bu kendi kendini yok edici dinamiği karşısında bir bakıma iki kitap desteği vazifesi görür: Aydınlanma denen mit ve Nazi propagandası kanalıyla mit haline gelen Aydınlanma. Önce Batı uygarlığının doğuşuna, sonra da barbarlığa dönüşümüne tanıklık ederiz. Yahudiler bu uygarlık dinamiğinin şiddetli akıntılarına kapılmıştır ve onun başlıca kurbanlığı haline gelirler.

Mit, kahramanın onu yutmak üzere olan doğa güçlerini yenmek suretiyle nasıl kimliğini kurduğunu anlatırken, aynı zamanda madalyonun öteki yüzüne de ışık tutar. İnsanlık, öteki korkusunu aşmanın bedelini, bir *mimesis* edimiyle mağduru içselleştirmek suretiyle öder.[21] Ancak nasyonal sosyalizmin yol açtığı, kültürden barbarlığa doğru gerileme sürecinin de delalet ettiği gibi, Batı'nın *orantısının* (*ratio*) kökeni olan Odysseus'un kurnazlığı (*List*), insanlığın "öteki"ye yönelik orijinal korkusunu aşmayı başaramamıştır. Yahudi öteki olmaya, yabancı olmaya devam eder: Yahudi hem insandır, hem de insandan aşağı. Odysseus'un kurnazlığı ötekiliği yatıştırmak için ona benzemekten ibarettir—Odysseus Kiklop'a içmesi için insan kanı sunar, Kirke'yle yatar, Sirenleri dinler—oysa faşizm, sahte bir yansıtma kanalıyla, ötekiyi kendine benzetir:

> Mimesis kendisini etrafındaki dünyaya benzetir; oysa, sahte yansıtma etrafındaki dünyayı kendine benzetir. Mimesis için dışarısı içerisinin yaklaşması gereken modeldir, yabancı zamanla tanıdık hale gelir; oysa sahte yansıma gergin içerisini her an dışarıya patlamaya hazır hale getirir ve tanıdık olanı bile düşman diye damgalar. (*Dialektik der Aufklärung*: 167)

Faşizm, organize paranoid sanrının özel bir vakasıdır. Adorno ve Horkheimer'e göre, süper egonun basıncı altında, ego kendi agresif isteklerini "kötücül niyetler olarak yansıtır dış dünyaya [...] ya fantezide, bu farazi kötülükle özdeşleşerek ya da gerçekte, farazi nefsi müdafaa olarak" (agy. 192). Ancak Yahudileri bu tür paranoid fantezilerin nesnesi olmaya özellikle elverişli kılan şeyin ne olduğu net biçimde tespit edilmez. Analizlerinde, Yahudilerin paranoid sanrıların başlıca nesnesi haline gelmesi, Yahudilerin modern toplumdaki durumundan ziyade, Hıristiyan menşeili Musevilik karşıtlığının tarihiyle ilişkilendirilir. Museviliğin Tanrısı uzaktır, yasakçıdır; "suçluluk duygusu ve faziletle örülü bir ağla bağlar mahluklarının elini kolunu" (agy. 177). Buna karşın Hıristiyanlık, Tanrıyı insan suretinde tahayyül ederek, "mutlağın yol açtığı dehşeti azaltmaya çalışır." "Oyma suretler" ile temsil edilmeyi yasaklayan Museviliğin Tanrısı, hem Aydınlanmanın hem de din ve büyü, kelime ile nesne, kavram ve gönderge arasındaki ayrımın başlatıcısıdır. Tek tanrılı bir din olan Musevilik, dünyada *Entzauberung*'un (büyünün bozulmasının) başlangıcının habercisidir. Tanrı doğanın içinde değildir; Doğanın Efendisi ve Yaradanıdır. Yahudiler Tanrılarıyla yaptıkları akit dolayısıyla, sadece doğal içgüdülere kapılmamayı ve belirli bir ahlaki koda uymayı taahhüt ederler. On Emir, ahlaki birer baskı aracıdır; en az "cin fikirli" Odysseus kadar ileride Batı uygarlığının öznesinin, yani rasyonel bir şekilde kendisine hâkim olmayı başaran ve temel niteliği kendini bastırmak olan bireyin ortaya çıkışına katkıda bulunur.

Buradaki akıl yürütmelerde, Adorno ve Horkheimer, Alman felsefesinde Hegel'den Nietzsche'ye kadar bolca rastlanan, Musevilik düşmanı imgelem hazinesine dolambaçlı biçimde gönderme yaparlar.[22] Kayda değer olan husus, Yahudilerle ilişkilendirilen metaforik anlamların çoklu, istikrarsız ve muğlak olmasıdır: Yahudiler bir taraftan Aydınlanmanın *başlatıcısı* olarak, diğer taraftan Aydınlanmaya *direnen* göçebe bir halk olarak görülür; hem büyünün *düşmanı* olduklarına inanılır, hem de ortaçağ boyunca büyücülük *yaptıklarından* şüphelenilir; bir yandan baskıcı ahlakın kaynağı addedilirler, diğer yandan *ahlaksızlık* ve *şehvetin*. Yahudiler, nasyonal sosyalist imgelemdeki "yüzer gezer göstergeler"dir [floating signifier]. Ancak eğer antisemitizmin kaynakları mimesis ve sahte yansıtmanın, insan türünün filogenetik gelişimindeki kendini tanımlama ve ötekiyi tahakküm etme süreçlerinin derinliklerinde gizliyse, öyleyse

Anson Rabinbach'ın işaret ettiği üzere, "Nihayetinde, antisemitizmin bu birincil versiyonunun modern ırkçılık, Hıristiyanlıktaki (antik veya ilksel) Yahudi nefreti ve Musevilik düşmanlığı arasında etkili bir ayrım yapmaya hizmet edip etmeyeceği ya da—son tahlilde—Yahudilerle âlâkalı olup olmadığı net değildir."[23] Antisemitizmin kaynaklarını "öznelliğin köken tarihi"[24] dedikleri alanda konumlandıran Adorno ve Horkheimer o kadar derine dalar ki, antisemitizmi tarihsizleştirme ve Batı ve Hıristiyan düşüncesinin ezeli bir veçhesi kılma noktasına tehlikeli derecede yakınlaşırlar. Jay'in de işaret ettiği gibi, "Öyleyse Horkheimer ve Adorno'ya göre, antisemitizmin belki de nihai kaynağı ve işlevsel muadili, özdeş olmayana yönelik öfkeydi ve söz konusu öfke Batı uygarlığının baskın totalistik güdüsünü meydana getiriyordu."[25]Ancak bu kadar yüksek bir genelleme düzeyinde, farklı yüzyıllar ve ülkelerden somut Yahudi tarihi deneyimleri, çok daha derinlerde yatan kuvvetlerin salt "şifreleri"ne indirgenir. Bu, Adorno ve Horkheimer'i tatmin edebilecek bir sonuç olsa da, ayrıntılandırmadan yoksun olduğu için "ezeli antisemitizm" tezini yineliyor gibidir.

Adorno ve Horkheimer'in antisemitizmi açıklama yollu çeşitli çabalarında, kavramsal bir doğaya sahip bir ikileme tanık oluruz: Sadece antisemitizm örneğinde değil genel olarak önyargı ve ırkçılık konusunda, şayet kişi aşırı genel bir açıklama şemasına başvurursa ötekilerin "Öteki" olarak tanımlanmasına yol açan özgül deneyim, imge ve metafor kümesini ıskalayacaktır;" öte yandan, şayet kişi insan gruplarının "ötekileştirilmesi"ni söz konusu grupların özgül niteliklerinden hareketle açıklamaya kalkarsa bu sefer de mağduru suçlama durumuna düşecektir. Mağdurun ve mağdurlaştıranın, ırkçılığın öznesinin ve nesnesinin bakış açıları arasındaki hassas dengeyi tutturmak zorlu bir iştir. Bu sadece Adorno ve Horkheimer'in meselesi de değildir—Arendt de mağduru suçlamakla eleştirilmiştir.[26]

Hannah Arendt ve "Yahudi Meselesi"

Arendt Siyonist lider Kurt Blumenfeld'le 1926'da, Heidelberg'deki bir öğrenci etkinliği sırasında tanıştı. Aralarındaki dostluk yaşam boyu sürecek, yalnızca Arendt'in *Eichmann in Jerusalem** (1963) adlı kitabının basılmasıyla kesintiye uğrayacaktı.[27] Arendt, 1933 baharında Gestapo tarafından gözaltına alınıp ardından annesiyle beraber Prag üzerinden Paris'e kaçmak zorunda kalmasının hemen arifesinde, Blumenfeld'in isteği üzerine Prusya Devlet Kütüphanesinde hükümet dışı örgütlenmeler, iş dünyası örgütleri ve meslek birlikleri tarafından hayata geçirilen antisemitik tedbirlerin kapsamı üzerine araştırma yürütüyordu. Blumenfeld ise bu malzemeyi 18. Siyonist Kongre'de sunmaya hazırlanıyordu.

Arendt'in Yahudi meselesine ilgisi kapsamlı biçimde belgelenmiştir; ancak işin açıklanmadan kalan yönü, orta sınıftan asimile bir Yahudi ailesinin kızının neden konuya bu denli yoğun bir ilgi beslediğidir. Hiç şüphesiz, Elisabeth Young-Brühl'ün ileri sürdüğü gibi, cevap kısmen ailenin geçmişiyle ilgilidir:[28] Arendt'in babasının babası Max Arendt, Königsberg'deki Yahudi cemaatinin inançlı bir lideriydi ve her ne kadar anti-Siyonist olsa da, kesinlikle kendini alenen Yahudi olarak niteleyen bir adamdı. Arendt'in annesi ise Rosa Luxemburg'un ilk destekçilerinden biri ve son derece gururlu bir kadındı; kızına, okulda tanık olduğu her tür antisemitik söz veya davranışı hemen kendisine bildirmesini tembihlemişti. Konunun tesadüfi sayılamayacak bir yanı da, Arendt'in, mensubu olduğu Alman Yahudilerinin deneyimleri ile büyüdüğü Königsberg (Kaliningrad) kentine akın eden Doğu Avrupalı Yahudi mülteciler ve kalıcı veya geçici işçilerin deneyimleri arasındaki tezata dair yoğun farkındalığıydı. Medeni ve politik haklara sahip, müreffeh ve özgürleşmiş Alman Yahudileri ile doğudan gelen kardeşleri arasındaki söz konusu tezat, Arendt'i derinden etkilemiş ve ona farklı Yahudi cemaatlerinin deneyimleri arasındaki tezata yönelik bir duyarlılık kazandırmıştı, ki bu o zamanlar oldukça nadir rastlanan bir duyarlılıktı.[29]

Aziz Augustinus'taki aşk kavramı üzerine doktora tezini tamamladıktan sonra Arendt, Rahel Levin Varnhagen'in biyografisi üzerine çalışmaya koyuldu. 1771 yılında Berlin'de doğan Varnhagen Yahudi bir *salonnière* [salon sahibesi] idi ve Napolyon'un 1806 yılında Almanya'yı işgaline dek

---

* Sayfa numaraları bu kitaba aittir. Ayrıca bkz. *Kötülüğün Sıradanlığı: Adolf Eichmann Kudüs'te*, çev. Özge Çelik, 2009. İstanbul: Metis Yayınları.

salon'u son derece prestijli bir mekandı. *Habilitationsschrift* [doçentlik tezi] olarak hazırladığı bu çalışma 1933 yılında büyük ölçüde tamamlandı; fakat Arendt son iki bölümü ancak 1938'de, Fransa'daki sürgün günlerinde bitirebildi. İlk İngilizce baskısı 1957 yılında, ilk Almanca baskısıysa 1959 yılında yayımlandı.[30]

Arendt'in Rahel Levin Varnhagen'in hikâyesini "kendisinin anlatacağı gibi" anlatma teşebbüsünün, açılması gereken bir dizi okuma katmanı vardır.[31] 1930'ların başlarında, Arendt'in Musevilik kavrayışı ve kendi Yahudi kimliğiyle olan ilişkisi köklü dönüşümler geçiriyordu; Kant, Lessing ve Goethe'nin eşitlikçi, hümanist ideallerinden giderek uzaklaşan Arendt, Yahudilerin farkının Alman kültürü içinde giderilmez olduğunu kabul ediyordu. Rahel'le ilgili kitap, gettonun yıkılması ile on dokuzuncu yüzyıl burjuva Hıristiyan ulus-devletinin doğuşu arasındaki dönemde Yahudilerin özgürleşmesi sürecindeki paradoksları belgeler. 1790 ile Napolyon'un Berlin'e girdiği 1806 yılı arasındaki bu kısa dönemde, Rahel Levin'in salonu "Berlin'deki çatı katında" serpilip gelişir.

Bir bütün olarak Arendt'in siyasi felsefesinin ve ileriki yıllardaki antisemitizm incelemelerinin bakış açısından, Varnhagen'e dair kitabı, Arendt'in oldukça muğlak yaklaştığı bir kategori ortaya koyar: "Toplum" ve "toplumsal." Varhagen kısa ömürlü bir toplumsal fenomen olan *salonlara* önderlik etmişti. Söz konusu *salonlar* genelde varlıklı burjuva evlerinin çalışma odalarında düzenlenir, kamusal ve özel, kişisel ve kolektif buralarda öngörülemez ve akışkan biçimlerde iç içe geçerdi. Samimi yakınlaşmalar teşvik ediliyordu, ancak kişinin bunu fark etmiyor gibi davranması gerekiyordu; kişinin yazılı olmayan görgü kurallarını—günümüzde *salonfähiges Verhalten* [salona uygun davranış] deniyor—ihlal etmemeye özen göstermesi gerekiyordu.

Bir kamusal alan modeli olarak *salon*lar, Arendt'in *İnsanlık Durumu*'nda başat olan *agon* şeklindeki kamusal alan modeliyle neredeyse her bakımdan tezat teşkil eder. Yunan *polis*i ve onun karakteristik kamusal alanı kadınları (ve genel olarak çocuklar ve hizmetkârları) dışlıyordu; oysa *salon*lar kadın mevcudiyetinin hüküm sürdüğü alanlardı. *Polis*in kamusal alanlarında konuşmalar "ciddi"ydi ve "herkesin yararı" kaygısıyla yönlendiriliyordu; oysa salonlardaki konuşmalar oyunbaz ve amorftu ve herkesin yararı ile her bir kişinin avantajı serbestçe birbirine karışıyordu. *Polis*in kamusal alanı *eros*u bastırıyordu; oysa *salon*lar *eros*u besliyordu.

Gelgelelim Arendt, *salon*ları alternatif bir kamusal alan modeli olarak kullanmaz; bunun yerine, yazar *salon*larda genel olarak "toplumsal"ın yetersizliklerini görür. Toplumsal olan; uyuma, kolektif hedefler pahasına kişisel arayışların yüceltilmesine meyleder. Bana kalırsa Arendt'in buna inanmasının nedeni, Martin Heidegger'in büyüsü altında olması değildi; Arendt Varnhagen'le ilgili kitabını yazmaya başladığında Heidegger'le olan ilişkisini bitirmişti. Asıl neden, Arendt'in asimile Alman-Yahudi burjuvazisinin yanılsamalarını eleştiren, gittikçe daha siyasi bir kişi haline gelmesiydi. Yıllar ilerleyip de Arendt siyasi düzenin çöküşünü bizzat etinde tecrübe ettiği zaman, antisemitizmi anlama şemaları da "toplumsal"dan "siyasal"a kaydı.[32] Çok daha ileride, *Totalitarizmin Kaynakları*'nda, Yahudilerin toplum tarafından kabulü bağlamında şunları yazacaktı: "Eşitliğin bu şekilde, politik bir mefhumdan sosyal bir mefhuma evrilmesi, bir toplumun özel gruplar ve bireylere pek az alan açtığı durumlarda daha da tehlikeli hale gelir; zira o zaman bu grup ve bireylerin farklılığı daha da göze batmaya başlar."[33]

Holokost ertesinde, Alman Yahudilerinin kaderi çizildikten sonraki çalışmalarında, Arendt radikal bir tez ileri sürer: Modern antisemitizm, der, Yahudi olanlarla olmayanlar arasındaki ilişkinin "ezeli" bir boyutu olmak şöyle dursun, son derece modern bir fenomendi.[34] Avrupa emperyalizmi sonrasında, Avrupa'da geleneksel siyasi yapıların, bilhassa ulus-devletin çözülmesini ifade ediyordu. Arendt'e kalırsa, antisemitizm yalıtılmış bir biçimde ele alınmamalı, "Yahudi Meselesi"nin önemini kat kat aşan, Batı uygarlığının bir krizi bağlamında kavranmalıydı.

Bu şekilde "Yahudi Meselesi"ni çok daha geniş bir siyasi arka plana yerleştiren çerçevesini koyan Arendt, antisemitizm konusundaki bir dizi geleneksel bakış açısına meydan okumuş oldu. Bu geleneksel bakış açılarının en başat olanı, modern antisemitizmin basitçe, dini saikli "Yahudi nefreti"nin yeni bir biçimini temsil ettiğiydi. Bu görüşe karşı Arendt'in savı, aslında "antisemitizmin argümanlarını ve duygusal etkisini ne ölçüde Yahudi düşmanlığından aldığı bile tartışma götürür" şeklindeydi. *Totalitarizmin Kaynakları*'ndaki kritik ve karakteristik biçimde tartışmalı bir pasajda şöyle yazıyordu:

Antikiteden bu yana dünyaya hükmeden ya da hükmetmeye çalışan bir gizli Yahudi örgütünün bulunduğu düşüncesi ne kadar yanlışsa; Roma İmparatorluğu'nun sonundan ortaçağa, modern dönemden günümüze dek Yahudilere yönelik baskı, sınırdışı etme ve katliamlardan oluşan kesintisiz bir zincir olduğu mefhumu da—ki bu sık sık modern antisemitizmin ortaçağdaki popüler batıl itikatların bir tür seküler versiyonundan ibaret olduğu fikriyle de süslenir—en az o kadar hatalıdır (ama belki bir nebze daha az zararlıdır).

Arendt'in bu pasajda iddialı bir ton kullanmaktaki amacı, mesajını net bir biçimde ortaya koymaktır: Ona göre, yeniyi eskinin ışığında anlamaya kalkmak demek, onu temelli yanlış anlamak demekti. Yahudilere yönelik tarihteki baskılar ne kadar ayrıntılı biçimde ortaya konursa konsun, onun eşi görülmedik bir olgu olarak gördüğü fenomeni açıklamaya yetmezdi. Öyleyse modern antisemitizmin yeterli bir analizi için, yeni düşünce kategorileri gerekliydi. Bu kategorileri oluşturmak için, Arendt'e göre, sadece Yahudi tarihini değil, bir bütün olarak Avrupa tarihini yeniden değerlendirmek gerekirdi.[35]

Arendt'in antisemitizm anlayışı, antisemitizmin tarihte bir sabit olduğu şeklindeki kemikleşmiş görüşlere birkaç önemli noktadan meydan okuyordu. Birincisi, bir antisemitizm teorisi inşa etmenin mümkün, hatta şart olduğunu ileri sürüyordu. İkincisi Arendt, ortaçağın dini saikli antisemitizminin aksine, modern antisemitizmin *siyasi* bir fenomen olduğunda ısrar ediyordu. Üçüncü olarak da Arendt'e göre, siyasi bir olgu olan bu modern antisemitizm, üç temel gelişmenin kesişim noktasında yer alıyordu: Avrupa emperyalizminin yükselişi; ulus-devletin gerilemesi; liberal özgürleşmenin hezimeti. Tüm bu savların ve dolayısıyla da Arendt'in antisemitizm teorisinin bir bütün olarak altında, temel bir paradoks bulunuyordu: Modern antisemitizm, modern ulus-devletin gerilemesiyle birlikte yükselişe geçmişti; dolayısıyla antisemitizmin milliyetçiliğin bir yan ürünü olduğu düşüncesi düpedüz yanlıştı. Arendt'in açıklık getirdiği gibi, "ne yazık ki gerçek şudur: Modern antisemitizm, geleneksel milliyetçiliğin gerilemesine koşut olarak yükselmiş ve tam olarak Avrupa ulus-devletler sistemi ile onun kararsız güçler dengesinin çatırdadığı bir dönemde doruk noktasına varmıştır" (*Antisemitizm*: 20). * Aksi takdirde son derece kafa karıştırıcı görünecek bir gelişme, yani Yahudi meselesinin Naziler nezdinde kazandığı müthiş önem, ancak Avrupa, hatta küresel çapta cereyan eden bu olayların ışığında açıklanabilir.

Arendt'in Yahudi meselesini tarihi planda özenli bir biçimde yeniden kurduğu *Totalitarizmin Kaynakları*'nın birinci bölümüne göre, açıklamanın en azından bir kısmı, Yahudileri ulus-devlete hem bağlayan hem de onun dönüşümlerine uyum sağlama yeteneklerine ket vuran bir dizi siyasi, ekonomik ve psikolojik etkenin çakışmasında bulunabilir. Ulus-devlet Yahudilere ihtiyaç duyuyordu, zira ortaya çıkışından beri kendini tahkim etmek için Yahudilerin hem mali kaynaklarına hem de siyasi sadakatine güveniyordu. Buna karşılık ulus-devlet zengin Yahudilere bir dizi sosyal ayrıcalık tanımış; bu da onları hem devlet iktidarına bağımlı kılmış hem de topluma entegrasyonlarını engellemişti. Yahudiler duruma pek itiraz etmemişti, çünkü bu ayrıcalıklı statü onların ayrı bir kimlik sürdürme hevesiyle örtüşüyordu. Dolayısıyla devletin çıkarlarıyla Yahudilerin çıkarları mükemmel bir uyum içinde görünüyordu (*Antisemitizm*: 38).

Öncülü olan mutlakiyetçi devletin aksine, ulus-devlet tam da toplumdaki belirli bir sınıfla ittifak halinde olmadığı için Yahudilerle ittifak kurmuştu (*Antisemitizm*: 42). Zenginliklerini mutlakıyet döneminin saraylı Yahudilerinden miras alan Yahudiler sınıfı bu amaç için biçilmiş kaftandı, çünkü toplumda "ayrı bir sınıf oluşturmadıkları gibi, yaşadıkları ülkelerdeki sınıflardan hiçbirine ait de olmayan" (*Antisemitizm*: 38) yegâne grubu teşkil ediyorlardı. Sonuç itibariyle Yahudiler, yeni gelişen devlete yoğun olarak ihtiyaç duyduğu mali desteği ve siyasi sadakati sunabilirdi. Saraylı Yahudiyle Avrupalı banker arasındaki mesafe tek adımlık bir yoldu. Hatta Avrupalı banker ileride konumunu iyice tahkim ettiğinde dahi devlete fayda sağlamaya devam etti. Sonraki siyasi gelişmeler sonucu siyasi rolleri azaldıysa bile, Yahudi bankerler ulus-devletler *arasında* uluslararası arabulucu olarak önemli bir rol oynadılar.

---

*   Arendt. H (1996) *Totalitarizmin Kaynakları 1: Antisemitizm*, çev. Bahadır Sina Şener, İstanbul: İletişim Yayınevi. Bu ve izleyen alıntılar bu çevirideki belirtilen sayfalardan alınmıştır.

Ulus-devletin akıbeti karardıkça, Yahudilerinki de karardı. On dokuzuncu yüzyıldaki olağanüstü kapitalist gelişim, nihayetinde ulusal ekonomilerin genişlemesini ulus-devletin sınırlarının ötesine itti ve gittikçe dış kaynakların sömürüsüne bağlı hale geldi. Bunu izleyen emperyal çekişme sırasında Yahudiler açısından talihsiz olan durum, ekonomik genişlemenin itici gücünü teşkil eden burjuvazinin, iktidar arayışı esnasında, çok farklı bir müttefik olan "ayaktakımı"na (*les déclassés*) yaslanması oldu.[36]

Arendt'e göre burjuvazi bu hırsının bedelini ağır ödedi. Afrika'daki emperyal çekişmenin,[37] bir emperyal güç gösterisi olmaktan çıkıp gittikçe burjuvazinin anavatandaki—Avrupa'nın kalbindeki—yıkımının provası haline gelmesiyle beraber, başta müttefik olan burjuvazi ve ayaktakımı kısa sürede kanlı bıçaklı hale geldi.[38] Gerçekten de, emperyalizmin tetiklediği şiddet, hırs ve kanunsuzluğun Avrupa'nın sınırlarına vardığında durması için pek bir neden yoktu. "Burjuvazi, ulus-devleti yıkmayı başarmış, ama ancak bir Pirus zaferi elde etmişti; ayaktakımı diğer bütün sınıflar ve kurumlarla birlikte burjuvaziyi de tasfiye ederek, kendi başına siyasi yaşama nezaret etmeye tamamen ehil olduğunu göstermişti" (*Emperyalizm*: 11*).

Ayaktakımının başlıca mağduru Yahudiler oldu. Yahudiler ulus-devletten emperyalizme geçişi yapmayı başaramamış, dolayısıyla Avrupa toplumundaki en savunmasız grup, ayaktakımının cinai saikleri için kolay bir hedef haline gelmişti. Arendt'in gözünde, Yahudilerin siyasi ve toplumsal açıdan dışarlıklı statüsü onları ayaktakımının karşısında iyice savunmasız bırakıyordu. Bu son husus bağlamında Arendt, Yahudilerin siyasi özgürleşmesi ile emperyalizmin yükselişinin on dokuzuncu yüzyılın sonlarında çakıştığına işaret eder (Almanya'da Yahudiler tam siyasi özgürleşmeye 1879'da kavuştu). Bunun sonucunda Yahudiler külliyen toplumun içine atıldı—hem varlıklı bankerler hem de yoksullaşmış Yahudi kitleler olarak. Ancak artık ne toplum yeni özgürleşmiş Yahudi kitlelerini kendine eşit görmeye meyilliydi, ne de yeni emperyalist rejimler Yahudilerin ulus-devlet çerçevesindeki eski ayrıcalıklı statüsünü sürdürmeye. Ulus-devletin

* Arendt. H (1996) *Totalitarizmin Kaynakları 2: Emperyalizm*, çev. Bahadır Sina Şener, İstanbul: İletişim Yayınevi. Bu ve izleyen alıntılar bu çevirideki belirtilen sayfalardan alınmıştır.

aksine, emperyalizm için bunların ikisi de gerekli değildi. Politik açıdan vadesini doldurup toplumsal bakımdan savunmasız duruma düşen Yahudiler, Birinci Dünya Savaşı esnasındaki emperyal çöküşün ertesinde geleneksel siyasi ve toplumsal yapıların genel çözülme sürecinde "lüzumsuz" kılındılar. Avrupa tarihinin "tam olarak Avrupa ulus-devletler sistemi ile onun kararsız güçler dengesinin çatırdadığı" bir dönüm noktasında (*Antisemitizm*: 21), yani tam da "Antisemitizm doruk noktasına vardığında, Yahudiler kamusal işlevlerini yitirmiş ve ellerinde servetlerinden başka hiçbir şey kalmamıştı" (*Antisemitizm*: 22).

Bu noktada Arendt'in görüşlerini Horkheimer'inkilerle karşılaştırmak zihin açıcı olacaktır: Yahudiler tefeci ve banker olarak işgal ettikleri özel konumun, Avrupa'nın önce mutlakiyetçi rejimlerini ilerideyse ulusal hükümetlerini mali darboğazdan kurtarıp desteklemelerinin, onlara emsalsiz ve sorunlu bir profil kazandırdığı noktasında anlaşırlar. Yahudiler "ulusun içinde" idi, ancak asla gerçekten "ulusun parçası" değildi. İki yazar da Yahudilerin ekonomik durumunun yarattığı hınca değinir: Horkheimer'e kalırsa, dolaşım alanındaki şöhretleri nedeniyle Yahudiler kitlelerin her tür antikapitalist hıncının yöneleceği bir tür paratoner haline geldi. Arendt'e göreyse, Yahudilerin ekonomik konumu onlara "ulusüstü" ve "protokozmopolit" bir varoluş veriyor, bu da, "insan hakları"na dair evrensel inancı hem gündeme getiriyor hem de çürütüyordu. Yahudiler "insan haklarının özünü" temsil ediyor gibi görünüyordu. Ancak aynı zamanda, ulusun içindeki sorunlu konumları, gerektiğinde onları koruyacak bir kolektiviteye net biçimde ait olmamaları nedeniyle ne denli savunmasız olduklarına delalet ediyordu. Theodor Herzl için olduğu kadar Arendt için de Dreyfus vakasının bu denli önemli olmasının nedeni budur. Fransız Devrimi'nin mirasına rağmen Fransız "vatandaşlar ulusu"nun bağrında Yahudiler hâlâ dışarlıklı konumundaydı. Fransa-Prusya Savaşı'ndan sonra (1870-1), Fransız ordusunda subay olan Alsace Yahudisi Dreyfus, Alman casusu olmakla suçlanmıştı! Dolayısıyla Yahudi varlığı, modern ulus-devletin evrenselci emelleri ile ulusal egemenlik ilkesi arasındaki dengenin kırılganlığını ifşa ediyordu. Söz konusu egemenlik tekrar tekrar, vatandaşlar ve eşitlerden oluşan bir cemaat şeklinde değil, kan ve aidiyet temelli bir etos biçiminde tanımlanıyordu.[39]

Arendt'in antisemitizmin kaynaklarını sadece ekonomi alanında değil—ki şüphesiz bu alanı göz ardı etmiyordu—aynı zamanda Fransız Devrimi sonrası modern devletin çözülmemiş paradokslarında tespit etme yollu girişimi, Frankfurt Okulu üyelerinin gözünde herhalde bir naif idealizm örneği, hatta daha beteri, bir liberalizm örneği teşkil ederdi. Onlar, devletin ekonomiden özerk olduğunu asla kabul etmediler ve hiçbir zaman—Marcuse örneğinde olduğu gibi, modern liberal devletin çöküşünün korkunç sonuçları üzerine akıl yürüttükleri zaman dahi—gerçek anlamda bir modern liberal devlet kuramı geliştirmediler.[40] İnsan hakları, herkes için hukuk devleti ve halk egemenliği ideallerinin zayıflaması ile Yahudilerin kaderi arasındaki bağı gören Arendt bu konuda ayağını yere daha sağlam basıyordu. Arendt'in antisemitizm analizi, onu bizzat modern devlet sisteminin çok daha derinlerinde yatan gerilimleri keşfetmeye yöneltti.

Gelgelelim Arendt'in, psikolojik ve psikanalitik yaklaşımların antisemitizmi açıklama ve genel olarak siyasi olguları kavrama gücüne yönelik husumeti hiç şüphesiz abartılmıştır. Her vatandaş bir zamanlar çocuktu; kamusal şahsiyetin içinde özel birey gizliydi. "Kamusal alanın haysiyeti"ne yoğun vurgu yapan Arendt, siyasi olguların ortodoks Marksistlerin ve liberallerin elinde ekonomik davranış ve motivasyonlara indirgenmesi halini düzelterek önemli bir katkıda bulunmuştu. Ancak siyasi olanın alanını ve vatandaş bireyin psişesini şekillendiren diğer önemli unsurlar olan sosyopsikolojik ve kültürel bağlamı net bir tavırla kenara itmekle, siyasi olana dair vizyonunun ileri görüşlülüğüne bir miktar ket vurmuştu.

İkinci Dünya Savaşı ertesindeki ulus-devlet sisteminin derin ve öngörülemez dönüşümlerden geçtiği, zaman zaman "milliyetçilik sonrası" ya da "egemenlik sonrası" terimleriyle nitelenen günümüzde, Arendt'in azınlıklar, devletsizlik ve mültecilerin çilesi konusundaki düşünceleri gittikçe önem kazanıyor. Bu noktada, Alman Yahudilerinin suya düşen liberal özgürleşme deneyimi ile Doğu Avrupa Yahudilerinin çoğunluğunun kolektif deneyimini birbirine bağlayan ipliği seçmeye başlıyor, en net ifadesini de Raphael Lemkin'in geliştirdiği soykırım kategorisinde buluyoruz.

Arendt'in Devletsizlik ve "Haklara Sahip Olma Hakkı"na Dair Görüşleri

Arendt, Birinci Dünya Savaşı sonrasında ortaya çıkan milliyetler ve azınlıklar sorununu totalitarizmin habercisi olarak ele alan bir avuç yirminci yüzyıl siyasi kuramcısından biriydi. Rusya, Osmanlı ve Avusturya-Macaristan gibi çokmilletli ve çoketnisiteli imparatorlukların çözülmesi ve Kaiserreich'in hezimeti sonucu, Doğu ve Orta Avrupa'da dini, dilsel ve kültürel açıdan pek homojen olmayan ulus-devletler doğdu. Söz konusu vâris devletler— Polonya, Avusturya, Macaristan, Çekoslovakya, Yugoslavya, Bulgaristan, Lituanya, Letonya, Estonya, Yunan ve Türk cumhuriyetleri—"milli azınlıklar" denen grupların kitleler halinde yaşadığı topraklar üzerinde hüküm sürüyordu. 28 Haziran 1919'da Amerikan Başkanı Woodrow Wilson ile İtilaf Devletleri arasında imzalanan Polonya Azınlıklar Anlaşması'nın amacı, o dönem toplam Polonya nüfusunun yüzde 40'ını teşkil eden ve Yahudi, Rus, Alman, Litvanyalı ve başka milletlerden oluşan azınlıkların haklarını korumaktı. Ardından çeşitli vâris devletlerle on üç benzer anlaşma imzalandı ve söz konusu devletler "azınlıklarına sivil ve siyasi eşitlik, kültürel ve ekonomik özgürlük ve dini hoşgörü sağlamayı taahhüt ettiler."[41] Ancak, hem milli azınlığın nasıl tanımlanacağı konusunda vahim bir belirsizlik vardı; hem de azınlık haklarının yalnızca mağlup güçlerin vârisi olan devletlerde uygulanacak olması—zira Büyük Britanya, ve İtalya azınlık anlaşmalarının kendi topraklarına genişletilmesini reddediyordu—İtilaf Devletleri'nin azınlık haklarını desteklemedeki saiklerine dair kinizm yaratıyordu. Bu da bir dizi anormal duruma yol açtı. Örneğin, Çekoslovakya'daki Alman azınlığı haklarının korunması için Milletler Cemiyeti'ne başvurma hakkına sahipti, ancak İtalya'daki büyük Alman azınlığının böyle bir hakkı yoktu. Vâris devletlerdeki Yahudilerin konumu da netleştirilmiş değildi: Eğer bir milli azınlık addedileceklerse, bu, ırk, din ya da dil itibariyle mi olacaktı? Bu azınlık statüsü tam olarak hangi hakları getirecekti?

Arendt'e göre Milletler Cemiyeti'nin artan iç ihtilafları ve siyasi basiretsizliği, milli azınlık olarak anılan gruplar arasında artan çatışmalar, azınlık anlaşmalarının uygulanmasındaki ikiyüzlülük aslında 1930'lardaki gelişmelerin habercisiydi. Modern ulus-devlet, bütün vatandaşları ve sakinleri adına herkesin iktidarını hayata geçiren bir merci olmaktan çıkıp, dar bir "hayali" etno-milli cemaat olarak milletin aracı haline geliyordu.

"Ulus, devleti fethetti; ulusal çıkar yasalar karşısında önceliği, Hitler'in 'hak, Alman halkı için iyi olan şeydir' demesinden uzun zaman önce elde etmişti" (*Emperyalizm*: 269).

Modern devletin hukukun aracı olmaktan çıkarılıp yozlaştırılarak, ulusun hizmetinde, hukuksuz keyfiyetin aracı haline getirilmesi süreci, devletler istenmeyen azınlıkları kitleler halinde vatandaşlık haklarından mahrum bırakıp da sınırlar boyunca milyonlarca mülteci, sınır dışı edilmiş yabancı ve devletsiz [uyruksuz] insan—yani ulus-devletlerin eylemleri sonucu oluşmuş özel insan kategorileri—yarattığında aşikâr hale geldi. Belirli bir toprak parçasıyla sınırlı ulus-devlet sisteminde ya da devlet merkezli bir uluslararası düzende, kişinin hukuki statüsü, üzerinde yaşadığı toprak parçasındaki en yüksek otorite olan ve hak sahibi olduğu kimlik belgelerini veren mercinin korumasına bağımlıdır. Kişi, eğer vatanında kovuşturmaya uğrar, sürülür ve kovulursa *mülteci* durumuna düşer; eğer o siyasada bulunan siyasi çoğunluk, belirli grupların sözde "homojen" olan halka ait olmadığını ilan ederse, kişi *azınlık* durumuna düşer; eğer devlet kişiye verdiği kimlik belgelerini iptal ederek o zamana kadar sağladığı korumayı geri çekerse, kişi *devletsiz* [uyruksuz] bir birey haline gelir; bir kere mülteci, azınlık ya da devletsiz birey haline geldikten sonra kendisini üye kabul edecek başka bir siyasa bulamaz ve onu kabul etmek istemeyen farklı toprak parçaları arasında iki arada bir derede kalırsa da, *yerinden edilmiş kişi* haline gelir. Bu noktada Arendt şu sonuca varır:

> Haklara sahip olmak diye bir hakkın (ve bu, kişinin, eylemlerine ve görüşlerine göre yargılandığı bir çerçevede yaşaması anlamına gelmektedir) ve bir tür örgütlü topluluğun üyesi olmak gibi bir hakkın varlığının, ancak yeni bir küresel siyasi durum nedeniyle bu hakları yitirmiş ve yeniden kazanması da olanaksız olan milyonlarca insan ortaya çıktığında farkına vardık. [...] Bu kayba karşılık gelen ve hiçbir zaman insan hakları arasında adı dahi anılmamış hakkın, on sekizinci yüzyılın kategorileri içerisinde dile getirilmesi olanaksızdır, çünkü bu kategoriler, halkların doğrudan insanın "doğa"sından doğduğunu varsaymaktadırlar. [...] haklara sahip olma hakkının bizzat insanlık tarafından garanti edilmesi gerekir. *Bunun olanaklı olup olmadığı hiçbir biçimde kesin değildir.* (*Emperyalizm*: 306–8; italikler benim)

AYDINLANMANIN DİYALEKTİĞİ'NDEN TOTALİTARİZMİN KAYNAKLARI'NA | 65

1958'de yayınlanan *The Human Condition*'dan* yedi sene önce, 1951'de kaleme alınan bu antisemitizm analizi, gerek ulus-devletin krizi gerek iki savaş arasındaki devletler sisteminin çöküşü bağlamında, Martin Jay'in "siyasi olanın önceliği"[42] dediği hususu ortaya koyar; söz konusu kavramsa, Arendt'in Avrupa'daki modern Yahudi deneyimini kavrama girişiminde kilit bir öneme sahipti.[43]

Sonuç: *Totalitarizmin Kaynakları*'ndan *Soykırım Sözleşmesi*'ne

İster siyasal iktisadın, ister psikanalizin, ister Alman felsefe ve sosyolojisinin dilinden yazsınlar, Arendt ile Adorno ve Horkheimer, antisemitizme dair düşünümleri itibariyle Alman—daha doğrusu Batı Avrupa—Yahudileri olarak kalmaya devam ettiler. Onların gözünde, Musevi inancı, modern liberal devletin sağladığı dini inanç özgürlüğü tarafından garanti altına alınan, özel alana ait bir meseleydi. Onların kuşağı için, Yahudi varlığının kolektif veçheleri yalnızca bir ailevi ya da toplumsal tercih meselesi haline gelmişti: İnsan sinagoga gidip gitmemeyi, bir Yahudi'yle evlenip evlenmemeyi, çocuklarını Yahudi cemaati içinde yetiştirip yetiştirmemeyi seçebilirdi. Elbette başka bazı düşünür ve gelenekler Almanya'daki Yahudi varlığının kolektif boyutuna ve bunun İbrani dili, ayinler ve gelenekler kanalıyla aktarımına daha bağlıydı. Institut für Sozialforschung ile Franz Rosenzweig yönetimindeki *Das Jüdische Lehrhaus* aynı binada bulunuyordu.[44] Gelgelelim, daha geleneksel Yahudi yöneliminin, evrensel ve evrenselci itkiler taşıması nadir rastlanan bir durumdu. Bu tam da Raphael Lemkin'in (1901–59) mirası açısından geçerlidir. Lemkin'in, Birleşmiş Milletler'in Soykırım Sözleşmesi'ni kabul etmesi yolundaki çabaları, Holokost hafızasını bütün insanlığın evrensel bir deneyimi haline getirdi. Bir sonraki bölümde ele alacağım gibi, Lemkin, hukukun evrensel ile tikel arasında dolayım sağlamasını istiyordu; milletlerin hukuku ile imha tehlikesiyle yüz yüze olan millet ve halkların indirgenemez, özgül deneyimlerini birbiriyle bağdaştırmaya çabalıyordu. Sonuç niyetine, Lemkin'deki evrensel ve tikel

---

* Bkz. *İnsanlık Durumu*, çev. Bahadır Sina Şener, 6. basım, 2012. İstanbul: İletişim Yayınevi. Alıntılar ve sayfa numaraları bu çeviriye aittir.

diyalektiğini Arendt, Adorno ve Horkheimer ile kısaca karşılaştırmak zihin açıcı olabilir.

Arendt'in, Adorno'nun ve Horkheimer'in Nazi antisemitizmini Batı uygarlık ve Aydınlanmasının daha genel tarihi çerçevesine oturtan kategoriler kanalıyla açıklama yolundaki azimli girişimleri; bu yazarların eşitlik ve farklılığın, hoşgörü ve ötekiliğin kabulünün bir gün gerçek olacağı bir dünya tahayyülünü içeren ahlaki ve siyasi angajmanlarından ayrılamaz. Adorno ve Horkheimer her ne kadar siyasi liberalizmi öfkeyle ve çoğu zaman özensiz bir tavırla reddetseler de, John Rawls'un netleştirdiği anlamda birer siyasi liberaldiler.[45] Holokost'un ve Avrupa Yahudilerinin yok edilmesinin anısı, onların eserlerinde, cumhuriyetçi bir çerçevede özgürleşmiş bir toplumun kurulabileceği şeklindeki ütopyacı bir ümide dönüşür. Hülasası: Antisemitizmi açıklamak için başvurdukları yöntemsel evrenselcilik, Yahudilerin yalnızca insanın özgürleşmesi emelini güden ve *bütün* vatandaşlarına kamusal özgürlükleri temin eden bir toplumda haysiyet, özgürlük ve hoşgörü üzerine kurulu bir yaşam sürebileceği yolundaki inançlarından koparılamaz.[46] Siyasetin hayrı ve siyasi olanın haysiyetine vurgu yapmakla, Arendt liberal özgürlükleri negatif hürriyetler olarak gören özelci tasavvura meydan okur ve nihayetinde liberal bireyciliğe cumhuriyetçi bir tashih yapmaya çalışır; ancak, temelde insanların eşitliğinin kabulüne dayanan modern siyasi liberalizmin merkezinde duran dayanaklarını reddetmez.

Buna karşın Raphael Lemkin'in arzusu, sadece Yahudilerin değil Çingeneler, Polonyalılar, Slovenler ve Ruslar gibi diğer halkların da yaşadığı zulmün, tüm insanlık için evrensel bir miras haline dönüştürülmesi ve milletler hukuku çerçevesinde dava konusu olmasıdır. *Axis Rule in Occupied Europe* [İşgal Altındaki Avrupa'da Mihver Devletleri'nin İktidarı] adlı çalışmasının önsözünde şöyle yazar: "Elinizdeki kitabın yazarı, işgalci güçlerin yaptığı gibi, milletlerin ve etnik grupların imha edilmesini 'soykırım' [genocide] olarak nitelemektedir; söz konusu terim, Yunanca *genos* (kavim, ırk) ve Latince *cide* (homicide [insan katli], fratricide [kardeş katli] ifadelerindeki gibi) kelimelerinden türetilmiştir."[47] Bu meşhur cümleler, Churchill'in Avrupa Yahudilerinin imhasını kastederek zikrettiği "adı olmayan suç" için bir terim öneriyordu. Bilindiği gibi Lemkin,

Holokost'un emsalsiz olduğunda ısrar etmiyor, "Holokost'un bir istisna değil, en önemli örneğini teşkil ettiği, genel bir soykırım teorisi ve tanımı" formüle etmeye çabalıyordu. [48]

Zamanında Polonya Devlet Savcılığı bünyesinde avukat olarak çalışan ve 1939 yılında İsveç üzerinden ABD'ye kaçan Lemkin, yalnızca, antisemitizmin ve Yahudilerin imhasının kavranış biçimine hukuki tahayyül ve perspektif katmakla kalmadı; aynı zamanda, "grup" kategorisini devreye soktu ve şu vurguyu yaptı: "Bu tür bir planın gayeleri, milli grupların, siyasi ve sosyal kurum, kültür, dil, milli his, din ve ekonomik varlığının parçalanması; söz konusu gruplara ait bireylerin kişisel güvenlik, hürriyet, sağlık, haysiyet, hatta yaşamlarının yıkımdır."[49]Benim kestirimime göre, Alman-Yahudi özgürleşmesinin daha liberal ve bireyci geleneklerinden gelmeleri itibariyle, ne Arendt ne de Adorno ile Horkheimer, grup kavramına veya grupları muhafaza etme yollu ahlaki ve siyasi düstura Lemkin denli olumlu yaklaşırdı. Onların gözünde gruplar, ancak ve ancak, üyelerinin kurtuluşu veya özgürlüğü hedefine hizmet ettikleri ölçüde savunmaya layık olabilirdi. Ancak, Arendt'in iki savaş arası dönemde Avrupa'daki azınlıklar meselesi ve "haklara sahip olma hakkı"na dair ileri görüşlü yorumlarında, Lemkin'in çalışmalarında başat olan, kültürel gruplar meselesine ve azınlıkların kültürel mirasının korunması meselesine dair öngörüler sezeriz.

Adorno ile Horkheimer'in ve Arendt'in Nazi antisemitizmine dair incelemelerini karşılaştırmalı bir perspektiften değerlendirmek, ardından da bu değerlendirmeyi Raphael Lemkin'in mirasını kısaca ele alarak genişletmek suretiyle, Avrupa Yahudilerinin akıbetine dair tüm düşünümlere kaçınılmaz ve gerekli olarak eşlik eden, evrensel ve tikel arasındaki diyalektiğe dair kavrayış kazanırız. Dahası bütün bu tür düşünceler, Martin Jay'in parlak bir ifadeyle "daimi sürgünler" olarak nitelediği, yirminci yüzyılın göçmen entelektüellerinin o zamana kadar emsali görülmemiş manevi ve düşünsel mirasına delalet eder.

ÜÇÜNCÜ BÖLÜM

Totalitarizmin Gölgesinde Uluslararası Hukuk ve İnsan Çoğulluğu*

HANNAH ARENDT VE RAPHAEL LEMKİN

Yaşamöykülerindeki İroni

Hannah Arendt ve Raphael Lemkin yirminci yüzyılın tanıklarıydı. Her ikisi de, iki dünya savaşı sonucu Avrupa kıtasında yaşanan sarsıcı dönüşümleri yaşadı, bu süreçte devletlerini ve evlerini yitirdi, Nazi imha makinesinin pençesinden son anda kurtuldu ve tamamen şans ve tesadüf eseri Yeni Dünya'ya vardı. İki yazarın düşünceleri geçen yüzyılın felaketlerinin damgasını taşır; bunun sonucunda, geçmişi anlama noktasında hepimiz için vazgeçilmez birer aracı olarak karşımıza çıkarlar.

Aynı zamanda, yaşamöykülerinin erken dönemleri arasında şaşırtıcı paralellikler göze çarpar. Arendt 1906'da Hannover'de doğar (ölümü 1975) ve Doğu Prusya'daki Königsberg'de büyür. Birinci Dünya Savaşı ertesinde, Doğu Prusya ve Königsberg'i Weimar'ın kalanından koparan Polonya Koridoru tesis edilir; 1945'te Königsberg Sovyet işgaline uğrar ve adı "Kaliningrad" olarak değiştirilir. Lemkin 1900'de, o zamanlar Çarlık Rusyasının parçası olan Bezwodene'de dünyaya gelir. İki dünya savaşı arasında (1918–39) Bezwodene Polonya'ya dahil olur; bugünse Beyaz

---

* Bu bölüm ilk olarak şu dergide yayımlandı: *Constellations. An International Journal of Critical and Democratic Theory* 16/2 (Haziran 2009): 331–51. Ayrıca, şu kitapta da yeniden basıldı: Şeyla Benhabib (der.), *Politics in Dark Times: Encounters with Hannah Arendt*, s. 219–47. Elinizdeki derlemeye eklenirken kısaltıldı ve gözden geçirildi.

Rusya'dadır ve Bezvodna olarak anılır. Nüfusu aynı kaldığı halde, siyasi otorite değişikliği geçiren toprak parçalarında yaşama deneyimi, her ikisinin gözünde de, yurtsallık, egemenlik ve halklık arasındaki ayrışmaları son derece çarpıcı kılmış olabilir.

Arendt, 1933 baharında Gestapo tarafından gözaltına alındı ve ardından annesiyle birlikte Prag üzerinden Paris'e kaçmak zorunda kaldı. Aynı yıllarda Ralph Lemkin, Polonya Devlet Savcılığı kaleminde genç bir katipti ve Nazi savaş mevzuatına dair, bilhassa kültürel ve dini grupların kültürel, dilsel, dini faaliyet ve eserlerini ilgilendiren mevzuata dair belge topluyordu. 1933 yılında, Madrid'deki Milletler Cemiyeti konferansına bir tebliğ göndererek, "barbarlık ve vandalizm suçlarının, milletler hukukuna yönelik yeni ihlaller olarak ele alınması" önerisinde bulundu."[1] 1939'da Polonya'dan kaçıp Stockholm'e vardı; burada, Avrupa çapında uygulanan Nazi işgal yasalarına dair kapsamlı araştırmalarını sürdürdü. 18 Nisan 1941 tarihinde Japonya üzerinden ABD'ye vardı. Aynı yıl Arendt ve ikinci eşi Heinrich Blücher, Portekiz üzerinden New York'a geldiler.

Gelgelelim, ABD'ye varışından sonra çok sayıdaki çalışması ve üniversite görevleri sayesinde dünya çapında üne kavuşan Arendt'in aksine, Lemkin 1948 yılında Birleşmiş Milletler'in Soykırım Sözleşmesi'ni kabulüyle birlikte gördüğü genel övgünün ardından unutuldu; yoksunluk ve ilgisizliğe maruz kalan yazar, 1959 yılında New York'ta yalnız başına vefat etti.

Kendilerini zamanın büyük alt üst oluşları içinde bulan bu Yahudi mültecilerin ABD'de bir yerlerde, bir dernekte karşılaşıp karşılaşmadığı yolunda heyecan verici spekülasyonlarda bulunulabilir elbet. Ancak bu konuda somut bilgi sahibi değiliz. Daha da hayret verici olan husus, Hannah Arendt'in çalışmalarında Lemkin'in soykırım kavramına dair müthiş eserine değinilmemesidir.[2] Ha keza, Lemkin'in totalitarizme dair Arendt'in çalışmalarını bilip bilmediğine dair bir emare de yoktur; oysa 1950'lerin başlarında, söz konusu çalışmalar, Nazi rejiminin görülmedik ölçüde cani karakterine dair en güçlü tarihi belge ve felsefi analizi teşkil ediyordu. Arendt ve Lemkin adeta aynı zaman ve mekan koordinatlarında, birbirleriyle hiç karşılaşmadan var olmuş gibidir. Dolayısıyla bu ıskalanmış karşılaşmadaki bulmacanın parçalarını bir araya getirme görevi, onların eserlerini geriye dönük bir bakışla inceleyen okurlara aittir.

Söz konusu ıskalanmış karşılaşmanın kendisi de, yazarların sadece yaşamlarının değil düşüncelerinin de yan yana akarken ne denli uzak düştüğünü ifade eden bir metafor olarak görülebilir.[3] Ralph Lemkin, 1944 yılında, *Axis Rule in Occupied Europe* [İşgal Altındaki Avrupa'da Mihver Devletleri'nin İktidarı] adlı çalışmasını yayımladı; yazar söz konusu eserde, Naziler ve müttefikleri tarafından Avrupa'nın pek çok halkına karşı işlenen savaş suçlarıyla hesaplaşılması ve bunların adalete havale edilmesi için, milletler hukukunda yeni bir kategori formüle edilmesini talep ediyordu. Lemkin, uluslararası hukukun, Yahudiler ve diğer halklara yönelik soykırımın eşi görülmedik doğasını tanıması gerektiğini düşünüyordu. 1951'de, Hannah Arendt *Totalitarizmin Kaynakları*'nı yayımladı; bu çalışma da, tarihte yeni bir siyasi yönetim biçimi olarak—hatta bizzat siyasi olanın uzamının dönüşümü olarak—totalitarizmin görülmedik siyasi doğasını teşhir ediyordu. Ancak Lemkin'in aksine Arendt, insan hakları beyannameleri, uluslararası sözleşmeler ve benzerlerinin İkinci Dünya Savaşı sonrasında parçalanan dünya siyasi dokusunu onarabileceğinden şüpheliydi. Haniyse Lemkin'in Soykırım Sözleşmesi'ni hayata geçirme çabalarını hedef alan bir pasajda, Arendt şöyle der:

> Daha da kötüsü İnsan Haklarını korumak üzere kurulmuş bütün dernekler, yeni bir insan hakları bildirisine ulaşmaya yönelik bütün gayretler, marjinal simalardan—siyasi deneyimden yoksun birkaç uluslararası hukukçudan ya da meslekten idealistlerin belirsiz duygularından cesaret alan meslekten hayırseverlerden—mali destek görmekteydiler. Bunların kurduğu gruplar, yayınladığı bildiriler hayvan koruma dernekleriyle tekinsiz bir benzerlik göstermekteydi. Hiçbir devlet adamının, önemli hiçbir siyasi simanın onları ciddiye alması olası değildi ve Avrupa'daki liberal ve radikal partilerden hiçbiri, programlarına yeni bir insan hakları bildirisini katmaya gerek duymadı. (*Emperyalizm*: 297)

Arendt "siyasi deneyimden yoksun birkaç uluslararası hukukçu"yu yererken, aklında Lemkin mi vardı? Ya da, "meslekten idealistlerin belirsiz duygularından cesaret alan meslekten hayırseverler"e çatarken, İnsan Hakları Evrensel Beyannamesi'nin 1948 yılında kabulünün ardındaki yorulmak bilmez güç olan Eleanor Roosevelt'e gönderme yapıyor olabilir miydi? Bildiğim kadarıyla,[4] Arendt'in eserinde Raphael Lemkin'e referans yoktur.

Ancak ironiktir, 1963 yılında *Kötülüğün Sıradanlığı: Adolf Eichmann Kudüs'te* adlı eserini yazdığı vakit, Arendt sadece Soykırım Sözleşmesi'nin kategorilerini kabul etmekle kalmaz; Lemkin'den bile ileri gidip, kendi insan çoğulluğu kavramının ışığında, soykırım suçunu felsefi temelde mahkûm eder. Arendt'e göre soykırım, çoğulluğu yok eder, dolayısıyla insanlık durumuna karşı başlı başına bir suçtur. *Kötülüğün Sıradanlığı* kitabının dramatik Epilog kısmında şöyle yazar: "Eğer yargıçlar sanığa aşağıdaki biçimde hitap etmeye cesaret etselerdi, Kudüs'te yapılanların adil olduğunu herkes açıkça görürdü" (277). Ardından, şaşırtıcı ölçüde keskin bir dille Adolf Eichmann'a dair hükmünü dile getirir:

> Savaşta Yahudi halkına karşı işlenen suçun yazılı tarihteki en büyük suç olduğunu kabul ettiniz ve bu suçtaki kendi rolünüzü de teslim ettiniz. [...] Salt fikir yürütmek adına, *kitlesel cinayet*lerin örgütlenmesinde gönüllü bir araç haline gelmenizin tamamen talihsizlik eseri olduğunu varsayalım; buna rağmen, bir *kitlesel cinayet* politikasını hayata geçirdiğiniz ve dolayısıyla aktif olarak desteklediğiniz gerçeği baki kalıyor. (277–9; vurgu benim)

Totalitarizmin Kaynakları ve *Kötülüğün Sıradanlığı* eserlerinden aldığım bu pasajların, Arendt'in düşüncesinin, 1950'lerde uluslararası hukuk ve insan haklarına yönelik şüphecilikten,[5] 1960'larda bu olguların milletler arasındaki siyaseti şekillendirmedeki rolünü temkinli bir biçimde teyit etmeye doğru evrimini imleyen kilometre taşları olduğunu önermek istiyorum. 1951'de *Totalitarizmin Kaynakları*'nın yayımlanmasıyla 1963'te *Kötülüğün Sıradanlığı* kitabının çıkışı arasında İkinci Dünya Savaşı sonrası siyaset; 1946'da Birleşmiş Milletler'in kurulması, 1948 tarihli İnsan Hakları Evrensel Beyannamesi ve aynı yıl Birleşmiş Milletler Genel Kurulu'nda Soykırım Sözleşmesi'nin kabulü sonucu dönüşüm geçirmişti. Her ne kadar Arendt, bireylerin gerek insan haklarını gerek vatandaş haklarını güvenceye almak için halkların kendi kaderini tayin etmesinin gerekli olduğuna dair inancını asla terk etmediyse de, uluslararası hukuka ve kurumlara olan güveni yıllar içinde arttı. Cumhuriyetçi özyönetim ile uluslararası düzlemdeki—uluslararası hukuk dahil—yeni gelişmeler arasındaki karmaşık ilişki, Arendt'in Adolf Eichmann'ın Kudüs'te yargılanmasına dair düşüncelerinin alt metninin bir parçasıdır.[6] Söz konusu yeni dünya düzeninin ortaya çıkmasında, Lemkin'in Soykırım Sözleşmesi'ni kaleme alma ve kabul edilmesini savunma yolundaki azimli çabalarının azımsanmayacak bir katkısı olmuştur.

Lemkin, hep Arendt'in bahsettiği "adı sanı duyulmadık uluslararası hukukçular"dan biri olageldi; tek başına, yorulmak bilmeden, Soykırım Sözleşmesi'ni geliştirdi ve nihayet 9 Aralık 1948 tarihinde Birleşmiş Milletler tarafından kabul edilmesini sağladı. Bu bölümde, Eichmann'ın "dünyayı Yahudi halkıyla ve bir dizi diğer milletin halkıyla paylaşmak istememe şeklinde bir politika güttüğü için" ölmesi gerektiğini ileri süren Arendt'in sadece Raphael Lemkin'in soykırım suçunu "bir milli, etnik, ırksal ya da dini grubu topyekûn ya da kısmen imha etme niyeti"[7] şeklindeki kavrayışını onaylamakla kalmadığını, aynı zamanda ona insanlık durumu çerçevesinde sağlam bir ontolojik zemin de sunduğunu iddia edeceğim.

Arendt ve Lemkin'in Antisemitizme Dair Görüşleri

Arendt'in düşüncesindeki bu dönüşümün izini sürmeye başlarken, önceki bölümde ele aldığımız gibi, Arendt'e göre antisemitizmin insanlık durumunun veya insanlık tarihinin ebedi bir veçhesi olmadığını hatırlayalım. Antisemitizm; modern ulus-devletin yükselişi, Avrupa Yahudilerinin özgürleşmesi ve nihayetinde Avrupa emperyalizminin yükselişini çevreleyen tarihi, sosyoekonomik, siyasi ve kültürel koşulların iç içe geçmesiyle ortaya çıktı. Söz konusu siyasi gelişmeler ve onların sonuçları da, Avrupa kıtasındaki modern siyasi ve hukuki kurumların antisemitizme direnme kapasitesi konusunda Arendt'in sahip olduğu derin karamsarlığı besledi ve yazarın bu kurumların kendi yarattıkları paradoksları çözme becerisine dair kuşkuculuğunu artırdı.[8]

Buna karşın Raphael Lemkin milletler hukuku eğitimi almış bir hukukçuydu ve onun gözünde, Avrupa antisemitizminin yükselişinin ve nihayetinde Avrupa Yahudilerinin imhasının yalnızca Yahudilerin akıbeti çerçevesinde açıklanması şart değildi. Lemkin'e kalırsa, soykırımcı antisemitizm, insan gruplarının kültürel imhasının uzun tarihindeki *çok sayıdaki* bölümden *biriydi*; Holokost'u ayrıksı kılan, mantığından ziyade yoğunluğu ve kapsamıydı.

Lemkin, *Axis Rule in Occupied Europe* kitabının 8. Bölümünde, Yahudilerin hukuki statüsünü ele alır (*ARiE*: 75–8). Somut bir gözlemle, Mihver Devletleri'nin (Almanya'nın yanı sıra İtalya, Macaristan, Bulgaristan ve Romanya'yı kapsıyordu) Yahudi tanımını Nürnberg yasalarına dayandırdığına işaret eder. "Bugün veya geçmişte Musevi dininin mensubu olan, ya da ikiden fazla büyük ebeveyni Yahudi olan herkes Yahudidir" (agy.). İkiden fazla büyük ebeveyni Yahudi olan kişiler, bugün veya geçmişte Musevi dininin mensubu iseler Yahudi kabul edilirler. Lemkin Fransa, Norveç, Belçika ve Hollanda kökenli Yahudiler ile Doğu Avrupa topraklarından gelen Yahudilerin Nazilerden gördüğü muamele arasındaki farka özel bir önem atfeder; ancak, Batı Avrupa Yahudilerinin kitleler halinde Polonya'ya sürülmesinden sonra farklı milletlerden Yahudiler arasındaki bu farkların ortadan kaybolduğunu iddia eder.

Arendt'in düşüncesinin aksine, Lemkin'in çalışmasında Avrupa antisemitizminin sosyal, ekonomik, psikolojik veya kültürel analizine rastlanmaz; bunun yerine, Nazilerin ırk politikalarının ve Avrupa kıtasını Almanlaştırma çabalarının son derece ayrıntılı biçimde aktarımı söz konusudur. Arendt antisemitizmin *nedenlerini* anlamaya çalışırken, Lemkin ırkçı Nazi ideolojisinin *sonuçlarına* odaklanır. Lemkin'e göre insan grupları arasındaki önyargı ve soykırımın kökleri insan türünün derin bir antropolojik eğiliminde yatar—yayımlanmamış notlarında Aztek ve İnkaların kolonileştirilmesi, ilk Hıristiyanların Romalılar tarafından yok edilmesi ve daha az tartışmalı bir konu olan, Osmanlı Ermenilerinin yaşadığı soykırımı bu bağlamda ele alır.[9] Buna karşı durabilecek tek güç hukuktur. Lemkin'in "yalnızca insan hukuka sahiptir" dediği rivayet edilir.[10]

Dolayısıyla Arendt'in ve Lemkin'in antisemitizm analizleri pek az benzerlik taşır: Arendt'e göre, on dokuzuncu yüzyıl sonları ve yirminci yüzyıl ortalarında Avrupa'da Yahudi Meselesi'nin ortaya çıkışı, modern ulus-devlet sisteminin paradokslarına kapsamlı bir tanı konmasını gerektirir; oysa Lemkin'e kalırsa, insanlık tarihi boyunca, Yahudiler de dahil olmak üzere savunmasız gruplara zulmedilmesi şeklinde derin eğilimler mevcuttur. Hukukun amacı, savunmasız olanı saldırgan ve sömürgeciye karşı korumaktır; ancak hukuk insanların kalplerindeki kötülüğü söküp atamaz.

Lemkin hukuki kurumların siyasi süreçten görece özerk olduğu şeklindeki inancını korur, ancak Arendt gibi Milletler Cemiyeti'nin ve Azınlık Anlaşmaları'nın çılgınlığını belgelemek yerine, söz konusu kurumun yerine getirmediği vaatleri, özellikle de azınlıkların ve savunmasız halkların haklarına dair vaatleri hukuki çerçeveye oturtmaya çalışır. Ancak 1950'lerde her ikisi de, biraz naif bir tavırla, Amerikan Cumhuriyetinde ulaşılan "hukukun üstünlüğü"nün siyaset ve hukuk arasında doğru dengeyi tutturmuş olduğu kanısına varır.[11] Yazarlar, her şeyden önce etnik kökenden bağımsız olarak bütün vatandaşlara hukuk önünde eşitlik ve eşit haklar sağlayan bir devletin tesisi ile homojen bir etno-kültürel birim olarak anlaşılan milletin iradesinin üstünlüğü arasında, Avrupa'da ortaya çıkan ölümcül karmaşanın, ABD'nin siyasi gelenekleri tarafından giderildiğine inanır.

Lemkin "soykırım" kavramını ortaya atarak uluslararası hukukta hangi önemli yeniliklere önayak oldu? Ben, bu hukuki kavramın altında bir "grup ontolojisi" yattığını ileri sürüyorum. Lemkin'e dair literatürde fazla irdelenmeyen bu kavram, iki kökene sahiptir: Biri, Başkan Wilson'un 14 Madde'sinde tanımlanan azınlıklar şeklindeki hukuki kategori, ötekiyse, insanın her tür sanatsal veya kültürel başarısı açısından grubun *conditio sina qua non* [olmazsa olmaz koşul] olduğu yolundaki Herderci inançtır.[12] Buna karşın Arendt, gruba dair bu tür kavramlara karşı sadece kuşku besler. Ancak Lemkin gibi o da, *insan çoğulluğu*nun ontolojik değerine ve indirgenemezliğine inanır. Dünyada bize *benzer* ama her zaman bizden *farklı* olan başkalarıyla birlikte yaşadığımız için, dünya perspektifseldir ve bize kendini ancak belli bir bakış açısından gösterir. Gelgelelim, çoğulluğun yalnızca etnisite, milliyet, ırk veya din gibi "doğuştan gelen" gruplar kanalıyla kurulması şart değildir. Tam tersi. Ancak söz konusu atıf örgütlenme yoluyla aşıldığı zaman ve insanlar kamusal alanda ortak bir amaç etrafında bir araya geldiği zamandır ki, insanlık durumu olan çoğulluk en çarpıcı biçimde tezahür eder. Arendt'in çoğulluk kavramına getirdiği felsefi temelin, soykırım kavramının en kuvvetli ahlaki ve varoluşsal dayanaklarından birini sağladığını iddia ediyorum.[13]

Soykırım Sözleşmesi

9 Aralık 1948 tarihinde kabul edilen Soykırım Sözleşmesi'nde şöyle yazar:

> Soykırım bir milli, etnik, ırksal ya da dini grubu topyekûn veya kısmen imha etmeyi amaçlayan aşağıdaki edimlerin herhangi birini ifade eder: (a) Grup mensuplarının öldürülmesi; (b) Grup mensuplarına ciddi bedensel veya zihinsel zarar verilmesi; (c) Gruba, onun topyekûn veya kısmi fiziksel imhasına yol açacağı hesaplanmış yaşam koşullarının kasten dayatılması; (d) Grup içindeki doğumları engelleyecek tedbirler alınması; (e) Grubun çocuklarının zorla başka bir gruba aktarılması.[14]

Yalnız tarihi araştırma açısından değil, daha teknik hukuki değerlendirmeler açısından da, Lemkin'in sunduğu çeşitli soykırım tanımları elastiktir ve "tarihi ve hukuki olan arasında, kültürel ve 'etnik' olan arasında, niyet ve sonuç arasında 'istikrarsızlık'" sergiler.[15] Belirli edimlerin soykırım olarak nitelenmesini gerektirecek niyet derecesinin ne olduğuna dair tartışmalar—imhaya maruz kalan grubun tanımı; sosyal sınıfların grup olarak tanımlanıp tanımlanamayacağı; grubun kültürel mirasının yok edilmesinin hangi dereceye ulaştığı zaman zorla asimilasyon, etnik temizlik ya da yerinden etme değil de soykırım niyeti teşkil ettiği—söz konusu kelimelere en başından itibaren eşlik etmiş ve etmeye devam edecek muammalardır.[16] Ancak Lemkin yalnızca antisemitizmin kavranışı ve Yahudilerin imhasına hukuki tahayyül ve perspektif getirmekle de kalmamış, aynı zamanda *grup* kategorisini devreye sokmuş ve bir soykırım planının şu niteliklere sahip olduğunda ısrar etmiştir:

> Bu tür bir planın hedefleri arasında, *milli grupların* siyasi ve sosyal kurum, kültür, dil, milli his ve ekonomik varoluşunun parçalanması ile *söz konusu gruplara* ait bireylerin kişisel güvenlik, özgürlük, sağlık, haysiyet hatta hayatlarının yok edilmesi yer alır. Soykırım, *bir bütün olarak milli grubu* hedef alır; söz konusu edimler bireylere, bireysel kapasiteleri icabı değil *milli grubun* mensupları olmaları itibariyle yönelir. (*ARiE:* 79; vurgular benim)

Axis Rule in Occupied Europe kitabının ünlü 9. Bölümü, işgal altındaki Avrupa'da Naziler ve Mihver Devletleri tarafından gerçekleştirilen eylemlerin *yeni* bir tasavvur gerektiren bir suç teşkil ettiğini göstermeye adanmıştır. Kabul etmek gerekir ki, Lemkin'in gruplara yönelik soykırımın insanlık tarihinin sabit bir özelliği olduğu vurgusu düşünüldüğünde, yazarın soykırımı *yeni* bir isim gerektiren *eski* bir suç olarak mı gördüğü, yoksa tarihi öncüllerinden son derece radikal bir biçimde ayrıldığı için *yeni* bir isimle anılması gereken *yeni* bir suç olarak mı gördüğü zaman zaman bulanıklaşır. Lemkin'e göre ikinci seçenek geçerlidir (*ARiE*: 79). Lemkin'in kaygısı, Nazilerin eşi görülmedik bir topyekûn savaş yürüttüğünü, zira millet ve devlet arasında hiçbir ayrıma gitmediklerini kanıtlamaktır: "Millet, devlet için gerekli biyolojik unsurları sağlar" (*ARiE*: 80, 90).[17] Böylesi bir topyekûn savaş, Rousseau-Portalis Anlaşması'nın[18] antitezidir. Egemen devletler arasındaki savaşları düzenlemesi gereken bu doktrin, yazara göre 1907 tarihli Lahey Düzenlemeleri'nde ima edilir: "Söz konusu doktrine göre, savaş hükümdarlara ve ordulara yöneliktir, tebaaya ve sivillere değil" (agy.). Naziler bu ilkeyi çiğnemiştir; yalnızca topyekûn savaş yürüterek değil, savaştan önce hayata geçirmeye başladıkları Alman ırkının arileştirilmesi politikalarıyla—Yahudiler ve başkalarıyla karma evlilik yapmayı yasaklayarak; düşük zekalı ve zihinsel özürlü kişilere ötenazi uygulayarak; Hollandalılar, Norveçliler ve Lüksemburglular gibi halkları Almanlaştırma çabalarıyla; Almanlarla akrabalık bağı *olmayan* Polonyalılar, Slovenler ve Sırplar gibi halkları salt toprak ilkesi üzerinden Almanlaştırarak; ve nihayet, Yahudileri topyekûn imha ederek (agy. 81–2).

Lemkin'in ilk ve başlıca kaygısı, uluslararası hukukta bu tür suçları ele alacak araçlar olmadığını ortaya koymaktır. "Kara Savaşı Yasaları ve Geleneklerine Riayet" başlıklı Lahey Konvansiyonu'nda (18 Ekim 1907'de imzalanmıştır), "bireylerin temel haklarının bazılarını (ancak asla hepsini değil) ortaya koyan kurallar vardır; ve bu kurallar söz konusu hakların fiilen hapsedilmiş milletler meselesiyle olan ilişkisini dikkate almaz." (*ARiE*: 90). Lahey kuralları "devletin egemenliği" mevzusunu ele alır, "bir halkın bütünlüğünü" muhafaza etme konusunu değil (agy.). Daha sonraki bir makalesinde, Lemkin soykırımı "bileşik suç" olarak niteler.[19] Kendi ifadesine göre, 1933 gibi erken bir tarihte, uluslararası hukuk için iki yeni suç kategorisi formüle etmiştir: Bunlardan *barbarlık* suçu, "bireylere, bir milli, dini ya da ırksal grubun üyeleri olmaları icabı yöneltilen baskıcı ve yıkıcı eylemler olarak anlaşılır" (agy. 91); *vandalizm* suçu ise, "sanat ve kültür eserlerinin, *bu tür grupların dehasının özgül yaratılarını temsil ettikleri için* habisçe yok edilmesini anlatır" (agy.; vurgu benim). Lemkin, 1944 yılında, bu terimlerin de Lahey Konvansiyonları'nın da Mihver güçleri tarafından işlenmekte olan suçları ele almak için yeterli olmadığına ikna olmuştur.

Peki, bir milli grubun yaşamı, eserleri, kültürü ve yaşam biçiminin imhası, neden bu gruba ait bireylerin imhasından daha korkunçtur? Lemkin'e göre, "söz konusu eylemler bireylere, bireysel kapasiteleri icabı değil *milli grubun* mensupları olmaları itibariyle yönelir" (*ARiE*: 79); dolayısıyla masumlara zarar verilmemesi gerektiği şeklindeki *ahlaki* ilkeyi çiğner, hukukun bireyleri ne veya kim olduklarına değil ne yaptıklarına bakarak cezalandırması şeklindeki *hukuki* ilkeyi ihlal eder, ayrıca, masum sivillerin korunması gerektiği ve ikincil kayıp addedilmemesi gerektiği şeklindeki *savaş ve barış yasaları*na aykırıdır. İmha *bizzat milli gruba* yönelik olduğu zaman, ilave bir hukuki cürüm ve ahlaki suç boyutu ortaya çıkar. Bu hususu netleştirmek adına Lemkin, iki dünya savaşı arası dönemdeki Azınlık Anlaşmaları meselesine geri döner ve "milli azınlıkların, halkın çoğunluğunu temsil eden hükümetlerce yönetilen devletlerin sınırları içinde yaşamak zorunda kaldığı netlik kazanınca, milli ve dini gruplar Versailles Anlaşması ve belirli azınlık anlaşmaları ile özel bir koruma altına alınmıştı" (*ARiE*: 90–1) gözleminde bulunur. Bu tür grupların sadece yaşamı ve esenliği değil, "onur ve itibarı" da zamanın hukuki kodlarınca korunmalıydı (agy. 91). Dolayısıyla iki dünya savaşı arası yıllardaki hukuki gelişmeler, bu tür grupların yaşam ve esenliğinin, ayrıca onur ve itibarının özel olarak korunması gereğini öngörmüştü bile.

Ama milli/etnik/dini gruba bu şekilde öncelik atfedilmesinin nedeni neydi? Genelde pek tartışma konusu edilmeyen bir pasajda Lemkin, benim onun "gruplar ontolojisi" olarak nitelediğim yaklaşımını ortaya koyar:

> Dünya ancak onu oluşturan milli grupların yarattığı kadar kültür ve entelektüel kuvvet içerir. Özü itibariyle millet fikri; özgün gelenekler, özgün bir kültür ve gelişkin bir milli psikoloji temelinde yükselen yapıcı bir işbirliğine ve orijinal katkılara işaret eder. Dolayısıyla bir milletin imhası demek, onun gelecekte dünyaya yapabileceği katkıların yitirilmesi demektir. Dahası,

bu tür bir imha, aynen bir insanın öldürülmesi suçu gibi, ahlak ve adalet duygularımızı incitir: Her iki durumda da söz konusu suç cinayettir, ancak biri çok daha geniş bir çapta vuku bulur. (*ARiE*: 91)

Bu pasaj birkaç nedenden ötürü kayda değerdir: Lemkin bir milli grubun tanımına pek önem atfetmez, bu mefhumun tanımını verili kabul eder ve onu genelde *ethnos* terimiyle değişimli biçimde kullanır (*ARiE*: 79); sosyal gruplaşmaların yanı sıra ırk ve dinin de korunmasının gerekli olduğunu sıkça dile getirir (*ARiE*: 93).[20] Soykırım Sözleşmesi'nde pek fazla nitelemeye gidilmeden "milli, etnik, ırksal veya dini bir grup," ifadesi kullanılır. İster Lemkin'in formülasyonlarını ele alalım ister Soykırım Sözleşmesi'nin metnine bakalım, yazarın referans noktası "doğuştan gelen" grup, yani (burada Martin Heidegger'i hatırlayabiliriz) kişinin *doğduğu* ya da *içine atıldığı* gruptur. Söz konusu gruplar yaratılmaz, bulunur. İcat edilmez, keşfedilir.

En önemlisi, Lemkin'in grup kavramını anlayış biçimi kültürcüdür,[21] "özgün gelenekler, özgün bir kültür ve gelişkin bir milli psikoloji" terimleriyle tanımlanır (*ARiE*: 91). Kültürü ise oldukça konvansiyonel biçimde "yüksek kültür" ya da dünyaya "orijinal katkılar" biçiminde anlar. *American Scholar*'da yayımlanan ve geniş bir kitleye hitap eden popüler bir metninde, Lemkin şöyle yazar:

> Bunu kavramamızın en iyi yolu, Almanya'nın gadrine uğrayan halkların katkıları olmasa kültürümüzün ne kadar fakir olacağını düşünmektir: Ya Yahudilerin Eski Ahit'i yaratma veya bir Einstein, Spinoza yetiştirme imkânı olmasaydı; ya Polonyalıların dünyaya bir Kopernik, Chopin, Curie; Çeklerin bir Huss, Dvořák; Yunanlıların bir Platon, Sokrates; Rusların bir Tolstoy, Şostakoviç verme şansı olmasaydı?[22]

Bu durumda, dünya uygarlığına katkıda bulunan kültürler ile katkıda bulunmamış veya bulunamayan kültürler arasında bir ayrım mı yapılmalıdır? "Özgün gelenekler" ve "özgün kültür" ile "özgün olmayan," sahici olmayan gelenek ve kültürler şeklinde alttan alta bir değer biçme mi söz konusudur burada? Peki bu tür ayrımlar, bazı kültürlerin muhafaza ve korumayı diğerlerinden daha fazla hak ettikleri yollu iddialarını nasıl etkiler? Acaba Lemkin'in grup ontolojisi kültürler ve onların katkıları arasında zımni bir hiyerarşi mi varsayar?

Buradaki amacım, Lemkin'in karşısında, bütüncül grup ve kültür mefhumlarına yönelik postmodernist bir kuşkuculuk sergilemek değil. Ancak postmodern kuşkuculuk şöyle dursun, hukuk tarafından tanınmaya uygun grup tanımının ne olduğu dahi, grup hakları konulu tartışmalarda çok su götüren bir konudur ve bir grubun, mensubu olan bireylerden ayrı olarak, *hangi* kolektif haklara sahip olduğunu belirler.[23] Lemkin'in milli grup kavrayışı iki kaynağa dayanır: Hukuki açıdan, iki dünya savaşı arası dönemdeki Azınlık Anlaşmalarının araçlarına başvurur—ki, yukarıda Arendt'in analizinde de gördüğümüz gibi, söz konusu anlaşmaların sorunsuz olduğunu söylemek pek mümkün değildi. Felsefi açıdansa, Lemkin romantik ve milliyetçi bir Herderci geleneğin mirasçısıdır. Bu gelenek milli grupları, geniş anlamda, dünyaya dair eşsiz bir perspektifin kaynağı, dünyayı sergilemenin belirli bir biçiminin mucidi olarak görür.[24]

Milli gruplara tanıdığı bu öncelik, Lemkin'i şu sonuca götürür:

> soykırım sadece savaş zamanının değil barış zamanının da meselesidir. Avrupa için özellikle önemli bir meseledir; çünkü Avrupa'da milliyet ayrımı o kadar nettir ki, siyaset ve toprak bakımından kendi kaderini tayin ilkesine rağmen, kimi milli gruplar başka devletlerin sınırları dahilinde azınlık olarak yaşamak durumundadır. Şayet bu gruplar yeterince korunmazsa, bu koruma eksikliği uluslararası kargaşaya, özellikle baskı altında kalan kişilerin örgütsüz biçimde göçüne ve başka ülkelere iltica etmesine yol açabilir. (*ARiE*: 93)

Bu noktada Lemkin'in düşüncesi soykırım suçundan, barış zamanı azınlık haklarının korunmasına kayar, ki bu ikincisi, onun da belirttiği gibi, ceza hukukunun değil medeni hukuk ve anayasa hukukunun alanına girer (agy.). Ancak, Hannah Arendt'e göre bir ulus-devlet içindeki kişilerin çoğunluğa ve azınlıklara ayrılması zaten meselenin *kaynağı* iken, Lemkin'e kalırsa azınlık haklarının daha iyi korunması barış zamanı için de gereklidir. Dolayısıyla Lemkin—gerek federal gerek üniter—siyasi anayasal bünye ve kurumların tasarımıyla ilgili devlet örgütlenmesi mevzularını kapsayan siyasi meseleleri ele almak için hukuki araçlara başvurur.

Arendt ise grubun değerine dair bambaşka bir kavrayışa sahiptir. Ona kalırsa, grup, doğuştan belirlenmez, sonradan oluşturulur; keşfedilmez, insan örgütlenmesinin yaratıcı edimleriyle kurulur ve yeniden kurulur. Grubun asıl değeri dünya kültürüne "orijinal katkısında" ve "özgün gelenekleri"nde değil, insan çeşitliliğini tezahür ettirmesinde, dünyaya dair yeni bir perspektif sunmasında yatar.[25] Dünya, çeşitliliği ve çoğulluğu içerisinde gözler önüne serilir.

Arendt'in Eserinde Temel Bir Kategori Olarak Çoğulluk

Arendt'in eserinde çoğulluk kavramını en iyi ifade eden pasaj şudur:

> Bir şeyin, ancak kendini her yönden gösterebiliyorsa ve algılanabiliyorsa gerçek *olduğu* doğruysa [...] gerçekliği mümkün kılmak ve sürekliliğini güvence altına almak için [...] bireyler ve halklar her zaman çoğulluk arz etmelidir. Başka bir deyişle, ancak perspektifler mevcutsa dünya vücut bulur. [...] Özgül dünya görüşünden hareketle dünyaya dair eşsiz bir bakış açısı getiren [...] bir halk ya da millet, hatta sadece belirli bir insan grubu yok edilirse şayet [...] söz konusu olan yalnızca bir halk, millet ya da belli sayıda bireyin kaybolması değildir; ortak dünyamızın bir parçası, dünyanın o ana kadar kendini bize gösteren ama artık asla göstermeyecek olan bir veçhesi yok edilmiştir. Dolayısıyla imha sadece dünyanın sonu olmakla kalmaz; imha edeni de beraberinde götürür.[26]

Patricia Owens'ın belirttiği gibi:

> Belirli bir grubu ortadan kaldırmayı hedefleyen imha savaşları, insan çoğulluğu gibi temel bir gerçeğe saldırır ve 'şiddet eyleminin zımni sınırlarını' ihlal eder. Soykırım derken "yalnızca" çok sayıda insanın ölmesinden değil, potansiyel olarak ölümsüz olan bir şeyden bahsediyoruz. Soykırımla birlikte kamuoyu, siyasi dünya, bir halkın siyasi teşkilatı, insanların birlikte yaşamasının ve ortak meselelerini tartışmasının sonuçları da yok edilir.[27]

Soykırım "tamamen farklı bir düzeni" ihlal eder, diye yazar Arendt, *Kötülüğün Sıradanlığı* kitabında (*EJ*: 272).

Çoğulluk kategorisi Arendt'in düşüncesinde de, Lemkin'in düşüncesinde olduğu kadar ontolojiktir. Her iki yazara göre de, söz konusu kategori, evrende insan olmanın gereğinin parçası olan bir unsur ve ilkeyi temsil eder. Arendt buna "insanlık durumu" der, yani "yeryüzündeki yaşamın insana verildiği temel koşullar."[28] Çoğulluk, hem aynı türün mensupları olarak paylaştığımız indirgenemez aynılığı ortaya koyan, hem de aynı zamanda aramızdaki indirgenemez farklılığı ifade eden bir gerçektir. "Çoğulluk, insani eylemin koşuludur, çünkü hepimiz ayrıyız; yani hiç kimsenin şimdiye dek yaşayan, yaşayacak başka herhangi biriyle asla aynı olmayacağı tarzda insanız" (*İnsanlık Durumu*: 37). Bu çoğulluk her tür siyasi yaşamı mümkün kılan önkoşuldur: Konuşma ve akıl yürütme özelliğine sahip, ya da *legein*—akıl yürütmeye dayalı konuşma—yetisi bulunan aynı türün üyeleri olduğumuz için, birbirimizle iletişim kurabilir, birlikte bir dünya inşa edebilir veya birbirimizi yok edebiliriz. Ayrıca benzer bedensel gereksinimlere tabi olduğumuz ve benzer biçimde doğaya karşı mücadele verdiğimiz için, "adalet koşulları" ile, yani savunmasızlık ve nedrete rağmen adil kurumlar tesis etme meselesi ile yüz yüzeyiz.

Çeşitlilik ve perspektifselliğe olanak tanıyan da çoğulluktur:

> İnsanlar eylemde bulunarak ve konuşarak kim olduklarını gösterir, benzersiz kişisel kimliklerini etkin bir biçimde ortaya koyarlar ve bu sayede insani dünyada boy gösterirler. Oysa ki fiziksel kimliğin, bedenin benzersiz hali ve sesin tonuyla kendini ortaya koyması için herhangi bir etkinlikte bulunulması gerekmez. Kişinin "ne" olduğunun—gözler önüne serebileceği veya gizleyebileceği özellikleri, yetenekleri, istidadı ve kusurları—aksine "kim" olduğundaki bu dışavurucu yan, söylediği ve yaptığı her şeyde zımnen yer alır. (*İnsanlık Durumu*: 263)

Biz, eyleme yönelik "kim" ve "ne" sorularını ele alan anlatılardan kurulu bir dünyada yaşıyoruz; söz konusu anlatılar ağı, insan mevzularına dair perspektiflerin çokluğu ve çeşitliliğinin birleştiği ve çatıştığı, iç içe geçtiği veya koptuğu mecradır.

Hannah Arendt'in bu ontolojik tezleri iyi bilinir.[29] Arendt'in çoğulluk kavramı, onun Lemkin'in grup kavramındaki doğuştan gelen özelliklere odaklı ve kültürcü yaklaşımdan kaçınmasını sağlar. Arendt'e göre gruplar dayanıklı örgütlenmelerdir ve kökleri, insanın paylaşılabilir ama çeşitlilik arz eden, aktarılabilir ama yanlış anlamaya açık, yek görünse de birçok farklı anlatı ve perspektiften geçerek kırılmış müşterek bir dünya yaratma kapasitelerine dayanır. Her ne kadar felsefi bir bakış açısından Arendt'in analizlerinin parlak keskinliğine dair pek az şüphe söz konusu olsa da, hukuki bir bakış açısından, hukukçunun durduğu noktadan, Arendt'teki çoğulluk kavramının çokyönlü özelliği fazla istikrarsız olabilir. Grup kategorisinin hukuksallaşması, beraberinde kaçınılmaz ontolojik ve sosyolojik sorunlar getirir.

İroniktir, Arendt'in grup kavramlarına yönelik kuşkuculuğu ve başvurduğu dinamik çoğulluk kavramı, onun soykırım suçunu çarpıcı bir biçimde "insanlık durumuna karşı suç" olarak açıklamasına imkân tanır. *Kötülüğün Sıradanlığı* kitabından, ilk bölümünü yukarıda alıntıladığım pasajın anlamı da bana kalırsa budur (bkz. sayfa 72):

> Nasıl siz, dünyayı Yahudi halkıyla ve başka bir dizi milletin halkıyla paylaşmak istememe politikasını desteklediyseniz ve uyguladıysanız—*sanki siz ve üstleriniz dünyada kimin yaşayıp yaşamayacağına karar verme hakkına sahipti*—biz de hiç kimseden, yani insan ırkının hiçbir mensubundan dünyayı sizinle paylaşmasının beklenemeyeceğini düşünüyoruz. Bu nedenle ve yalnızca bu nedenle asılmanız gerekiyor.[30] (*EJ*: 277–9; vurgu benim).

Soykırım "bizzat insan çoğulluğuna yönelik, yani 'insan statüsü'nün, onsuz 'insanoğlu' ya da 'insanlık' kelimesinin anlamını yitireceği bir niteliğine yönelik bir saldırıdır" (*EJ*: 268–9).

Çarpıcı bir belagatle kaleme alınmış bu pasajlardan, Arendt'in on yıldan fazla bir süre önce "siyasi deneyimden yoksun birkaç uluslararası hukukçu ya da meslekten idealistlerin belirsiz duygularından cesaret alan meslekten hayırseverler" (*Emperyalizm*: 297) diye elinin tersiyle iter göründüğü Lemkin gibi yazarları gecikmeli olarak onayladığı sonucunu çıkarmamak güçtür; söz konusu yazarlar yorulmak bilmez biçimde çabalayarak "insan statüsü" teriminin anlamını dönüştürmüştü. 1951 tarihli *Totalitarizmin Kaynakları*'ndaki keskin ironik dili terk eden Arendt, 1963 tarihli *Kötülüğün Sıradanlığı* kitabında Lemkin'in mirasını sahiplenir ve yüceltir; ancak Lemkin'e neden doğrudan gönderme yapmadığı, gizemini hâlâ koruyan bir sorudur.

Kısa Epilog: Arendt ve Lemkin'in
Evrensel Yargı Yetkisi Üzerine Görüşleri

Arendt kadar Lemkin için de, soykırım kavramını sahiplenmek, yargı yetkisi meselesini ortaya çıkarıyordu. *Axis Rule in Occupied Europe* kitabında, Lemkin, Lahey Düzenlemeleri'nde gözden geçirilmiş haliyle soykırım suçunu benimsemeye hazırdır (93). Ancak ileride, söz konusu suçun herhangi bir öncül anlaşmadan veya düzenlemeler dizisinden bağımsız olması gerektiğinde ısrar eder. Dahası, şöyle yazar: "Şimdi sırasıyla savaş dışı veya tarafsız ülkeler grubuna dahil olan ülkelerce, soykırım bağlamında *evrensel kovuşturma* ilkesinin benimsenmesi, söz konusu ülkeleri soykırım uygulamış savaş suçlularını cezalandırma veya bu suçların işlendiği ülkelere geri gönderme durumunda bırakacaktır." (agy. 92; vurgu benim). Evrensel kovuşturma mefhumu, suçlunun sadece suçu işlediği ülkede değil, "iltica ettiği herhangi bir ülkede" de yükümlü olmasını getirir (agy. 94). Şaşırtıcı biçimde, Lemkin, evrensel kovuşturma ilkesinin hayata geçirilmesinden doğabilecek zorluklardan dolayı pek kaygılı değilmiş gibi görünür: Başka ülkelerdeki savcıların kanıt toplama, sanıklara yeterli bir savunma imkânı sunma, "galibin adaleti" durumundan kaçınma ve bir ceza davasında usul ve içerik açısından yanlış gidebilecek çok sayıdaki diğer ayrıntılı meseleyi engelleme kapasitesini sorgulamaz gibidir. Oysa, Adolf Eichmann davası bağlamında bu ve benzer ayrıntılar Arendt'in aklına takılmış ve onun gözünde, davanın tam bir yasallık kazanmasına gölge düşürmüştür.

Lemkin'e göre, "soykırım suçluları evrensel kovuşturma ilkesine tabi kılınmalıdır; aynen *delicta juris gentium* olarak nitelenen suçları işleyenler gibi (örneğin beyaz insan köleliği ve çocuk ticareti, korsanlık, uyuşturucu ve müstehcen yayın satışı ve kalpazanlık gibi)" (agy. 94). Bir taraftan soykırım suçunun radikalliğini öne çıkarırken, diğer taraftan onu korsanlık, uyuşturucu ve müstehcen yayın ticaretine benzetmenin hiç de tatmin edici olmayan bir yönü var. İnsan statüsüne ve insanlık durumuna karşı bir suç olduğu için soykırımın kıyaslanabileceği yegâne suç köleliktir, ki Lemkin buna yanaşmaz.

Kötülüğün Sıradanlığı kitabında Arendt, soykırım ve korsanlık arasındaki analojinin yeni olmadığını ve Soykırım Sözleşmesi'nin evrensel yargı yetkisi iddiasını alenen reddettiğini belirtir. Sözleşmeye göre, bunun yerine, "soykırım iddiasıyla suçlanan kişiler [...] söz konusu suçun toprağı üzerinde işlendiği devletlerin oluşturduğu yetkin bir mahkeme tarafından veya yargı yetkisi sahibi olan ilgili uluslararası ceza mahkemesi tarafından yargılanmalıdır" (*EJ*: 262).[31] Arendt'e göre, soykırım suçunun *insanlığa karşı bir suç* olarak tanınmasıyla birlikte, "uluslararası ceza hukuku"nun potansiyel gelişmesinin önündeki engeller kalkmış oluyordu. Nürnberg Mahkemeleri'ndeki Mahkeme Reisi Robert Jackson'dan alıntı yapan Arendt, uluslararası hukukun "milletler arasındaki anlaşma ve sözleşmelerin ve kabul gören geleneklerin bir uzantısı" olarak görüldüğünü belirtir ve bu durum değişmediği sürece, "uluslararası hukukun bu henüz tamamlanmamış doğasının bir sonucu olarak," eşi görülmedik olaylarla "müspet, belirlenmiş yasaların yardımıyla, ya da bu yasaların kendilerine dayattığı sınırın ötesine geçmek suretiyle" yüzleşen sıradan dava hâkimlerinin adaleti tecelli ettirmesi gerektiğine inandığını ifade eder (agy. 274). Arendt "hâkimlerin hukuk yaratması" halinin olumsuz sonuçlarını değerlendirmeye almaz, ancak genel olarak, gerek yurtiçi gerek uluslararası hukukun, kendi kendini yöneten bir halk tarafından kendi hukuku olarak görülmesi ve başka merci ve otoriteler tarafından dayatılmış olarak algılanmaması gereği konusunda son derece hassastır.[32]

Öte yandan Lemkin, 1948 yılında, uluslararası bir ceza mahkemesinin "devletlerin egemenliğine yönelik çok büyük bir meydan okuma" anlamına gelebileceği şeklindeki korkusunu ifade ediyordu.[33] İronik biçimde, Arendt soykırım suçunun kovuşturulmasında gerek ilke gerek uygulama düzeyinde Lemkin'den ileri gitmeye istekliydi. Ancak şüphesiz, her iki yazar da, Roma Anlaşması temelinde, insanlığa karşı suç ve soykırım ile suçlanan kişileri yargılama yetkisi olan bir Uluslararası Ceza Mahkemesi'nin

kurulmasını sevinçle karşılardı. Öte yandan, anayasal geleneklerine o kadar
saygı duydukları yeni ülkelerinin—ABD—Uluslararası Ceza Mahkemesi
Anlaşması'nı önce imzalayıp sonra geri çekildiğini görseler hayal kırık-
lığına uğrarlardı. Gelgelelim, tarihçi Mark Mazower'ın işaret ettiği gibi,
Lemkin ile Evrensel Beyanname'yi kaleme alanlar arasında "yurtiçi yargı
yetkisi" meselesi etrafında yaşanan gerilimler en başından beri mevcuttu ve
Lemkin'in temkinli davranmak için sağlam gerekçeleri vardı: "Bu durum
kısmen, ABD'nin Soykırım Sözleşmesi kadar bağlayıcı bir metinle karşı
karşıya bırakılması durumunda—ki ABD Senatosu zaten yabancıların iç
meselelere, özellikle de Güney'e müdahale etmesi konusunda son derece
hassastı—kesinlikle gelecekteki bir insan hakları sözleşmesini imzalama-
yacağı yolundaki kaygılardan kaynaklanıyordu."[34]

Birleşmiş Milletler'in kuruluşunun ilk yıllarından beri mevcut olan,
egemenliğe dair uluslararası normun dönüşümüyle ilgili bu muğlaklık
ve gerilimler, günümüz dünyası için ciddi bir mesele teşkil eder—aynen
savaş ve barış yasalarının ihlalinin, Milletler Cemiyeti'nin çöküşünün,
Avrupa'daki ulus-devlet sisteminin ve Holokost'un Arendt ve Lemkin
için teşkil ettiği gibi. İlerideki bölümlerde uluslararası hukuki düzendeki
bu gelişmelerin, özellikle insan hakları alanındakilerin izi sürülecek ve
söz konusu gelişmelerin devlet egemenliğinin normları ve uygulaması
açısından sonuçları ele alınacaktır (bkz. elinizdeki kitabın Altıncı ve
Yedinci bölümleri).

DÖRDÜNCÜ BÖLÜM

Başka Bir Evrensellik*

İNSAN HAKLARININ BİRLİĞİ VE ÇEŞİTLİLİĞİ ÜZERİNE

Husserl ve Batı Aklının Bunalımı

1934 ve 1937 yılları arasında Avrupa hızla yeni bir savaşa doğru yol alırken, o dönem hasta olan Edmund Husserl, ölümünden sonra *The Crisis of European Sciences and Transcendental Phenomenology*† [Avrupa Bilimlerinin ve Aşkın Fenomenolojinin Bunalımı] başlığı altında yayımlanacak düşünümler, notlar ve seminerler derlemesini hazırlıyordu.[1] Avrupa kıtasının üzerinde kara bulutlar toplanırken yazdığı uzgörülü ve dokunaklı metinlerde Husserl bir tür uygarlık krizi hissine ses veriyordu: "Zamanımızın hakiki mücadeleleri, yani önem taşıyan mücadeleleri, çoktan çökmüş olan insanlık ile hâlâ kökleri olan ama bu kökleri korumak ya da yenilerini bulmak için çırpınan insanlık arasında cereyan etmektedir" (*Crisis*: 15). Husserl'e göre, söz konusu mücadeleler Nazizm, Sovyet tarzı komünizm gibi totaliter ideolojiler ile liberal demokrasi arasındaki öncelikle siyasi olan mücadeleler değildi; bunlar her şeyden önce felsefi bir karaktere sahipti[2] (*Crisis*: 15).

---

* Okuduğunuz bölüm, Aralık 2006'da Amerika Felsefe Derneği Doğu Şubesi toplantıları kapsamında verdiğim Başkanlık Semineri'ne dayanıyor. Seminer şurada basıldı: *Proceedings and Addresses of the American Philosophical Association* 81/2 (Kasım 2007): 7–32. Metin elinizdeki kitaba dahil edilmeden önce gözden geçirildi. Bu bölümün önceki taslaklarına getirdikleri yorum ve eleştiriler için Kenneth Baynes, Richard Bernstein, Rainer Forst, Thomas A. McCarthy, Robert Post, Amelie Rorty, James Sleeper, Matthew Noah Smith, Tamar Gendler, Shelly Kagan ile 7 Aralık 2006 tarihli Yale Siyasi Teori Kolokyumu'nun katılımcılarına minnettarım.

† Bkz. *Bunalım*, çev. Levent Özşar, 2009. İstanbul: Biblos Yayınevi.

O dönemde Husserl'in zihnini meşgul eden ve bugün bize meydan okumayı sürdüren mesele, Batı felsefe ve rasyonalizminin evrensellik iddiasıdır. Şayet, kökleri Eski Yunan'daki *theoria* arayışına kadar giden söz konusu sorgulama biçiminin herhangi bir evrensellik iddiası yoksa, şayet o da diğerleri gibi bir kültürel yaşam dünyasının [life-world] tezahürü ise, Husserl'in belirttiği gibi, "Avrupalı insanlığın içinde bir mutlak fikir (metinde aynen!) mi taşıdığı yoksa 'Çin' ya da 'Hindistan' gibi salt antropolojik bir tip mi olduğu'" karara bağlanamaz (*Crisis*: 16). Husserl'e göre Avrupa bilimleri üzerine kafa yormak, yalnızca Avrupa'nın manevi-siyasi rahatsızlığını kavramak açısından şart olmakla kalmıyordu. Bu çaba aynı zamanda, Eski Yunanlılardan bu yana gelen felsefi rasyonalizm mirasının, sadece tarihi açıdan olumsal bir yaşam dünyasının—Batı'nın—bilişsel sorgulama formu olmanın ötesinde, bütün insanlık adına, Husserl'in ifadesiyle artık gittikçe "kendilerini Avrupaileştiren" bütün yaşam biçimleri adına, evrensellik iddiası güttüğünü savunma cesaretine sahip olmak anlamına geliyordu.

Avrupa Bilimlerinin Bunalımı derlemesi üzerinde çalıştığı süreçte, 7 ila 10 Mayıs 1935 tarihlerinde Viyana Kültür Cemiyetinde verdiği bir seminerde Husserl daha da açık konuşur:

> Ortaya koyduğumuz soru şu: Avrupa'nın manevi sureti nasıl nitelenmelidir? Dolayısıyla Avrupa'yı coğrafi açıdan anlaşıldığı biçimde, harita üzerindeki haliyle, yani söz konusu toprak parçasında birlikte yaşayan insanlar bir Avrupa insanlığını teşkil ediyormuş gibi kavramıyoruz. Manevi anlamda İngiliz dominyonları, ABD vs açıkça Avrupa'ya aitken, panayırlarda garabet diye sergilenen Eskimolar veya Kızılderililer, ya da durmadan Avrupa'yı karışlayan Çingeneler Avrupa'ya ait değildir. Bu noktada "Avrupa" ifadesi net biçimde bir manevi yaşam, etkinlik ve yaratı birliğine gönderme yapar—bütün o hedefleri, çıkarları, kaygıları ve girişimleriyle ve maksatlı etkinliklerinin ürünleri, kurumları, örgütleriyle birlikte.[3]

Artık oldukça yaşlanan ve 27 Nisan 1938 tarihinde de yaşamını yitiren Husserl'in, Batı'nın manevi ve felsefi mirasını, yalnızca Çin ve Hindistan'ın yüksek uygarlıklarının dünyalarından değil Eskimo, Çingene ve "Kızılderililer"in (bundan Kuzey ve Güney Amerika'nın yerli halklarını kasteder) "daha aşağı dünyaları"ndan da ayırmak suretiyle, Batı'nın ortak paydası duygusunu tekrar canlandırmak yollu bu girişimleri son derece çarpıcıdır. Husserl'de gördüğümüz Avrupamerkezciliğin bu aşırı biçimine göre, en ufak bir gocunma olmaksızın, külliyen yaşam dünyalarını ve kültürel bütünlükleri "insanlığın enteleki'sine [entelechy]" (Husserl)—yani evrensel felsefi akla—ulaşıp ulaşamadıklarına göre sıralamak gereklidir. Nazilerin gözünde—ki Husserl'in ölümünden bir buçuk yıl sonra Polonya'ya gireceklerdi—Husserl'in de mensubu olduğu Avrupa Yahudilerinin, Yunanlıların manevi mirasçıları olmak şöyle dursun, bir diğer esmer ve topraksız halk olan ve dünya milletleri arasında dolaşıp duran Çingenelere daha yakın olduğunu düşünmesi, çok acı bir ironidir. Avrupa'nın toplama kampları Yahudilerle beraber Sinti ve Roma halklarını da mahvetti. Husserl'in talihi, en kötüsünü yaşamadan, Avrupa rasyonalizmine olan inancına halel gelmeden vefat etmesiydi.

Evrenselcilik ve İnsan Hakları: Savunulamaz Bir Miras mı?

Bu dönemi hatırlamak neden? Tarihin böylesine gergin bir döneminde kaleme alınmış bir cildi tozlu raflardan indirmek neden? Elbette, Husserl'in ne aşkın fenomenoloji projesini, ne de Batılı insanlığın taşıdığı bir tür "mutlak fikir"e dair arayışını savunmak niyetindeyim! Yine de, ömrünün son yıllarındaki bu akıl yürütmelerinde, bizi hâlâ meşgul eden bir soru ifade buluyor: Evrenselcilik nedir? Batı rasyonalizminin mirası hangi yanlarıyla evrensel addedilebilir—eğer böyle yanları varsa? Husserl'in bu sorulara yanıtı *özcü*dür: *Logos*'u—kendi kelimeleriyle—insanlığın *enteleki*'si olarak kabul eder ve diğer kültürel yaşam biçimlerinin, her ne kadar başarılarından dolayı saygı hak etseler de,[4] Batı'daki *theoria* hayatından ya da tefekkür ruhundan *aşağı* olduklarını ileri sürer.

Bu sorular günümüzde daha da yakıcı bir hal aldı. Husserl'i kaygılandıran, yükselen faşizmin ayak sesleri ve Avrupa'nın rasyonel liberalizmi terk edişiydi. Biz ise "bizim" Batılı yaşam tarzımızın dünyanın dört bir köşesine hızla yayılmasına tanıklık ediyoruz; ancak söz konusu yaşam tarzı diğer halkları, hiç de eşitlikçi olmayan ve açıkça ne rasyonel ne de insani etkiler yaratan bir küresel kapitalizmin tesiri altına sokmak için Batı aklı ve Aydınlanma gibi kalkanlara başvuruyor. Batı rasyonalizminin mirası, yayma iddiasında oldukları aklın sınavından geçemeyecek kurumların ve uygulamaların hizmetine koşuluyor, suiistimal ediliyor. Yerküre maddi bakımdan birleşip tek bir dünya haline geldikçe, evrensellik iddialarının dini ve kültürel farklılık ifadeleriyle nasıl uzlaştırılabileceğini, aklın birliğinin yaşam biçimlerinin çeşitliliğiyle nasıl uzlaştırılabileceğini anlamak daha da acil bir mesele haline geliyor.

Söz konusu soruların en kuvvetli biçimde dile getirildiği kamusal kelime dağarcığı, *insan hakları dili*dir.[5] İnsan haklarının yayılması, ayrıca insan haklarının savunusu ve kurumsallaşması, küresel siyasetin gerçekliği olmasa da tartışma götürmez dili haline geldi. Ben de bu bölümde, evrenselcilik meselesini insan hakları diliyle tekrar ele almak istiyorum. Her insanın tek bir temel ahlaki hakka sahip olduğunu ileri süreceğim: "haklara sahip olma hakkı,"[6] yani bir insan topluluğunda, başkaları tarafından ahlaki saygı hak eden ve hukuki güvenceye alınmış haklara sahip bir kişi olarak kabul edilmek ve başkalarını da aynı şekilde kabul etmek. Bana göre, insan hakları insanların iletişim özgürlüğünü koruyan ahlaki ilkeleri dile getirir. Bu tür ahlaki ilkeler, insan haklarının yargıya konu olabilecek iddialar doğuran hukuki tanımından ayrıdır ayrı olmasına; ancak yine de, ahlaki ilkeler olarak insan hakları ile söz konusu hakların hukuki-adli biçimi arasında gerekli, salt olumsal olmayan bir bağlantı mevcuttur.

Günümüz düşüncesinde, insan haklarının gerek felsefi gerekçelendirilmesine gerek içeriğine dair çok sayıda ihtilaf var. Hatta "son yıllarda, insan haklarına yönelik siyasi bağlılık artarken, felsefi bağlılık azalmıştır," deniyor.[7] Kimileri, insan haklarının "ince bir evrensel ahlak katmanının özünü" oluşturduğunu savunurken (Michael Walzer), kimileriyse "dünya-siyasal bir mutabakatın makul şartlarını" teşkil ettiğini iddia ediyor (Martha Nussbaum). Bazılarıysa insan haklarını "bütün halklar için, düzenli politik kurumlardan oluşan bir asgari standart"[8] şeklinde daraltıyor (Rawls) ve halkların yasasına dahil (dolayısıyla küresel kamusal akıl açısından savunulabilir olan) insan haklarının listesi ile 1948 tarihli İnsan Hakları Evrensel Beyannamesi'nde sıralanan insan hakları arasında ayrıma gidilmesi gereğinin altını çiziyor.

İnsan haklarının bu farklı gerekçelendirilme tarzları, kaçınılmaz olarak, içerik konusunda farklara ve yazarların çeşitli hak listeleri arasında seçime gitmesine yol açıyor. Michael Walzer, örneğin, farklı toplumların ahlaki kodlarının karşılaştırılması yoluyla "bütün toplumların sorumlu tutulabileceği" belirli standartlar, "muhtemelen bir dizi menfi buyruk—cinayet, hilekârlık, işkence, zulüm ve tiranlığa karşı kurallar" belirlenebileceğini belirtiyor.[9] Fakat böyle bir yöntemle ancak görece kısa bir liste oluşturulabilir. Charles Beitz'a kalırsa, "Bu durumda demokratik siyasi biçimler, dini hoşgörü, kadınlar için hukuki eşitlik ve özgür partner seçimi gerektiren haklar kesinlikle liste dışında kalacaktır."[10] Kadim Musevilik, ortaçağ Hıristiyanlığı, Konfüçyusçuluk, Budizm ve Hinduizm gibi dünyadaki ahlaki sistemlerin pek çoğunun bakış açısına göre, Walzer'in bahsettiği "zulüm ve tiranlığa karşı menfi buyruklar" rahatlıkla cinsiyetler, sınıflar, kastlar ve dini gruplar arasında müthiş bir eşitsizlikle bağdaşabilir.

Başka bir görüşe göreyse, *dargörüşlü olmayan* bir insan hakları perspektifi, illa bütün klasik ahlak geleneklerince desteklenmese bile, dünyadaki pek çok *siyasi ve ekonomik adalet* tasavvuruyla uyumlu olabilir: Böyle kavramlaştırılan insan hakları, *ahlaki* değil *siyasi* bir geniş mutabakatın özünü teşkil edecektir. Martha Nussbaum'un insan hakları savunusu bu tür bir stratejiyi takip eder.[11] Dünyamızın kamu hukuku belgelerinin, örneğin İnsan Hakları Evrensel Beyannamesi, Medeni ve Siyasi Haklara İlişkin Uluslararası Sözleşme, Ekonomik, Sosyal ve Kültürel Haklara İlişkin Uluslararası Sözleşme, ayrıca 1951 tarihli Cenevre Sözleşmeleri ve 1967 Protokolü'nün bu tür bir "geniş siyasi mutabakat" teşkil ettiğini düşünmenin mümkün olduğunu teslim ediyorum.[12] Gelgelelim, bir sonraki bölümde geliştireceğim üzere, Nussbaum'un felsefi çıkarım yöntemi, hak kavramını son derece dar bir biçimde insan yetilerinin felsefi antropolojisine bağladığı için sorunludur.

Şüphesiz, insan haklarını "bütün halklar için, düzenli politik kurumlardan oluşan bir asgari standart" ile sınırlandırma fikrinin en kışkırtıcı savunusu John Rawls'dan gelir. Rawls temel insan haklarını şöyle sıralar: Yaşama hakkı (geçim ve güvenlik imkânları); hürriyet hakkı (kölelik, serflik ve cebri işgalden özgür olma, ayrıca din ve düşünce özgürlüğünü güvenceye almaya yetecek ölçüde vicdan hürriyeti); kişisel mülkiyet hakkı ve "doğal adalet kurallarında (yani benzer durumların benzer biçimde ele alınması fikri) ifade bulduğu şekliyle biçimsel eşitlik."[13] *Halkların Yasası*'nda, başka inançlara *bir miktar* vicdan hürriyeti sağlayan, ama devlet tarafından tanınmayan azınlık dinlerine *eşit* vicdan hürriyeti bahşetmeyen "saygın, hiyerarşik toplumlar"a uygun olacak biçimde, vicdan ve örgütlenme hürriyeti hakları arka plana itilir. Buna karşın, İnsan Hakları Evrensel Beyannamesi'nin 18. Maddesi, "düşünce, vicdan ve din özgürlüğü"nü, ayrıca kişinin din değiştirme hakkını ve "din veya inancını öğretim, uygulama, ibadet ve ayin kanalıyla beyan etme" hakkını güvence altına alır; Rawls'un "eşitsiz vicdan hürriyeti" hakkından çok daha eşitlikçidir ve mevcut devlet dinleri karşısında taviz vermez.

En önemlisi Rawls, Evrensel Beyanname'nin son derece önemli olan 21. Madde'sini yorum yapmadan es geçer. Söz konusu madde herkesin, "doğrudan veya özgürce seçilmiş temsilciler kanalıyla ülkesinin yönetimine katılma hakkı"nı, güvence altına alır ve "yönetimin otoritesi, halkların iradesine dayanmalıdır" der.[14] Oysa Rawls'un şemasında, *temel insan hakkı olarak özyönetim* yer almaz.[15]

Şayet İnsan Hakları Evrensel Beyannamesi'nin (İHEB) dünyamızda bir tür uluslararası kamu hukukuna en fazla yaklaşan belge olduğunu kabul edersek, pek çok felsefecinin insan haklarının içeriğini—en azından kâğıt üzerindeki—uluslararası mutabakatın küçük bir kısmıyla sınırlandırma çabasını nasıl açıklamak gerekir? Bu tür belgelerin felsefi açıdan karışık olması, siyasi uzlaşmalar sonucu ortaya çıkması gibi olasılıkları dışlamıyorum; nitekim İHEB, Amerika Birleşik Devletleri ve Sovyetler Birliği heyetleri arasında uzun pazarlıklara konu olmuştu.[16] Ancak yine de, söz konusu belgeler dünyadaki devletlerin büyük çoğunluğu tarafından benimsenen belirli kamusal norm ve standartları ortaya koyar. James Griffin'in belirttiği gibi, en azından, "insan haklarına yönelik en nitelikli felsefi yaklaşım ile uluslararası insan hakları hukuku arasındaki uçuruma" ciddi biçimde kafa yormak şarttır.[17]

İnsan haklarının hem *gerekçelendirme* stratejisini hem de *içeriğini* belirleme çabasını, minimalist yaklaşımlardan[18] uzaklaştırıp, "haklara sahip olma hakkı" biçiminde daha sağlam bir insan hakları kavrayışına kaydırmak gerektiğini ileri sürmek istiyorum. Şunu da belirtmeliyim ki, her ne kadar "haklara sahip olma hakkı" ifadesini Hannah Arendt'e borçlu olsam da, Arendt'in çalışmalarında söz konusu hak, ilkesel olarak *siyasi* bir hak olarak görülür ve dar biçimde "siyasi bir topluluğun üyesi olma hakkı" ile özdeşleştirilir. Bense, "haklara sahip olma hakkı"nı her insanın, eşit ihtimam hak eden, gerek siyasası gerek dünya topluluğu tarafından hukuki bir şahsiyet olarak eşit derecede korunmayı hak eden bir ahlaki varlık olarak kabul görme talebi şeklinde tasavvur etmemizi öneriyorum. Arendt'in tasavvurunu bu şekilde yeniden formüle etmek suretiyle, haklara dair bir söylem kuramı yaklaşımı benimsemiş oluyorum. Söz konusu yaklaşım Rainer Forst tarafından da dile getirilmiştir: "İnsan haklarının ahlaki temeli [...] gerekçelendirme hakkını haiz özerk bir özne olarak insana saygıdır [...] İnsan hakları, temel ahlaki bir saygı talebi zemininde, siyasi ve sosyal dünyada kişilerin eşit konumda olmasını güvenceye alır."[19]

İlerleyen sayfalarda işe, "evrenselcilik" terimini mercek altına alarak başlıyorum; ardından insan haklarına dair bir söylem kuramı yaklaşımı geliştiriyorum. Bu da, insan haklarına dair bütün normatif açıklamaların temelinde, insan doğası ve rasyonalitesine dair birtakım minimal varsayımların olmasının gerekip gerekmediği sorusuna getiriyor bizi. Evrenselcilik, öyle pürüzsüz biçimde, kolayca, sadece adli-hukuki ilkelere indirgenemez. Büyük önem taşıyan belirli normatif taahhütler söz konusudur. Bana kalırsa, gerekçelendiren evrenselcilik ve ahlaki evrenselcilik derinlemesine iç içe geçmiştir.

Evrenselciliğin Çoklu Boyutları

Öncelikle özcü evrenselcilik, gerekçelendiren evrenselcilik ve adli evrenselcilik arasında ayrıma gitmek istiyorum.[20]

1) *Evrenselcilik*, biz insanların kim olduğumuzu belirleyen bir temel insan doğası ya da insan özü bulunduğu inancını ifade edebilir. Kimileri, örneğin on sekizinci yüzyıl felsefecilerinin büyük kısmı, insan doğasının istikrarlı ve öngörülebilir tutku ve eğilimler, içgüdü ve duygulardan oluştuğunu ve bunların tamamının rasyonel biçimde keşfedilip incelenebileceğini söyler. Thomas Hobbes, David Hume ve Adam Smith, ayrıca Claude-Adrien Hélvètius ve Baron Paul-Henri Dietrich

d'Holbach bu noktada akla gelen isimlerdir. Kimileriyse, sabit bir insan doğası bulunmadığını savunur (Jean-Jacques Rousseau), ya da bir insan doğası olsa bile, bunun biz insanların en temel niteliğini, yani evrenselleştirilebilir ahlaki ilkeler formüle etme ve bunlara göre yaşama yetimizi belirleme açısından önemsiz olduğunu ileri sürer (Immanuel Kant). Daha başkalarıysa ampirik psikolojiyi, felsefi antropolojiyi ve rasyonalist etiği reddeder; onlara göre insanlık durumunun evrensel yönü, aslında standartlar ve değerlerin bulunmadığı bir evrende kendi seçimimizi yapmaya ve eylemlerimizle anlam yaratmaya mahkûm oluşumuzdur. Her ne kadar pek çok felsefi evrenselci aynı zamanda özcü olsa da, bu hepsi için geçerli değildir. Jean-Paul Sartre örneğindeki gibi, varoluşçu da olabilirler.

2) Çağdaş felsefi tartışmalarda evrenselcilik, her şeyden önce bir *gerekçelendirme stratejisi* anlamı taşır hale geldi. Hermenötikçiler, kuvvetli bağlamcılar, postmodern şüpheciler ve iktidar/bilgi kuramcılarının hepsi tarafsız, nesnel ve nötr bir felsefi akıl olabileceği düşüncesini sorgular; hepsi de,—felsefi nesnellik öykünmeleri olarak gördükleri—gerekçelendirme stratejilerinin tarihi ufuklara sıkışıp kaldığını ve genelde varlığı nadiren kabul edilen kültürel, sosyal ve psikolojik iktidar akımlarına tabi olduklarını ileri sürer (bkz. Michel Foucault, Jean-François Lyotard ve erken dönem Jacques Derrida).

Bu bağlamcı yazarların karşısına *gerekçelendiren evrenselciler* dikilir ki, bunların çoğu özcü değildir: Bazıları çok derinlerde insan doğası ve psikolojisine dair az da olsa inanç besler beslemesine; ama hepsi de insan aklının normatif içeriğine—yani Aydınlanmadan bu yana Batı felsefesinin bilişsel mirası olan, sorgulama, kanıt ve araştırma prosedürlerinin geçerliliğine—dair kuvvetli inançlara sahiptir. Tarafsızlık; sonuç, tartışma ve verilerin özneler arasında doğrulanması; inançlarda tutarlılık ve özdüşünüm, söz konusu normatif içeriğin asgari koşullarıdır. (Karl Otto-Apel, Jürgen Habermas, Hilary Putnam, Robert Brandom ve John Rawls bu anlamda "gerekçelendiren evrenselci" sayılabilir.)

3) Başka yazarlara göreyse, evrenselcilik, öncelikli olarak bir *bilişsel* araştırma terimi değildir; bir o kadar önemlisi, terim *ahlaki* bir anlam da

taşır. Bu yaklaşımı ırk, toplumsal cinsiyet, cinsel yönelim, bedensel veya fiziksel özür, etnik, kültürel, dilsel ve dini kökenden bağımsız biçimde bütün insanların aynı ahlaki saygıyı hak ettikleri ilkesi şeklinde tanımlayabilirim. Felsefi etikteki zorlu soru, hâlâ, bilişsel evrenselciliği—ister özcülük ister gerekçelendiren evrenselcilik anlamında—şu veya bu şekilde benimsemeden bu tür bir *ahlaki evrenselciliği* savunmanın mümkün olup olmadığıdır.

4) Son olarak, evrenselcilik *adli* bir bağlamda da kavranabilir. İnsan doğası ve rasyonalitesine dair kesin açıklamalar getirmekten çekinen pek çok kişi, yine de, meşruiyet iddiasındaki bütün hukuki ve siyasi sistemlerin belirli norm ve ilkelere riayet etmesi *gerektiğini* ileri sürer. Söz konusu adli evrenselcilere göre, bütün insanlar bir dizi temel insan hakkına sahiptir: En azından, yaşama, hürriyet, güvenlik ve bedensel bütünlük hakları, bir tür mülkiyet ve kişisel sahiplik, adil yargılanma, ayrıca din ve vicdan özgürlüğünü de kapsayan konuşma ve örgütlenme özgürlüğü. Bazıları iş, sağlık hizmeti, özürlülük ve yaşlılık yardımı gibi sosyoekonomik hakları da bu listeye ekleyebilir; bazılarıysa demokratik ve kültürel açıdan kendi kaderini tayin hakkını dahil etmekte ısrarcıdır.[21]

İnsan haklarının hukuki veya siyasi zeminde gerekçelendirilmesi yönündeki herhangi bir çabanın, yani *adli evrenselcilik* projesinin, öncesinde *gerekçelendiren evrenselciliğe* başvurmayı şart koştuğunu iddia ediyorum. Öte yandan gerekçelendirme çabası da, ötekinin iletişim özgürlüğü, yani ötekinin yalnızca belli gerekçelere bakarak geçerliliğine ikna olduğu eylem kurallarını meşru kabul etme hakkı, kabul edilmedikçe mesafe kaydedemez. Dolayısıyla, gerekçelendiren evrenselciliğin temelinde *ahlaki evrenselcilik* bulunur—yani ötekinin iletişim özgürlüğü yetisine yönelik eşit derecede saygı. Ancak, gerekçelendiren evrenselciliğin illa ki dört başı mamur bir insan doğası kuramı ya da kapsamlı bir ahlaki, dini ya da bilimsel dünya görüşüne dayanması şart değildir: İnsan failliğine dair, "genelleştirilmiş" ve "somut" öteki mefhumundan yola çıkan bir açıklama yeterli olacaktır. Bu nedenle, bir miktar ahlaki evrenselcilik savunusu içermeyen bir adli evrenselcilik tutarsız olacaktır. Ancak "icap" ilişkileri değildir burada söz konusu olan. Kişinin iletişim özgürlüğünün korunmasının ötesinde, ahlaki evrenselcilik belirli bir *insan hakları listesi*ni *icap* veya *dikte* etmez; aynısı gerekçelendiren evrenselcilik için de geçerlidir. Fakat eğer bu tür bir iletişim özgürlüğü kabul edilmezse, gerekçelendirme girişiminin kendisi anlamsız hale gelir. Bu tür bir kabulün ifade edilişine dair felsefi farklar baki olacaktır elbet. Benim duruşumun ayırt edici yönü, söz konusu iletişim özgürlüğünü "haklara sahip olma hakkı" ile ilişkili biçimde yorumlamaktır.

Ahlaki, hukuki ve gerekçelendiren evrenselcilikler arasındaki icap ilişkilerine dair argümanıma biraz daha açıklık getirmek istiyorum. Üzerinde dört başı mamur bir insan hakları kuramı inşa etmek üzere, bir tür şüphe götürmez temel, katı ve sabit bir zemin arıyor değilim. Temelcilik yaklaşımını bir ters piramit olarak düşünebiliriz: Temel tek bir noktadan ibaretken, zirve genişleyen bir üçgenden oluşur. Bu tür projeler şiddetli felsefi eleştirilerle karşılaşmıştır: Hegel'in *Tinin Fenomenolojisi*'nden başlayıp, Charles Sanders Peirce ve John Dewey gibi Amerikalı pragmatistlerin çalışmalarından geçip, Wilfred Sellars, Robert Brandom ve John McDowell'in yakın dönemdeki eleştirilerine varana dek. Söz konusu eleştirilerin, yani felsefi temelciliğin reddiyesinin felsefi açıdan haklı gerekçelere dayandığını düşünüyorum ve daha fazla ek argüman ileri sürmeksizin bu varsayım üzerinden devam ediyorum.[22]

Bu bölümde, bir tür "varsayımsal bir analiz" uygulayacağım. Benim görüşüme göre, insan haklarının gerekçelendirilmesinin bütün biçimleri, insan failliği, insan ihtiyaçları, insan aklı gibi bir dizi tasavvuru varsayar, ayrıca sosyopolitik dünyamızın niteliğine dair bir dizi önkabulde bulunur. Alan Gewirth ve James Griffin[23] insan haklarını gerekçelendirmek için bir insan failliği tasavvuruna başvurur. John Rawls'un, "kamusal akıl" geliştirme projesiyle başlattığı insan hakları yaklaşımı ise, geç modern siyasi dünyanın kaçınılmaz çoğulluklar ve yargı yükümlülükleri barındırdığını, liberal demokrasiler, saygın hiyerarşik ve boyunduruklu toplumlar, ayrıca kanun dışı devletler içerdiğini varsayar. Doğrusu, bu tür önkabullerde bulunmadan mesafe katetmek zaten pek mümkün görünmez.

Varsayımsal analize başvurmak suretiyle, insan haklarına dair herhangi bir anlamlı açıklamada iletişim özgürlüğünü varsaymamız gerektiğini göstermeye çalışacağım. Ardından bu iletişim özgürlüğü kavramını bir insan failliği yaklaşımına doğru genişleteceğim. O noktada, benim yaklaşımımla özellikle Griffin'inki arasındaki belirleyici farklar netlik kazanacak.

İnsan Hakları ve Gerekçelendirme Meselesi

Bu noktada Alasdair MacIntyre'ın şu kışkırtıcı iddiasını hatırlayalım:

> haklar diye bir şey olmadığı iddiasını böyle dümdüz ileri sürmek için en iyi dayanak, aslında tam da cadı diye bir şey olmadığını ileri sürmenin en iyi dayanaklarıyla, ya da tekboynuzlu at diye bir şey olmadığını ileri sürmenin en iyi dayanaklarıyla aynı türdendir: Bu tür hakların var olduğuna inanmamız için sağlam dayanaklar sunma yolundaki bütün çabalar başarısız olmuştur.[24]

Doğal hakların var olduğu inancıyla "saçmalığın daniskası"[25] diye dalga geçen Jeremy Bentham'ı akla getiren MacIntyre, "doğal haklar," "insan hakları" veya "temel haklar" söylemlerine yönelik köklü bir şüphecilik geleneğine ses veriyor. Bu tür eleştirilerin temelinde yatan hata, insan haklarını, erken dönem burjuva düşünürlerin imgelemiyle özdeşleştirmektir.[26] Tarih boyunca, genel olarak hakları ifade etmek için "property" [mülkiyet, nitelik] ve "propriety" [uygunluk, edep] kelimelerinin yaygın biçimde kullanımı, bireylerin iddia ve salahiyetlerinden oluşan bir alanın sınırlarını çizmeye yaramış ve bunlara bir dokunulmazlık havası vermiştir.[27] Öte yandan söz konusu dil, günümüze kadar haklar konusundaki tartışmalara ket vuragelmiştir.

Ne doğalcıların hatasını tekrarlamak durumundayız, ne de genel hak taleplerini savunmak adına mülkiyet hakları paradigmasına başvurmak. Hak taleplerinin şu şekilde olduğunu iddia ediyorum: "Senin ve benim belli şekillerde davranma, belli şekillerde davranmama, ayrıca belli kaynak ve hizmetlerden faydalanma konusundaki karşılıklı iddialarımıza saygı duymamız gerektiğini sana sağlam gerekçelere dayanarak savunabilirim." Bazı hak talepleri *hürriyetler*le ilgilidir, yani hiç kimsenin beni belli şekilde davranmaya veya davranmaktan kaçınmaya zorlama gibi bir ahlaki yetkisi olmaksızın, belli şeyleri yapabilmem veya yapmaktan kaçınabilmem. Hürriyet hakları bir hoşgörü ödevi doğurur. Kimi hak talepleri ise çeşitli *kaynaklara erişim* ile ilgilidir. Bu tür haklar, örneğin ilkokul eğitimi hakkı veya güvenli bir mahallede yaşama hakkı, ötekileri—ister birey ister kurum olsunlar—belli şekillerde davranma ve belli somut malları tedarik etme gibi yükümlülükler altına sokar. Jeremy Waldron'ın gözlemlediği gibi, bu tür haklar bir "yükümlülükler silsilesi" doğurur. [28]

Kant'tan günümüze uzanan ahlaki konstrüktivist geleneğe göre, hak iddiaları, neyin *var olduğu*yla ilgili değildir; daha ziyade, siyasaların içindeki, dışındaki ve arasındaki ortak yaşamlarımızın müşterek ve karşılıklı güvence altındaki muafiyetler, davranış sınırlamaları ve belli mal ve hizmetlere meşru erişim imkânı tarafından yönlendirilmesi gerekip gerekmediğini sorarız kendimize. Haklar *mevcut* şeylerle ilgili değil, ne tür bir dünyada yaşamak istememizin makul biçimde *gerekli* olduğuyla ilgilidir.

*Metaphysics of Morals** adlı eserinde Kant, tek bir temel hak olduğunu ileri sürer: "Bir eylem, gerek kendisi gerek dayandığı düstur itibariyle, bir bireyin irade özgürlüğünün diğer herkesin özgürlüğüyle evrensel bir yasa çerçevesinde bir arada var olmasının önünü açıyorsa *hak*tır" (gerecht).[29] Kant'ın formülasyonunun, cumhuriyet iktidarının iradesine üstün bir temel haklar listesi sunmadığına dikkat çekmek isterim. Bunun yerine Kantçı ilke, herkesin birbirinin özgürlüğüne saygı göstermesi şeklindeki ahlak yasası çerçevesinde, nasıl bir adli-sivil düzen oluşabileceğini ortaya koyar. Kant'ın "hak ilkesi," geleneksel doğal haklar söylemi gibi, temelde, ancak herkesin iradesini eşit ölçüde bağlayan bir genel yasalar sistemine dayanan bir siyasi düzenin meşru kabul edilebileceğini ifade eder. *Genellik, biçimsel karşılıklılık ve eşitlik*, "hak ilkesi"nin özellikleridir. Ahlaki bir varlık olarak sizin özgürlüğünüz, yalnızca genel ve karşılıklı olarak herkese uygulanabilecek gerekçelerle sınırlandırılabilir. Haklar ilkesine dayalı bir siyasa, size ahlaki bir varlık olarak saygı gösterir.

Hak ilkesinin söylem kuramı temelinde gerekçelendirilmesi ise, Kant'ınkinden şu şekillerde ayrılır: Herkes için geçerli evrensel bir yasaya uyacak şekilde, her birimizin kendimizle çelişkiye düşmeden neyi amaçlayabileceğimizi sormak yerine, söylem etiğinde şu soruyu ortaya

---

* *Ahlak Metafiziğinin Temellendirilmesi*, çev. İoanna Kuçuradi, 2009. İstanbul: Türkiye Felsefe Kurumu.

atarız: Söylem denen belirli ahlaki argümanlara katılan kişiler, kendilerini etkileyecek normlar ve normatif kurumsal düzenlemelerden hangilerini geçerli kabul etmektedir? (T.A. McCarthy). Burada vurgu, bir düşünsel deney kanalıyla herkesin herkes için neyin geçerli olmasını isteyebileceği meselesinden *uzaklaşır*, bir diyalog sırasında benim ve sizin birbirimizi belli normların—bundan "genel eylem kuralları"nı kastediyorum—geçerliliğine ikna etmemizi gerektiren gerekçelendirme süreçlerine *kayar*. Gerekçelendirme hakkı temel bir haktır ve "insanların haklarına dair herhangi bir ahlaki gerekçelendirme, bu tür hakların gündeme getirdiği genel ve karşılıklı geçerlilik iddiasını söylem düzeyinde ortaya koyabilmelidir."[30]

Hal böyleyken, doğalcılık yanılgısı veya mülkiyetçi bireycilik gibi tuzaklara düşmeden, insan hakları söylemini nasıl gerekçelendirebiliriz? Buna cevabım şu olur: "Sizin gözünüzde, sizin ve benim neden belli şekillerde davranmamız gerektiğini gerekçelendirmek için, sizin kabul veya reddettiğiniz geçerlilik gerekçeleri zemininde, benimle mutabık kalma veya kalmama kapasitenize saygı göstermem gerekir. Fakat, geçerliliğini kabul veya reddettiğiniz gerekçeleri kabul veya reddetme kapasitenize saygı göstermem demek, iletişim özgürlüğü kapasitenize de saygı göstermem demektir." Potansiyel olarak veya fiilen, doğal veya sembolik bir dil konuşabilen *bütün* insanların iletişim özgürlüğüne muktedir olduğunu; yani geçerlilik iddiasını anladıkları ve ona uygun hareket edebilecekleri bir ifadeye "evet" veya "hayır" demeye muktedir olduğunu farz ediyorum.[31] İnsan hakları, iletişim özgürlüğünüzü tatbik etmenizi güvenceye alan ahlaki ilkelerdir ve hukuki bir biçimde vücuda gelmeleri gerekir.[32]

Şüphesiz iletişim özgürlüğünün tatbiki, bir failliğin tatbik edilmesidir; hangi hedef ve amaçları güttüğümüzü ve onlara nasıl ulaşmak istediğimizi formüle etmeyi içerir. Ancak, hâlâ en yaygın insan hakları açıklaması olan fail merkezli insan hakları kuramlarının aksine, söylem kuramı modelinde, insan failin iletişim ve etkileşim bağlamlarına gömülü [embedded] bir birey olduğu görüşünden hareket edilir. Eylem hedefleri formüle etme kapasitesi, bu tür hedefleri sebepler göstererek diğer insanlar nezdinde gerekçelendirme kapasitesinden önce gelmez. Eylem nedenleri, beni motive eden birer temelden ibaret değildir; onlar aynı zamanda, başka insanlarla paylaştığım bir sosyal dünyaya kendimi bir "eyleyici" olarak yansıttığım ve diğer insanların beni belli eylem dizilerine muktedir ve onlardan sorumlu bir kişi olarak kabul etmesini sağlayan eylemlerimin açıklamalarıdır. Faillik ve iletişim, bir madalyonun iki yüzüdür: Sadece ötekilerin, beni belli fiillerin başlatıcısı ve açıklama getirmek zorunda olduğum kimi kelimelerin sözcüsü olarak tanıdığı bir sosyal uzamın parçası olmayı umabildiğim için kendimi fail görebilirim. Ancak bu açıklama getirme süreci dahi, eylem hedeflerimi formüle etme müteakip değildir veya sonra gelmez. Kendimi fiiller eyleyen veya kelimeler dile getiren bir kişi görmemin şartı, ne yapmak istediğime dair ve söylemek istediğimi ifade etmek için nasıl doğru kelimeleri bulabileceğime dair kendime bir açıklama sunabilmemdir. Bu tür açıklamalar sunabilme kapasitesi, nezdinde edimlerimin bir şey başaracağı ve kelimelerimin belli anlamlara geleceği öteki veya ötekilerin bakış açısını içselleştirdiğimi varsayar. Ötekinin bakış açısını benimseyebilme yetisi, kişinin bir fail olarak—gerek bir eyleyici gerek bir anlatıcı olarak—kendisine dair tutarlı bir açıklama sunabilmesi açısından gereklidir. İnsan haklarına dair bütün fail merkezli açıklamaların zayıf noktası, failliğin bu tür ortak konuşma ve eylem bağlamlarına sosyal açıdan gömülü oluşunu soyutlayıp, haklara dair akıl yürütmenin asli öznesi olarak yalıtılmış faile odaklamalıdır.[33]

Her şeyden önce, iletişim özgürlüğüne muktedir bir ahlaki varlık olarak, *haklara sahip olma hakkı*na sahipsiniz. İletişim özgürlüğünü tatbik etmek için, gömülü faillik kapasitenize saygı duyulması gerekir. Söz ve edimlerinizle belli bir sosyal etkileşim ve iletişim uzamının içinde konumlandığınız bir organize insan cemaatinin mensubu olarak kabul görmeniz gerekir. Diğerleri tarafından "hak sahibi bir kişi," hukuki olarak tesis edilmiş bir haklar dizisine sahip birisi olarak tanınmak gibi bir "hak" yani ahlaki iddianız vardır.[34] Diğerleri ahlaki bir varlık olarak sizin özgürlüğünüzü ancak herkes için karşılıklılık, genellik ve biçimsellik koşullarını karşılayan gerekçelerle kısıtlayabilir.

Haklara sahip olma hakkı ayrıca, hem genelleştirilmiş hem de somut bir öteki olarak kimliğinizin kabul edilmesini içerir.[35] Eğer sizi yalnızca bana benzediğiniz için haklara sahip bir varlık olarak tanırsam, o zaman, sizi farklı kılan temel bireyselliğinizi inkâr etmiş olurum. Eğer benden çok farklı olduğunuz için sizi hak sahibi bir varlık olarak tanımayı reddedersem, o zaman da ortak insanlığımızı inkâr etmiş olurum. "Genelleştirilmiş öteki" bakış açısı, diğer her bireyin de kendimize atfetmek istediğimiz hakların ve görevlerin aynısına sahip olduğunu kabul etmemizi gerektirir. Bu bakış açısını benimsediğimizde, ötekiyi bireyselliğinden ve somut kimliğinden soyutlamış oluruz. Ötekinin de, aynen bizim gibi, somut ihtiyaç, arzu ve duygulanımları olan bir varlık olduğunu kabul ederiz etmesine; ancak onun ahlaki haysiyetini meydana getiren unsurun, bizi birbirimizden farklı kılan özellikler değil, konuşan ve eyleyen ve vücuda gelmiş bireyler olarak paylaştığımız özellikler olduğunu düşünürüz. Ötekiyle olan ilişkimiz, *biçimsel eşitlik ve karşılıklılık* normlarınca belirlenir: Herkes, biz ondan ne bekleyebilirsek, aynısını bizden bekleme hakkına sahiptir. Size bu normlara uygun muamele ettiğimde, sizin şahsınızda tüm insanlığın haklarını teyit etmiş olurum ve sizin de benimle olan ilişkinizde aynı şekilde davranmanızı meşru biçimde talep edebilirim.

"Somut öteki" bakış açısı ise, aksine, her varlığı belli bir hissi-duygulanımsal tabiata, somut bir geçmişe, hem bireysel hem kolektif bir kimliğe, hatta çoğu zaman birden çok kolektif kimliğe sahip bir birey olarak görmemizi gerektirir. Bu bakış açısını benimsediğimizde, ortak yönümüzü parantez içine alıp bireyselliğe odaklanırız. Ötekiyle olan ilişkimiz, *hakkaniyet* ve *tamamlayıcı karşılıklılık* normlarınca belirlenir. Bu durumda farklarımız birbirini dışlamaz, bilakis tamamlar. Size bu normlara uygun muamele ettiğimde, sadece insanlığınızı değil insani bireyselliğinizi teyit etmiş olurum. Genelleştirilmiş öteki bakış açısı saygı normunu ifade ederken, somut öteki bakış açısı ise diğerkâmlık ve dayanışma deneyimlerine giden yolu açar.

Genelleştirilmiş ve somut öteki mefhumları, insan doğasını tarif etmez; daha ziyade bunlar, insan deneyimine dair fenomenolojik açıklamalardır. Haliyle, genelleştirilmiş öteki bakış açısı, benim ona verdiğim oldukça evrenselci biçimi altında, eşitlikçi modernite deneyimlerini varsayar. Hegelyen bir yaklaşımla, bu bakış açılarının tarihin akışının zorunlu sonuçları olduğunu iddia ediyor değilim. Bilakis, bunlar tartışmaya açık, yüklü ve kırılgan deneyimlerdir; bu deneyimlerden geçilirken, tüm insanlığa yayılan "genelleştirilmiş öteki" bakış açısı siyasi bir olasılık haline gelir, ama siyasi gerçekliğe dönüşmez.

Bireylerin birbirlerini "haklara sahip olma hakkı"nı haiz varlıklar olarak tanıması, siyasal mücadelelerden, toplumsal hareketlerden, ayrıca sınıf, cinsiyet, milliyet, etnik grup ve dini inanç sınırlarının içindeki veya ötesindeki öğrenme süreçlerinden geçer. Evrenselcilik, sözde hepimizin sahip olduğu bir tür öz veya insan doğasına değil, çeşitlilik, çatışma, bölünme ve mücadeleler boyunca bir ortak payda yaratma deneyimlerine dayanır. Evrenselcilik ne bir gerçekliktir, ne de dünyanın verili halinin betimi; o bir niyet, uğruna çabalamak gereken bir ahlaki hedeftir.[36]

İnsan haklarını, söylem kuramındaki iletişim özgürlüğü mefhumu temelinde gerekçelendirme yolundaki bu çabanın diğerlerinden nasıl ayrıldığını netleştirmek istiyorum. Birincisi, burada, insan haklarının gerekçelendirilmesi diyalojik bir pratik olarak görülür; dolayısıyla, doğal haklar kuramı metafiziğine ya da mülkiyetçi ve bireyci benlikler metafiziğine saplanmaz. İnsan haklarının söz konusu gerekçelendirmesi, ayrıca *fail eksenli* açıklamalardan ayrılır; zira, bu tür açıklamalara göre, insan hakları, çeşitli şekillerde betimlenen failliğin tatbik edilmesinin koşullarını hazırlar. Bu durumda, şu soru cevapsız kalır: Şu veya bu koşulun *senin* failliğini tatbik etmen açısından temel önemde olduğu iddiası, neden *benim* bu iddiaya saygı göstermem gibi bir ahlaki mecburiyet doğursun ki? Buna karşın, söylem modelinde biz şunu savunuruz: Benim, *senin* haklara sahip olma hakkını kabul etmem, zaten tam da senin *benim* hak iddiamı kabul ya da reddetmenin ön koşuludur. *Benim* bir fail olarak özgül ihtiyaçlarımın *senin* için bir gerekçe vazifesi görmesinin tek koşulu, benim, *senin* bir fail olarak özgül ihtiyaçlarının aynı şekilde *benim* için bir gerekçe vazifesi görebileceğini varsaymamdır. Bu da, senin ve benim birbirimizin haklara sahip olma hakkını tanıdığımız anlamına gelir.

Söylem Kuramı Temelli Gerekçelendirmelere Yönelik Kuşkular

Peki, insan haklarının bu söylem kuramı temelli gerekçelendirmesinin ya bol ya dar kaldığı söylenemez mi? Benim formülasyonlarım, söylemlerde neyin "iyi gerekçe" teşkil ettiğine dair bir anlayışa bağımlı değil midir?

Bu bağlamcı eleştiri şöyle devam edecektir: Haliyle, bu tür anlayışların tartışma götürmez olduğunu söyleyemeyiz; dolayısıyla sizin gerekçelendirme stratejiniz bir dairesellik sergiler. Bu strateji, "iyi gerekçeler"e dair bir anlayışı peşinen kabul etmek suretiyle, iletişim özgürlüğünün tanınmaması hali ile bağdaşmayan ahlaki bakış açılarını dışlar. Bu ciddi itiraza yanıt vermek için şu gözlemden yola çıkmalıyım: Söylemler, diyelim pazarlık, tatlı sözle kandırma, beyin yıkama ya da zora dayalı manipülasyondan farklı olarak, belli biçimsel sohbet koşullarını temel alır: Söz konusu koşullar, sohbetin her tarafının iletişime katılma veya iletişim başlatma açısından *eşit olması*, konuşma edimleri bağlamında *simetrik* bir salahiyete sahip olması ve iletişim rollerinin *karşılıklı* olmasıdır—her biri, soru sorup cevap verebilir, gündeme yeni başlıklar ekleyebilir ve bizzat söylemin kurallarına dair bir düşünüm başlatabilir. Söz konusu biçimsel önkoşullar, ki söylem süreci içerisinde yeniden yorumlanmaya muhtaçtırlar, söylemlerin içerdiği makul gerekçe türlerine belli *mecburi* kısıtlamalar dayatırlar dayatmasına; ancak, neyin iyi gerekçe olduğuna dair *yeterli* dayanak *asla sunamazlar*, kaldı ki sunmaları da beklenemez. Burada gerçekten de bir dairesellik mevcuttur, ama bu fasit bir daire değildir. Aristoteles'in uzun süre önce *Etik*'te, ahlak ve siyasetteki her tür akıl yürütmenin özsel bir özelliği olarak işaret ettiği, pratik aklın hermenötik daireselliğidir: Söylem modelini en başta bir çerçeveye oturtmak için mutlaka belli bir eşitlik, karşılıklılık ve simetri anlayışı varsaymamız gerekir, ancak o zaman, söz konusu normatif terimlerin her biri, söylemin kendi içinde düşünümsel gerekçelendirmeye ya da kendi kendini yineleyen doğrulamaya [recursive validation] açık hale gelir. Söylemin önkoşullarının bu tür bir kendi kendini yineleyen doğrulaması, pek çok kişi tarafından bir fasit daire olarak yanlış anlaşılmıştır. Bu suçlamalar pratik aklın hermenötik yapısını göz ardı eder ve pratik akıldan sanki teorik akılmış gibi ilerlemesini ister—yani tartışma götürmez öncüllerden yola çıkarak.

Kendi kendini yineleyerek doğrulanan söylem yapılarının gerekli koşullarından hangilerinin iyi gerekçe sayılıp hangilerinin sayılamayacağına getirilen bu sınırlandırma aralığı dahi bazılarını ikna etmeye yetmeyecektir;[37] yine de, normatif gerekçelendirme pratiğini en başta mümkün kılan şeyin iletişim özgürlüğü olduğunu vurgulamak istiyorum, zira eğer insanlar birbirlerinin iddialarını, geçerliliğini değerlendirebildikleri gerekçeler temelinde kabul veya reddetme imkânına sahip değilse, zaten gerekçelendirme çabası diye bir şey söz konusu dahi olamaz. Bu tür bir pratik boyunca başvurduğumuz gerekçeler ister faydacı, ister Kantçı, ister Nietzscheci, isterse de Hıristiyan olsun, her zaman için sohbetteki muhattabımızın bizim iddialarımızı, geçerliliğini kavradığı gerekçeler temelinde kabul veya reddetme kapasitesine sahip olduğunu baştan varsaymamız gerekir. Bir akıl yürütme girişimi olarak "gerekçelendiren evrenselcilik" aklın tam merkezinde yer alır; aynı şey, ötekiyi iletişim özgürlüğü kapasitesine sahip ve haklara sahip olma hakkını haiz bir varlık olarak görmek için de söylenebilir.

Ahlaki söylem dürtüsünün ortaya çıkması, yaşam dünyalarımızın kesinlikleri çatışma, çekişme, anlaşmazlık nedeniyle çöktüğünde, çatışmayla ihtilafın, sefaletle dayanışma eksikliğinin aynı anda yaşandığı durumlarda söz konusu olur. Söylemler canımızın istediği gibi içine girip çıkabileceğimiz, farazi düşünce deneyleri ya da sohbet odaları değildir; söylemler, yaşam dünyamızdaki son derece gerçek problemlerin elzem kıldığı düşünümsel diyaloglardır. Gündelik yaşamımızdaki kesinlikler ortadan kalktığı zamandır ki, söylem açısından temel önemde olan, düşünümsel ve eleştirel mesafe gibi tavırlar benimseriz. Bu anlamda, Husserl haklıdır: Bir yanda aklı olumsal akıl yürütme ve gerekçelendirme pratiklerine dayanan bir yaşam formu olarak kabul etmek ile, öte yanda insanın saygı hak eden özgür bir varlık olduğu görüşü arasında içkin bir bağlantı bulunur.

Dolayısıyla, bir gerekçelendirme çabası olarak, akıl yürütme olarak kavranan akıl ile insan haklarının gerekçelendirilmesi arasında kopmaz bir bağlantı vardır. Gerekçelendiren evrenselciliğin ön koşulu ahlaki evrenselciliktir—yani, ötekiye, iletişim özgürlüğü kapasitesine sahip bir varlık olarak saygı göstermek. İnsanların haklara sahip varlıklar olarak kabul edilmesi *gerektiği* iddiasını, insanların rasyonalitesi üzerine inşa ediyor değilim—bildiğimiz gibi, doğal hukuk geleneği söz konusu rasyonaliteyi, ilahi olanın insanlardaki tezahürü olarak görüyordu. Bunun yerine ben, hem haklara sahip olma hakkının hem de insanın adli-medeni haklara sahip bir varlık olarak kabul edilme şeklindeki ahlaki hakkının, iletişim özgürlüğünün tatbik edilmesinin koşullarını hazırladığını iddia ediyorum. Öte yandan, söz konusu iletişim özgürlüğü de her tür gerekçelendirme sürecinin ön koşuludur.

Gerek insan hakları, gerek dünyamızdaki çeşitli kamu hukuku belgeleri, hem korunması gereken bir *asgariyi* hem de hedeflenmesi gereken bir *azamiyi* tanımlar. Bunların anlamı ve kapsamı üzerine tartışma her zaman olacak; dolayısıyla, hazırlayacağımız herhangi bir liste mutlaka eksik kalacak. Yeni ahlaki, politik ve kültürel mücadeleler listeye eklenmek üzere yeni haklar ileri sürecek ve insanların hedeflemesi gereken azamiyi genişletecek. Örneğin insan klonlama, gen tedavisi ve gen manipülasyonu alanlarındaki teknolojik gelişmelerin, yakın gelecekte, insanların biyoloji ve tür açısından bütünlüğünü korumaya yönelik birtakım temel hakları gündeme getirmesi muhtemel.[38] Tam da bu tür mücadeleler ve öğrenme süreçleri içinden çıktıkları içindir ki, insan hakları belgeleri basitçe bir "geniş mutabakat" ya da "asgari meşruiyet koşulları"nın cisimleşmesi değildir; insan hakları, "bütün halklar ve milletler için ortak bir başarı standardı" belirlemek suretiyle, derinlemesine bölünmüş insanlığın özlemlerini dile getirir (Evrensel Beyanname, Giriş).

Haklara sahip olma hakkına dair bu oldukça soyut ve biçimsel yaklaşımlardan yola çıkıp nasıl özgül hak rejimlerine, hukuki sistemlere, bildirgelere ve mevcut siyasaların sözleşmelerine varabiliriz? Peki ya insan haklarının hukuki biçimi meselesi?[39] Gerek hukuk ilmi gerek ahlak felsefesinde, uzun zamandır bu meseleye dair iki hâkim pozisyon bulunuyor: doğal haklar ve hukuki pozitivizm. Doğal haklar pozisyonunun savunucuları arasında Aristoteles, Stoacılar ve Aziz Thomas Aquinas'ın yanı sıra modernitenin Locke ve Rousseau gibi toplum sözleşmesi kuramcıları ve Leo Strauss sayılabilir. Onların yaklaşımına göre, insanların sahip olduğu ve dolayısıyla değiştirilemez ve geri alınamaz olan kimi hakları anayasasında benimsemeyen, bunlara saygı göstermeyen ve yüceltmeyen hiçbir politik ya da hukuki düzen meşru sayılamaz. Modern anayasacılık diliyle söylersek, söz konusu haklar "değiştirilemez" kabul edilir.

Kimilerinin Thrasymachus gibi Sofistlere, Machiavelli'ye, H.L.A. Hart'a ve Carl Schmitt'e kadar geri götürdüğü karmaşık bir pozisyon olan hukuki pozitivizm ise hukuki sistemlerin "hukuk dışı" ifade standartlarına—bunlar ister ahlaki, ister metafizik, ister doğalcı isterse de bilimsel olsun—dayanan yargılara tabi olamayacağını savunur. Her hukuki sistem, kimi normların tutarlı bir biçimde ifade edilmesinden oluştuğu ölçüde, içinde kendi yargı, değerlendirme, tabiyet ve kapsayıcı tahakküm standartlarını—kısacası, bir hukuki sistem olarak işlemesini sağlayan tasdik kurallarını—barındırır. Bu bakış açısına göre, doğal haklar örneğindeki gibi, bütün hukuki sistemlerden önce gelen birtakım değiştirilemez normlar olabileceği fikri kabul edilemez.

İnsan hakları dili bu bölünmenin aşılmasını sağlar. Bilhassa demokrasilerin söylemi, zorunlu olarak, bir yanda insan haklarının bağlamları ve toplulukları aşan geçerlilik boyutu ile öte yanda mevcut adli-medeni toplulukların tarihsel olarak biçimlenmiş, kültürel olarak üretilmiş ve toplumsal olarak şekillendirilmiş kodlaştırmaları ve mevzuatı arasında oluşan gerilime maruz kalır. Burada söz konusu olan, bu ahlaki alternatiflerin bir veya diğerini seçerek bu gerilimi inkâr etmek değil, evrensel olanı somut bağlamlara oturtmak suretiyle onların karşılıklı bağımlılığını müzakere etmektir. Bu, *Modernizm, Evrensellik ve Birey* kitabımda "etkileşimli evrenselcilik" ve daha sonraki çalışmalarımda "demokratik yinelemeler" olarak adlandırdığım bir projedir.[40] Benim yaklaşımımla diğer güncel konumlar arasındaki en çarpıcı farkların ortaya çıkacağı mesele, insan haklarının birliği ve çeşitliliğinin müzakere konusu edilmesi, yani insan haklarının *ahlaki özü* ile *hukuki biçimi* arasındaki ilişkinin ifade edilmesi meselesidir.[41]

İlerleyen bölümlerde, "haklar ilkesi" ile "haklar çizelgesi" arasında bir ayrıma giderek, doğal haklar kuramları ile hukuki pozitivizm arasındaki bu sürüncemeli ihtilafı aşmak için bir strateji geliştireceğim.[42] Kişinin iletişim özgürlüğü şeklindeki ahlaki ilkeye dayanan temel insan hakları aynı zamanda hukuki haklardır; yani, belirli bir hukuki çerçeve dahilinde cisimleşmesi ve örneklenmesi gereken haklardır. Haklar ilkesinin hayata geçmesi için, bütün vatandaşları ve mukimleri eşit hukuki korumayı ve genelde bir haklar bildirgesi veya beyannamesinde sıralanan bir haklar çizelgesini hak eden bireyler olarak gören, hukukun üstünlüğüne dayalı, layıkıyla kurulmuş bir düzen gereklidir. Ronald Dworkin'in belirttiği gibi insan hakları, ahlak ve adaleti ayıran çizgiyi aşar; hukukun meşruiyetini yargılamamıza imkân tanır.[43]

Peki söz konusu haklar çizelgesi nasıl belirlenecek? Burada aslında iki mesele karşımıza çıkar: Birincisi, ileride ele alacağım gibi, kimi hak kuramlarına göre hakların *hukuksallaşması* tali ya da ikincil önemdedir

(Amartya Sen). Burada geliştirdiğim, iletişime dayalı hak modeli bu konumlardan ayrılır. İkincisi, kimi yazarlar felsefi bir insan doğası ya da faillik mefhumundan yola çıkıp *belirli* bir haklar çizelgesine varmaya çalışır ve her tür meşru hukuki ya da politik düzenin bu tür haklara riayet etmesi gerektiğini savunur (Martha Nussbaum). Nussbaum'unkinden farklı olarak, benim tutumum, insan haklarının hukuki biçiminde adli ve anayasal yorumlar ve bağlamlaştırmalar noktasında meşru varyasyonlar olabileceği şeklindedir—söz konusu varyasyonların, özyönetim yapıları kanalıyla kamusal özerkliğin tatbik edilmesinin birer sonucu olması şartıyla. Özyönetim olmazsa insan haklarının içi boşalır. İnsan hakları ve demokratik biçimde kendi kaderini tayin etme arasında, salt olumsal olmayan, içsel bir bağlantı vardır.[44] İnsan hakları ilkesi demokratik egemenin iradesini bağlar, çünkü özyönetimin anlamlı bir pratik olması için herkesin kanun önünde eşit olduğunun tanınması şarttır. Kanun yapan vatandaşların demokratik eşitliği bir kere bu şekilde kabul edildikten sonra, her siyasadaki haklar çizelgesi yasama süreçlerinin söylemsel ifade edilişi tarafından belirlenebilir. Dolayısıyla, doğal haklar kuramlarındakinin aksine, hakların bireylerin "pre-politik" iddiaları olduğu, bir anlamda siyasaların dışında durduğu veya konumlandığı varsayılmaz. Öte yandan, hukuki sistemin yalnızca iç normatif standartları ile yönetilebileceğini kabul ediyor da değilim; demokratik meşruiyet salt yasallığa indirgenemez. Demokratik meşruiyetin dayanağı, toplumun bütün alanlarında dolaşımda bulunan ve insanların kendilerini kanun yapan ve kanuna uyan toplumdaşlar olarak görmesini sağlayan söylemsel gerekçelendirme kurumları ve kanallarıdır. İnsanların haklara sahip olma hakkı şeklindeki iletişim hakkı, yalnızca, insanlar aynı anda hem yazarı hem tebaası oldukları kanunlara tabi olan ahlaki ve politik kişiler olarak görüldükleri zaman tam olarak hayata geçer. Ben, bir yanda demokratik irade ve kanaat oluşumu ile öte yanda anayasal ilkeler ve uluslararası hukuk arasındaki etkileşim süreçlerini "demokratik yinelemeler" olarak adlandırıyorum. Demokratik yinelemeler kanalıyla vatandaşlar hem kendi haklar çizelgesinin özgül içeriğini ifade eder, hem de söz konusu hakları sahiplenir. Önümüzdeki üç bölümdeki amacım, haklara sahip olma hakkına dair bu iletişimsel modeli ve demokratik yinelemelerin merkezi konumunu geliştirmek olacak.

İnsan Hakları ve Küresel Demokratik Yinelemeler

1935 yılında, Husserl'in hızla yeni bir savaşa doğru ilerleyen Avrupa'nın entelektüel-politik ortamını gözden geçirdiği esnada, Milletler Cemiyeti denen kırılgan kurum çöküş sürecindeydi. Söz konusu çöküşün nedenlerinden biri, Avusturya Macaristan, Rus, Osmanlı İmparatorlukları ve Alman Kaiserreich'ının yıkılışını takip eden çeşitli azınlık ve devletsizlik anlaşmalarının yarattığı ikiyüzlülüktü. Husserl'e kalırsa, Batı aklına yönelik inanç, zor yoluyla, kurumsal yapıların akıl ve özgürlük, barış ve adalet ilkelerini daha somut biçimde cisimleştireceği beklentisinin yerini almalıydı. Ancak, 1948 tarihli Evrensel Beyanname ve onu izleyen insan hakları çağı, yalnızca Batı'daki insanların değil bütün insanlığın ahlaki öğrenme deneyimlerinin bir yansımasıdır. Dünya savaşları yanızca Avrupa kıtasını değil, sömürgeleri de, Afrika ve Asya'yı da kapsadı. İkinci Dünya Savaşı'nı izleyen, sömürgecilik karşıtı milli kurtuluş mücadeleleri kendi kaderini tayin ilkelerine ilham vermişti. Dünyamızın kamu hukuku belgeleri işte bu tür kolektif mücadelelerden ve kolektif öğrenme süreçlerinden damıtılmıştır. Bunları bir "dünya anayasası"na giden adımlar olarak nitelemek biraz fazla ütopyacı olabilir, ancak sadece devletlerarası anlaşmalardan ibaret oldukları da söylenemez. Söz konusu küresel kamu hukuku belgeleri, *lex mercatoria* alanındaki çeşitli gelişmelerle beraber, uluslararası arenanın zeminini değiştiriyorlar. Bu belgeler salt uluslararası değil küresel olan bir sivil toplumun kurucu unsurlarıdır. Bu küresel sivil toplumda, bireyler, salt kimi devletlerin vatandaşı oldukları için değil, *simpliciter* [Lat. salt, mutlak, çıplak] insanlıklarından dolayı hak sahibidir. Her ne kadar devletler en güçlü aktörler olmaya devam etse de, onların meşru ve hukuki etkinliklerinin alanı giderek sınırlandırılıyor. Halkların yasasını, işte bu yeni ortaya çıkan ve kırılgan küresel sivil toplum temelinde yeniden düşünmeliyiz; söz konusu küresel sivil toplum sürekli olarak savaş, şiddet ve askeri müdahale tehdidiyle karşı karşıyadır. Gittikçe daralan dünya kamusal alanı, bir taraftan kültürler arası temasları artırırken, öte yandan derin ayrılıkları açıklama noktasında kafa karışıklığı doğuruyor.

Küresel bir sivil toplumdaki halklar arasında geçen karmaşık kültürel diyaloglar[45] ile demokratik yineleme süreçleri arasında temel bir ilişki bulunur. Bir toplumun mensupları, ancak ve ancak kendi kolektif kimliklerine dair özgür ve kısıtlamasız bir diyaloğa giriştikleri zaman, özkimliklendirme anlatıları geliştirebilir; bunlar da kendi geleneklerini tekrar sahiplenmelerini sağlayan akıcı ve yaratıcı süreçlere zemin hazırlar. Buna karşın, "bizim kültürümüz"e karşı "onların kültürü" türünden toptancı söylemler bireysel ve kolektif kültürel anlatıların özgür akışına ket vurur; zira, bu söylemler, iktidarın adına tatbik edildiği meşrulaştırıcı kolektiviteleri istikrarsızlaştırmak suretiyle yıkıcı etkiler doğurur. Kültürler, anlatısal biçimde, ben-öteki ayrımlarına dair tartışmaya açık anlatımlar kanalıyla kurulur. Öteki, bizim kültürümüzün dışında değildir, kültürümüzün kurucularındandır. Farklı kültürler arasındaki ve bir kültürün içindeki diyaloglar birbiriyle derinlemesine iç içe geçmiştir.

İnsan hakları ayrıca, gerek hukuki gerek politik anlamda, dünyadaki halklar ve kültürler arasında "zora dayalı olmayan, demokratik yineleme"leri mümkün kılan koşullardır. Bu tür yinelemeler, zaman ve mekanda donmuş anlaşmalar biçiminde anlaşılamaz; ancak ve ancak, bir kültürün mensuplarının kendilerine ötekilerin bakış açısından bakmalarını sağlayarak, her kültürün tamlık varsayımlarını sorgulayan süregiden bir söyleşi, bir karmaşık diyalog şeklinde kavranabilir. Buradaki amaç, geri döndürülemez bir anlaşmaya varılması değil de bakış açılarının genişletilmesi olduğuna göre, bu tür diyalogların doğurduğu sonuç da insan haklarının yorumlanması ve bağlama oturtulması noktasında kabul edilebilir varyasyonlar yelpazesi konusunda eğitilmemiz olur. Söz konusu eğitim, küresel planda insan haklarının birlik ve çeşitliliğine dair kavrayışımızı genişletmemizi gerektirir.

Demokrasi de Bir İnsan Hakkı mıdır?*

MÜDAHALECİLİĞİN VE KAYITSIZLIĞIN ÖTESİ

İnsan Haklarına Minimalist Yaklaşım

Yeni bir makalesinde Joshua Cohen "insan hakları alanında minimalizm"in iki türü arasında faydalı bir ayrıma gidiyor. Buna göre ilk tür "tözel" ikincisiyse "gerekçelendiren" minimalizmdir.[1] *Tözel* minimalizm insan haklarının içeriğine dairdir: "Daha genel anlamda, küresel adalet normlarıyla ilgilidir," ve insan haklarını bir zamanlar "menfi hürriyet" denen kavramla sınırlandırır. Michael Ignatieff'in *Human Rights as Politics and Idolatry*[2] [Siyaset ve Putperestlik olarak İnsan Hakları] ve Thomas Nagel'in "The Problem of Global Justice" ["Küresel Adalet Meselesi"] adlı çalışmaları, bu konumun başlıca örneklerini temsil eder.[3] "Gerekçelendiren minimalizm" ise aksine, "etik açıdan çoğulcu bir dünyadaki küresel adalet tasavvurunun asli bir unsuru olacak, 'küresel kamusal akıl'ın […] temel bir bileşeni olacak bir insan hakları tasavvuru" ortaya koymakla ilgilidir.[4]

Bu, son derece önemli bir ayrımdır. "Gerekçelendiren minimalizm"in cazibesi, uluslararası alanda, çoğu dışlayıcı ve sekter bir bakışa sahip olan kapsamlı dünya görüşleri ve doktrinlerine dayanmayan geniş bir mutabakat oluşturma arzusundan kaynaklanır: Söz konusu mütabakat, daha ziyade, Rawls'un diliyle "kendi ayakları üzerinde durmalı" ya da

---

*   Okuduğunuz bölüm, Kansas Üniversitesinde sunulan ve söz konusu üniversite tarafından 2008 yılında aynı başlıkla basılan 2007 Lindley Semineri'nin yoğun olarak elden geçirilmiş bir versiyonudur. Joshua Cohen'in Rawls'a ve insan haklarına dair yakın dönem çalışmalarıyla ilgili tartışmalarımızdan dolayı David Alvarez Garcia'ya teşekkür ederim.

genel kamusal politik ilkeler temelinde gerekçelendirilebilmelidir. İnsan hakları kavramının, her türden politik eylem ve müdahaleyi gerekçelendirmek için bolca kullanıldığı ve istismar edildiği bir dünyada, bu ihtiyat şüphesiz hoş karşılanmalıdır. Kendi ayakları üzerinde duran böylesi bir küresel geniş mutabakatın amacı dünya barışı şansını artırmaktır: Bu tür bir anlayışın, bütün insanların kendilerine has dünya görüşlerinden, dini yaklaşımlarından vb yola çıkarak benimseyebilecekleri temellere dayanmasını sağlamak suretiyle.

Ancak liberal tolerans ve barış içinde bir arada yaşamaya dair bu takdire şayan kaygı, bir tür liberal kayıtsızlığa da yol açabilir; hatta, dünyanın "saygın, hiyerarşik halkları"nın (Rawls) oluşturduğu pek çok baskıcı rejime haksız yere tolerans gösterilmesine bile varabilir. Rawls'un eserinin çıkarımları karşısında Joshua Cohen'in benimsediği konum oldukça karmaşıktır. Rawls'dan farklı olarak Cohen şunu savunur: "Üyeliğin ve kapsayıcılığın temel değerleriyle tutarlılık içinde olan herhangi bir kolektif kendi kaderini tayin tasavvuru […] herkes için *eşit* politik haklar olmasa bile, bir tür çıkar temsili süreci ve resmi hesap verme süreci gerektirecektir."[5] Başka bir deyişle, Cohen tarafından savunulan temsiliyet ve hesap verebilirlik süreçlerinin kapsamı Rawls'un yeterli gördüğü "istişari hiyerarşi"nin ötesine geçiyor geçmesine, ama Cohen için de, eşit politik hakların tanınması kolektif kendi kaderini tayin açısından şart değildir. Bu sınırlama ne kadar akla yatkın? "Çıkarların temsili" ve "resmi hesap verme" süreçlerini ikna edici bir biçimde demokratik eşitlikten ayırabilir miyiz? Neden "herkes için eşit politik haklar"dan taviz veriyoruz?[6]

Önceki bölümde ileri sürdüğüm gibi, hem insan haklarını *gerekçelendirme stratejisini* hem de insan haklarının içeriğinin türetilme biçimini, *minimalist* kaygılardan uzaklaştırıp, haklara sahip olma hakkı temelinde daha sağlam bir anlayışa doğru çekmek istiyorum. Yukarıda savunduğum söylem kuramı eksenli gerekçelendirme, söylem etiğinin açılımları ile Arendt'in "haklara sahip olma hakkı" mefhumunu sentezlemek suretiyle, küresel adalet bağlamında, insan haklarının daha kapsamlı bir savunusuna giden yolu açmaya çabalıyor.[7]

Bu söylem kuramı eksenli açıklamanın insan hakları tasavvuru, gerçekten de insan doğasına ve rasyonalitesine dair kuvvetli varsayımlardan bağımsız mıdır?[8] Rawlsyen yaklaşımın savunucuları, benim akıl yürütme tarzımın, insan haklarını kapsamlı bir ahlaki doktrin yani söylem etiği temelinde gerekçelendirmekten geçtiğini savunabilir; öte yandan Martha Nussbaum ve Amartya Sen gibi yazarlar, insan haklarının—ahlaki ilkeler ifade etseler dahi—hukuki bir biçim de almaları gerektiği yolundaki ısrarıma karşı çıkacaktır. Elinizdeki bölümde bu eleştirileri ele alacağım.

Öncelikle, söylem etiği temelli bir gerekçelendirme stratejisi ile Nussbaum ve Sen'in yaklaşımları arasında daha keskin bir ayrıma gidiyorum; ardından, Cohen'in, demokrasinin bir insan hakkı olmadığı yollu iddiasının savunulamaz ve kendiyle çelişik olduğunu ileri sürüyorum.

İnsan Hakları: Ahlaki İddialar ve Hukuki Biçim

Martha Nussbaum'a göre, *dargörüşlü olmayan* bir insan hakları yaklaşımı, bütün geleneksel ahlak öğretileri tarafından benimsenmese dahi, dünyadaki temel *politik ve ekonomik* adalet tasavvurlarından destek görebilecektir: Bu şekilde anlaşılan insan hakları *ahlaki* olmaktan ziyade *politik* bir geniş mütabakatın özünü teşkil eder.[9] Ancak, Nussbaum'un başvurduğu felsefi çıkarım yöntemi sorunludur, çünkü hak kavramlarını çok dar bir biçimde insan kabiliyetlerinin felsefi antropolojisi üzerine temellendirir. Nussbaum'un yaklaşımında, bir yanda "ahlaki ilkeler" olarak haklar ve "hukuki salahiyetler" olarak haklar ile öte yanda "haklar ilkesi" ve "haklar çizelgesi" arasında hiçbir ayrıma gidilmez.

Açıklık getirelim: Bana göre haklar, insanlar adına, hatta hayvanlar veya doğa gibi insan harici—ama bizim eylemlerimizden yoğun ve telafi edilemez biçimde etkilenen—varlıklar adına, kimi ahlaki iddiaları dile getirir. Her ne kadar ahlaki bir hak iddiasının ortaya atılması, politika ve yasama kurumları üzerinde yargıya konu olabilecek hukuki bir salahiyet oluşturmaya yönelik bir basınç yaratsa da, bu tür iddiaların hepsi belirli hukuki salahiyetler doğurmaz. Örneğin, tehlike altındaki türlerin haklarından bahsettiğimizde, ileride bir hukuki salahiyete dönüşebilecek bir ahlaki iddia dillendirmiş oluruz. Bunun, Japonya açıklarında balina avının yasaklanması ya da ABD'de altın kartalın korunmasına yönelik müspet tedbirlerin tesis edilmesi gibi biçimler alıp almayacağı ise demokratik halklar tarafından karara bağlanacak, ucu açık bir meseledir. Ahlaki haklar, hukuki salahiyetlerin özgül içeriğini doğrudan dikte edemez. Bu, Nussbaum'un yaklaşımında bulanık kalan bir noktadır.

"Haklar ilkesi" ve "haklar çizelgesi" arasındaki ayrım, hakların ahlaki biçimi ile hukuki içerikleri arasındaki ayrımla ilişkilidir; ama onunla özdeş değildir. Bir kişinin haklara sahip olma hakkı, layıkıyla kurulmuş bir hukukun üstünlüğü rejiminde, o kişinin üye kabul edilmesi kanalıyla teyit edildiği zaman,[10] "haklar ilkesi" tanınmış olur; ancak bu durumda, farklı "haklar çizelgeleri" arasında hakların dökümü, içeriği ve yorumlanması açısından *ne ölçüde varyasyonun* izin verilebilir olduğu sorusu açıkta kalır. Örneğin yaygın biçimde benimsenen demokratik yetkilendirme, şeffaflık ve kamusal hesap verebilirlik standartları uyarınca meşru kabul edeceğimiz pek çok yasama organı, yine de farklı bir haklar çizelgesinden hareket ediyor olabilir. Buradaki "izin verilebilir" ifadesiyle, normatif anlamda savunulabilir olmayı kastediyorum.[11] Nussbaum, insan kabiliyetlerine dair ileri sürdüğü kendi ahlak kuramı temelinde felsefi olarak türetilmiş bir insan hakları listesi ile belirli yasama organlarının kanun yapma süreçleri arasında bire bir örtüşme öngörüyor. Dolayısıyla, özyönetime dayalı siyasalarda insan haklarının yorumlanma, bağlamlaştırılma ve uygulamasına dair meşru varyasyonların nasıl ortaya çıkabildiğini göz ardı ediyor.[12]

Amartya Sen, "Elements of a Theory of Human Rights" [Bir İnsan Hakları Kuramının Unsurları] adlı çalışmasında, Nussbaum'un "kapsayıcı bir kabiliyetler listesi" çıkarma girişimini eleştirir; zira gerek bu "kanonik liste"nin gerekse de listedeki çeşitli maddelere atfedilecek ağırlığın, bağlam netleştirilmedikçe belirlenemeyeceğini belirtir. Daha önemlisi Sen, bu tür bir prosedürde, "kamusal akıl yürütme alanının ciddi biçimde küçülmesi" halini tespit eder.[13] Sen'in istediği, insan haklarını "aslen etik talepler" olarak ele almaktır, bunlar "söz konusu hakların konusunu oluşturan özgürlüklerin önemi" ile ilişkilidir (agy.). Her ne kadar Sen, bu özgürlüklerin eksiksiz bir listesini çıkarmaktan uzak dursa da, ona göre özgürlükler kabiliyetlerin gerçekleşmesidir—hem fırsatlar anlamında, hem de söz konusu kabiliyetlerin açımlanması için elzem süreçler anlamında. "Kabiliyet biçimi altındaki özgürlük, daha ziyade, çeşitli işlev kombinasyonlarını gerçekleştirebilme *fırsatına* yoğunlaşır," diye yazar (agy. 334).

Bu erken dönem makalesinde, insan haklarını, *etik* bir özgürlük ve kabiliyetler kuramının bu denli merkezine yerleştiren Sen, meşruiyet ve adil yönetim iddialarıyla her zaman son derece iç içe geçmiş olan, hakların politik tarihini göz ardı eder. Haklar basitçe, insanların payına düşen kuvvetli ahlaki salahiyetlerle ilgili değildir; haklar aynı zamanda bizim kolektif varoluşumuzu çerçeveleyen adalet ve meşruiyet iddialarıdır. Hakları basitçe bir ahlaki doğruluk diline indirgeyemeyiz. Bir hakkı ihlal etmek, bir kişiyi ahlaken zarara uğratmaktan farklıdır. Bir insanın haklarını ihlal etmeden de bir kişiye ahlaken zarar vermek mümkündür. Şüphesiz, kimi hak ihlalleri aynı zamanda birer ahlaki zarar biçimidir; ama hepsi değil. Örneğin, sizi aileniz, arkadaşlarınız ve sevdiklerinizin önünde aşağılarsam, sizin kişi olarak haysiyetinize ahlaki zarar vermiş olurum; ancak, bu durumda "bir insan hakkı olarak haysiyet"inizi ihlal etmiş olmam. Oysa sizi işkenceye veya diğer "zalim ve olağanüstü ceza türleri"ne tabi tutarsam, işte o zaman söz konusu hakkınızı ihlal etmiş olurum. Buna karşın, kişinin iletişim özgürlüğünü çiğneyen, temel insan haklarına yönelik tüm ihlaller, aynı zamanda ahlaki zarar da verir. Dolayısıyla, eğer hukukun çizdiği sınırlar içerisinde görüşünüzü özgürce ifade etme kabiliyetinizi kullanmanızı engellersem, sadece ifade özgürlüğü hakkınızı ihlal etmiş olmakla kalmam, üstüne üstlük, diğer insanlarla diyalog kurmak üzere iletişim özgürlüğüne sahip bir kişi olarak sizin ahlaki kabiliyetinize de zarar vermiş olurum. Sen'in "Elements of a Theory of Human Rights" adlı çalışmasındaki açıklamasını incelediğimde, neden "ahlaki zarar" ile "hak ihlalleri" arasında bu tür ayrımlara gitmek durumunda olduğumuzu göremiyorum.

Daha sonra kaleme aldığı *The Idea of Justice* [Adalet Fikri] adlı önemli eserinde Sen, gerek hakların hukuksallaşması meselesine gerek politik meşruiyet tartışmalarında hakların taşıdığı merkezi öneme daha duyarlı yaklaşır.[14] Bentham'ın hakları "saçmalığın daniskası" (bkz. sayfa 281) olarak nitelemesine karşı H.L.A. Hart'ın takındığı tutumu benimseyen Sen, şöyle yazar:

> Bentham hakları "hukukun çocuğu" olarak görürken, Hart etkisi itibariyle insan haklarını *hukukun ebeveynleri* olarak görme tavrını benimser: Hak-

lar, somut yasama süreçlerinin arkasında yatan saiktir. [...] Hart'ın haklı olduğu aşikardır—ahlaki haklar düşüncesinin yeni yasalara zemin teşkil edebileceğinden ve pratikte de sık sık ettiğinden pek şüphe edilemez.[15]

Ancak Sen, insan haklarının "kuvvetli ahlaki iddialar olarak görülmesi" halinde, bu hakların savunulması ve hayata geçirilmesi için farklı farklı yollar olabileceğini belirtir. Formel yasama süreci, bu çok sayıdaki yoldan yalnızca biridir ve pek çok insan hakkı en iyi şekilde, yasama dışı yollardan hayata geçirilir.[16]

Bu son derece mantıklı iddialara karşı çıkmak zor olsa da, Sen'in insan hakları yaklaşımında yine de bir karışıklık olduğunu seziyorum. Sen, "bir kekemenin umumi toplantılarda küçümsenmeme ya da aşağılanmama hürriyetinin etik önemi"nin, cezai yasalara konu olmasının doğru olmayacağını, daha ziyade "edep ve sosyal davranış üzerine eğitim ve tartışmaların etkisiyle" korunması gerektiğini belirtiyor. Peki, bu örnekte, kekeme bireyin hangi insan hakkı çiğnenmiştir? Elbette, bir özür nedeniyle ayrımcılık yaşamama ve baskı ve istismara maruz kalmama hakkı. İyi ama, kamu içinde küçümsenme ya da aşağılanmaya karşı bir "insan hakkı" var mıdır? Bunu, menfi bir ahlaki ödev olarak, yani başka bir insanı kabalık ve aşağılanmaya maruz bırakarak o insanın haysiyetine zarar vermeme görevi olarak adlandırmak daha doğru olmaz mı? *Kamu içinde, hatta özel alanda küçük düşürülmeme*, ne anlamda bir "insan hakkı" olarak nitelenebilir? Burada söz konusu olan, ötekilere (ve kendimize) saygı gösterme şeklinde bir ahlaki ödev değil midir; söz konusu ahlaki ödevin, ancak insan eşitliği, haysiyeti veya değerine yönelik yargıya konu olabilecek bir ihlal söz konusu olduğu zaman insan hakkı diline tercüme edilebileceğini söylersek, yanılır mıyız? Yine, ahlaki görev ile yargıya konu olabilecek hak iddiaları arasındaki bu geçiş ya da tercümenin dayanacağı esaslar ve prosedürler nelerdir? Sen'in, "insan özgürlüğünün önemiyle kurucu bir bağı olan etik iddialar" biçiminde tanımladığı insan hakları mefhumu, işte bu ayrımları göz ardı eder.[17]

Hem Nussbaum'un hem Sen'in yaklaşımlarında, farklı nedenlerden dolayı, ahlaki iddialar olarak haklar ile hakların hukuki biçimi arasında net bir ayrımın eksikliği söz konusudur. Bu açıdan, hakların söylem kuramı temelli gerekçelendirilmesi ikisinden de farklıdır.

İnsan Haklarında Söylem Kuramı ve Rawlsyen İtiraz

Peki şu Rawlsyen argümana ne demeli?: Ortaya attığınız söylem kuramı temelli gerekçelendirme asla minimalist değildir; bilakis kapsamlı bir ahlak teorisine dayanır. Hatırlayacağımız gibi, Rawls'un insan hakları listesini kimi temel haklarla sınırlandırmasındaki başlıca kaygısı, haklara dair, küresel camiada bilinen ve tanınan tüm ahlaki, dini, bilimsel vb kapsamlı dünya görüşlerinin *onaylayabileceği* veya *onaylamasının mümkün olduğu* bir "politik tasavvur" oluşturmaktı. Nasıl politik liberalizmin özü, bir ulusal camiayı meydana getiren vatandaşların, kapsamlı görüşleri arasındaki büyük ayrılıklara rağmen onaylayabileceği veya onaylamasının mümkün olduğu, haklara ve adalete dair politik bir tasavvur formüle etmek ise, aynı şekilde, küresel çaptaki kamusal aklın özü de farklı dini ve ahlaki geleneklerden gelen halkların onaylayabileceği veya onaylamasının mümkün olduğu "minimalist bir insan hakları mefhumu" formüle etmektir. Joshua Cohen bunu alenen ifade eder: "Gerekçelendiren minimalizm, çoğulculuğun kabulünden ve toleransın kucaklanmasından yola çıkar. Amacı, belirli bir etik ya da dini bakış açısına bağlı olmayan bir insan hakları tasavvuru ortaya koymaktır."[18]

Söylem kuramı yaklaşımına, dar bir etik bakış açısını temsil ettiği gibisinden bir eleştiri yöneltilebilir mi? Bana kalırsa hayır; ama bu cevabı, kimisi yöntembilimsel kimisi tözel bir dizi aşamaya bölmek gerekiyor. Birincisi, Rawlsyen yaklaşımla söylem kuramı yaklaşımı arasında, karşı-olgusal düşünce deneylerinin ve/veya diyalog durumlarının kullanımı noktasında yöntembilimsel bir ayrım bulunur. Söylem kuramı tarafından önerilen gerekçelendirme stratejisi, dünya görüşlerinin çoğulculuğuna saygı gösterir elbette—ama diyelim bir Budist ve bir Hıristiyanın hangi konularda anlaşacağının karşıolgusal tahayyül yoluyla kuramcının zihninde kurgulanması şeklinde değil; bunu, bir Budist ve bir Katolik arasında *sanal değil gerçek bir diyaloğu* hazırlayıp teşvik ederek, ikisinin makul bir uzlaşmaya varmasını sağlamak şeklinde yapar. Söylem etiğinde vurgu, diyalojik prosedürün işlemesi için gerekli olan kısıtlar üzerindedir: Söz konusu kısıtlar, herhangi bir ahlaki ya da dini dünya görüşüyle özdeşleştirilemeyecek kadar "ince," fakat diyaloğu rasyonel olarak gerekçelendirilebilecek bir uzlaşmaya yönlendirecek kadar da "oylumlu" olmalıdır; ancak, söz konusu uzlaşma, fiiliyatta varılan nokta olarak değil de düzenleyici bir ilke olarak anlaşılmalıdır. En azından, benim söylem etiğini savunma amacım budur. Söylem etiği, iletişim, gerekçelendirme, karşı çıkma ve münakaşa gibi politik ve kurumsal pratiklerle yakından bağlantılıdır.

Rawls-Cohen yaklaşımında bir yöntembilimsel sorun daha bulunur: Küresel kamusal aklın kurucu muhatapları, bireyler değil de dünya görüşleri veya halklar olarak kabul edildiği zaman, ortaya bir tür "yöntembilimsel toptancılık" çıkar. Bu tür bir toptancılığın altında yatan önkabuller şunlardır: (i) kültürler, sınırları net olarak çizilebilen bütünlerdir; (ii) kültürler kimi nüfus gruplarına tekabül eder ve bir insan grubunun kültürünün tartışma götürmez, çoklu anlatılar içermeyen bir tarifini oluşturmak mümkündür; (iii) kültürler ve gruplar birbirine bire bir tekabül etmediğinde dahi ve bir insan grubunda birden fazla kültür olduğunda veya aynı kültürel özellikler birden fazla grup tarafından paylaşıldığında dahi, bu durum politika veya siyasa açısından sorun doğurmaz. Terence Turner'ın belirttiği gibi, bu tür bir yaklaşım "kültürlerin iç homojenliğini aşırı vurgulayarak, topluluğa riayet isteyen baskıcı talepleri meşrulaştırma riski taşır; dahası, kültürleri grup kimliğinin nişanesi olarak görmek suretiyle onları fetişleştirir, eleştirel analizin ulaşamayacağı bir yere koyar."[19]

Bir Rawls taraftarı bu noktada, böylesi bir kuramsal sadeleştirmeye başvurulmazsa söz konusu tutumların temsilinin son derece karmaşık bir hal alacağını söylerdi muhtemelen; politik felsefe nihayetinde "ideal olmayan" değil "ideal" kuramla ilgilenir, derdi. Ancak, sosyal bilimlerin veya sosyal kuramın bakış açısına göre, bu tür ideal kurgulara yön veren yöntembilimsel varsayımlar nötr değildir. Rawlsyen tutumun vardığı yer, geleneklerin ve dünya görüşlerinin, aslında yorum münakaşalarıyla dolu olan *yaşanmış tarihini* soyutlamaktır; öyle ki, bu tür dünya görüşleriyle liberal gelenek arasındaki ve bu dünya görüşlerinin kendi arasındaki örtüşme noktaları görmezden gelinir.[20] Rawls, bireylerin değil, idealize edilmiş temsil mekanizmaları şeklinde kurgulanan halkların küresel bir bağlamdaki adaletin failleri olduğunu ısrarla vurgulamış ve bu tür bir yöntem benimseyerek normatif kozmopolitizmden kaçınmaya çalıştığını son derece açık biçimde ifade etmiştir.

Bu argüman hattının özellikle uluslararası bir bağlamda ne kadar sorunlu olduğunu görmek için Türkiye'yi örnek alabiliriz: Türkiye'nin nüfusunun yüzde 99'a yakını Müslümandır. Oysa bu ülkeyi vatandaşlarının dini inançları temelinde temsil etmeye kalkışırsak tamamen yanılgıya düşeriz. Dünyanın geri kalanında da yaşandığı gibi, on altıncı ve on yedinci yüzyıllardan bu yana, Osmanlı Türkiyesi moderniteyle karşı karşıya gelmiş ve İslam ile moderniteyi bağdaştırma meselesiyle uğraşmıştır; söz konusu süreçte, Türklerin ne modernite kavrayışı ne de İslam kavrayışı değişmeden kalabilmiştir. İnsan hakları, eşitlik ve demokratik temsile dair pek çok argüman en azından erken on dokuzuncu yüzyıldan bu yana ülkedeki politik reform ve dönüşüm lügatçesinin parçası olmuştur. Rawlsyen yöntem, böyle bir ülkedeki çarpışan dünya görüşlerinin karmaşık birlikteliğini ve bunların dönüşümlerini nasıl açıklayabilir? (Ayrıca bkz. "türban meselesi"ni ele aldığım Dokuzuncu Bölüm.)

Eğer ki, Türkiye'nin özel bir örnek olduğu, zira yüzyıllardır Batı'yla yakın ve sürekli bir etkileşim içinde olduğu söylenirse, Malezya'yı ele alalım: Halihazırda bu ülke, İslami ortodoksinin otoriter bir biçimi tarafından yönetiliyor. Ancak, Malezya tarihinde Budist ve Konfüçyusçu, ayrıca liberal seküler düşünce akımları da mevcut. Rejime karşı çıkan muhalifler sık sık söz konusu geleneklerden besleniyorlar. Böylesi karmaşık bir tarih, Rawls'un bahsettiği halkların yasası içinde nasıl temsil edilebilir? Korkarım hiç temsil edilemez. Küresel insan hakları üzerine fikir yürütürken başvurulması gereken birimlerin kapsamlı dünya görüşleri olduğu varsayımı, halkları ve onların tarihini toptancı bir karşı-olgusallığa indirger; bu da, halkların içindeki ve arasındaki söylemler ve ihtilafların karmaşık tarihini dümdüz eder.

Bu tür bir yaklaşım, liberal tolerans sergilemek şöyle dursun, olsa olsa liberal cehaleti temsil edebilir. Söz konusu yöntembilimsel varsayımlar, uluslararası ilişkiler dünyasına dair liberal-milliyetçi bir anlayışı pekiştirir. Bizi, öteki kültür ve geleneklerden bireylerin, tarihte, bizdeki gibi insan hakları, adalet ve eşitlik üzerine tartışmalar ve kaygılar yaşamadığını sanmaya götürürler. Dolayısıyla, insan tarihi boyunca yaşanan karmaşık kültürel diyalogları görmezden gelirler; dahası, seküler Aydınlanmanın liberal fikirlerinin, Batı modernitesi içinde ortaya çıktıktan sonra, dünyadaki pek çok halk ve geleneğin kültürel söyleminin parçası haline geldiğini de atlarlar. Bu karmaşık diyaloğa hakkını vermeyen minimalist yaklaşım, her ne kadar liberal toleransı savunsa da, vardığı yer liberal kayıtsızlık olur.

Bir İnsan Hakkı Olarak Demokrasi

"Demokrasi bir İnsan Hakkı mıdır?" makalesinde Joshua Cohen'in bu soruya verdiği yanıt olumsuzdur. Ona kalırsa, insan haklarının felsefi bir açıklaması, söz konusu hakları "üyeliğin temellerini tahkim etmeye hizmet eden salahiyetler" olarak ele alır.[21] "Adil üyelik," Cohen'e göre, "salt üyelik"ten farklıdır; *adil* üyelik beraberinde demokratik özyönetim getirirken, *salt* üyelik getirmez.[22] Cohen şöyle yazar:

> Normatif üyelik nosyonunun merkezinde duran özellik, bir kişinin çıkarı-nın politik toplumun temel kurumları tarafından hesaba katılmasıdır: Üye gibi muamele görmek demek, kişinin çıkarının layıkıyla değerlendirilmesi demektir—gerek bağlayıcı kolektif kararlara varma sürecinde gerekse de söz konusu kararların içeriğinde.[23]

Bir toplumun kendi kaderini tayin eden bir toplum olması için politik düzenlemelerinin şu üç koşulu karşılaması gerekir: Politik kararlar herkesin çıkarlarının temsil edildiği bir süreçle alınır ve bu tür bir süreç içerisin-de hesabı sorulur; herkesin muhalefet hakkı vardır; ve kamu görevlileri kararlarını yaygın biçimde paylaşılan bir ortak çıkar nosyonu temelinde gerekçelendirir.[24]

Ancak eğer, Cohen'in belirttiği gibi, kişinin çıkarının "layıkıyla değer-lendirilmesi" beraberinde muhalefet ve uyuşmazlık özgürlüğü getiriyorsa ve eğer üyelik müşfik bir despotluğa değil de hakiki temsile yol açacaksa, uyuşmazlık ve muhalefet hakkı demokratik kurumların yokluğunda nasıl korunabilir? Süreklilik arz eden temsil kurumları yoksa, *saygın* temsil ne anlama gelir? Bir topluluğun üyelerinin çıkarı—ki rejimin veya çoğunluğun çıkarlarıyla örtüşe de bilir örtüşmeye de bilir—konusunda görüşler ileri süren kurumların bağımsızlığı kalıcı olarak taahhüt edilmediği takdirde, Cohen'in talepkar üyelik tasavvuru nasıl karşılanabilir? Cohen bu tür bir rejimin neye benzeyeceğine dair tek bir ampirik örnek dahi sunmaz. Elbet-te, normatif bir argüman yürüttüğü için böyle bir zorunluluk altında da değildir. Ancak Cohen'in çalışmasında, Rawls'un "Kazanistan"ına benzer bir örnek bulamayız. Ha keza bu mümkün de değildir, zira Cohen'in üyelik anlayışı Rawls'unkinden daha iddialıdır ve dolayısıyla Cohen'in bu kuramsal kurguya uyacak sosyotarihsel ve kültürel örnekler bulması da daha güçtür. Cohen'deki normatif üyelik yaklaşımı kaçınılmaz olarak onu, kabul etmeye yanaşmadığı kadar sağlam özyönetim biçimlerine götürür; bu yaklaşım nedeniyle, kendisini gerek temsili gerek daha katılımcı kurumlara dayanan bir demokratik özyönetişime giden kaygan bir zeminde bulur.

Cohen bu kaygan zeminin farkındadır; açık açık, demokrasinin eşitlikçiliğe sıkı sıkıya bağlı olduğunu, oysa bu tür bir eşitlikçiliğin Konfüçyusçuluk, İslam ve Budizm gibi başlıca ahlaki ve dini dünya görüşleriyle bağdaşmayacağını, dolayısıyla *insan* hakkı olarak demokrasinin bir küresel adalet tasavvurunun bir veçhesi haline getirilemeyeceğini ileri sürer. Demokrasinin savunusu, "kendi ayakları üzerinde durma" özelliği olmasa dahi, tartışmalı bireyci ve eşitlikçi ahlaki varsayımlara başvurmalıdır. Cohen şu soruları ortaya atar:

> Demokrasiyle ilişkilendirdiğim eşit katılım hakkı bir insan hakkı mıdır? Ya da, kişilerin özgür ve eşit olduğu şeklindeki demokratik tasavvur [...] küresel kamusal akıl çerçevesinde kavranan bir insan hakları tasavvurunun makul bir bileşeni midir? Kişilerin özgür ve eşit olduğu şeklindeki tasavvurun, evrensel olarak, farklı etik ve dini görüşlerce kabul görmediğini biliyoruz.[25]

Oysa, yukarıda savunduğum gibi, diğer geleneklerin ve dünya görüşlerinin neyi kabul edip etmeyeceğine, neyi onaylayıp neyi onaylamayacağına dair bu göndermenin bizzat kendisi hatalı bir temsil mekanizmasına ve cılız bir yöntembilime dayanmaktadır. Bu tür konularda fikir yürütürken illa ki ahlaki ve dini dünya görüşlerinin idealize edilmiş ve tarihdışı kurgularından yola çıkmak şeklindeki Rawlsyen hatayı aynen tekrar eder Cohen; o da, somut kolektivitelerin karmakarışık tarihlerinde bu tür dünya görüşlerinin birbirleriyle sürekli çatıştığını, rekabet ettiğini ve diyalog kurduğunu göz ardı eder. Tarihin ne acı bir ironisidir ki, 2007 yılında, tam da felsefecilerin demokrasi diye bir evrensel insan hakkı olmadığını savunmak için argümanlar ileri sürdüğü günlerde, Myanmar ve Tibet'teki Budist rahipler manastırlarından çıkıp, ölüm, işkence ve misillemeleri göze alıp insan hakları ve demokrasi adına baskıcı Burma ve Çin rejimlerine meydan okumuştur. Aynı şekilde, 11 Eylül 2001 olaylarını takip eden yaklaşık on yıl boyunca İslam ve demokrasinin nasıl da bağdaşmaz olduğuna dair spekülasyonlar ortada dolaşırken, 2011 baharında Mısır, Libya ve Tunus gibi ülkeler otoriter yönetimlerin yıkılması, insan haklarına saygı ve özgür parlamenter seçimler gibi taleplerle sarsılmıştır.[26]

Charles Beitz de *The Idea of Human Rights* [İnsan Hakları Fikri] adlı eserinde, Joshua Cohen'in iddialarını ele alır. Beitz'ın genel argümanını ileride daha ayrıntılı bir biçimde ele alacağım. Cohen'in argümanları bağlamında Beitz, kendi kaderini tayin eden ama demokratik olmayan toplumların, vatandaşları için pek çok dezavantaj hatta tehlike yaratacağına işaret eder. Bütün bireysel çıkarlara eşit ağırlık verilmeyebilir: "Yüksek görevler, müesses bir kilisenin üyeleriyle kısıtlı kalabilir ve başat grubun temsilcileri kamusal düzleme erişimde avantajlı hale gelebilir"[27] Öte yandan, "her ne kadar kendi kaderini tayin fikri, politik kararların insanların çıkarlarına duyarlı olmasını gerektirse de [...] buradan, söz konusu duyarlılığın, neticeleri bireysel tercihlerin ifadesine endeksleyen sabit prosedürler kanalıyla garanti altına aldığı sonucuna varmak şart değildir" (183). Ancak eğer hal böyleyse, paternalizm veya müşfik despotluk gibi seçenekler elenemez; zira ortak fayda veya halkın çıkarları fikri, bu tür hiyerarşik toplumlardaki otoriteler tarafından, azınlık etnik veya dini grupların ya da öteki muhaliflerin görüşleri pek önemsenmeden yorumlanabilir.

Dolayısıyla Beitz, Cohen'in tutumunu can-ı gönülden kucaklamasa dahi, yine de nihayetinde benimsemek durumunda kalır:

> İnsan haklarının hem evrensel hem eyleme yön verici olması gerektiğinden dolayı, demokratik kurumların yokluğunun dış faillerin harekete geçmesini gerektiren nedenler (*pro tanto* nedenler dahil) doğurmayacağı gerçeğinden varılması gereken doğru çıkarım, insan hakları doktrinlerinin bu tür bir hakkı benimsememesi gerektiğidir.[28]

Bu tuhaf bir iddiadır. Dış müdahaleyi gerekçelendiren makul dayanakların yokluğu, tek başına, müdahale etme mecburiyeti altında olan belirli bir fail olmasa dahi demokrasi diye bir insan hakkının varlığını inkâr etmek için yeterli midir? Bu tür durumlardaki yegâne akla yatkın, hatta zorunlu tepki müdahale midir? Ayrıca kimin, hangi araçlarla ve kimin adına müdahale ettiği de önemli değil midir?[29] Daha da önemlisi, politik ahlaka dair ihtiyatlı yaklaşımların bu bağlamda demokratik özyönetişim kadar önemli bir hakkın inkâr edilmesi uğruna çarpıtılarak kullanıldığı söylenemez mi?[30]

Benim tutumumla Nussbaum, Sen ve Cohen'inkiler arasındaki bir diğer önemli fark ise, tüm bu yazarların, Cohen'in ifadesiyle[31] "politik ahlakın acil gereği" olarak insan haklarının "gücünün, tatbiki hukukta buldukları ifadeye dayanmadığı" fikri ile benim insan haklarının hukuki biçime bürünmesi gerektiği yolundaki ısrarım arasında yaptıkları keskin ayrımdır. İnsan haklarında vücut bulan ahlaki ilkelerin, hukuki normlar biçiminde bağlamlaştırılması ve özgüllenmesi gerektiğini ileri sürüyorum. Peki söz konusu hukuki bağlam nasıl şekillendirilecektir?

Özyönetim ve Hakların Kapsamı

Gelin, hakların meşru kapsamı meselesine geri dönelim: Eğer "dini ifade özgürlüğü" gibi bir ilkenin merkeziliği üzerinde uzlaşıyorsak, benim gibi, azınlık dinlerin de aynen çoğunluk dinleri kadar kamusal düzlemde ifade hakkına sahip olduğunu mu kabul edeceğiz; yoksa Rawls gibi, dini ifade özgürlüğünün, uygulamada kimi makul kısıtlamalarla bağdaşabileceği fikrini mi savunacağız? Nasıl tatminkâr bir yanıt bulabiliriz; hangi kısıtlamalar uyarınca? İşte bu noktada, bir insan hakkı olarak özyönetim çok önemli hale geliyor ve ben de onu Rawls ve Cohen'e (ayrıca Beitz'a) karşı temel bir insan hakkı olarak savunuyorum. Benim savım şu: *Uygun hukuki ve politik kanallardan hayata geçirilen özyönetim hakkı var olmadığı sürece, temel insan haklarının içeriğindeki varyasyon marjını gerekçelendiremeyiz* (bu iddianın tam bir izahı için bkz. Yedinci Bölüm). Nasıl Martha Nussbaum'un insan hakları tasavvurunun tosladığı güçlük, insan haklarının felsefi açıklaması ile bu hakların hukuki cisimleşmesi arasında hiçbir ayrıma gidilmemesiyse, Rawls'un insan hakları alanındaki "minimalist tutum"unun zayıf yönü de, bir hukuki rejim, *saygın, muntazam bir toplum* olmanın birtakım minimum kriterlerini karşıladığı sürece insan haklarının içeriğini, söz konusu rejimin meşru gördüğü şekliyle kabul etmek zorunda olmamızdır. Her şey bir yana, bu durum, dini ve etnik azınlıkların eşit din, ifade ve örgütlenme özgürlüğünün reddedilmesiyle ve kadınların müthiş eşitsizliklere tabi tutulmasıyla bağdaşır.

Ancak ve ancak insanlar hukukun sadece tebaası değil yaratıcısı olarak da görüldüğü zamandır ki, insan haklarının bağlamlaştırılması ve yorumlanmasının, kamuya açık ve özgür, demokratik kanaat ve irade oluşumu süreçlerinden doğduğu söylenebilir. Farklı ülkelerde farklı hukuki geleneklere tabi olacak bu tür bir bağlamlaştırma, sivil toplumdaki özgür kamusal alanlarla hukuki ve politik kurumlar arasındaki etkileşim kanalıyla oluştuğu için demokratik meşruiyet kazanır. Bu tür hak ilkeleri, insanlar tarafından sahiplenildikleri zaman, onlara sıklıkla atfedilen dargörüşlülükten de Batı paternalizmi şüphesinden de arınırlar. Ben bu tür sahiplenme süreçlerini "demokratik yinelemeler"[32] olarak adlandırıyorum.

Bu aşamada, *demokratik meşruiyet* kavramının *normatif gerekçelendirme* ilkelerine dayandığını, ancak bu ikisinin özdeş olmadığını belirtmek yeterli olacaktır.[33] Yedinci Bölümde ileri süreceğim gibi, demokratik yinelemeler, onlardan bağımsız olarak tesis edilen pratik söylemlerin normatif geçerlilik koşullarını değiştirmez; demokratik yinelemeler daha ziyade, hak iddialarının bu tür kriterler ışığında fiili kurumsal pratikler boyunca bağlamlaştırıldığı ve tartışıldığı, genişletildiği ve tadil edildiği kanaat ve irade oluşumu süreçlerini *meşru* ya da *gayri meşru* olarak yargılama imkânı sağlar. Bu tür yargılama kriterleri ise bir *de facto* mutabakatı, *rasyonel* olarak güdülenmiş bir mutabakattan ayırt etme fırsatı sunar.

Sivil ve politik toplumların özgür kamu kurumları kanalıyla hayata geçirilen kendi kaderini tayin hakkının merkezi önemi dolayısıyla, söylem kuramcısı, insan haklarını gerekçelendirme için kullandığı yöntemin prosedür anlamında da töz anlamında da minimalist olmadığını teslim edecektir Rawlsyenlere. Özel ve kamusal özerklik, söylem kuramına dayalı bu açıklamada çok önemli bir rol oynayan değerlerdir. Biz, her bir insanı, geçerliliğini kabul ettiği veya ola ki reddettiği, gerekçeler temelinde harekete geçmeye muktedir, ahlaki bir varlık olarak el alırız; dahası, demokratik özyönetişim, kişinin meşruiyetini her zaman sorgulayabileceği, tartışabileceği ve reddedebileceği yasalar çerçevesinde özgür ve eşit bir varlık olarak sahip olduğu konumun bir teyididir. Söz konusu görüş, "politik" bir insan hakları tasavvuruna denk düşer ve metafiziksel değildir. Bilakis, bizzat insan hakları düşüncesinin kendisi, bizim özel ve kamusal özerkliğe muktedir varlıklar olduğumuzu ve bu tür bir özerkliğin bağrındaki çıkarlarımızın saygıyı hak ettiğini ifade eder.

İnsan Hakları ve Müdahaleciliğin Açmazları

İnsan hakları söylemini, ona son zamanlarda sık sık eşlik eden müdahaleci retorikten kurtarmak durumundayız. Şüphesiz, demokrasinin bir insan hakkı olduğunu savunma noktasında karşımıza çıkan felsefi çekince büyük ölçüde G. W. Bush yönetiminin (2001-9) felaketler getiren dış politikasına mesafe koyma kaygısıyla ilişkilidir. O dönemde, insan hakları dili, dış politikadaki saldırgan ve müdahaleci niyetleri gerekçelendirmenin kılıfı olarak kullanılmıştı.[34]

Bununla beraber, normların ifade edilmesinin ve demokratik yinelemelerin başlıca alanı olarak sivil topluma ve kamusal alana işaret ettiğimizde, acaba, askeri güce dayalı müdahalenin insan haklarına ve kozmopolitizme bağlı kalmak açısından vazgeçilmez hale geldiği, sık sık karşımıza çıkan şiddetli insan hakları ihlallerini göz ardı etmiş olmaz mıyız?

Birleşmiş Milletler Antlaşması Bölüm II (7), üye devletlerin savunma savaşlarına girmesine izin verirken, Madde 51, NATO gibi bir örgütün bir üyesine yönelik silahlı saldırı halinde askeri müdahaleye olanak tanır.[35] 2001 yılında Dünya Ticaret Merkezi'ne düzenlenen saldırının ardından her iki maddeye de başvuruldu. Ayrıca, Soykırım Sözleşmesi de devletlere, soykırım, kölelik ve etnik temizliği engellemek için askeri harekat yürütme yükümlülüğü getirir—BM Güvenlik Konseyi'nin bu tür harekatlara yetki vermesi şartıyla. Ancak, uluslararası ilişkiler alanındaki pek çok araştırmacının kabul ettiği gibi, halihazırda kaygan bir zeminde bulunuyoruz: Yargıçlar yeni yasalar yaratıyor gibi görünüyor, devlet adamları da bu alanda yeni yasalar yapmanın gereği üzerine yaygara koparıyor.[36] İnsani müdahalenin zemini, "koruma yükümlülüğü" ilkesini (Kofi Annan) de içerecek şekilde genişliyor. Ancak tam olarak hangi tarafların bu tür bir koruma yükümlülüğü altında bulunduğu hiç de aşikar değil. Eğer sorumluluk Birleşmiş Milletler'e aitse, o durumda, Birleşmiş Milletler'in bir askeri müdahalesini ancak Güvenlik Konseyi'nin daimi üyeleri yetki verdiği zaman meşru görme şeklindeki mevcut uygulamanın gözden geçirilmesi gerekir. Bu tür örneklerde, koruma yükümlülüğü sıklıkla konseyin beş daimi üyesinin veto gücüne bağımlı hale gelir; söz konusu daimi üyelerin konumu da İkinci Dünya Savaşı ertesine kadar geri giden bir güç dengesine dayanır. Söz konusu durum, gerek zamanımızın küresel gerçeklerini gerek Almanya, Brezilya, Hindistan ve Japonya gibi güçlerin dünya çapındaki yükselişini yansıtmaktan acizdir. Bu çelişkiler ve kurumsal arazlar, Birleşmiş Milletler'i bir o yana bir bu yana çekiştiriyor;[37] ufukta net bir çözüm de görünmüyor.

Uluslararası alanda bilinmeyen sularda ilerliyoruz. Genel olarak, müdahale etme görevi formülünün arkasında pusuda yatan müdahaleciliğe karşıyım; mümkün ve elzem olduğu ölçüde, sivil toplum unsurlarının ve sivil örgütlerin kozmopolit normları yayma ve bütün toplumları İnsan Hakları Evrensel Beyannamesi'ne riayet etrafında yakınlaştırma gücüne bağlıyorum umutlarımı.[38] Bu alanda küresel sivil toplum aktörlerine bel bağlayışım, neoliberal bir devlet karşıtlığı olarak okunmamalıdır. Mevcut siyasaların sınırları dahilinde, devlet hâlâ insan hakları normlarının hem yasalaşmasını hem de uygulanmasını gözetme sorumluluğu taşıyan başlıca kamusal aktördür. Gelgelelim, pek çok devlet kendi rızasıyla çeşitli kamusal insan hakları belgelerinin altına imza atmış, bunun sonucu olarak da bir dizi ulusaşırı aktör ve grubun değerlendirmelerine tabi hale gelmiştir. Bu aktör ve grupların kimileri BM kuruluşlarıdır; kimileri de kendilerini, insan haklarına hukuki uyumu yayma ve bu haklara riayeti denetleme noktasında başlıca fail olarak gören aktivist STK'lardır.

Şiddetli insan hakları ihlallerini önleme amaçlı askeri müdahalenin ne zaman, neden ve hangi koşullar altında gerekçelendirilebilir olduğu, politik etik alanında hâlâ soru işaretidir. "Politik etik" ifadesinden kastım, niyetler ve sonuçlar arasındaki, sorumluluk etiği ile kanaat etiği (Max Weber) arasındaki dengeyi tutturmaktır. Bilhassa devletler müdahalenin yegâne öznesi olarak görüldüğünde ve müdahale de askeri güç kullanmak anlamına geldiğinde, *yalnızca* soykırımı, köleliği ve etnik temizliği önleme saiki bu tür edimleri meşrulaştırabilir. Rejim değişikliği ise meşru değildir. Demokrasi, sivil toplum ve özgür bir kamusal alanı yaymak isteyen küresel bir camianın mensuplarının elinde, yine de pek çok sınır ötesi çalışma yöntemi var. Küresel vatandaşların faaliyetlerinin yayıldığı yelpaze, askeri müdahale ve güç kullanımından çok daha geniştir.

Kosova, Ruanda, Irak, Darfur ve diğer ülkelerdeki yakın dönemli müdahale ve müdahale edememe örneklerinin de gösterdiği gibi, dünya camiasına bu görevde kılavuzluk etmek bakımından Soykırım Sözleşmesi ve Birleşmiş Milletler Antlaşması tek başına yeterli değildir. Birleşmiş Milletlerin bir ülkenin iç işlerine meşru biçimde müdahale edebileceği koşulları daha net ortaya koyacak, yeni bir İnsani Müdahaleler Yasası'na ihtiyaç var. Buna rağmen, bu tür vakalar insanı zor seçeneklerle karşı karşıya bırakacak ve her zaman politik muhakemeyi zorunlu kılacaktır. Allen Buchanan'ın sorusunu hatırlayalım: Yetkisiz müdahaleler kanalıyla uluslararası düzlemde "yasadışı uluslararası yasal reformlar" gerçekleştirmek kabul edilebilir mi?[39] Bu tür sorular; vatandaşlar, liderler ve politikacıların sırtına bir "tarihi mesuliyet" yükler. Kanımca, felsefe bu tür tartışmaları kemale erdirmekte yetersiz kaldığı gibi, baştaki iyi niyetimizin olumsal gelişmeler sonucunda yok edilmesini veya zıttına dönüşmesini de engelleyemez. Zaten böyle bir mecburiyeti de olmamalıdır felsefenin. Ancak, Kant'ın belirttiği gibi,[40] politik kararları haklı çıkarmak için ahlaki ilkeleri istismar eden "politik ahlakçı" ile politik olaylara şekil verirken ahlak ilkelerine sadık kalmaya çabalayan "ahlaklı politikacı" arasında bir ayrım bulunur. İnsan hakları söylemi sık sık "politik ahlakçılar" tarafından sömürülmüş ve istismar edilmiştir; oysa bu söylemin doğru konumu, ister vatandaş ister lider olsun ahlaklı politikacıya kılavuzluk etmektir. Felsefeciler olarak bizim sunabileceğimiz yegâne katkı, insan hakları alanında neyin meşru ve adil kabul edilebileceğini netleştirmektir.

Charles R. Beitz'ın *The Idea of Human Rights* adlı eseri, yeni yeni gelişen küresel pratiklerden hareketle insan haklarını ele alan en hassas ve ayrıntılı incelemedir. Beitz insan haklarını "kendine özgü amaç, eylem biçimi ve kültürü bulunan bir kamusal politik proje" (13) olarak niteler ve bu hakların "küresel normatif düzen"in parçası olduğunu belirtir. Bu düzeni de, "küresel politik uzamın çeşitli parçalarında düzenleyici standart olarak iyi kötü kabul gören bir normlar bütünü" olarak tanımlar (209). Uluslararası anlaşmalar ve teamüller hukuku ışığında insan haklarını incelerken Beitz çığır açar: Gerek insan haklarının kurumsal pratik ve kültürüne odaklandığı için; gerekse de insan haklarını bir Halklar Toplumu'nun bağrındaki uluslararası meşruiyet standartları olarak ele alarak Rawlsyen insan hakları doktrinini başarıyla yeniden formüle ettiği için. Yazarın ileri sürdüğü "pratik ya da işlevsel tasavvur [...] uluslararası söylemdeki ve pratikteki, insan haklarına yönelik işlevsel bakış açısını esas alır" (103). Peki söz konusu işlevsel tasavvur nedir? Beitz şöyle yazar: "net olarak belirlenmesi gereken koşullar altında, insan haklarına göndermede bulunmak, dünya camiasının ya da onun temsilcilerinin hak ihlallerini azaltmak üzere harekete geçmesi için ya da hakların güvence altında olmadığı toplumlarda haklara riayet edilmesine katkıda bulunmak için gerekçeler sağlayabilir." (106). Bu iki düzeyli modele göre, insan haklarına riayetin tesisinde asli sorumlu devletlerken, "uluslararası camia ve onun temsilcileri söz konusu sorumluluğun garantörüdür" (108). Ancak meselenin bu şekilde ortaya konması yalnızca devletlerin sorumluluğunu insan hakları doktrininin kilit bir unsuru haline getirmekle kalmaz; üstüne üstlük, müdahale ve izin verilebilir müdahale biçimleri sorununu getirip insan hakları doktrininin tam ortasına yerleştirir. Hiç şüphesiz Beitz, gerek devlet dışı faillerin ve kurumların, gerek küresel sivil toplumdaki gelişmelerin insan haklarını yayma noktasında oynayacağı role karşı hassastır hassas olmasına; ama maalesef yeterli düzeyde değil. Beitz'in yaklaşımı uluslararası düzene dair son derece devlet merkezli bir vizyon içermeye devam eder: İki noktada, egemen devletlerin uluslararası düzenine yönelik hürmeti, Beitz'in liberal politik itkilerine ket vurur. Birincisi, Beitz, demokrasinin bir insan hakkı olduğunu savunmanın, pek net olmayan kimi koşullar altında, *şu veya bu* devlet organının demokrasiyi tesis etmek üzere bir toplumun iç işlerine müdahale etmesi anlamına geleceğini varsaydığı için, Beitz demokrasinin bir insan hakkı olduğunu reddeder ve Joshua Cohen'in formülasyonunu benimser.

İkinci durumdaysa, Beitz, Kadınlara Karşı Her Türlü Ayrımcılığın Önlenmesi Sözleşmesi (CEDAW) çerçevesinde savunulan kadın haklarının dünyadaki ahlaki düzenlerin verili tasavvurları nezdinde aşırı radikal olup olmadığı sorusuna temkinli yaklaşır. CEDAW, "herhangi bir kişi, örgüt ya da girişimin kadınlara ayrımcılık yapmasını engellemek," ve "toplumun herhangi bir alanında ayrımcılığı destekleyen 'mevcut yasaları, düzenlemeleri, gelenekleri ve uygulamaları tadil ya da ilga etmek'" üzere devletlerin tedbir almasını talep eder (186). Beitz'a kalırsa bu bakımdan CEDAW oldukça radikaldir ve insanı "dünyadaki kimi toplumlarda yalnızca siyasalar ve sosyal pratikler değil, yaygın sosyal normlar düzeyinde de büyük çaplı değişimleri gündeme getirebilir" (190). Oysa bu, en iyi ihtimalle hoşgörüsüzlüğe en kötü ihtimalle de başka toplumların iç işlerine müdahaleye giden yolu açmaz mı? Beitz'a göre "eğer insan hakları uluslararası bir mevzuysa ve eğer bu mevzuyu politik eylem içinde ifade etmenin münasip bir yolu yoksa, o zaman kadınların insan hakları doktrininin bu bakımdan kendi boyundan büyük işlere kalkıştığı söylenebilir" (195). Ancak, her ne kadar kadınların tam eşitliğe kavuşmasına dair veya işlevsel bir insan hakları doktrinine dair liberal hassasiyetlerinden vazgeçmek istemese de, Beitz insan hakları paradigmasını belki de "adli" bir paradigma olmaktan çıkarıp bir politik değer tasavvuruna kaydırmamız gerektiğini ileri sürer (195). Bu oldukça ilginç öneri, insan haklarına dair adli ve politik tasavvurlar arasındaki etkileşime dair kapsamlı bir tartışmayı gündeme getirse de, Beitz bu meseleyi daha fazla açmaz.

İzleyen iki bölümde, devlet egemenliğinin kurum ve pratiklerindeki dönüşümleri ele alarak, bir "hukuk yaratıcı politika" modeli geliştireceğim. Buradaki amacım, insan haklarının adli ve politik boyutlarını entegre etmek olacak. Hukuk yaratıcı kozmopolit politika, Joshua Cohen ve Charles Beitz gibi insan haklarının günümüzdeki en sofistike liberal savunucularının tosladığı açmazdan bir çıkar yol bulmamızı sağlayabilir.

Egemenliğin Alacakaranlığı mı, Kozmopolit Normların Yükselişi mi?*

ÇALKANTILI ZAMANLARDA VATANDAŞLIĞI YENİDEN DÜŞÜNMEK

Vatandaşlığın Dönüşümleri

Son on yıldaki pek çok çalışmamda vatandaşlık haklarının çözülmesini, bir uluslararası insan hakları rejiminin ortaya çıkışını ve kozmopolit normların yayılmasını ele aldım.[1] Ulusal vatandaşlık, hukuki ve sosyal bir statüdür; sosyal ve ekonomik faydalara erişim hakkı sunan kolektif olarak paylaşılan bir kimlik biçimi ile demokratik hakların kullanımı kanalıyla politik üyeliğin ayrıcalıklarını bir araya getirir. Söz konusu çalışmalarda, günümüz dünyasında, göçmenlerin, yabancıların ve mukimlerin sivil ve sosyal haklarının, artan biçimde, uluslararası insan hakları pratikleri tarafından korunduğunu ileri sürdüm. Avrupa Birliği'nin kurulmasıyla beraber Temel Haklar ve Özgürlükler Bildirgesi oluştu ve Avrupa Adalet Divanı kuruldu.[2] AB üyesi olmayan devletleri dahi kapsayan İnsan Haklarının ve Temel Özgürlüklerinin Korunmasına İlişkin Avrupa Sözleşmesi, üye devletlerin vatandaşlarına Avrupa İnsan Hakları Mahkemesi'ne başvurma imkânı tanır. Amerika kıtasında da paralel gelişmeler söz konusudur: Amerikalararası İnsan Hakları Koruma Sistemi'nin ve Amerikalararası

---

*   Okuduğunuz bölüm şu dergide yayımlandı: *Citizenship Studies* 11/1 (Şubat 2007): 19–36. Elinizdeki kitaba eklenmeden önce gözden geçirildi. Ayrıca yeniden basıldı: *Democracy, States, and the Struggle for Global Justice*, Heather Gautney, Omar Dahbour, Ashley Dawson ve Neil Smith (New York ve Londra: Routledge, 2009), s. 79–99.

İnsan Hakları Mahkemesi'nin kurulması gibi. Afrika devletleri ise Afrika Birliği Örgütü kanalıyla 1981 tarihinde Afrika İnsan ve Halk Hakları Şartnamesi'ni kabul etmiş ve söz konusu belge bugüne kadar 49 devletçe imzalanmıştır.[3]

Tüm bu gelişmelere rağmen, ulusal vatandaşlık ile demokratik katılımın başlıca salahiyetleri—örneğin oy kullanma hakkı—arasındaki bağlantı, bu yetkilerin çoğu zaman yalnızca vatandaşlara tanınması suretiyle kontrol altında tutulur. Fakat bu açıdan da Avrupa Birliği'nin dört bir yanında çeşitli değişimler göze çarpar: Council on Migration'dan [Göç Konseyi] Kees Groenendijk, kısa süre önce kaleme aldığı bir makalede şu sonuca varıyor:

> Elinizdeki raporda incelenen 29 ülkeden 17'si vatandaş olmayan mukimlerin kimi kategorilerine yerel seçimlere katılma hakkı tanır. [...] Söz konusu devletler Belçika, Danimarka, Estonya, Finlandiya, Macaristan, İrlanda, Litvanya, Lüksemburg, Hollanda, Norveç [AB üyesi değildir—SB], Portekiz, Slovakya, Slovenya, İspanya, İsveç, İsviçre'nin altı kantonu [AB üyesi değildir—SB] ve Birleşik Krallık'tır. Bu devletlerin sekizi (Danimarka, Macaristan, Norveç, Portekiz, Slovakya, İsveç, İsviçre'nin altı kantonu ve Birleşik Krallık) vatandaş olmayan kişilere (AB vatandaşlarına ve üçüncü ülke vatandaşlarına) bölgesel ve ulusal temsil organları için düzenlenen seçimlerde oy kullanma hakkı verir. Bu 17 devletin beşi ise (Belçika, Estonya, Macaristan, Lüksemburg ve Slovenya) üçüncü ülke vatandaşlarının belediye seçimlerinde aday olmasına izin vermez.[4]

Bahis konusu eğilimler Avrupa'yla sınırlı değildir. Meksika, El Salvador ve Guatemala gibi Orta Amerika hükümetleri, kendi vatandaşlarının yurtdışında doğan çocuklarına anavatanlarındaki seçimlerde oy kullanma hatta aday olma hakkı veriyor; çifte vatandaşlık uygulaması giderek daha fazla devlet tarafından tanınıyor. Güney Asya'da, bilhassa üç hatta daha fazla pasaporta sahip olan ve üç ya da daha fazla ulusal ekonomi arasında dümen kıran ekonomik elitler arasında "esnek vatandaşlık" kurumu yerleşiyor.[5]

Ancak politik aidiyet kiplerindeki bu değişimlere, birtakım daha meşum dışlama biçimleri eşlik ediyor: İlkin, mülteci ve sığınmacılar kozmopolit normların yayılmasından aynı ölçüden faydalanamıyor. Bu kesimlerin sayısı küresel şiddet durumu sonucu dünya çapında artarken,[6] 11 Eylül 2001'den hatta öncesinden başlayarak çoğu liberal demokrasi, mülteci ve sığınmacıları ya daha zengin ülkelerdeki ekonomik avantajlardan faydalanmak için yalan söyledikleri ya da potansiyel güvenlik riski teşkil ettikleri gerekçesiyle kriminalize etmeye başladı. İltica ve sığınma siyaseti, dünyanın en şiddetli paylaşım mücadelelerinin, üstüne üstlük ırksallaşan mücadelelerin zemini haline geldi. Avrupa Birliği'nde dahi, mültecileri ve yasadışı göçmenleri Avrupa topraklarına ayak basmadan yakalamak için AB sınırları dışında transit mülteci işlem kamplarının kurulması, Birleşik Krallık ve Danimarka tarafından savunuluyor. Söz konusu kamplar İspanya'nın Kuzey Afrika'daki topraklarında bulunuyor; Libya'da da, 2011 baharında iç savaş patlak verene kadar bu tür mülteci kampları mevcuttu.

Üstelik, Hannah Arendt'in yarım yüzyıldan uzun süre önce belirttiği gibi, "haklara sahip olma hakkı" özlemi hâlâ çıkmaz sokakta.[7] Zira, kişinin haklara sahip olma hakkının herkes tarafından korunduğu bir topluluğa üye olma hakkını, aidiyet hakkını bahşedecek olan kimdir? Kalıcı bir biçimde bölünmüş bir insanlığın içinde, devletsizliğin [uyruksuzluğun] çıkmazlarının çözülebileceği ilk ve başlıca nokta, kişinin haklara sahip olma hakkının herkesin dayanışması kanalıyla çözüleceği bir siyasaya üyeliktir. Dolayısıyla, bizim haklara sahip olma hakkına dair savunumuz, haklara salahiyet şeklindeki liberal bir vatandaşlık vizyonu ile üyeliğin tam demokratik katılım kanalıyla gerçekleşmesi şeklindeki cumhuriyetçi-demokratik vizyonu birleştirmelidir.

Kozmopolit normların yayılması kanalıyla vatandaşlık haklarının çözülmesi, mültecilerin ve sığınmacıların eşikte kalmışlık hallerinin devamı ve de siyasi İslam ile ABD'nin güçleri arasındaki küresel çatışma sonucunda göçmenlerin giderek kriminalizasyonu, bir dizi akademisyeni söz konusu yeni eğilimleri benim burada ifade ettiğim görüşlerden çok daha farklı bir perspektif ışığında yorumlamaya itti. Bazı yazarlara kalırsa, bir uluslararası insan hakları rejiminin ve kozmopolit normların yayılması Polyannavari bir anlatıdır ve giderek genişleyen küresel iç savaş haline ışık tutmaz (Giorgio Agamben; Michael Hardt ve Antonio Negri).[8] Kimilerine göreyse, kozmopolit düzen eğilimleri gerçek olsa da, günümüzün daha radikal politik potansiyellerini de değerlendirmek şarttır (Etienne Balibar; David Held).[9]

Günümüzün koşullarına dair bu son derece farklı görüşler, ki küresel iç savaş ve daimi olağanüstü hal öngörülerinden tutun da devletötesi vatandaşlık, hatta ulusaşırı ve küresel demokrasi ütopyalarına kadar uzanırlar, ne kadar çalkantılı ve karanlık bir uğraktan geçtiğimizin bir emaresi olarak görülebilir. Son derece berrak olan bir şey varsa, o da, 11 Eylül 2001'den bugüne değişen dünyanın güvenlik koşullarının, devletler arasındaki biçimsel egemen eşitlik ilkesini bozduğudur. Kozmopolit normların yayılışı ve egemenliğin dönüşümleri kaçınılmaz olarak el ele gider. Egemenliğin Vestfalya döneminden sonra geçirdiği dönüşümün kilometre taşlarından biri olan, bir uluslararası insan hakları rejiminin yükselişi, aynı zamanda ulus-devletlerin yargı yetkisi imtiyazlarındaki değişimlerin de habercisidir. Jean L. Cohen şöyle yazar:

> Hukuki ve anayasal çoğulculuk, toplumsal anayasacılık, ulusaşırı hükümet ağları, "insani müdahaleler" kanalıyla kozmopolit insan hakları hukukunun uygulanması vb konulardaki bütün söylemler, gözlerimizin önünde ortaya çıktığı söylenen yeni bir küresel hukuki düzeni kavramsallaştırma çabalarıdır. Yaygın iddia, dünyanın kozmopolit hukuka geçiş sürecinde olduğu yolundadır. [...] Ancak [...] eğer farklı bir politik perspektiften bakarsak, egemenlik temelli uluslararası hukuk modelinin yerini kozmopolit adalete değil farklı bir dünya düzeni girişimine, yani imparatorluk projesine bıraktığını görürüz. [10]

O zaman hangisi gerçek: Kozmopolit normların yükselişi mi, imparatorluğun yayılışı mı? Doğrusu, bu muğlak potansiyeli açımlamak kilit önemdedir: Her ne kadar kozmopolit normların yükselişi küresel bir sivil toplumdaki hak sahibi kişiler olarak bireylerin statüsünü korumaya yönelik olsa da, devlet egemenliğinin zayıflaması fırsatlar kadar tehlikeleri de beraberinde getirir. İnsan hakları normlarının uluslararasılaşması ile devlet egemenliğinin zayıflaması süreçlerinin birbirine paralel biçimde geliştiği gerçeği, elbette birinin diğerine indirgenebileceği anlamına gelmez; söz konusu eğilimlerin doğuşu da normatif mantıkları da birbirinden ayrıdır.[11] Ayrıca, devlet egemenliğinin zayıflamasına dair kimilerini benim de paylaştığım kaygılar, bizi, insan hakları normlarının yayılmasına, bunların insani müdahaleleri haklı çıkarmak için kullanılabileceği kaygısıyla karşı çıkmaya da götürmemelidir.

Egemenliğin Değişen Biçimi

Söz konusu dönüşümler hem devlet egemenliğinin normlarını değişime uğrattığı hem de devletlerin egemenliği uygulama kapasitesini etkilediği için, en baştan *devlet egemenliği* ve *halk egemenliği* arasında ayrıma gitmek önem taşır. "Egemenlik" kavramı modern devletin kuruluşunda var olan bu iki momente de muğlak bir biçimde gönderme yapar ve Thomas Hobbes'dan bu yana Batı'daki modern politik düşüncenin tarihi bu iki kutup arasındaki şiddetli bir mücadele şeklinde anlatılabilir: Birincisi, egemenlik, kamusal bir bünyenin—bu örnekte ulus-devletin—hem, Max Weber'in ünlü ifadesindeki gibi "şiddet araçları üzerinde tekel" kurmak, hem de sosyoekonomik adalet dağıtmak ve ekonomiyi idare etmek üzere, yargı yetkisinin *nihai* ve *bölünmez* mercii olarak hareket edebilme kapasitesi anlamına gelir.

Egmenliğin bir diğer anlamı da, bilhassa Fransız Devrimi'nden bu yana, *halk egemenliği*dir: Yani, insanların hukukun hem öznesi hem nesnesi oldukları ya da hem yaratıcısı hem tebaası oldukları fikri. Halk egemenliği; temsili kurumlarını, kuvvetler ayrılığını, yalnızca hürriyet ve eşitliği değil "herkesin hürriyetinin eşit değer taşıması" halini de içerir. Etienne Balibar, devlet egemenliği ve halk egemenliği arasındaki karşılıklı bağımlılığı şu şekilde ifade etmiştir:

> [D]evlet egemenliği kendini hem halk egemenliğinden "korumuş" hem de kendini halk egemenliği üzerine "temellendirmiştir;" zira, evrensel oy hakkı mekanizmaları ve sosyal vatandaşlık kurumları kanalıyla "sosyal güçlerin temsili"nin tedricen tesis edilmesiyle beraber [...] politik devlet bir "sosyal devlete" dönüşmüştür.[12]

Ele alacağım soru şu: Devlet egemenliğinin yeni konfigürasyonu halk egemenliğini nasıl etkiliyor? Hangi politik seçenekler mümkün hale geliyor? Hangileri bloke oluyor? Günümüzde, yalnızca egemenliğin yeniden konfigüre olmasından değil *vatandaşlıkların yeniden kurulması süreci*yle de karşı karşıyayız. Münhasıran ulusa üyelik şeklinde anlaşılan bir vatandaşlık kavramından, bir *ikamet vatandaşlığı*na doğru evriliyoruz; bu da, yerelle, bölgeyle ve ulusaşırı kurumlarla olan çoklu bağları kuvvetlendiriyor.

Kozmopolit normların bir yandan halk egemenliği projesini güçlendirirken, öte yandan devlet egemenliğinin kara kutusunu çatırdattığını iddia edeceğim.[13] Söz konusu normlar, devletin belli bir yurt üzerindeki canlı veya ölü her varlığa adalet dağıtan en yüce otorite olma imtiyazına meydan okur. İnsan hakları anlaşmalarına taraf olmak suretiyle, devletler kendi imtiyazlarını kendileri sınırlandırıyor. Bu durum sık sık çoğunlukların iradesiyle uluslararası normlar arasında ihtilaflara yol açabiliyor—mesela kadın hakları, kültürel, etnik ve dilsel azınlıkların hakları ve çevre standartları gibi konularda gördüğümüz gibi. Ancak bu tür çekişmelerin bu denli sıklaşmasının nedeni tam da dünyanın Vestfalya dönemi sonrası, yeni küresel karşılıklı bağımlılık siyaseti biçimlerine doğru yol alıyor olmasıdır.

Kozmopolit insan hakları normlarının tesirinden bağımsız olarak—ve ondan ayırt edilmesi gereken bir biçimde—küresel kapitalizmin talepleri de devlet egemenliğinin altını oyuyor. Küresel kapitalizm aslında hem kendi "devletsiz küresel hukuk" biçimini yaratıyor (Günther Teubner), hem de yasa yapıcıların küresel sermaye ve diğer kaynak hareketlerini etkileyecek yasalar üzerine açık ve kamusal tartışmalar düzenleme çabalarını baltalıyor. Üstüne üstlük, pek çok devlet, hapishaneler ve okullar üzerindeki yetkilerini özel girişim ve şirketlere devrederek kendi faaliyetlerini özelleştiriyor.[14] Benim savım şu: Bir yandan kozmopolit normlar *genellenebilir insan çıkarların oluşumuna ve kamusal norm gerekçelendirme standartlarının formülasyonuna giden yolu açarken*, öte yandan küresel kapitalizm *çıkar gruplarının özelleşmesi ve bölünmesine ve özel norm oluşumu mantıklarının doğuşu kanalıyla kamusal gerekçelendirme standartlarının zayıflamasına* yol açıyor. Bunun sonucunda, devletlerin vatandaşlarını koruma ve ihtiyaçlarını karşılama kapasitesi zayıflıyor.

Elinizdeki bölüm ilk önce, yurtsallık [territoriality] ve yargı yetkisi arasındaki ilişkide yaşanan üç tür dönüşümü kaba hatlarıyla resmediyor: Ulusaşırı göçler, küresel hukukun ortaya çıkışı ve hızlandırılmış yasama süreçlerinin yükselişi. Son iki eğilim, halk egemenliğinin altının oyulması ve devlet egemenliğinin özelleştirilmesi sonucunu doğururken, ulusaşırı göçler hem kozmopolit normların yayılımı tarafından mümkün kılınıyor hem de bu normların yayılımına katkıda bulunuyor. Sonuç kısmındaysa, kozmopolit normların ve demokratik çoğunlukların iradesinin, kamusal tartışma ve müzakereler kanalıyla etkileşmesini sağlayan demokratik yinelemelere dair normatif değerlendirmelerde bulunuyorum.

Yurtsuzlaşma ve Hukuk: Sömürgeciliğe Karşı Ulusaşırı Göçler

Batı'daki modern devlet oluşumu, uzamın "yurtlaştırılması" [territorialization] ile başlar. Yeryüzünün belirli bir parçasının çevrilmesi, koruma altındaki hudutların oluşumuyla diğerlerinden ayrılması ve bu hudutlar içinde kalan canlı cansız her şeyin egemenin hükmüne tabi olduğunun varsayılması, Batı modernitesinin bir yurtla sınırlandırılmış devlet sisteminin merkezinde yer alır. Bu Vestfalya modeline göre, yurdun bütünlüğü ve birleşik yargılama otoritesi bir madalyonun iki yüzüdür; yurdun bütünlüğünün muhafazası, devletin yargılama otoritesini (*dominium*) uygulama gücünün öteki yüzüdür.

Batı Avrupa'nın modern mutlakiyetçi devletleri uluslararası hukuk olarak, Carl Schmitt'in ifadesiyle "Jus Publicum Europaeum" ile yönetiliyordu.[15] Ancak, bu model en başından itibaren istikrarsızdı; ya da, Stephen Krasner'in meşhur ifadesiyle, "egemenlik riyakarlıktır."[16] Daha on beşinci yüzyılda Amerika kıtalarının keşfi, Hindistan ve Çin'e yönelik emperyalist seferler, Hint Okyanusu üzerinde hâkimiyet kurma çabaları ve on dokuzuncu yüzyılda Afrika'nın sömürgeleştirilmesi, devlet egemenliğinin ve uluslararası hukukun bu biçimini, çeperlerini parçalamak suretiyle, yıkmaya başladı.[17] Sadece Batı'nın diğer kıtalarla karşı karşıya gelmesi değil, Hıristiyan olmayan Osmanlı İmparatorluğu'nun "Jus Publicum Europaeum"a bağlı olup olmadığı meselesi de, söz konusu düzenin sınırlarına işaret ediyordu. Schmitt her ne kadar "yeryüzünün hukuku"nun evrimindeki bu uğrak noktasını idealize etmeye oldukça yaklaşsa da, onun için sınırlarını ve nihayetinde dağılışını da belgeler.[18] Modern devletin "yurtsuzlaşması" [deterritorialization], onun erken dönem burjuva cumhuriyetlerinden

Avrupa imparatorluklarına dönüşümü süreciyle atbaşı gider—İngiltere, Fransa, İspanya, Portekiz, Belçika, Hollanda veya İtalya örneklerindeki gibi.

Burjuva cumhuriyetlerinin imparatorluklara evrimi, anavatanı en azından ilke düzeyinde yöneten, yurdun kontrolü ve yargılama otoritesininin örtüşmesi durumunu yok eder. Avrupa'nın sömürgeleri gasp ve fetih alanlarına dönüşür; buralarda yaratılan *yargı sistemi dışında kalan uzamlar* liberal rıza ilkelerinin kapsamı dışında kalır. Edmund Burke'nin Hindistan'daki "idari katliamlar" bağlamında ve söz konusu katliamların faili Warren Hastings'in Britanya Avam Kamarası tarafından itham edilmesi esnasında vurucu bir biçimde ifade ettiği gibi, "Hindistan'da yasayı çiğneyen kesimlerin, 'İngiltere'nin yasalarını yapar' hale gelmemesi için" bu katliamlar gerekliydi.[19]

Burjuva ve demokratik cumhuriyetlerin yükselişi ile beraber, mutlakiyetçi devletin "tebaa"sı "vatandaş" haline geldi. Vestfalya egemenlik paradigması bir yandan Avrupa dışında kendi sınırlarına çarparken, öte yandan anavatanında patlak veren hesap verebilirlik, herkese oy hakkı, daha fazla temsil, demokratik özgürlükler ve sosyal haklar eksenli toplumsal mücadelelerle birlikte anayasalaşma sürecine giriyordu. Söz konusu mücadeleler gerek halk egemenliğinin, gerekse de devlet aygıtını vatandaşlara karşı duyarlı ve şeffaf kılma taleplerinin odakları haline gelmişti. Pek çok akademik çalışmanın kavramaya dahi yaklaşamadığı biçimlerde, anavatandaki halk egemenliği mücadeleleri, modern vatandaşlığın yayılması ve ülke dışındaki emperyalist seferler birbirine paralel ilerliyordu.[20]

Bu imparatorluk mirası günümüzde hortluyor, yükselen ulusaşırı göç dalgaları halinde kuzey yarıkürenin müreffeh ülkelerinin karşısına dikiliyor. Ulusaşırı göçler de yurtsallık [territoriality], egemenlik ve vatandaşlığı birbirinden koparıyor—ancak sömürgeciliğin yaptığından oldukça farklı bir biçimde. On dokuzuncu ve yirminci yüzyılda Avrupa emperyalizmi yargı biçimlerini sömürge topraklarına yaymış ve onları demokratik muhalefet ve denetim çabalarına karşı korumuştu; oysa günümüzün göç hareketleri, genelde uluslararası normlar tarafından korunan *yargı alanlarının kesişmesini* beraberinde getiriyor.

1910 yılında, kendi ülkesi dışında yaşayan göçmen sayısı 33 milyon civarındaydı; 2000 yılına gelindiğinde bu sayı 175 milyona çıkmıştı;[21]

2010'da ise 214 milyon düzeyinde tahmin ediliyordu (Bkz. <http:// www. migrationinformation.org/datahub/comparative.cfm>). 1910 ila 2000 yılları arasında dünya nüfusu yaklaşık üçe katlanarak 1,6 milyardan 5,3 milyara çıktı; 2011 yılı sonuna dair tahminler 7 milyar civarında. Oysa aynı 90 yıllık sürede göçler neredeyse altı kat arttı. Çarpıcı bir biçimde, söz konusu artışın yarıdan fazlası yirminci yüzyılın son otuz küsur yılında, 1965 ile 2000 arasında gerçekleşti. Söz konusu dönemde 75 milyon insan doğdukları ülkelerin sınırlarını aşarak farklı ülkelere yerleştiler. Yalnızca 2000 ila 2010 yılları arasında, dünya çapında göçmen sayısı 40 milyon arttı.[22]

Göç örüntülerindeki dönüşümler dolayısıyla, giderek artan sayıda birey vardığı ülkeye tamamen entegre olmak yerine anavatanıyla bağlarını muhafaza ediyor. Ulaşım, iletişim, elektronik medya, bankacılık ve finansal hizmet ağlarının küreselleşmesinin sağladığı imkânlar sonucu misafir işçiler, mevsimlik işçiler, çifte vatandaşlar ve diyasporada çalışanlar ortaya çıkıyor. Göçler artık evsahibi ülkenin kültürüne tam entegrasyon ve sosyalleşme getirmiyor—söz konusu tam entegrasyonun en çarpıcı örneği geçmişte ABD'ye gelen göçmenlere Ellis Adası'nda yeni soyadları verilmesiydi.

Bugün ulus-devletler ülkeden ayrılan göçmenler ve eski vatandaşlar arasında diyaspora siyasetini teşvik ediyorlar, zira diyasporayı hem anavatandaki projeler için politik destek kaynağı, hem de giderek küreselleşen bir dünyada devletin konumunu güçlendirmeye yarayacak ağlar, beceriler ve yetkinlikler için bir kaynak olarak görüyorlar. Bu tür diyasporaların kaydadeğer örnekleri arasında tüm dünyaya yayılmış büyük Hint, Çin ve Yahudi diyasporaları sayılabilir. Söz konusu diyasporaların "anavatan"larına süregiden bağlılıkları dikkatle sürdürülüp geliştirilir.

Göçler böylece bağlılık ve sadakatlerin çoğullaşmasını ve de günümüzün dünyasında çoğu eski, post- ve neokoloni halkları olan vatandaşların kimliklerinin giderek karmaşıklaşmasını getiriyor. Tanık olduğumuz, çevreden merkeze artan göçler, dünyanın farklı bölgeleri arasındaki yaşam standartları arasındaki farklar yüzünden hızlanıyor ve göçmenlerin eski İmparatorluk'un kalbinde zaten çok sayıda aile mensubu ve akrabası olması sayesinde kolaylaşıyor. Büyük Britanya'daki Hintliler, Pakistanlılar, Kaşmirliler ve Sri Lankalılar; Fransa'daki Cezayirliler ve Faslılar; Hollanda'daki Surinamlılar ve Malukulular; İspanya'daki Latin Amerikalılar; İtalya'daki

Libyalılar tarihleri Avrupa imparatorluklarıyla iç içe geçmiş nüfus toplulukuklarıdır. Bir zamanlar dünyanın geri kalanına yayılan Vestfalya devleti, şimdi sınırlarının her iki yönde de geçirgen hale geldiğini görüyor; yalnızca merkez çevreye doğru değil, çevre de merkeze doğru akıyor.

Her zaman belirli bir sınırları koruma kapasitesi ve yetkisi içeren devlet egemenliği, artık hiç olmadığı kadar diğer devletlerle işbirliği halinde yürütülen etkili pazarlıklar, işlemler, anlaşmalar ve akışı kontrol etme çabalarına dayanıyor. Şüphesiz, devletlerin ve bölgelerin egemenliklerini uygulama ve ağırlıklarını koyma becerileri büyük farklar gösteriyor. Orta Amerika, Güney Asya ve Afrika'nın daha yoksul ekonomileri sınırlarını kontrol etmeye daha az muktedir; en büyük mülteci nüfusları da Çad, Pakistan ve İnguşetya gibi dünyanın en yoksul bölgelerinde bulunuyor.[23]

Göçler, gerek kaynaklar gerek kimlikler üzerine şiddetli çatışmalara konu olur. Günümüz dünyasında, güçlü devletler göç hareketlerini militarize ve giderek kriminalize etmektedir. Yoksul göçmen, egemenliğin süregiden tezahürünün sembolü haline gelir. Devletlerin iktidar yolları boyunca göçmenlerin ölü veya canlı bedenleri uzanır.

Ulusaşırı göçler egemenliğin alanlarının çoğullaşmasını göz önüne serer; öyle ki kültürleşme ve sosyalleşme örüntülerindeki değişimler dolayısıyla göçmenlerin yaşamları birden çok yargı alanına tabidir. Her ne kadar çeşitli insan hakları anlaşmaları gibi kozmopolit normlar tarafından artan biçimde korunuyor olsalar da, göçmenler, ulusal vatandaşlığa öncelik tanıyıp ikili ve çoklu vatandaşlık rejimlerini sınırlayan bir devlet egemenliği sistemi karşısında savunmasız durumdadır.

Militarizasyon ve kriminalizasyon, devletlerin ulusaşırı göçler karşısında egemenliklerini tekrar vurgulamak için kullandıkları savunma tepkileridir. Peki ama, bu su sızdırmaz otoktonluk modelinin dışına çıkan bir egemenlik tahayyülü olamaz mı? İlişkisel bir egemenlik biçimi düşünebilir miyiz? Egemenliğin işlevlerini birbirinden ayırırken aynı zamanda işbirliği kipleri oluşturmak mümkün olamaz mı?[24] Devlet merkezli egemenlik modelinin kendisi işlevsiz hale gelirken, halk egemenliği ve demokratik yönetim ideallerine sahip çıkabilir miyiz?

EGEMENLİĞİN ALACAKARANLIĞI MI, KOZMOPOLİT NORMLARIN YÜKSELİŞİ Mİ | 141

Hukukun Yurtsuzlaşması: Küresel Kapitalizm

Ulusaşırı göçler, devletlerin nasıl da halkların dünya çapındaki hareketlerine ve birbirlerinin politikalarına bağımlı olduklarını ortaya koyar. Günümüzde Kuzey ve Güney Kutupları haricinde dünyanın her karışı, belli bir yurt üzerinde yargı yetkisini haiz bir devlet tarafından kontrol edildiğine ve yönetildiğine göre, göçmenler, mülteciler ve sığınmacıların yarattığı sınır ötesi hareketlilikler, devlet sisteminin hem kırılganlığını hem de sık sık ne kadar irrasyonel olabildiğini gözler önüne serer. Halkların sınır ötesi hareketlilikleri söz konusu olduğunda devletler egemendir egemen olmasına, ama daha az ölçüde. Sermaye ve metaların, bilgi ve teknolojinin sınırları aşan hareketleri söz konusu olduğundaysa devlet günümüzde egemenden ziyade rehine konumundadır.

Son yıllarda küreselleşmenin nasıl dünya çapında bir olgu olduğu ve devletlerin kapasitesine sınırlar getirdiği üzerine çok yazılıp çizildi. Ben, bu olguyu anlamak için "devletlik" [stateness] terimini—yani devletlerin ortamlarını pek çok şekilde kontrol etmek ve buna tepki vermek için başvurdukları dinamik kapasite—kullanmanın analitik açıdan daha faydalı olduğu argümanına ikna olmuş durumdaydım.[25] "Devletlik" kapasitesinin düzeyi yerküre boyunca müthiş bir farklılık arz eder. Kuzey Amerika, Avrupa, Avusturalya ve Yeni Zelanda'nın müreffeh demokrasileri gerek küresel kapitalizmin güçlerini gerek bilgi, iletişim ve ulaştırma teknolojilerinin dünya çapındaki akışını bir ölçüye kadar manipüle edebilir, dizginleyebilir ve yönlendirebilir (gerçi 2008 yılından bu yana yaşanan dünya çapındaki ekonomik krizler bu kapasitenin de sınırlı olduğunu göstermiştir). Karşılaştırmalı bir bakış açısından bakarsak, aynısını Kuzey Afrika, Ortadoğu, Latin Amerika ve Asya'daki pek çok devlet için söylemek çok daha zordur. Çin, Hindistan ve Brezilya'nın, ayrıca Asya "kaplanları"nın küresel çapta yükselişi, büyük ölçüde, ilgili devletlerin ekonomik küreselleşmeyi kendi avantajlarına olacak şekilde yönlendirme kapasitesi sayesinde mümkün olmuştur.

Aihwa Ong, Güneydoğu Asya ekonomilerine dair incelemesinde, küresel kapitalizmin nasıl demokratik denetimden muaf yargı alanları yarattığına dair çarpıcı bir örnek sunar. Güney Asya ve Orta Amerika boyunca, büyüme üçgenleri denen yeni "çokuluslu egemenlik alanları" yayılıyor. Bunlar, "konum avantajını en üst düzeye çıkarmak ve küresel sermayeyi cezbetmek için komşu ülkelerin sınırlarını aşan" bölgelerdir.[26] Komşu ülkeler tarafından yaratılan üç büyüme üçgeni, Endonezya-Malezya-Singapur (Sijori), Endonezya-Malezya-Tayland ve Brunei-Endonezya-Malezya-Filipinler arasında yer alır. Nike, Reebok ve Gap gibi ulusaşırı şirketler günümüzde günde 12 saat çalışan ve 2 dolardan az kazanan milyonlarca kadın istihdam ediyor. Ong şöyle yazıyor:

> [S]öz konusu büyüme üçgenleri özel egemenlik alanlarıdır; akıllıca ortaklıklarla oluşturulan çokuluslu ağlara dayanan bu bölgelerde, Singapur gibi bir küresel merkezin yörüngesinde ucuz emek sömürüsü gerçekleştirilir. Öyle ki, büyüme üçgenlerinde çalışan işçiler anavatanlarının kurallarından çok şirketlerin kurallarına ve bölgedeki diğer büyüme üçgenleri tarafından oluşturulan rekabet koşullarına tabidir.[27]

Carolin Emcke de, Orta Amerika'daki *maquiladora*ların işleyişi konusunda benzer bir analizde bulunuyor. El Salvador, Guatemala ve Kosta Rika'da yabancı sermaye tarafından, ilgili hükümetlerin koruması altında oluşturulan bu alanlar, yabancı yatırım çekmek amacıyla vergiden muaftır. Özel güvenlik güçleri ve muhafızlarla korunan bu bölgelerde her tür işçi örgütlülüğü zor yoluyla dağıtılır ve uluslararası, hatta ulusal denetim ve gözetime karşı şiddetli bir direnç sergilenir. Akla, ortaçağda bir bölge halkının tepesine çöreklenen savaş beyleri gelir.[28]

İster Güneydoğu Asya'nın büyüme üçgenlerinde, ister Orta Amerika'nın *maquiladora*larında olsun, söz konusu ekonomik küreselleşme biçimi devletlerin egemenliğinin, yine devletlerin rızasıyla, çözülmesini beraberinde getiriyor. Sömürgecilik ve emperyalizm örneğindeki gibi, *yargı alanı ve yurt* birbirinden kopuyor; öyle ki, devlet kendi yargı yetkisini, kasten veya istemeden, devlet dışı özel ve kurumsal oluşumlara devrediyor. Söz konusu süreçte kaybedenler, devletin korumasını üzerlerinden çektiği, hatta daha ziyade hiçbir zaman ciddi bir devlet korumasına sahip olmamış vatandaşlar oluyor; vatandaşlar giderek ulusaşırı şirketlerin ve diğer kapitalist girişim biçimlerinin gücüne ve insafına tabi hale geliyor.

Küresel ekonomi ve devletlerin etkileşimi ülkeden ülkeye büyük farklar gösterir; ancak yine de bir genelleme yapmak mümkündür: Ekonomik küreselleşme hukuki kurumlarda ve hukukun üstünlüğü paradigmasında köklü bir dönüşüm yaratıyor. Giderek, küreselleşme kendi kendini üreten ve düzenleyen bir hukuk külliyatı yaratıyor: Söz konusu külliyatın tek, hatta asli kaynağının ulusal yasama organlarının yasa yapma veya müzakere faaliyetleri olduğunu söylemek mümkün değil.

Devletsiz Hukuk mu?

"'Global Bukowina': Legal Pluralism in the World Society" ['Küresel Bukovina: Dünya Toplumunda Hukuki Çoğulculuk] adlı ses getiren makalesinde Günther Teubner şöyle yazar: "Bugünkü küreselleşme devletlerarası siyasetin liderliği altında bir dünya toplumunun tedricen ortaya çıkışı değildir; siyasetin lider rolünü kaybettiği, son derece çelişkili ve parçalı bir süreçtir."[29] Devletsiz bir küresel hukuka Teubner'ın sunduğu örnekler arasında, ekonomik işlemleri düzenleyen ulusaşırı hukuk yani, *lex mercatoria*; özel aktörler olarak hareket eden şirketlerin ve sendikaların yasa yapıcı haline geldikleri çalışma hukuku; resmi siyasetin dahli olmaksızın ilgili tarafların yürüttüğü teknik standartlaşma ve profesyonel plandaki kendi kendini düzenleme süreçleri yer alır.

Gelişmekte olan bu hukuk külliyatı "bir hukuki düzen" teşkil eder; oysa, yasa yapıcı kurumların bağrından çıkmadığı gibi, tek ve görünür bir hukuki yaptırım organına da asla bağlı değildir. Küresel hukukun sınırlarını belirleyen ulusal hudutlar değil, "'görünmez heyetler', 'görünmez piyasalar' ve sektörler', 'görünmez mesleki camialar', 'görünmez sosyal ağlar'dır."[30] Burada bir kez daha yurt sınırlarının ve yargı yetkilerinin birbirinden koptuğunu görürüz.

Teubner'in belirttiği gibi, söz konusu hukuk biçiminin demokratik açıdan ciddi eksikleri bulunur. "Küresel ekonomik işlemlerin ve organizasyonların gerekleri doğrultusunda büyüyen ve değişen bir hukuktur. Bu nedenle, ekonomik süreçlerden doğan çıkar ve güç amaçlı baskılar karşısında savunmasızdır; zira 'kati' değildir ve uygulamada vakadan vakaya değişiklik gösterir."[31] Yumuşak hukuk, hukukun üstünlüğü ilkesine geleneksel olarak atfedilen şeffaflık, öngörülebilirlik ve uygulamada tutarlılık gibi özelliklerden yoksundur. Oysa hukukun üstünlüğünün söz konusu özellikleri, sadece prosedüre dair değildir, kişiler ve vatandaşların hukuk önündeki eşitliğinin garantisidir. Küresel hukuk ise eşitliği garanti ve muhafaza etmez; daha ziyade küresel şirketlerin ve başka kuruluşların—ulusal yasama organlarının yavaş, basiretsiz ve sıklıkla öngörülemez addedilen edimlerinden farklı olarak—kendi kendini bağlayıcı ve kendi kendini düzenleyici normlar oluşturmak suretiyle, giderek karmaşık hale gelen bir ortamda hızlı biçimde işlemlerini gerçekleştirmelerini sağlar.

Bir yanda *lex mercatoria*'nın bu özellikleri ile öte yanda insan hakları hukuku veya kozmopolit normlar arasında önemli çatışmalar ve gerilimler bulunur: Hem büyüme üçgenleri hem de *maquiladora*larda, özel ekonomi ve iş alanlarında insan haklarının askıya alınması söz konusudur. Üstüne üstlük, bu bölgelerde çalışan bireyler çoğu zaman söz konusu bölgelerin faaliyet gösterdiği ülkelerin vatandaşı dahi değildir; onlar da genelde, komşu ülkelerden gelen ulusaşırı göçmenlerdir ve insan hakları sık sık çiğnenir. Örneğin Endonezya'da Malezyalılar, Taylandlılar, Burmalılar ve başkaları çalışırken, Orta Amerika'nın *maquiladora*ları kaçak Çinli emekçilerle dolup taşar. Her ne kadar küresel sermaye akımları şüphesiz ulusaşırı göç akımlarını tetiklemede önemli bir rol oynasa da, göçmenleri korumayı amaçlayan normlar ile küresel kapitalizmin önünü açan kanunların genelde birbiriyle bağdaşmadığını, hatta sık sık tezat içinde olduğunu görürüz. Uluslararası ticari işlemleri düzenleyen hukuk, yani *lex mercatoria* ile insan hakları hukuku genelde birbiriyle çelişir ve çatışır.[32]

William E. Scheuerman'ın *Liberal Democracy and the Social Acceleration of Time* [Liberal Demokrasi ve Zamanın Sosyal Açıdan Hızlanması] adlı eserinde etkili bir biçimde ileri sürüldüğü gibi, ekonomik küreselleşme hukukun üstünlüğünün temel dayanakları için tehdit teşkil eder, dolayısıyla aynı zamanda liberal demokrasinin başarı şansını azaltır:

Günümüz kapitalizmi, tarihteki öncüllerinden pek çok açıdan ayrılır: Yüksek hızlı iletişim, bilgi ve ulaştırma teknolojilerini etkili biçimde kullanan devasa ulusaşırı şirketlerin başını çektiği ekonomiler, görece yeni bir gelişmeyi temsil eder. Bu nedenle kapitalizm ile hukukun üstünlüğü arasındaki ilişki de dönüşüm geçirmiştir. [...] Yüksek hızlı sosyal edimler mesafeyi "sıkıştırdıkça," içişleri ve dışişleri arasındaki ayrım silinmeye başlar;

yürütmenin dış politikanın yüksek temposunun dayatmalarına en uygun organ olduğu şeklindeki geleneksel bakış açısı, iç politikada da temel hukuka riayet standartlarının altını oyar.[33]

Hukukun üstünlüğü ilkesinin bu şekilde başkalaşımı, yeterli tartışma ve müzakere olmaksızın ulusal yasama organları tarafından iteklenen hızlandırılmış yasamaya giden yolu açar; müzakere organlarının gücü zayıflarken, yürütmeninki artar:

> Küreselleşmenin karşımıza çıkardığı temel mesele, ulusaşırı iş dünyasının, özerkliğini korumak için devletin hukukun üstünlüğünü uygulama gücünü sınırlamak zorunda olması değildir; demokratik ulus-devletin, küresel iş dünyasına karşı bağımsızlığını korumak için tek umudunun ulusaşırı firmalara özel haklar ve ayrıcalıklar tanıma yolundaki neredeyse evrensel yarışa direnmek olmasıdır.[34]

Devletler neoliberal reformları benimsemeye yönelik bir "dibe doğru yarış"a itilir, refah devletini küçültüp emeği ve doğayı koruyan mevzuatı gevşetirler.

Devletsiz hukuk mu? Yoksa dibe doğru yarış mı? Okuduğunuz bölümün ilk kısmında şu soruyu sormuştum: Kozmopolit normların yayılışı mı, yoksa emperyalizm mi? Yine, alternatifler ve kopuşlarla karşı karşıyayız. Elbette küreselleşme süreçlerinin karşımıza çıkardığı yegâne alternatifler bunlar değildir; ancak her halü kârda liberal egemenlik modeli—ki belirli bir toprak parçası üzerinde icra edilen yargı yetkisinin birliğine, hukukun üstünlüğü kanalıyla vatandaşların eşitliğinin güvence altına alınmasına ve ekonomik yeniden paylaşım kanalıyla sosyal refahın sağlanmasına dayanır—git gide eski günlerden bir hatıra gibi görünmektedir. Egemen devletlerin bu sürecin kaydadeğer güç sahibi oyuncuları olduğunu vurgulamak çok önemlidir: İktidarlarını sınırlayan ve zayıflatan dönüşümleri bizzat kendileri besler ve yönlendirir.[35]

Gerek ulusaşırı göç örüntülerinin değişmesi kanalıyla, gerek hızlanan ve akışkan küresel piyasada büyüme üçgenlerinin ve diğer devletsiz hukuk biçimlerinin ortaya çıkışıyla, gerekse de devlet bürokrasilerini yeni kapitalizme uyarlama yollu baskılar dolayımıyla, çığır açıcı bir gelişmeyle karşı karşıyayız: Devlet egemenliğinin çeşitli boyutları parça parça sökülüyor. Devletin yargı yetkisi ve yurtsallık birbirinden koparılırken, çokuluslu şirketler yargı yetkisinin yeni özneleri olarak karşımıza dikiliyor. Bazı örneklerde devlet, halkın yasama organlarının yurt temelli kontrolünden kaçmak için kendi yargı yetkisini özel kuruluşlara devrediyor—Artık "Xe" olarak anılan Blackwater adlı özel güvenlik şirketinin Irak Savaşı'ndaki faaliyetlerini düşünelim. Toplum sözleşmesi giderek yıpranıyor.

Eğer yukarıda sunulan analiz kısmen bile doğruysa, "devlet egemenliğinin alacakaranlığı," vatandaşlığın ve demokratik siyasetin sonu, siyasetin yerinin değişmesi hatta dünya toplumlarının evriminden topyekûn kaybolması anlamına mı geliyor? Söz konusu dönüşümlerin normlar düzeyindeki sonuçları nelerdir?[36] Sosyal kuramsal analiz, içinden geçtiğimiz dönemin politik felsefelerine dair bize neler söylüyor?

Egemenliğin Alacakaranlığı ve Küresel Sivil Toplum

Ulus-devletlerin "devletlik"lerini ifa etme kapasitesinin önemli ölçüde farklılık göstermesi gibi, ulus-devletlerin devlet özerkliğinin ve etkinliğinin daralmasına verdiği tepkiler de farklı farklıdır. Ekonomik, ekolojik ve hukuki sorunlar ve göçlerin dünya çapında artan akışkanlığı karşısında, Avrupa devletleri, *egemenliği işbirliği temelinde yeniden yapılandırma* yolunu seçmiştir. Egemenliğin bu şekilde işbirliği temelinde yeniden yapılandırılmasının tam karşısında ise *egemenliğin tektaraflı olarak yeniden vurgulanması* yer alır. Halihazırda bu ikinci yolu seçenler arasında yalnızca ABD değil, Çin, İran ve Hindistan ayrıca Rusya, Kuzey Kore ve İsrail yer alır. Buradaki strateji, devleti güçlendirmek amacıyla, egemenliğin bütün işaretlerini kamu otoritesi altında toplamaktır. Bu durumun sonuçları artan militarizasyon, uluslararası hukuk ve insan haklarının sık sık çiğnenmesi, komşularla ilişkilerin bozulması ve hasmane bir hal alması ve göçün kriminalizasyonudur. Üçüncü alternatif ise Afrika, Orta ve Latin Amerika ve Güney Asya'nın geniş bölgelerinde tanık olduğumuz, zaten kırılgan olan *devlet egemenliği* kurumlarının iyice *zayıflamasıdır*. Bu örneklerde, küresel piyasa güçleri kırılgan ekonomileri daha da istikrarsız kılar; devasa yoksul ve ezilen kitleleriyle yerli elitler arasındaki bağları koparır. Söz konusu elitler küresel elitlerle ağ kurmaya başlar; böylece kendi ülkelerindeki kitleleri *maquiladora*ların, paramiliter güçlerin, uyuşturucu patronlarının ve suç çetelerinin insafına terk eder. Devlet geri çekilip bir kabuk haline gelir— Fildişi Sahili, Kongo, Sudan, El Salvador, Meksika'nın kimi kesimleri ve Burma'da olduğu gibi. Bu koşullar altında, halk egemenliği en iyi durumda gerilla savaşı, en kötü durumdaysa, eşit derecede suça bulaşmış grupların pastadan pay almak için çatışması halini alır. "Devletlik"in ne daralması ne de militarize bir biçimde yeniden vurgulanması, halk egemenliğini genişletir.

Vestfalya Anlaşması'nı (1648) izleyen 360 küsur yıl boyunca modern siyaset anlayışımızı belirleyen vatandaşlık ve egemenlik kurumlarının bu istikrarsız ve sık sık muğlaklaşan konfigürasyonları, anlaşılır bir biçimde, günümüz politik düşüncesinde karşıt yorum ve yaklaşımlar doğurmuştur. Bunları imparatorluk kuramları, ulusaşırı yönetişim kuramları ve ulus-sonrası vatandaşlık kuramları olarak ayırabiliriz.

İmparatorluk, Michael Hardt ve Antonio Negri'ye göre, küresel sermayenin dünyanın giderek daha geniş kesimlerini ele geçirme gücünün sürekli artışını anlatır. Ancak geçmişin doğal kaynak yağmasına ve sömürüye dayanan imparatorluklarının aksine, yeni imparatorluk insan hakları normlarının yayılmını teşvik eder; yeni ağ teknolojilerini dünya çapında yaymak suretiyle ayrım duvarlarını yıkar ve çağa uygun yeni bir küresel bağlantı hali yaratır.[37]

İmparatorluğun ağları her yere yayıldığı için, ona karşı direnişin mevkileri de dağınık, merkezsiz ve çokludur. "Çokluk" G-7, Dünya Bankası, Körfez Savaşı, Irak Savaşı ve uluslararası hukukun ihlaline karşı gösteriler düzenleyerek, imparatorluğun yaşam dünyalarına topyekûn nüfuz etmesine karşı direnir. Çokluk iktidarı küresel bir olgu olarak ele alır ve imparatorluğa karşı bir güç yaratmaya çalışır.[38]

Bu sosyal kuram analizinin dayandığı, iletişim biçimlerinin ağ oluşturması, iç içe girmesi, bağlanması, yayılması gibi metaforlar, tam da kurumsal aktörlerin ve yapılaşmış direniş merkezlerinin bulunmadığı bir dünya resmettikleri için tek yanlıdır.[39] Buna bağlı olarak, çokluk—Hardt ve Negri'nin devrimci öznesi—vatandaşı temsil etmez. Çokluk, halk egemenliğinin taşıyıcısı dahi değildir, zira Amerikan ve Fransız Devrimleri'nden bu yana tüm halk hareketlerinin arzusu olan, iktidarı anayasallaştırma itkisinden dahi yoksundur. Çokluk, cumhuriyetlerini kaybetmiş olanların öfkesine ses verir: Çokluk kurumları parçalar ve iktidara direnir. Hannah Arendt'in *constitutio libertatis* dediği sürece girişmez.[40] Oysa halk egemenliği, temsil çemberini *demos*un tüm üyelerine doğru genişletmeyi ve ona kalıcı bir biçim vermeyi hedefler; halk egemenliği yargı, yasama ve yürütme güçlerini birbirinden ayırarak devlet iktidarını kontrol etmeye çalışır; halk egemenliği demek, iktidarın kamusal olarak uygulanmasını denetleyen hesap verme ve şeffaflık yapıları kurmak demektir. Ancak bu, çokluk siyasetinden fersah fersah uzağa düşer.

İktidarın meşru bir biçimde uygulanması meselesi, Anne-Marie Slaughter ve David Held gibi *ulusaşırı yönetişim* kuramcıları tarafından güncel tartışmalarda yoğun bir biçimde vurgulanır. Ulusaşırı demokrasi savunucularına göre, imparatorluğun genişlemesinin altında bir meşruiyet meselesi yatar. Dörtnala giden başsız bir süvariyi andıran güçlerin ve süreçlerin pençesindeyiz. Milyonların hayatını etkileyen kararlar IMF, Dünya Ticaret Örgütü ve Dünya Bankası'nın icra kurulu toplantılarında alınırken; ulus-devletler—örneğin ABD—Kyoto Sözleşmesi gibi ya da Uluslararası Ceza Mahkemesi'nin kurulmasını sağlayan Roma Anlaşması gibi çokuluslu anlaşmaları imzalamayı reddediyor. Çokluk kuramcıları, görünüşe göre, siyaseti karnavalla karıştırıyor. İmparatorluğun güçlerine karşı çıkacak kalıcı yapıları inşa etme işini ancak ulusaşırı kurumlar başarabilir.

Küresel yönetişim kuramının savunucularına göreyse, şeffaf ve hesap veren, dünya çapında düzenleme ve eşgüdüm yapılarına ihtiyacımız var. Onlara kalırsa, bu yapıların bazıları ekonomi, adalet, askeriye, göç, sağlık ve iletişim meseleleri üzerine çalışan uzmanların oluşturduğu ağlar sayesinde halihazırda mevcut. Bunlar birbirine ağlarla bağlı bilgi, eşgüdüm ve düzenleme mevkileri yaratıyor. Küresel vatandaşlığın geleceği de, bu tür ulusaşırı örgütlere aktif biçimde dahil olmaktan ve küresel yönetişim için çalışmaktan geçiyor. Bunun bir tür dünya hükümeti anlamına gelip gelmediği şu aşamada önem arz etmiyor: Önemli olanın, küresel hesap verme ve düzenleme yapılarını artırmak olduğu belirtiliyor.[41]

Küresel yönetişim savının Anne-Marie Slaughter tarafından savunulan versiyonunda, sınırlar aşan bir demokratik yönetişimin normatif olanaklarından ziyade, hükümet yetkililerini, devlet sınırlarının ötesine geçen adli, düzenleyici ve idari örgütler kanalıyla birbirine bağlayan yatay ağlar vurgulanır. Bu yaklaşıma göre, "devlet ötesi" bir hukuk alanı çoktan oluşmuştur ve kendileri de bizzat ulusal kuruluşların parçası olan düzenleyici organizasyonların gücü sayesinde, küresel hukukun kapsamı genişlemektedir.

Niklas Luhmann'ın takipçileri, örneğin Günther Teubner, küresel yönetişim yapılarının, birbirinin dış ortamını oluşturan özerk norm üretim sistemlerinin kendi kendilerini düzenleme kaygısıyla kenetlenmesi sonucu *per impossibile* oluşabileceğini savunurken; Anne-Marie Slaughter dünyanın dört bir yanındaki adli sistemlerde, idari bürokrasilerde, düzenleyici kurumlarda vs halihazırda bulunan elitlerin birbirleri arasında ağlar kurmasına bağlıyor umutlarını. Buradaki beklenti, bu tür kenetlenmeler sayesinde yeni kamusal davranış norm ve standartlarının ortaya çıkacağıdır.

Küresel yönetişim kuramının savunucuları bir konuda haklı: Günümüzdeki küresel karşılıklı bağımlılık hali, yeni işbirliği ve düzenleme kipleri gerektiriyor. Silah kontrolü, ekoloji, hastalık ve salgınlarla mücadele ve yoksulluğun yayılmasına karşı savaş, küresel çapta ortak girişimlere dönüşmeli ve dünyanın tüm milletlerinden insanların iyi niyetine ve güvenine dayanmalıdır. Bilhassa David Held'in kuvvetli bir biçimde savunduğu gibi, amaç sadece yeni ulusaşırı yönetişim kurumları oluşturmak değil, Dünya Ticaret Örgütü, IMF ve AID gibi mevcut kuruluşları daha şeffaf, hesap verebilir ve tabanın taleplerine duyarlı bir hale getirmektir. Bunun gerçekleşmesinin tek yolu da, fon veren ülkelerin ve üye ülkelerin içinde gelişecek halk hareketlerinin söz konusu kuruluşları yöneten elitleri demokratik hesap verebilirliğe razı etmesidir. Oysa Günther Teubner ve Anne-Marie Slaughter'ın zaman zaman yaptığı gibi, elitlerin iyi niyetleri sonucu ya da anonim sistemlerden gelen mucizevi sosyolojik işaretler sayesinde bu tür yapıların demokratikleşme ve hesap verebilirlik ilkelerini kendiliğinden benimseme yoluna gireceğini varsaymak biraz naif gözüküyor. Bu gerçekleşmeyecek. Ulusaşırı yapıların, kamusal hukukun denetimine girecekleri bir dinamiğe doğru itilmeleri gerekiyor.

Ancak bu noktada bir ikilemle karşılaşıyoruz: Politik olana dair yeni kuramlaştırmaların ortaya çıkmasının nedeni, tam da günümüzde devlet merkezli siyasetin gücünün bu denli azalmış olmasıdır. Fakat, imparatorluk ve ulusaşırı yönetişim modellerine karşı yönelttiğim eleştirilerin dayanır göründüğü bir tür halk egemenliği biçimi, bir *küresel demos* da ortalıkta gözükmüyor. İmparatorluğa karşı çıkacak ya da yeni ulusaşırı yönetişim kurumlarının taşıyıcısı olacak bu halk egemenliği nerede acaba?

Günümüzde sadece egemenliğin yeniden konfigürasyonuyla değil, *vatandaşlığın yeniden kurulması süreçleri*yle de karşı karşıyayız. Ulusal üyelik şeklinde anlaşılan vatandaşlıktan uzaklaşıp, yerelle, bölgeyle ve ulusaşırı kurumlarla aramızdaki çoklu bağlantıları kuvvetlendiren bir *ikamet vatandaşlığı*na yaklaşıyoruz. Bu anlamda, ulus-sonrası vatandaşlığın savunucuları haklılar. AB bağlamında, sivil ve sosyal hakların, bazı örneklerde de politik katılım haklarının, göçmenlere ve mukimlere doğru evrenselci bir tavırla genişletilmesi yeni bir vatandaşlık müessesesinin habercisidir. Bu yeni kip, vatandaşlığı gerek ulusal aidiyetten gerek belirli bir kültürel topluluğa kök salma halinden ayırıyor. Sadece Avrupa'da değil, yerkürenin dört bir yanında vatandaş olmayanların, post-vatandaşların ve eski sömürge halklarının politik aktivizminin yükselişine tanıklık ediyoruz. Çokkültürlü mahallelerde yaşayan bu insanlar; kadın hakları, çocuklar için anadil eğitimi, çevresel kaygılar, göçmenler için iş, okul kurullarında ve belediye meclislerinde temsil ve kâğıtsız işçilerin yasal hukuki statüye kavuşturulması gibi gündemler etrafında bir araya geliyor. Hem vatandaşları hem de vatandaş olmayanları kapsayan bu yeni kent aktivizmi, siyasi failliğin üye/üye olmayan ayrımını aşmasının mümkün olduğunu gösteriyor. Gerekli kâğıtlara sahip olsun olmasın, demokratik ve cumhuriyetçi katılım haklarını kullananlar, "haklara sahip olma hakkı"nın paradokslarını aşıyor.

Ulus-sonrası vatandaşlığın tek mekanı yerel de değildir. Tüm milletlerden gelen kadın, ekoloji, etnik haklar, kültürel kendi kaderini tayin ve ekonomik demokrasi grupları, ayrıca STK'lar ve uluslararası STK'ların bir araya gelip strateji ve politikalarını planladıkları Dünya Sosyal Forumları'nda, küresel düzeyde yeni vatandaşlık kiplerine ve filizlenen bir kamusal alana tanıklık ediyoruz. Çoğu zaman, ulusaşırı yönetişim yapılarının cevap vermek durumunda kaldığı meseleleri dile getiren ve küresel gündeme taşıyan da onlar. Söz konusu vatandaş grupları ve sosyal aktivistler, adeta yerel ve küresel bilgi ve deneyim aktarıcıları gibi vazife görüyor; demokrasilerin cevap vermek zorunda kaldığı yeni ihtiyaçlar ve talepler üretiyorlar. Onlar yeni küresel sivil toplumun üyeleridir. Bu yeni küresel sivil toplumda sadece çokuluslu ve ulusaşırı özel ve kamusal şirketler değil, aynı zamanda vatandaşlar, farklı hareketlerin aktivistleri ve çeşitli bileşenler yer alıyor. Gelişmekte olan bu küresel sivil toplum, bana kalırsa egemenliğin günümüzdeki krizine verilebilecek yegâne geçerli yanıt olan cumhuriyetçi federalizmi de tamamlıyor.[42]

Cumhuriyetçi Federalizm ve Demokratik Egemenlik

"Cumhuriyetçi federalizmi," egemenliğin işaretlerinin anayasal bir yapı çerçevesinde, her biri diğerine karşı sorumlu ve hesap verebilir olan iç içe geçmiş bir dizi kurum bünyesinde bir araya getirilmesi olarak tanımlıyorum. Egemenliği yapılandırma yollu her tür çabada olması gerektiği gibi, cumhuriyetçi federalizmde de, karara varma anlamında bir *sonuçlanma* momenti vardır; ancak tartışma, itiraz ve hesap vermeden muaf olma anlamında bir *nihayet* momenti yoktur. Judith Resnik'in belirttiği gibi, uluslararası hukukun ve kozmopolit insan hakları anlaşmalarının gelişimi, federalizmin hayata geçirildiği yeni kipler yaratır:

[F]ederalizm aynı zamanda uluslararası hakların sınırlar aşan hareketine yol verir: Belediye başkanlarının, yerel kent konseylerinin, devlet yasama organlarının ve resmi yargıçların örneğin Birleşmiş Milletler Antlaşması, Kadınlara Karşı Her Türlü Ayırımcılığın Önlenmesi Sözleşmesi (CEDAW) ve küresel ısınmaya dair Kyoto Protokolü gibi ulusaşırı hakları benimsemesinde gördüğümüz gibi. Bu tür edimler genelde yerel-aşırıdır—belediyeler ve devletler bir araya gelerek sınırları aşan kurallar oluştururlar.[43]

Ben devlet sınırlarını ve kurumsal yargı alanlarını aşan bu tür "hukuk göçü" (Resnik) süreçlerine—ister kurumlar ister halk düzeyinde olsunlar— "demokratik yinelemeler" adını veriyorum. Demokratik yinelemeler hem "kuvvetli" yasama, yargı ve yürütme organlarında, hem de enformel ve "zayıf" sivil toplum oluşumları ve medya bünyesinde ortaya çıkabilir.

Demokratik yinelemeler dilsel, hukuki, kültürel ve politik boyutlu "dönüşüm içinde tekrar" süreçleridir—iddialar ileri sürülür ve geri çekilir.[44] Bu tür yineleme edimleri kanalıyla, demokratik bir halk, bağlı olduğunu düşündüğü yol gösterici normları ve ilkeleri yeniden yorumlar ve yeniden sahiplenir; böylece yasaların yalnızca *tebaası* değil aynı zamanda *yazarı* olduğunu ortaya koyar. *Halk egemenliği artık sınırları çizilmiş bir yurt ya da toprak parçası üzerinde bir araya gelen bir halkın fiziki mevcudiyetini ifade etmez, halkların birbirlerinden öğrendikleri çok sayıdaki demokratik yineleme sürecinin küresel, yerel ve ulusal kamusal alanlarda iç içe geçmesini anlatır.*[45]

Demokratik yinelemelerin sınır ve hudut aşan söylemleri ile devlet egemenliği arasında bir gerilim olması kaçınılmazdır. Hatta demokrasinin, halk egemenliğinin, devlet egemenliğini terbiye etmeye, onu halka karşı daha duyarlı, şeffaf ve hesap verir kılmaya çalıştığı bir süreç olduğunu söyleyebiliriz. Bir yanda insanları birer insan olarak, yani sadece ulusun üyesi olma statülerinden dolayı değil küresel bir sivil toplumun vatandaşları olarak korumayı hedefleyen kozmopolit normların yayılışı ile öte yanda halk egemenliği taleplerinin yükselişi birbirini pekiştirir. Devlet egemenliğinin gerileyişi sürecindeki kaygı kaynağı, devlet iktidarının kamusal uygulamasının daralmasıdır; halk egemenliğinin yükselişi sürecindeyse, uluslararası ve kozmopolit normlar iktidarı uygulayan kamu kuruluşlarını yoğunlaşan bir denetime tabi tutar. Öncelikle, devlet kurumları artan kamusal ve adli denetimle karşılaşır, bu da halk egemenliğinin elini güçlendirir. Kozmopolit normların yayılışı ile halk egemenliği arasında yaşandığı varsayılan sözde çatışma, aslında devlet egemenliği ile halk egemenliğini eşitleyen hatalı bir denklemden kaynaklanır.

Kozmopolit normlar; insan hakları, kadın hakları, ekoloji ve yerli hakları hareketlerinde örgütlenmiş insanlar arasında demokratik yinelemelerin sınır ötesi kenetlenişine ve koordinasyonuna yol açar. Buna karşın, küresel kapitalizmin özneleri tarafından tercih edilen *lex mercatoria* ve diğer devletsiz hukuk biçimleri, özel şirketleri kamu kuruluşları karşısında güçlendirir. Böylece, diyelim Kuzey Amerika Serbest Ticaret Anlaşması (NAFTA) örneğinde, şirketler o zamana dek ulus-devletlere özgü olan birtakım haklara kavuşur. Anlaşma'daki Bölüm II (B), özel şirketlere, üye devletlere yönelik şikâyetlerini üç üyeli bir mahkemeye iletme hakkı tanır.

Üç üyeden biri ilgili devlet tarafından, diğeri şirket tarafından, sonuncusu da her iki tarafça birlikte seçilir. Scheuerman, "Dolayısıyla NAFTA, birtakım kilit karar alanlarında şirketlere ve devletlere fiilen eşit yetki tanır," der ve ekler: "Buradaki dikkat çekici tezat noktası, NAFTA'nın çalışma hayatını ilgilendiren 'yan anlaşması'nda emek örgütlerine benzer haklar tanınmamasıdır."[46]

Burada, İnsan Haklarının ve Temel Özgürlüklerinin Korunmasına İlişkin Avrupa Sözleşmesi'ni imzalayan devletlere karşı bireylerin insan hakları ihlali dolayısıyla AİHM nezdinde yasal işlem başlatma gücünün artması ile ilginç bir paralellik bulunur. Bu örnekte de, devletler hukuki kovuşturmadan muaf değildir ve sanık sandalyesinde oturmaktadır. İki örnekte de devlet egemenliğinin "kara kutusu" kırılıp açılmıştır açılmasına; ama iki örnek çok farklı normatif önkabullere dayanır: NAFTA'da ve diğer küresel ticaret hukuku biçimlerinde devletler, *genellenebilir çıkarları* değil sadece kendi tikel çıkarlarını ve paydaşlarını temsil eden kurumsal yapılar tarafından kovuşturulabilir hale gelir. İlginçtir ki bu hukuk biçimleri, emek örgütlerine ve çevre örgütlerine, benzer kurumsal yapılara karşı yasal işlem başlatma açısından yargısal ayrıcalıklar tanımaz, bu konuda onları güçsüzleştirir.

Buna karşın, insan hakları ihlalleri dolayısıyla devletlere karşı açılan davalarda, potansiyel olarak bir devletin tüm vatandaşları ve mukimleri tarafından paylaşılan *genellenebilir bir çıkar* mevcuttur: Yani, işkencenin ve diğer yaygın insan hakları ihlali biçimlerinin engellenmesi. Hatta egemen devletlere yönelik insan hakları davaları, ilgili ulusun vatandaşlarının genellenebilir çıkarlarının dahi ötesine geçip, dünyanın her noktasındaki bireyleri koruyacak evrenselleştirilebilir insan hakları normları oluşturur. Söz konusu insan hakları yinelemelerinin sahip olduğu bağlamları aşma gücü, kozmopolit normların normatif gücünü besler.

Bugün, politik olanın sınırları, ulus-devlette mukim cumhuriyetin ötesine geçmiştir. Hukukun yurtsuzlaşması beraberinde politik olanın da yerinin değişmesini getirir. Açıktır ki, ancak çoklu mücadele stratejileri ve biçimleri, demokratik egemenliğin özü olan, halkın rızası ile iktidarın kamusal alanda uygulanması arasındaki kopmuş bağı tekrar onarabilir. Ulusaşırı yönetişim yapıları küresel kapitalizm güçlerini ehilleştirmek açısından temel öneme sahiptir; ancak ulusaşırı elitlerden hesap soracak olan, ulus-sonrası ve ulusaşırı vatandaşlık projeleri için seferber olan kendi halklarıdır. Yerel ve küresel aktivistlerin iç içe geçmiş ağları gelişen bir küresel sivil toplumu oluşturur; burada, dünya çapındaki bir ahaliye yeni talepler dile getirilir, dünya kamuoyuna yeni bilgi biçimleri aktarılır ve sınırları aşan yeni dayanışma biçimleri şekillendirilir.

Bugün halk egemenliğini geri kazanmanın yolu, devlet egemenliğinin "kara kutu"suna geri dönmekten geçmez: Egemen devletlerin biçimsel eşitliği; insan hakları normlarının devlet sınırlarını aşan bir biçimde evrenselleşmesi, hukukun üstünlüğüne riayet ve tüm yerkürede demokratik hükümet biçimlerinin yayılması anlamına gelmelidir. Bugün pek çok kişinin meyilli olduğu gibi, insan haklarının ve kozmopolit normların— örneğin insanlığa karşı suçların yasaklanmasının—Batı kültürlerinin ürünü olduğunu varsaymak, bunların geçerliliğinin dünyadaki diğer halklara ve kültürlere genişletilemeyeceğini kabul etmek, her yerdeki bireylerin haysiyet ve özgürlüğüne hakaret etmek demektir. Bu, yalnızca küresel bir proje olarak modernitenin yayılışına dair çok yetersiz bir bakış açısı olmakla kalmaz, aynı zamanda oluşum ve geçerliliğin, yani bir normun oluşum koşulları ile o normun geçerlilik koşullarının, felsefi bakımdan birbirine karıştırılması olur. Küresel insan hakları ve kozmopolit normlar, giderek birleşik ve birbirine bağımlı hale gelen bir insanlık için, yeni kamusal gerekçelendirme eşikleri tesis eder.[47] Yeni vatandaşlık kipleri—yalnızca üyelik ayrıcalıkları anlamında değil aynı zamanda demokratik faillik gücü anlamında—ancak ve ancak bu kurumsal çerçevenin oluşturduğu ulusaşırı—yani hem yerel hem küresel—uzamlarda filizlenebilir. Politik olanın mekanlarının çoğalması, vatandaşlığın dönüşümlerinin ve yeni halk egemenliği konfigürasyonlarının habercisidir.

Kimilerine göre, devlet egemenliği ve kozmopolit insan hakları vizyonu arasındaki gerilimler meşum gelişmelere gebedir: Öncelikle, sol cenahtan pek çok kişinin dillendirdiği, devletlerin egemen eşitliği ilkesinin herhangi bir şekilde inkâr edilmesinin müdahaleciliğin artmasına yeşil ışık yakmak anlamına geldiği iddiası vardır; dünya devletler topluluğunun içindeki çelişkilerin daha fazla bilincinde olan başkalarıysa, Birleşmiş Milletler'de reform talep etmektedir.[48]

Yeni küresel yönetişim kurumları oluşturma ihtiyacına içtenlikle inananlar da, kozmopolitler ve bölgeciler olarak ayrılır. Kozmopolitler bir dünya devletleri federasyonu projesine daha açıktır ve gerekli olan federalizm ya da federasyonalizmin derecesini ve biçimini tartışır; bölgecilerse, çok katmanlı bir yönetişim sistemi savunur. Örneğin Jürgen Habermas, bazı yeni makalelerinde, merkezileşmiş bir otorite kurulmasını savunmuştur: Dünya barışı ve savaşı, ayrıca insan haklarının uygulanması meseleleri üzerinde yargı yetkisine sahip, reformdan geçmiş bir Birleşmiş Milletler; öte yandan bölgesel örgütlerin de (mesela AB) sosyoekonomik, ekolojik ve imünolojik işbirliği adına egemenliği bir havuzda toplamasını önermiştir.[49]

Güncel tartışmalarda kurumsal tahayyülün yeniden doğuşunu olumlu karşılıyorum ve benim bu makalede sunduğum katkının mütevazı bir analitik ve normatif berraklaştırma olduğunu düşünüyorum: Devlet ve halk egemenliğinin birbirine bağımlılığını araştırırken, ikisi arasında net bir ayrıma gitmeliyiz. Ulus-devlet, yakın zamana kadar, halk egemenliği projesine oldukça başarılı bir biçimde evsahipliği yapıyordu. Ancak ekonomik, askeri, imünolojik ve iklimsel güçler, ayrıca yeni elektronik iletişim kanallarında ve dünya çapındaki göçlerde yaşanan patlama, ulus-devletin kurumlarını o kadar zayıflattı ki, yeni kurumsal biçimlerde "egemenliğin işaretleri yeniden bir havuzda toplanmadıkça" halk egemenliğinin gerçekleşmesi mümkün olamaz. Giderek artan sayıda halk, kendilerini yasaların hem yazarı hem tebaası olarak görmek şöyle dursun, onları giderek vatandaş ve insan haklarından mahrum bırakan küresel kapitalizmin güçlerine maruz kalıyor. Birleşmiş Milletler'in inşası sırasında dahi egemen devletlerin eşitliği prensibi ile evrensel insan hakları ilkelerinin uygulanmasının zıt gerekleri arasında sıkışıp kalan devlet egemenliğinin eski rejimi, bugün küresel güçler tarafından iyice sarsılmış durumda. Halk egemenliği ilkesini reddetmemize gerek yok; ancak küresel devlet egemenlikleri için yeni bir rejim oluşturmak durumundayız. Bütün sorunlu yanlarına rağmen Avrupa Birliği, egemenliğin işaretlerinin bir cumhuriyetçi federalizm ruhuyla yeniden konfigürasyonunun en çarpıcı örneğini teşkil etmeye devam ediyor.[50] Umarız onu yeni örnekler izler.

Sınır Aşan Hak Talepleri*

ULUSLARARASI İNSAN HAKLARI VE DEMOKRATİK EGEMENLİK

Sekseninci doğum günü vesilesiyle Jürgen Habermas için

Yeni Hukuki Peyzaj

Liberal demokrasilerin egemenlik iddiaları nezdinde, uluslararası hukukun ve ulusaşırı hukuki anlaşmaların sahip olduğu statü son derece tartışmalı bir teorik ve politik mesele haline geliyor.[1] Çocuk hükümlüler için idam cezasını kaldıran ve ardından büyük tartışmalar yaratan kararında, Yargıç Kennedy, Birleşmiş Milletler Çocuk Hakları Sözleşmesi ve Afrika Çocuk Hakları ve Refahı Beyannamesi gibi belgelere gönderme yapmıştı.[2] Karşı oy kullanan Yargıç Scalia ise düştüğü şerhte adeta kükrüyordu: "Mahkemenin ileri sürdüğü argümanın temel öncülü—yani Amerikan hukukunun dünyanın geri kalanının hukukuna uyum sağlaması gerektiği—asla kabul edilemez." Bunu bir ya hep ya hiç meselesi olarak gören Yargıç Scalia işi bir *reductio ad absurdum*'a [olmayana ergi] kadar vardırdı:

> Mahkeme ya tüm bu meseleleri yabancıların görüşüne göre değerlendirme konusundaki istekliliğini açıkça teslim etmeli, ya da yabancıların görüşlerini

---

* Bu makalenin daha önceki bir versiyonu şu dergide yayımlandı: *American Political Science Review* 103/4 (Kasım 2009): 691–704. Berlin'deki Wissenschaftskolleg'e Ocak—Temmuz 2009 arasında bana bu makaleyi tamamlamamı sağlayan bir burs verdiği için, Yale Üniversitesinde misafir öğrenci olan Axel Wodrich'e de önceki bir versiyona getirdiği titiz yorumları için müteşekkirim.

kararlarının *mantıksal temeli* olarak almaktan vazgeçmelidir. Ecnebi hukuka kendi düşüncesiyle uyumlu olduğunda gönderme yapıp, aksi takdirde bu hukuku görmezden gelmek mantıklı karar alma değil ancak yanıltmaca olarak değerlendirilebilir.[3] (İtalikler orijinal metinde)

Karşılıklı bağımlılığın giderek arttığı bir dünyada yabancı hukukun ve uluslararası hukukun statüsü nedir gerçekten de? Sınırın hatta okyanusun ötesine bakarak hukuki epistemolojiyi zenginleştirmek mümkün olamaz mı?[4] Son yıllarda pek çok kişi tarafından ABD bağlamında dile getirilen, bilhassa ulusaşırı hukuki normlar ve demokratik egemenlik arasındaki sorunlu ilişkiye dair kaygı ve korkuların kaynağı nedir? Yabancı bir ülkede alınan bir karara gönderme yapmak demek, onu bağlayıcı bir emsal kılmak demek değil, zekice bir adli akıl yürütmede bulunmak da olabilir.[5] Son yıllarda Avrupa'da yürütülen tartışmalar bir dünya toplumu bağlamında devletli ya da devletsiz küresel hukuk, küresel anayasacılık, küresel *res publica*, hukuksallaştırma (*Verrechtlichung*) ya da anayasalaşma (*Konstitutionalisierung*) gibi konular etrafında dönerken;[6] pek çok kişide, bir dünya anayasasının ya da hukuki geleneklerin ve yargı yetkilerinin küresel planda uyumlulaştırılmasının ne istenir ne de olumlu bir durum olduğu şeklinde çekincelere rastlıyoruz.[7] Bu yeni hukuki peyzaja ne anlam vermeliyiz? Swift'in hikâyesindeki dev Gulliver misali, devletler, uluslararası hukukun yüzlerce ipiyle bağlanmış durumda; bu iplerin bazılarından kurtulmaları mümkün, ancak bazı ipler—aynen devi bağlayanlar gibi—serbest kalmalarını engelliyor. Uluslararası hukukla ilgili tartışma, karşılıklı bağımlılığın giderek arttığı bir dünyada demokrasilerin gelecekte hayatta kalma şansının ne kadar olduğuna dair münakaşaları tetikliyor.

Okuduğunuz bölümün ilk kısmında, söz konusu hukuki dönüşümlere yönelik bir dizi eleştiriyi daha yakından ele alıyorum. *Milliyetçi* ve *demokratik egemenlikçi* [sovereigntiste] eleştiri arasında ayrıma gidiyorum; ayrıca bu ikisini de, halihazırdaki insan haklarının evrenselleşmesi sistemini ya *bir küresel imparatorluğun Truva atı* ya da yerküre üzerinde emperyal kontrol kurma amacıyla insani müdahale doktrinini istismar eden *yeni sömürgecilik* girişimleri olarak gören analizlerden ayırıyorum.

Her iki eleştirel yaklaşım da "hukuktaki hukuk yaratımı boyutunu" göz ardı eder; özellikle de en önde gelen kozmopolit normlar olan evrensel insan haklarının yerel hareketlere güç katma özelliğini atlar. Demokratik egemenlikçiler, insan hakları normlarının demokratik özyönetimi geliştirici etkisini küçümseme hatasına düşerken,[8] küresel anayasacılar da insan hakları gibi en evrensel normların dahi, kendi kendini yöneten halklar tarafından yerel bağlama uyarlanması, yorumlanması ve yerel dile tercüme edilmesi gereğini hafife alarak yanılırlar.

Sonuç kısmında ise, CEDAW'ın (Kadına Karşı Her Türlü Ayrımcılığın Önlenmesi Sözleşmesi) kimi Müslüman ülkelerde kadınlar üzerinde yarattığı etkiyi ele alacağım ve hak iddialarının nasıl sınırları aşarak ülkeleri ve hukuki gelenekleri kesen demokratik yineleme biçimleri ürettiğini inceleyeceğim. Bu değerlendirmeleri, ampirik siyaset bilimcilerin "vaka çalışması" dediği şekilde değil, bu makalede ele alınan normatif politik düşünceye dair oldukça soyut kaygıların nasıl günümüzde mücadele yürüten politik faillerin hareket ve eylemlerini şekillendirebileceğini göstermek amacıyla geliştiriyorum.[9] Sosyal hareketlerin aslında sosyal dönüşümün ve hukuk yaratıcı siyasetin aktörleri olduğunun göz ardı edilmesi sonucu, hukuk uzmanlarının, uluslararası avukatların ve yargıçların demokraik değişimin faili olduğu gibi naif bir inanç doğdu. Söz konusu uzmanlar bu tür bir rol oynuyor da olabilirler; ancak şüphesiz bu süreçler olsa olsa politik aktörlerin olmadığı bir demokratikleşmeye yol açacaktır. Buna karşın benim ilgilendiğim konu, sosyal hareketlerin nasıl kamusal alanda yeni öznellikler oluşturarak, yeni talep lügatçeleri dillendirerek ve yeni birliktelik biçimleri öngörerek güç kazanmaya çalıştığıdır.

Egemenlikçiliğin Çeşitleri

ABD Yüksek Mahkemesi'nin kimi üyelerinin de benimsediği türden *egemenlikçi yurtçuluk* [sovereigntiste territorialism], Harold Koh'un ifadesiyle, "yurtsallığa ve ulusal siyasete bağlılık, yürütme organına hürmet ve uluslararası hukuk ya da teamüllerin ulusal önceliklere ciddi sınırlama getirebileceği fikrine direnç" gibi özelliklere sahiptir.[10] Günümüzde egemenlikçi yurtçuluğun yaşadığı *sosyolojik körlük* o kadar yoğundur ki nere-deyse gerçeklikle bağını koparma raddesine varır: Bu yaklaşımın hareket ettiği algı, yani yabancı ve uluslararası hukukun münferit ulus-devletlerin sınırından içeri giremediği bir dünya fikri, hukuki, ekonomik, idari, askeri ve kültürel gerçeklik ve uygulamanın son derece uzağına düşer.[11]

Egemenlikçilerin küresel hukuki gelişmelere karşı ileri sürdüğü *nor-matif* itirazlar ise daha elle tutulur cinstendir ve sadece tarih boyunca kökleşmiş Amerikan istisnacılığına veya Amerikalıların uluslararası hukuk karşısındaki muğlak tavırlarına atıfla açıklanamaz.[12] Söz konusu itirazlar *milliyetçi* ve *demokratik* olmak üzere iki varyanta ayrılabilir. *Milliyetçi* var-yant hukukun meşruiyetini münferit, sınırları net biçimde çizili bir halkın kendi kaderini tayin etmesine dayandırır; söz konusu hukuk tamamen bu halkın kolektif iradesinin bir ifadesidir ve bu iradeyi bağlar.[13] *Demokratik* varyant ise, kendi kaderini tayin eden bir halk kendisini yasalarının hem yazarı hem de tebaası olarak görmediği sürece hukukun meşru sayılama-yacağını savunur. Demokratik egemenlikçiye göre, hukukun bir milletin ya da *ethnos*un iradesini ifade edip etmemesi önem taşımaz; asıl önemlisi, söz konusu yasaların nasıl formüle edileceğini belirleyen, kimin adına uygulandığını ortaya koyan ve kapsamının sınırlarını çizen, net ve kabul görmüş prosedürler olmalıdır.

Demokratik egemenlikçi argümanın çok sayıdaki taraftarı arasında Thomas Nagel, Quentin Skinner, Michael Walzer ve Michael Sandel'ı sayabiliriz.[14] Milliyetçi egemenlikçilerin çizdiği sosyolojik dünya resmini reddeden pek çok kişi, yine de, günümüzün ahenkli bir küresel hukuki sistem oluşturma eğilimlerinin normatif olarak tehlikeli ve sakıncalı ol-duğunu savunabilir. Örneğin, Thomas Nagel'ın "The Problem of Global Justice" [Küresel Adalet Meselesi] adlı çalışmasını ele alalım.[15] Nagel ulus-devleti, adalet meselelerinin ele alınacağı vazgeçilmez çerçeve olarak görüyor ve yabancı hukuk ve uluslararası hukuku da yalnızca münferit egemen birimlerin gönüllü olarak girdiği sözleşme kabilinden taahhütler olarak görüyor. Nagel'a göre, birer insan olarak karşılıklı ahlaki ödevlerimiz haricinde, bizi diğer milletlerden insanlarla adalet ilişkisi içine sokan daha "oylumlu" sınır ötesi mecburiyetler yoktur; eğilim ve çıkarlarımıza bağlı olarak, söz konusu insanlarla işbirliği ve karşılıklı faydaya dayanan kalıcı projeler geliştirebiliriz de geliştirmeyebiliriz de. Bu yaklaşıma göre küresel ekonomi de, aynen küresel hukuk sistemi gibi, tek tek devletlerin diğer devletler ve şirketler gibi birimlerle münferit olarak girdiği, sözleşmeye dayalı taahütlerden menkuldür; uluslararası anlaşmalarda olduğu gibi, çoğu zaman birden çok devlet ve şirket söz konusudur. Ancak ne küresel ekonomi ne de küresel hukuk sistemi, Rawlsyen anlamda bir "işbirliği sistemi"dir—yani, üyelerinin, fayda ve yükümlülüklerin paylaşımını belirleyen açık ve net kurallar çerçevesinde, kendi istekleriyle bir arada çalıştığı ve yaşadığı kalıcı bir insan örgütlenmesi biçimi değildir. Nagel kendi "politik adalet tasavvurunu" şöyle ifade eder:

[E]gemen devletler yalnızca, insanlar arasındaki bir tür kurumlar öncesi adaletin değerini gerçekleştirmenin aracı olarak görülemez. Bilakis, adaletin değerini hayata geçiren şey tam da söz konusu devletlerin varlığıdır. Egemen devletler vatandaşları arasında, insanlığın kalanıyla aralarında olmayan bir ilişki kurar; bu kurumsal ilişkinin, adaletin içeriğini oluşturan belirli hakkaniyet ve eşitlik standartlarına göre değerlendirilmesi gerekir.[16]

Nagel'da da, egemenlikçiliğin sosyolojik ve normatif boyutları sıkıca iç içe geçmiştir. Nagel küresel ekonominin ve dünya hukuk sisteminin Rawlsyen anlamda bir işbirliği sistemi olmadığını varsaydığı için, küresel adalet meselesini, ahlaki ilkeler icabı bireylerin birbirlerine yönelik ahlaki ödevlerine indirger. Nagel'ı eleştiren pek çok yazar, örneğin Joshua Cohen, Charles Sabel ve Thomas Pogge, işe Nagel'ın uluslararası hukuk ve kurumlara dair çizdiği dünya resmini düzeltmekle başlar ve farklı normatif sonuçlara varır.[17]

Küresel hukuk sisteminin alanı artık, demokrasinin geleceği için yeni muharebe sahası haline gelmiştir. Siyaset kuramcıları arasındaki küresel adalet tartışmaları şu ana kadar büyük ölçüde dağıtım adaleti taleplerine ve mevcut dünya sistemindeki normatif kusurların değerlendirilmesine odaklandı; uluslararası hukukun statüsü ise nadiren tartışıldı.[18] Ancak, demokratik egemenlik yanlılarının, hukuki evrenselcilik ve dünya anayasası yanlılarına yönelttiği itirazların ciddiye alınması şarttır. Devletli veya devletsiz bir küresel anayasacılık yaklaşımını benimseme acelesi içerisinde, demokratik meşruiyet meselesinin yanıtsız kalması önemli bir kaygı konusudur. Küresel uzmanların başını çektiği anonim yönetişim sistemleriyle bir ölçüde dengelenecek post-demokrasi ve tekno-elitist demokrasi, bazılarına giderek çekici gelmeye başlıyor.[19]

Uluslararası Hukuka Yönelik Eleştiriler

Yukarıda zikrettiğim milliyetçi ve demokratik egemenlikçi konumların yanı sıra, söz konusu gelişmelere yönelik üç net itiraz daha vardır. Bunları ilk gruptan ayıran unsur, mevcut hukuki gelişmeleri daha geniş sosyoekonomik ve politik bağlama oturtmalarıdır: İlk sıradaki *neo-Marksist eleştiri*, kozmopolit hukuku sadece ekonomik küreselleşmenin ve imparatorluğun yayılışının bir gölge fenomeni olarak görür;[20] ikinci itiraz, BM Güvenlik Konseyi'nin yeni edimlerinin dünya çapında, hukukun biçimsizleştiği ve yargı sisteminin dışında kalan politik tedbirlerin ön plana çıktığı bir *olağanüstü hal* yarattığı yolundadır;[21] ve son olarak, insani müdahalelerin, bilhassa da Uluslararası Ceza Mahkemesi kanalıyla insanlığa karşı işlenen suçların kovuşturulmasının, dünya hâkimiyetini amaçlayan *yeni sömürgecilik* araçları olduğu iddiası vardır.[22]

Son iddia, BM Güvenlik Konseyi'ni yakın zamanlı edimleri ile insan haklarının kozmopolit normları arasındaki müphem ilişkiyi netleştirmek açısından özellikle önem taşır. BM Genel Sekreteri tarafından artan sıklıkla dillendirilen ve her bir bireyin küresel sivil toplum içinde haklara sahip olduğu düşüncesinin mantıki sonucu olan, koruma "yükümlülüğü" ya da "sorumluluğu" gibi formüller, giderek daha fazla insani müdahaleyi meşrulaştıran bir tür uluslararası olağanüstü hale götüren birer kaygan zemin gibidir adeta. Mahmood Mamdani'nin vurucu biçimde ifade ettiği gibi: "BM'nin 2005 Dünya Zirvesi'nde resmi olarak benimsenen yeni insani [humanitarian] düzen, savunmasız nüfusların korunması sorumluluğunu üstlenme iddiasında [...] Egemenliğin dili ağırlıklı biçimde politikken, insani müdahalenin dili büyük ölçüde antipolitiktir. [...] Buna karşın uluslararası insani düzen, vatandaşlığı tanımaz. Bilakis, vatandaşları birer nöbetçiye çevirir."[23]

Bu itirazların, ciddiye alınması ve üzerinde kafa yorulması gereken pek çok önemli veçhesi vardır: Ancak, neoemperyal kapitalist hegemonya tezinin savunucuları, insan haklarını serbest meta ilişkilerinin yayılmasına hizmet eden bir tür cila olarak sunan, bildik bir Marksist denklemi tekrarlamaktadır aslında.[24] Şüphesiz, piyasa güçlerinin evrenselleşmesi ile bireyin kendi kaderini çizen ve özgür bir varlık—gerek kendi eylemlerini gerek metaları yöneten bir varlık—olarak yükselişi arasında gerek tarihi gerekse de kavramsal bir bağ vardır. *Ancak, insan hakları normları yalnızca kişi, mülkiyet ve sözleşme normlarıyla sınırlı olmadığı gibi, serbest piyasa işlemlerini koruyan normlara indirgenmeleri de mümkün değildir.* İfade, örgütlenme ve bir araya gelme özgürlüğü gibi insan hakları normları aynı zamanda vatandaş haklarıdır; dolayısıyla, "insani müdahale"yi eleştiren postkolonyal Marksist yazarların lanetlediği vahşi kapitalist gelişme süreçlerine karşı kolektif eylem ve direnişi de mümkün kılar. Doğrusu pek çok uluslararası insan hakları bildirgesinde, piyasa özgürlüklerinin sömürücü bir biçimde yayılmasına *karşı* maddeler yer alır; zira sendika ve örgütlenme özgürlüklerini, ifade özgürlüğünü, eşit işe eşit ücreti, ayrıca işçiler için sağlık, sosyal güvenlik ve emeklilik imkânlarını güvence altına alırlar. Özel serbest ticaret bölgeleri yaratan küresel kapitalizm, sık sık bu insan hakları bildirgelerini doğrudan ihlal eder.

Bu kozmopolit hakların savunulmasının farkında olmadan bir *koruma sorumluluğu* doğurduğu ve böylece insani müdahaleler biçimi altında yeni sömürgeci tahakküme yol açtığı şeklindeki suçlama karmaşık bir mevzudur:[25] Koruma *sorumluluğundan*—icabında askeri güç kullanarak—müdahale etme *görevine* giden bu kaygan zemine çok iyi bir örnek, 2008 baharında Myanmar-Burma'yı vuran büyük kasırga sırasında ortaya çıktı. Sınır Tanımayan Doktorlar Örgütü'nün eski başkanı ve Fransa'nın eski Dışişleri Bakanı Bernard Kouchner, dünya milletlerinin, icabında Myanmar'ın kapalı kutu askeri diktatörlüğünün iradesi hilafına duruma müdahale etme görevi bulunduğunu ileri sürdü. Aynı görüşteki muhafazakar düşünür Robert Kaplan ise, ABD donanmasının nehir deltası boyunca Myanmar'ın içlerine ilerlemesi gerektiğini ve bunu müteakip, kasırga kurbanlarına insani yardım sunma görevinin rahatlıkla bir "ulus inşası" görevine dönüşebileceğini savundu. Ancak bu sefer, ABD donanması ne yaptığını iyi bilmeli ve fincancı dükkanı ilkesini ["Pottery Barn" principle] net biçimde uygulamalıydı: "Kırdığın fincanı alırsın!"[26]

Dolayısıyla, mevcut dünya durumunun içerdiği muğlaklıkları, çelişkileri ve kaypak çifte anlamları, dahası bunların baştaki kozmopolit niyetleri nasıl hegemonya kabuslarına dönüştürdüğünü inkâr etmek aptalca olur. Gelgelelim, söz konusu gelişmeler karşısında bir tür şüphe hermenötiği takınmak bizi ancak bir yere kadar götürür; çünkü, çok az istisnai isim haricinde,[27] söz konusu yazarlar aynı zamanda hukukun normativite ve hukuk yaratımı boyutunu ele almayı reddeder, bunun yerine hukuku halihazırdaki fiili durumuna indirger—yani hukukun devlet dayatmaları ve gerekirse şiddet kanalıyla uygulanması haline.

Bu tartışmaya biraz açıklık getirmenin bir yolu, herhangi bir dünya anayasası ya da küresel hukuki uyum projesinin yapı taşlarını teşkil edecek, genel destek gören bir küresel normlar *ailesine* odaklanmak olabilir. Söz konusu olan, 1948 tarihli İnsan Hakları Evrensel Beyannamesi'ne dayanan uluslararası insan hakları normlarıdır. Hem Nagel gibi bir demokratik egemenlik taraftarı hem de Habermas gibi bir dünya anayasası yanlısı, devletlerarası savaşları düzenleyen ve yasaklayan uluslararası hukukun yanı sıra insan haklarının da uluslararası sistemin temellerinden olduğu konusunda hemfikirdir.[28] Habermas'ın Nagel'a verdiği genel yanıtta izlediği strateji, uluslararası hukukun anayasalaşması sürecinin illa mevcut devletlerin politik özerkliğine aşkın bir dünya devletinin oluşumuna giden bir toplum sözleşmesi biçimi alması gerekmediğidir.[29] Habermas'a kalırsa, "Günümüzde bir dünya siyasetinin hukuksallaştırılmasına dair her tür kavramlaştırma girişimi, *bir dünya anayasasının kurucu öznelerinin* hem bireyler *hem de devletler* olduğu noktasından yola çıkmalıdır"[30] (İtalik orijinal metinde). Habermas, bu tür bir çokkatmanlı yargı düzeninin, "devletler dünyasını, *yurtiçinde birikmiş olan güven zeminini ve vatandaşların uluslarına yönelik sadakatini göz ardı eden* bir dünya cumhuriyetinin otoritesinin aracılığına tabi *kılmaması* gerektiği" noktasında ısrarcıdır (İtalikler bana ait; agy.). "Aracılık" ya da "dolayım" ifadesinden Habermas'ın kastettiği, *eğer* dünya anayasacılığı bir dünya devleti ya da cumhuriyetinin oluşumu şeklinde anlaşılırsa ortaya çıkacak olan, ulusüstü bir otoriteye danışma gereğidir. Ancak, uluslararası ve ulusal normlar arasında dolayım sağlamanın, ulusal olanı uluslararası olana tabi kılmayacak daha demokratik tarzları mevcuttur. Bu tür bir aracılık süreci, ulusal olanı kozmopolit olan ışığında yorumlayacak, değerlendirecek ve bağlama oturtacak ve böylelikle her iki norm kümesine de yeni ve beklenmedik bir hermenötik bağlam katacak olan "demokratik yinelemeler" kanalıyla gerçekleşebilir. Okuduğunuz bölüm, uluslararası normlar ile "vatandaşların uluslarına yönelik sadakati" arasında bu tür bir aracılığın neler içerebileceğini daha net biçimde somutlaştırır.

Kozmopolit Normların ve Hukuk Yaratımının Yükselişi

İnsan Hakları Evrensel Beyannamesi'nin (İHEB) ardından küresel sivil toplumun evriminde yeni bir aşamaya girdiğimiz artık geniş kabul gören bir fikirdir: Bu aşamanın temel özelliği, *uluslararası* adalet normlarından *kozmopolit* adalet normlarına geçiştir. Söz konusu olan sadece semantik bir değişim değildir. Uluslararası hukuk normları, devletlerin ve temsilcilerinin altına imza attığı sözleşmelerin getirdiği yükümlülüklerden doğarken; kozmopolit normlar bir dünya sivil toplumunda yaşayan ahlaki ve hukuki kişiler olarak görülen bireylere aittir. Birleşmiş Milletler Antlaşması ve çeşitli insan hakları sözleşmelerini imzalayan ülkeler örneğindeki gibi, kozmopolit normlar sözleşme kabilinden yükümlüklere dayansa dahi, onları ayırt eden şey, devletlerin ve temsilcilerinin egemenliğini kısıtlamaları ve onları ülkelerindeki vatandaşlara ve mukimlere belirli insan hakları standartları çerçevesinde muamele etmek zorunda bırakmalarıdır.[31] Devletler artık egemenliklerini "kendi kendine sınırlama" ya da "kendi kendini bağlama" süreci içindedir. Bunun bir kanıtı, 1948 tarihli İnsan Hakları Evrensel Beyannamesi'ni takip eden çok sayıdaki insan hakları sözleşmesinin sayısız devlet tarafından imzalanmış olmasıdır.[32]

Söz konusu meselelerin ne kadar hızlı ve yoğun biçimde ortaya çıktığını kavramak adına, 1948 tarihli İHEB'den bu yana dünya devletlerinin çoğunluğu tarafından imzalanan insan hakları bildirgelerinin bir listesini çıkaralım:[33] BM Genel Kurulu'nun 9 Aralık 1948 tarihli ve 260 (III) A sayılı kararıyla benimsenen Birleşmiş Milletler Soykırım Suçunun Önlenmesi ve Cezalandırılması Sözleşmesi (Bölüm II); 1951 tarihli Mülteciler Sözleşmesi (1954'te yürürlüğe girmiştir);[34] Kişisel ve Siyasal Haklar Uluslararası Sözleşmesi (ICCPR; 1966'da imzaya açılmış ve 1976'da yürürlüğe girmiştir; 2011 itibariyle 195 ülkenin 167'si tarafından imzalanmıştır);[35] Ekonomik, Sosyal, Kültürel Haklar Uluslararası Sözleşmesi (ICESCR; yine 1976'da yürürlüğe girmiştir ve Haziran 2011 itibariyle 160 devlet tarafından imzalanmıştır),[36] Kadına Karşı Her Türlü Ayrımcılığın Önlenmesi Sözleşmesi (CEDAW; 1979'da imzalanmış ve 1981'de yürürlüğe girmiştir, Haziran 2011 itibariyle 186 devlet tarafından imzalanmıştır).[37] Bunlar, çok sayıdaki anlaşma ve sözleşme arasında en iyi bilinenleridir.

Küresel ticaret, idare veya eğlence hukukundaki gelişmelere ya da Uluslararası Ceza Mahkemesi gibi kurumlara odaklanmak yerine küresel insan hakları normlarına odaklanmamın nedeni, söz konusu gelişmelere karşı yöneltilen demokratik egemenlikçi itirazlara mümkün olduğunca keskin bir biçimde karşılık verebilmektedir. Her kişinin temel insan haklarına sahip olduğu şeklindeki bir *hukuki kozmopolitizm* tutumunu da benimserdim,[38] ancak benim asıl argümanım, kozmopolit bakış açısının pek çok muarızının uluslararası hukuki düzeni adeta pürüzsüz bir "komuta mekanizması" gibi gördüğü ve kozmopolit normların hukuk yaratıcı gücünü göz ardı ettiği şeklinde.

İlk olarak Robert Cover[39] tarafından önerilen "hukuk yaratımı" teriminden benim kastım, hukukun, genelde "formel kanun yapma süreçleri"nden uzağa düşen, normatif bir anlam evreni yaratma kapasitesidir. "Anlamın kontrol edilemeyen karakteri, iktidar üzerinde istikrar bozucu bir etki yaratır," der Cover. "Hükümlerin 'anlam taşıması' şarttır, ancak bu anlamı, formel kanun yapma süreçlerinin kısıtlarına tabi olmayan sosyal faaliyetler tarafından yaratılan materyallerden almak zorundadırlar. Otorite sahibi kurumlar dahi, ifade ettikleri hükümlere anlam vermeye çalıştıkları zaman, bu bakımdan ayrıcalıklı bir konuma sahip değildir."[40] Kanunlar, kendilerine atfedilen anlama, kontrol edemedikleri anlamlandırma bağlamlarında kavuşur. Yorum *olmaksızın* kural olamaz; kurallara ancak yorumlanabildikleri ölçüde riayet edilebilir;[41] fakat bir kuralın, bütün farklı hermenötik bağlamlarda o kurala atfedilebilecek yorum çeşitlerini kontrol etmesi mümkün olamaz.[42] Genel olarak kuralların ve özel olarak hukukun doğası itibariyle, yorumun ufku illa ki anlamın sabitliğini aşar. Hukukun normativitesi, yalnızca formel geçerlilik gerekçelerine, yani hukuksallığına dayanmaz; ancak elbette bu da önemli bir boyuttur. Hukuk aynı zamanda hukuk dışı bir normatif evreni yapılandırabilir: Yeni kamusal talep lügatçeleri oluşturarak; yeni öznellik biçimlerinin kamusal alana çıkmasını sağlayarak ve mevcut iktidar ilişkilerine geleceğe dair adalet beklentileri zerk ederek. Hukuk, geleceğe ait adalet biçimleri ortaya koyar. Hukuk, Thomas Hobbes'dan Michel Foucault'ya kadar çeşitli kuramcıların iddia ettiğinin aksine, sadece bir tahakküm aracı ve bir zor yöntemi değildir; (Jacques Derrida'nın ifadesiyle) "kanun hükmü,"[43] geleceğe ait adalet beklentilerini içerir; hukuk bunları hiçbir zaman tam olarak karşılayamasa bile hep bunlara işaret eder.

Demokratik egemenlikçiler, uluslararası insan hakları normlarının gerek yeni talep lügatçeleri yaratmak, gerek sivil toplum aktörleri için yeni seferberlik kanalları açmak suretiyle demokrasilerde vatandaşların elini güçlendirdiği gerçeğini göz ardı eder; söz konusu aktörler böylelikle ulusaşırı hak aktivizmi ve hegemonyaya direniş ağlarının parçası haline gelir.[44] Adım attığımız yeni hukuki evrende norm çatışmaları yaşanması kaçınılmaz, hatta istenir bir durumdur; dolayısıyla küresel anayasa yanlıları, demokratik halkların iradesinin tecelli etmesiyle uluslararası normların dolayımlanması gereğini hafife alır. İnsan hakları normları dahi yorumlanmaya, özümsenmeye ve yerel dile tercüme edilmeye muhtaçtır; bunların isteksiz bir halka hukuk elitleri ve yargıçlar tarafından tepeden dayatılması mümkün olamaz; daha ziyade, insan hakları normlarının, demokratik halkların yürüteceği yorumlama, dillendirme ve yineleme süreçleri kanalıyla o halkların kamusal kültürünün parçası haline gelmesi gerekir.

Hukuk Yaratımı ve Demokratik Yinelemeler

Öyleyse, kozmopolit normların hukuk yaratıcı kapasitesi, mevcut devlet sisteminde nasıl işler? Bu noktada çeşitli sözleşmelerle desteklenmiş kozmopolit insan hakları normları arasındaki ilişkinin *normatif-felsefi* tahlili ile bu tür sözleşmelerin imzacı devletlerin yasama ve siyasi kültürünü şekillendirdiği *kurumsal kanallar* arasındaki ayrımı gözetmek önemlidir.

İnsan hakları sözleşmeleri ve beyannamelerinin ifade ettiği genel ilkelerin, hukuki normlar biçiminde bağlama oturtulması ve özgülleştirilmesi gerekir. Peki, söz konusu hukuki içerik nasıl şekillenecektir? Temel insan hakları, kişinin iletişim özgürlüğü gibi bir ahlaki ilkeye dayansa da, aynı zamanda yargıya konu olabilecek bir biçime oturtulmaları gerekir; yani, bu hakların özgül bir hukuki çerçevede cisimleştirilmesi ve desteklenmesi şarttır. İnsan hakları, ahlak ve adalet arasındaki ayrım çizgisinin her iki yanına basar; bize, hukukun meşruiyetini yargılama imkânı tanırlar.[45]

Çeşitli insan hakları sözleşmelerinde formüle edildikleri biçimiyle genel insan hakları normları ile, bu normların çeşitli ülkelerin sayısız hukuki belgesinde aldığı somut biçim arasındaki ilişkiyi tartışırken, *kavram* [concept] ve *tasavvur* [conception] arasındaki ayrımdan yararlanabiliriz.[46] Diyelim hakkaniyet, eşitlik ve hürriyet gibi *ahlaki kavramlar* ile hakkaniyet, eşitlik ve hürriyet *tasavvurları* arasında ayrıma gitmemiz gerekir; tasavvur, baştaki kavrama çeşitli ahlaki ve politik ilkelerin eklenmesi sonucunda ortaya çıkar.[47] Adalet "hakkaniyet" olarak mı tanımlanmalıdır (Rawls), yoksa "herkesten yeteneğine göre, herkese ihtiyacı kadar" şeklinde mi (Marx)? Bu ikisinden birini savunmak için nedret, insan ihtiyaçları ve istekleri, adaletin temel öznesi vb konularda ek iddialar ileri sürerek baştaki adalet kavramımızı genişletmemiz gerekir.

Çeşitli sözleşmelerde cisimleşen insan haklarına dair genel normatif ilkelerden nasıl, çeşitli hukuki belgelere aksettiği haliyle insan haklarının özgül formülasyonlarına geçeceğimiz sorusu bağlamında, yukarıdaki ayrım şu anlama gelir: Herhangi bir haklara sahip olma *tasavvurunun* parçası olan bir çekirdek insan hakları *kavramı*, en azından—benim iddiama göre—şunları içerecektir: Yaşama hakkı ve hürriyet hakkı (kölelikten, serflikten, zorla çalıştırılmadan özgür olma, ayrıca cinsel şiddet ve cinsel kölelikten korunmayı içerir);[48] bir tür kişisel mülkiyet hakkı; eşit düşünce (din dahil), ifade, örgütlenme, temsil özgürlüğü ve özyönetim hakları. Dahası hürriyet, temel gıda, barınma ve eğitim gibi belirli bir sosyoekonomik mal ve hizmet kümesi kanalıyla, "hürriyetin eşit değeri"ni (Rawls) güvence altına alacak hükümler gerektirir.

Farklı farklı liberal demokrasilerdeki meşru haklar yelpazesi nasıl belirlenecektir ya da genel hak *kavram*larından nasıl onlara dair özgül *tasavvur*lara geçebiliriz?[49] "Kişilerin ahlaken eşitliği" kadar temel bir ilke dahi, demokratik bir yasa yapıcı tarafından tesis edildiği ve yorumlandığı andan itibaren, yargıya konu olabilecek bir insan hakkına dönüşür. Bu noktada bir dizi meşru varyasyon mümkündür. Örneğin, kanun önünde eşitlik, hukukun üstünlüğüne riayet eden bütün ülkelerde temel bir ilke olarak görülse de; Kanada, İsrail ve Hindistan gibi pek çok toplumda bu ilke, farklı kültürel, dilsel ve dini gruplardan bireylerin özel muafiyet ve salahiyetlere sahip olması fikriyle bağdaştırılır. Oysa Amerika Birleşik Devletleri ve Fransa gibi daha evrenselci bir vatandaşlık anlayışına sahip toplumlarda, söz konusu çokkültürlülük düzenlemeleri kesinlikle kabul edilemez.[50] Öte yandan Fransa ve Almanya'da, toplumsal cinsiyet eşitliği normu, siyasi partilerin "parité" ilkesinin çeşitli versiyonlarını benimsemesine yol açmıştır: Buna göre, kamu görevleri kadın ve erkekler arasında %50-%50 paylaştırılmalı ve seçimler söz konusu olduğunda, kadın ve erkek adaylara parti listelerinde eşit ağırlık tanınmalıdır. Buna karşın Amerika Birleşik Devletleri'nde toplumsal cinsiyet eşitliği, yalnızca federal hükümetten fon alan belli başlı kamu kurumlarını kapsayan 1972 tarihli Eğitim Tadilleri kanunu Madde IX tarafından koruma altına alınmıştır.[51] Siyasi partiler ise söz konusu kanunun kapsamına girmez. Başka bir deyişle, "kanun önünde eşitlik" denli temel bir hakkın yorumlanma ve uygulanmasında dahi meşru bir varyasyon marjı mevcuttur. Ancak söz konusu varyasyon ve yorum marjının meşruiyeti, aslen özyönetim ilkesine dayanır. *Benim savıma göre, doğru dürüst hukuki ve politik kanallardan uygulanan bir özyönetim hakkı olmadığı sürece, insan haklarının içeriğindeki varyasyon marjının meşru olduğunu savunamayız.* Bir halk birtakım demokratik kanallardan özyönetimi hayata geçiremediği takdirde, belirli bir siyasada, insan hakları normlarının yargıya konu olabilecek hukuki iddialara tercümesi süreci sekteye uğrar. Dolayısıyla, özyönetim hakkı, bir demokratik haklar çizelgesinin hayata geçirilmesinin önkoşuludur. Nasıl insan hakları hayata geçirilmediği takdirde özyönetim anlamlı bir biçimde uygulanamazsa, özyönetim hakkı olmadan insan hakları yargıya konu olabilecek salahiyetler şeklinde bağlamlaştırılamaz. Bu ikisi eşzamanlıdır; yani, insan haklarının iktidarın kamusal planda meşru tatbikine sınırlar getirmesi gerektiği şeklindeki *liberal* savunu ile insan haklarının bir halkın kamusal özerkliğini icra etmesinin kurucu unsurları olduğu şeklindeki *vatandaşlık odaklı-cumhuriyetçi* vizyon birbirini tamamlar. Kişinin temel hakları olmazsa cumhuriyetçi egemenlik kör kalır; kolektif özerklik icra edilmedikçe de kişi haklarının içi boşalır.[52]

İletişim özgürlüğünü esas alan bir yaklaşımı farklı kılan boyut işte burada ortaya çıkıyor. İfade ve örgütlenme özgürlükleri, vatandaşların, içeriği bir siyasadan diğerine değişen politik hakları değildir sadece; bu özgürlükler aynı zamanda bireylerin, meşruiyetine sağlam gerekçeler temelinde ikna oldukları bir politik düzende yaşayan varlıklar olarak tanınmasının gerekli koşullarıdır. Onlar, özgürlüğün iletişim kanalıyla hayata geçirilmesine temel hazırlarlar, dolayısıyla da temel insan hakları arasında yer alırlar. Ne zaman ki insanlar hukukun yalnızca tebaası değil yazarı olarak görülür, işte o zaman insan haklarının yorumlanması ve bağlama oturtulması süreçlerinin kamuya açık ve özgür, demokratik görüş ve irade oluşumu temelinde gerçekleştiği söylenebilir. Farklı ülkelerde farklı hukuki geleneklere tabi olan bu tür bir bağlama oturtma, sivil toplumdaki özgür kamusal alanlar ile hukuki ve politik kurumların etkileşimi kanalıyla ortaya çıktığı ölçüde demokratik meşruiyet kazanır. Halk tarafından sahiplenildikleri anda, bu tür hak ilkeleri hem dargörüşlülüklerinden hem de onlara sık sık atfedilen Batı paternalizmi kuşkusundan arınırlar. Ben bu tür sahiplenme süreçlerine "demokratik yinelemeler" adını veriyorum.

Demokratik yinelemeler sözünden kastım; evrenselci hak iddialarının gerek hukuki ve politik kurumların her noktasında gerek sivil toplum oluşumlarında tartışıldığı ve bağlama oturtulduğu, ileri sürüldüğü ve geri çekildiği, ortaya atıldığı ve konumlandırıldığı karmaşık kamusal tartışma, müzakere ve fikir alışverişi süreçleridir. Bir terim ya da kavramın tekrar edildiği süreçlerde, ilk niyetlenen kullanımı ya da orijinal anlamı olduğu gibi kopyalamayız asla; bilakis, her tekrar bir varyasyon biçimidir. Her yineleme, anlamı ince ince dönüştürür, genişletir ve zenginleştirir. Normların ve değer evreninin her veçhesinin irdelenmesi ve yorumlanması, hiçbir zaman basit bir tekrardan ibaret değildir.[53] Her yineleme edimiyle, kendisine otorite atfedilen bir orijinal, yeni ve farklı bir bağlamda anlamlandırılır. Dolayısıyla öncül, birbirini izleyen kullanım ve göndermeler kanalıyla yeniden ileri sürülür, yeniden anlamlandırılır. Anlam çoğaltılır ve dönüştürülür; buna karşın, otorite atfedilen orijinalin yaratıcı bir biçimde sahiplenilmesi süreci kesilir ya da anlamını yitirirse, o zaman o orijinal bizim üzerimizdeki otoritesini kaybeder.

Eğer bir münferit hak iddiasının yorumlanışındaki meşru varyasyon payını tespit etmemiz açısından demokratik yinelemeler gerekliyse; yaşananın, demagojik manipülasyon ya da otoriter doktrinasyon süreçleri değil de demokratik yinelemeler olduğundan nasıl emin olabiliriz? Demokratik yinelemelerin layıkıyla değerlendirilebilmesi için belirli hak standartları gerekmez mi? Burada, Jürgen Habermas'ın şu açılımını kabul ediyorum: "Demokrasi ilkesine göre, ancak ve ancak, hukuki temellere dayanan bir söylemsel yasama sürecinde tüm vatandaşların onayını (*Zustimmung*) alan kanunlar meşru sayılabilir."[54] "Hukuki temellere dayanan bir söylemsel yasama süreci" ise, ancak ve ancak, vatandaş veya mukim bireylerin, ortak hayatlarını düzenleyecek yasalara dair görüş ve irade oluşum süreçlerine dahil olabildiği bir iletişim çerçevesini kurumlaştıran bir toplumda mümkündür. Görüş ve eylemin kamusal düzlemde ifadesi kanalıyla, insan, hak taleplerini kendisi yorumlayabilen bir yaratık olarak ortaya çıkar. Haklara sahip olmak demek, başkalarının söz konusu münferit hak iddiasını yorumlaması kanalıyla paylaşabileceği eylem ve görüşler yaratma kapasitesine sahip olmak demektir. İnsan hakları ve özyönetim hakları birbirleriyle iç içe geçmiştir. Her ne kadar ikisi özdeş değilse de, bir siyasadaki vatandaşlar ve mukimler ancak özyönetim kurumları dolayımıyla insan hakları ile sivil ve politik haklar arasında gerekçelendirilebilir ayrımlar dile getirebilir ve bunların meşru varyasyon marjını tespit edebilir. Bana kalırsa Habermas'ın şu sözleriyle kastettiği de budur: "Politik haklar, özgür ve eşit aktif vatandaşların statüsüne zemin teşkil eder. Söz konusu statü kendi kendine göndermede bulunur, çünkü vatandaşların, hem özel yaşamdaki özerkliklerini hem de vatandaş olarak özerkliklerini yorumlamak ve geliştirmek amacıyla çeşitli haklarını, görevlerini ya da 'fiili hukuki statü'lerini değiştirmelerine ve genişletmelerine olanak tanır."[55]

Robert Post'un siyaset ve hukuk arasındaki dinamik etkileşim konusuna getirdiği berrak açıklamalar, hak talepleri ile demokratik yinelemeler arasındaki ilişkiye de ışık tutar. Post şöyle yazar:

> Dolayısıyla siyaset ve hukuk, anlaşma ve anlaşmazlık dediğimiz kaçınılmaz toplumsal olguları yönetmenin iki farklı yoludur. Birer sosyal pratik olarak siyaset ve hukuk hem birbirinden bağımsız hem de birbirine bağımlıdır.

Bağımsızdırlar, zira birbirleriyle bağdaşmazlar. Politik bir ihtilafı hukuki bir karara bağlamak demek, onu politikanın alanından çekip çıkarmak demektir; hukuki bir ihtilafı politik bir karara bağlamak ise hukukun altını oymak olur. Ancak siyaset ve hukuk birbirine bağımlıdır, çünkü hukuk, uygulayacağı normları üretmesi için siyasete gereksinim duyar; siyaset ise ulaşmaya çabaladığı ortak değerlerin hukuk tarafından sabitlenmesi ve pekiştirilmesine ihtiyaç duyar.[56]

Ancak, "hukuk ve siyaset arasındaki sınır esas itibariyle tartışmalıysa da, yargı kararları siyaseti baştan belirlemez ama siyasetle rabıtalıdır."[57] Demokratik yinelemelerin amacı da, yargı ve hukuk arasındaki bu "rabıta"yı sağlamaktır. *Demokratik meşruiyet, normatif gerekçelendirme* ilkelerine dayanır. Demokratik yinelemeler, kendilerinden bağımsız olarak oluşturulmuş pratik söylemlerin normatif geçerlilik koşullarını değiştirmez; daha ziyade demokratik yinelemeler, hak taleplerinin bu tür kriterler ışığında fiili kurumsal pratikler boyunca bağlama oturtulduğu, tartışıldığı, genişletildiği ve gözden geçirildiği görüş ile irade oluşumu süreçlerini *meşru* ya da *gayri meşru* olarak değerlendirmemize imkân tanır.[58] Bu tür değerlendirme kriterleri bizim bir *de facto mutabakat* ile *rasyonel bir saike dayanan mutabakatı* ayırt etmemize izin verir.

İnsan hakları normları demokratik yinelemeler kanalıyla "ete kemiğe bürünür." Bu tür süreçlere "özümseme" ya da "yerel dile tercüme" de denebilir.[59] Öyleyse, demokratik egemenlik yanlılarının, kozmopolit insan hakları normlarının illa ki demokratik yasamaya baskın çıkacağı şeklindeki korkuları felsefi açıdan temelsizdir; zira, insan hakları normlarının yorumlanması ve uygulanması, *demos*un demokratik irade oluşumu sürecine *köklü bir biçimde bağımlıdır.* Bu elbette, yorumlama veya uygulamada çelişkiler olamayacağı anlamına gelmez, ki bu mevzuya bu makalenin en son başlığında geri döneceğim.

Kozmopolit Normlar ve Hukuk Pratiği

Kozmopolit normlar ile yasama ve yasama dışı süreçler arasındaki kurumsal etkileşim nasıl işler; ve demokratik yinelemeler bu tür süreçleri daha iyi anlamamıza nasıl yardımcı olabilir?[60] Öncelikle, uluslararası ve ulusaşırı hukuk arasında ayrıma gitmemiz gereklidir. "Uluslararası hukuk" ifadesinden, bütün dünya camiasına ait kamusal hukuki sözleşmeleri anlıyorum. Bunların kimileri İnsan Hakları Evrensel Beyannamesi gibi yazılı olabilir, kimisi de *jus cogens* normları [emredici nitelikteki hukuk kuralları] gibi yazılı değildir ama uluslararası hukuk teamüllerinin parçasıdır. *Jus cogens* normları buyurucudur; yani soykırım, etnik temizlik, kölelik veya toplu kıyıma yönelik, ağır insan hakları ihlalleri içeren anlaşmalar veya uluslararası sözleşmeler *eo ipso* [kendiliğinden] geçersizdir ve riayet yükümlülüğü doğurmaz.

"Ulusaşırı hukuk"u tanımlamak içinse, Harold Koh'un "ulusaşırı hukuki süreç" vurgusundan hareket ediyorum. Koh şöyle yazar:

> Ulus-devletler, uluslararası örgütler, çokuluslu şirketler, hükümet dışı örgütler ve şahıslar gibi kamusal ve özel aktörlerin bir dizi kamusal ve özel, ulusal ve uluslararası forumda nasıl birbirleriyle etkileşerek ulusaşırı hukuk kurallarını yorumladığı ve hayata geçirdiğinin teori ve pratiği [...] ulusaşırı hukuk hem dinamiktir—kamusal ve özel, ulusal ve uluslararası düzeyler arasında sürekli gider gelir—hem de kurucudur, yani ulusal çıkarları yeniden kurar.[61]

Layıkıyla icra edilen yabancı ve uluslararası hukuk süreçleri, ABD Anayasası'nın anlaşmaların konumunu ele alan Madde VI'sında da belirtildiği gibi, yasa yapıcıları bağlar.[62] Bu anlamda, demokratik yasama organlarının iradesiyle uluslararası hukuk ve anlaşmaların hükmü arasında bir çelişki söz konusu değildir. Bu tür sözleşmeler imzalamak ya da bunu reddetmek, bizzat egemenliğin kilit bir boyutudur. Ancak, yabancı ve uluslararası hukukun otomatik olarak ulusal hukukun parçası haline geldiği kimi yargı sistemlerinin aksine, ABD'de anlaşmalar kendiliğinden bağlayıcı hale gelmez ve Kongre tarafından onaylanmaları şarttır.

Bu makalede odaklandığım konu, Harold Koh'un değindiği anlamda ulusaşırı hukukun hukuk yaratıcı potansiyelidir. Ulusaşırı normlar, demokratik irade oluşumuna zıt değildir; demokratik meşruiyeti sınırlamazlar, bilakis onun genişlemesini kolaylaştırırlar. Gelgelelim, Evrensel Beyanname "yalnızca" bir ilkeler bildirgesi olduğu için ve uygulama mekanizmalarının ayrıntılarını ortaya koymadığı için, kimileri onun hukuk *olarak* gereğince işlemediğini savunur,[63] kimileri onun farklı bir hukuk *türü* olduğunu ileri sürer. Judith Resnik pek çok makalesinde, anlaşmaların imzalanmasıyla beraber ulusal yükümlülüklerin de değiştiğini ve bilhassa federal bir sistemde, yargıçların geçerli anlaşmaları bağlayıcı kanunlar olarak layıkıyla ele aldığını savunmuştur. Resnik bu tür süreçlere "hukuk göçü" der.[64]

BM hükümlerinin uygulanmasının bir diğer yaygın yöntemi, "uzmanlar kurulu"dur. Bu kurullar "genel yorumlar" kaleme alarak sözleşmelerin anlamını ayrıntılı bir biçimde ortaya koymak üzere oluşturulur. Ayrıca üye devletlerce hazırlanan, ilgili sözleşmenin tarafı olmaktan kaynaklanan yükümlülüklerine ne ölçüde riayet edildiğini ayrıntılı bir biçimde aktaran raporları toplarlar.[65] Dahası, kimi yargı sistemlerinde uluslararası yükümlülükler, doğrudan, ulusal mahkemelerde açılan davalarda hukuken geçerli hükümler doğurabilir (ancak bu ABD'de genelde söz konusu değildir).[66] Çoktaraflı sözleşmelerde vücut bulan kozmopolit normlar, hukuk göçü ve uzman kurulların oluşumu süreçlerinin yanı sıra, sosyal hareketlerin ve sivil toplum aktörlerinin eylemleriyle de demokratik yineleme süreçleri yaratabilir.

Sınır Aşan Hak Talepleri:
CEDAW ve İslam Hukuku Altında Yaşayan Kadınlar

İranlı sosyolog Valentine Moghadam "Global Feminism, Citizenship and the State" [Küresel Feminizm, Vatandaşlık ve Devlet] adlı çalışmasında, ulusalararası insan hakları rejiminin, ulusaşırı sivil toplumun ve küresel kamusal alanın, Müslüman ülkelerdeki kadın hakları üzerindeki etkilerini ele alır.[67] İran Cumhuriyeti, Fas Krallığı, ayrıca Mısır, Cezayir ve Türkiye'den vaka çalışmalarını inceleyen Moghadam, küresel normların "yerel topluluk veya ulusal sınırları" nasıl etkilediğini araştırır. Yazar şu soruları sorar: "Feminist fikirler ve feminist aktivistler nasıl bir göç ve hareketlilik sergiliyor? Yerel mücadeleler, kadın haklarına dair küresel söylemlerle nasıl kesişiyor? Diyasporadaki feministler nasıl bir rol oynuyor; devlet nasıl bir etki yaratıyor?" (Moghadam, "Global Feminisim, Citizenship and the State": 255). Gerek belli ülkelerde gerekse de ulusaşırı feminist ağlar boyunca kadın haklarının ve feminist örgütlerin oluşumunu inceleyen Moghadam, CEDAW gibi uluslararası konferans ve sözleşmelerin kadınların kendi bağlamlarına göre kesip biçebildiği araçlar yarattığını ortaya koyar.

Moghadam "Müslüman dünyada kadınların hukuki statüsü ve sosyal konumları arasında görülen ciddi farkların" bir haritasını çıkarır (agy. 260-1). Ancak genel olarak, "kadınların ikinci sınıf vatandaşlığına dair benzer örüntüler" (Moghadam: 260) gerek aile yaşamı gerek ekonomik fırsatlar düzeyinde gözlemlenmektedir. Vatandaşlık babadan geçer ve evlilik yasaları erkeklere kadınların sahip olmadığı haklar bahşeder. Örneğin hem İran hem de Fas'ta devlet, aile ve ekonomik bağımlılık biçimleri, Moghadam'ın "ataerkil toplumsal cinsiyet sözleşmesi" dediği olguyu yaratır (agy. 258).

1980'li yıllarda toplumsal cinsiyet ayrımı güden İslami aile hukukunu pekiştirme çabalarına tepki olarak, çeşitli kadın ağları ortaya çıktı. Cezayir, Sudan, Fas, Pakistan, Bangladeş, İran, Mauritius Adaları ve Tanzanya'dan dokuz kadının oluşturduğu eylem komitesinden Women Living Under Muslim Laws (WLUML: İslam Hukuku Altında Yaşayan Kadınlar) örgütü doğdu. Söz konusu oluşum mücadele ve stratejilere dair bilgilerin değiş tokuş edildiği bir merkez işlevi görüyor. WLUML'de dine karşı farklı yaklaşımları olan kadınlar bulunur; kimi din karşıtıyken, Malezya'daki Sisters in Islam (SIS: İslam Kızkardeşleri Örgütü) gibi kimileri de mütedeyyin Müslümanlardır. Bazı kadınlar dini yapıların dışına çıkmak için çaba sarf ederken, bazıları da dini yasaların yorumlanma biçimine karşı çıkar ve metinlerden ve geleneklerden hareket eden argümanlar sunar.

İran ve Fas'ta aile hakları konusunda yakın zamanda yaşanan ihtilafları inceleyen Moghadam, WLUML ve Women's Learning Partnership (Kadınların Öğrenme Ortaklığı) örgütlerinin, devlet merkezli ve ulusaşırı eylem biçimleri arasındaki etkileşimler kanalıyla bir etki yarattığını ileri sürer. Moghadam şu sonuca varır: "Sermayenin küresel devreleri boyunca Kuzey ve Güney'in bütünleşmesi ve küreselleşmenin karanlık yüzüne karşı bir ulusaşırı kamusal alanın inşası, feminizmin 'Batılı' değil küresel olmasını beraberinde getirmiştir" (Moghadam, "Global Feminisim, Citizenship and the State": 271). Yazarın örnekleri küresel mücadelelerdeki ironilere de ışık tutar: Kadın eşitliği mücadelesi evrenselci insan hakları söyleminin gözden geçirilmesini gerektirir; aynı şekilde, küresel göçün gelişimi de küresel bir vatandaşlığın mı, tikel bağlılıkların mı yoksa bu ikisinin bir bileşiminin mi daha istenir olduğu konusunda sorular doğurmuştur. Dahası, demokratik yineleme süreçlerini teyit edercesine Moghadam, ilgili ulus-devletteki bir grup kültürel açıdan ne denli gömülü [embedded] ise, o grubun evrensel normları özümseme çabalarının da o denli etkili olacağını ileri sürer.

Demokratik yinelemelere ilginç bir örnek, Kanada'da, dini arabuluculuk mahkelemelerinin yasallaştırılıp yasallaştırılmaması tartışmaları esnasında, Kanadalı Müslüman kadınların WLUML'e başvurup İslami arabuluculuk mahkemelerinin reddedilmesi için destek talep etmesiydi. Bu vaka, aşağıdaki gibi biraz ayrıntılı biçimde ele alınmaya değer.

Günümüzde pek çok ülke, hukuki yargı süreçleri yerine, "alternatif anlaşmazlık çözümü" forumlarına izin vermekte ve böylece uzlaşmazlıkların devlet destekli özel anlaşmalarla çözülmesinin önü açılmaktadır.[68] Audrey Macklin'in "Particularized Citizenship: Encultured Women and the Public Sphere" [Vatandaşlığın Tikelleştirilmesi: Kültürleşmiş Kadınlar ve Kamusal Alan] adlı çalışmasında açıkladığı gibi, Kanada'nın Ontario Eyaleti'nin yasalarına göre, aileler parçalandığı zaman kadınlar hak talep edebilir, kocalarının kariyer yapmalarını sağlayan eviçi emekleri için tazminat isteyebilirler.[69] Ontario Eyaleti de "eviçi sözleşmeler"e varan pazarlıklar yürütülmesine izin vermektedir. Ayrıca, taraflar arabuluculuğa başvurduğu zaman, varılan kararlar mahkeme kanalıyla yerine getirilebilir. (Buna karşın, Quebec'te, aile hukukuna dair arabuluculuk süreçleri bağlayıcı değil istişari nitelik taşır.)

2003 yılında, henüz kurulmuş olan İslami Medeni Hukuk Enstitüsü, aile ve miras konulu anlaşmazlıklara Müslüman hukuku çerçevesinde arabuluculuk sağlamayı teklif etti. Bunun üzerine, inanç temelli arabuluculuk süreçlerine yasal hüküm verilip verilmemesi konusunda bir tartışma başladı. Bu teklife itiraz eden, Moghadam'ın incelediği ulusaşırı WLUML örgütü ile işbirliği içindeki, Kanada Müslüman Kadınlar Konseyi oldu. Birer "Kanadalı, kadın, göçmen ve Müslüman" olma sıfatıyla yer aldıkları ağlardan hareketle, muhalifler hem yerel hem küresel düzeyde kendilerine bir kitle tabanı yarattı; ayrıca, hem ulusal ilkelerden hem de İHEB'deki haysiyet ve eşitlik mefhumları gibi ulusaşırı ilkelerden yola çıkarak argümanlar geliştirdiler. İnanç temelli arabuluculuk süreçlerini savunanlar arasında ise hem ulusal hem de uluslararası örgütler bulunuyordu: "Christian Legal Fellowship, Salvation Army, B'nai Brith, Sünni Masjid El Noor örgütü ve İsmaili Müslümanlar."[70] Sonuçta yasalaşan Kanada kanunlarına göre, tarafların inanç temelli divanlara başvurma hakkı vardır ancak bu divanların alacağı kararlar yasal hüküm taşımaz.

Macklin'in ayrıntılı biçimde ele aldığı gibi, bu örnekte kadınlar merkezi roller üstlenip "hukuk reformunun kamusal alanında politik vatandaşlıklarını" sergilediler; bunu da ulusaşırı ve kültüraşırı eşitlik talepleri ekseninde gerçekleştirdiler. "Kanada'nın yasal vatandaşları olarak yönetişim süreçlerine katılma haklarına sahip çıkarak, birer Kanadalı kadın olarak eşit vatandaşlık talep ettiler. Aynı zamanda, kültürel vatandaşlıklarını inkâr etmeyi ya da toplumsal cinsiyet eleştirisini özgül bir kültürel bağlamla sınırlandırmayı da kesin bir tavırla reddettiler" (Macklin, "Particularized Citizenship": 276).

Bu tür pratikler, evrensel haklar diliyle kültürel olarak gömülü kimlikler arasındaki etkileşimi gözler önüne sererek vatandaşlığın anlamını daha karmaşık kılmakla kalmaz yalnızca; aynı zamanda demokrasilerdeki kamusal talep lügatçesini genişletir ve bu demokrasilerin birer "güçlü demokrasi"ye evrilmesine destek verirler. Yerel, ulusal ve küresel vatandaşlığın anlamını, demokratik yineleme süreçleri kanalıyla yeniden kurarlar; bu süreçler boyunca kozmopolit normlar, yeni talep lügatçelerinin ortaya çıkmasına imkân tanır, somut olarak yerel ve bağlama ait bir renk kazanır ve sık sık da karmaşıklaşan ve bağlantılı diyalog, yüzleşme ve yinelemelerle sınırları ve yargı sistemlerini aşarak göç ederler.

Sonuç

Ulusaşırı hukuk uluslar arasında daha derin ve geniş bağımlılıklar yaratıyor; onları git gide küresel yönetişim yapılarına doğru itiyor. Her ne kadar dünya devletler sistemi, tanımlı adalet kurallarına dayanan mükemmel bir işbirliği sistemi olmaktan uzaksa da, devletlerarası ilişkiler Thomas Nagel'ın savunduğu gibi salt "sözleşme taahütleri"nden ibaret de değildir. Mevcut küresel karşılıklı bağımlılık sistemi, sınırlar aşırı ciddi adalet ilişkileri doğuracak denli sıkıdır; bu ilişkiler, ulus-devletler içindeki adalet ilişkilerinden zayıf olsa da, egemenlikçilerin zihnindeki dünya resminde yer bulan ilişkilerden çok daha güçlüdür. Son yıllarda dünya çapında yaşanan ekonomik buhrana karşı yükselen küresel işbirliği talepleri de, küresel karşılıklı bağımlılığın yeni bir evreye girdiğinin pek çok göstergesinden biri olmuştur.

Hukuk göçü ve demokratik yinelemeler, küresel insan hakları söylemlerinin giderek geçirgen hale gelen sınırları aştığını ifşa ediyor ve Rawls'daki "liberal" toplumlar ve "saygın hiyerarşik" toplumlar ayrımını geçersiz kılıyor.[71] Bazı toplumlar, bilhassa da kadınların ve etnik, dini, dilsel vb azınlıkların insan haklarının inanç ve din gerekçesiyle sınırlandığı toplumlar, artık giderek ulusaşırı hale gelen hareket ve aktörlerle başa çıkmak durumunda; söz konusu hareket ve aktörler sınırlar aşan ağlar kurarak, insan hakları gündemini genişleten yeni talep stratejileri oluşturuyor. Söz konusu gelişmelerin, vatandaşlar, sosyal hareketler, kiliseler, sinagoglar, camiler, kültürel kuruluşlar, küresel medya vs arasında, sınırları aşan adalet konusunda çekişmeli bir diyalog yaratarak, "liberal tolerans" ile "liberal müdahalecilik" arasındaki ayrımın altını oyması, onları daha da önemli kılıyor. Son yıllarda Darfur'daki soykırıma son vermek, Afrika'daki AIDS kurbanlarına yardım etmek, kadın sünnetine karşı çıkmak, kâğıtsız göçmenlerin—*les sans-papiers*—haklarına sahip çıkmak gibi amaçlarla ortaya çıkan hareketler, bu yeni küresel aktivizmin örnekleridir; bunları ve başka hareketleri, kısmen de olsa kozmopolit normların yayılışı mümkün kılıyor.

Küresel sivil toplumun gelişiminde yeni bir aşamaya varmış bulunuyoruz: Devlet egemenliği ile çeşitli insan hakları rejimleri arasındaki ilişki, müdahaleciliğin artması gibi tehlikler yarattığı gibi, aynı zamanda paradoksal bir biçimde, sınırlar aşan demokratik yineleme silsileleri için alan açıyor. Bu momentin taşıdığı muğlaklıkları kabul etmemek için bir neden göremiyorum. Ancak eleştirel bir sosyal kuramcı olarak, sosyal aktörler yeni normları sahiplendikleri zaman ortaya çıkan kopuş ve olası dönüşüm momentlerine; bunların kamusal alanda yeni öznellikler ortaya çıkarmasına ve kamusal alanda talep ileri sürme sürecinin anlamını değiştirmesine odaklanıyorum. Demokratik yineleme ve kozmopolit normlar bugün bize bunu vaat etmektedir.

Bu gelişmelere rağmen, ya da belki bu gelişmeler sayesinde, hukukun hükmünden muaf olan bölgelerin sayısı giderek artıyor. ABD ve AB hükümetlerinin işbirliği halinde düşman güçlerin savaşçılarına bilinmeyen yerlerde *olağandışı muamele* uygulamasından tutun da, Orta ve Güney Amerika'da *maquiladora*ların ve Çin ve Güneydoğu Asya'da serbest büyüme bölgelerinin yükselişine, oradan Afrika'nın her köşesinde devletin gerileyişine kadar, "hukuksuzlaşma" süreci almış başını gidiyor. Buradaki amaç, küresel hukukun yayılmasına direnmek, demokratik hesap verme ve parlamenter denetim süreçlerinden muaf kuşatılmış alanlar yaratmak ve de haklara sahip olma hakkını topyekûn ortadan kaldırmaktır. Pek çok serbest ticaret ve büyüme bölgesinde, işçilerin adil ücret, toplanma, örgütlenme ve sendikalaşma hakları askıya alınıyor ve cebren kontrol ediliyor. Mevcut dünya ekonomik krizlerinin pek çok gelişmekte olan ülkede yarattığı darboğaz sonucu, doğrudan yabancı yatırımı muhafaza etmek ve ekonomik büyümeyi sürdürmek adına, bu normların Faustvari bir pazarlık ile daha da fazla askıya alınması muhtemeldir.

Söz konusu *anayasalaşma* ve *hukuksuzlaşma* süreçlerinin mevcut dünya toplumunda nasıl veya neden bir arada bulunduğuna dair iyi bir açıklamaya sahip değilim; ancak onlara karşı mücadelede kozmopolit normların sağladığı araçların önemi üzerinde ısrar ediyorum. Bu normlar, küresel kapitalizm güçlerinin zincirlerinden boşanmasını meşrulaştırmak şöyle dursun onlara karşı direnişin koşullarını hazırlar. Mevcut dünya düzeni çerçevesinde savunulabilecek herhangi bir küresel adalet vizyonu, bu hukuki araçları ve belgeleri ciddiye almak ve onlara karşı değil onlarla çalışmak durumundadır. Sol cenahtan pek çok kişinin ulusaşırı hukuka karşı sergilediği indirgemeci direnci aşmakla kalmamalı, ayrıca sağ cenahtaki pek çok kişinin ulusaşırı hukukun demokratik egemenliği pekiştirmek yerine zayıflattığı şeklindeki savunmacı tutumunu da aşmalıyız. Anayasalaşma süreci, eğer ki küresel kozmopolit normlara gömülü ve onlarla etkileşim halindeki bir anayasanın halk tarafından sahiplenilmesini içermiyorsa, demokratların gönül rahatlığıyla benimseyebileceği bir ideal olamaz. İsterseniz buna, modası geçmiş bir Aydınlanma idealine sadakat da diyebilirsiniz!

Demokratik Dışlamalar ve Demokratik Yinelemeler*

ADİL ÜYELİĞİN İKİLEMLERİ VE KOZMOPOLİT FEDERALİZM UMUTLARI

Politik Üyelik Üzerine

Yirmi birinci yüzyılın şafağında, insanların ulusaşırı hareketliliği günümüzün önde gelen yönetim ve siyaset meselelerinden biri olarak ortaya çıkıyor. İster dünyanın yoksul bölgelerinden gelip Kuzey ve Batı'nın müreffeh demokrasilerinin kıyılarına ulaşmaya çalışan ekonomik göçmenler; ister baskı, iç savaş ve doğal afet mağduru mülteci ve sığınmacılar; isterse de kendi toplumlarındaki iç savaş, etnik çatışma ve devlet kaynaklı şiddetten kaçan ülkesinde yerinden edilmiş kişiler söz konusu olsun; bu tür hareketler dünya devlet sisteminin karşısına görülmedik zorluklar çıkarıyor. Söz konusu gelişmelerin ne kadar dikkat çekici olduğu düşünüldüğünde, gerek insanların sınıraşırı hareketlerinin gerek bunların doğurduğu felsefe ve yönetim meselelerinin günümüz siyaset felsefesinde bu denli az ilgiye mazhar olması şaşırtıcı bir durumdur.[1]

Ötekilerin Hakları'nda, günümüz düşüncesindeki bu boşluğu doldurmak amacıyla *politik üyelik* mefhumuna odaklanmıştım. Bu terimden kastım, "yabancıları ve başka ülkelerin vatandaşlarını, göçmenleri ve yeni gelmiş kişileri, mültecileri ve sığınmacıları mevcut siyasalara dahil eden

---

*   Bu makale aslen tenkitçilerime cevabım olarak yayımlandı: *European Journal of Political Theory 6* (Ekim 2007): 445–62. İlgili sempozyuma katkı sunanlar arasında Alexander Aleinikoff, Rainer Bauböck, Angelia Means ve Saskia Sassen bulunuyordu. Makale kapsamlı biçimde gözden geçirildi. İlk cevap metninde, "Etkilenen Çıkarlar İlkesi" başlıklı derkenar yer almıyordu.

ilkeleri ve uygulamaları kastediyorum" (*Ötekilerin Hakları*: 11*). Modern dünyada üyeliğin düzenlendiği başlıca kategori olan ulusal vatandaşlık çözülüp farklı unsurlara ayrılmış, devlet egemenliği ise erozyona uğramıştır. "Farklı bir zamanda ve farklı ihtiyaçlara cevap vermek üzere yapılmış olan eski haritaların yardımıyla bilinmeyen bir bölgede seyahat etmeye çalışan gezginler gibiyiz," diye yazmıştım: "Yolculuk ettiğimiz bölge, yani dünya devletler toplumu değişirken, bizim normatif haritamız değişmeden kalıyor" (*Ötekilerin Hakları*: 16).

Politik üyelik meselesine, ulusal vatandaşlık ve egemenlik kurumlarındaki değişim arka planı üzerinden ve zihnimde aşağıdaki kavramsal çerçeveyle yaklaşmıştım:

• Birincisi, liberal demokrasilerin kalbinde yatan kurucu ikilemin altını çizmiştim; yani, insanların devlet hudutlarını aşan hareketlerini gerek nicelik gerek nitelik olarak kontrol etme amaçlı, egemen, kendi kaderini tayin etme iddiaları ile evrensel insan hakları ilkelerine riayet arasındaki ikilem.

• İkincisi, bu kurucu ikilemi söylem etiği ışığında analiz etmiş ve söylem etiği eksenli bir yaklaşımın adil üyeliğin koşullarına açıklık getirip getiremeyeceğini sorgulamıştı.

• Üçüncüsü, *haklar ilkesi* ve *haklar çizelgesi* arasındaki ayrımın altını çizerek, söz konusu ayrımın şunları birbirinden ayırt etmek için gerekli olduğunu belirtmiştim: Bir yanda, demokratik yasama organlarının edimlerini bağlaması *gereken* evrensel normatif taahhütler ile öte yanda tarihi, kültürel ve hukuki gelenekler arasında farklılık gösterebilen, vatandaşlıkla ilişkili siyasi ve sosyoekonomik hakların kabul edilebilir *kapsam* ve *çeşitliliği*.

• Dördüncüsü, "üyeliğe ilişkin insan hakkı"nın, söylem etiği ilkelerinin vatandaşlık ve vatandaşlığa kabul pratiklerine uygulanmasından doğduğunu ileri sürmüştüm. Benim formülasyonuma göre söz konusu hak gereği, hiçbir demokratik siyasanın, "öteki(ler)"i ilelebet üyelikten men

---

* Benhabib, S. (2006) *Ötekilerin Hakları: Yabancılar, Yerliler, Vatandaşlar*, çev. Berna Akkıyal, İstanbul: İletişim Yayınları, 2006. Alıntılarda söz konusu Türkçe çeviri esas alınmıştır; ilgili sayfa sayıları Türkçe çeviriye aittir.

edecek vatandaşlığa kabul koşulları dayatmaması *gerekir.* Söylem etiği yaklaşımına göre, ne *tür* bir varlık olduğunuzla ilgili olan, yani ırk, toplumsal cinsiyet, din, etnisite, dil topluluğu ya da cinselliğiniz gibi doğuştan gelen ya da sizin seçiminiz dışındaki özellikleriniz dolayısıyla üyelikten men edilmeniz kabul edilemez (agy. 148-9). Evsahibi ülkedeki yerleşim süresi, dilsel yeterlilik, vatandaşlık konusunda temel bilgi sahibi olma, maddi kaynaklar ve pazarlanabilir becerilerin varlığının ispatı gibi koşulların hepsi şüphesiz hükümet yetkilileri tarafından suistimal edilebilir, kötüye kullanılabilir; ancak bu tür koşulların şu veya bu şekilde yasalaştırılması, farklı demokrasilerce farklı şekillerde hayata geçirilebilecek olan, haklar ilkesi ile haklar çizelgesi arasındaki ayrımın kapsamına girer. (Haklar ilkesi ve haklar çizelgesi arasındaki ayrıma dair bir açıklama için bkz. elinizdeki kitapta sayfa 106 ve sayfa 167)

Tenkitçilerim, söz konusu analitik çerçeveyi genel olarak akla yatkın bulsalar da, demokratik dışlamaları gerekçelendirme şeklimi sorguladılar (Rainer Bauböck ve Angelia Means); benim formüle ettiğim haliyle üyelik hakkının çeşitli demokrasilerdeki özgül anayasal uygulamalar ışığında akla yatkın olup olmadığını sordular (Alexander Aleinikoff); üyeliğe getirilen normatif açıdan kabul edilebilir ve normatif açıdan sorunlu kısıtlamalara dair ortaya koyduğum ayrıma itiraz ettiler; demokratik yinelemeler kavramının normatif mi yoksa ampirik mi olduğunu sorguladı (Bauböck ve Aleinikoff); ayrıca ulusal-küresel ikiliğinin dayandığı sosyal kurama itiraz ettiler ve benim kozmopolit federalizm vizyonumu haklar, yurtsallık ve otorite konusunda çoklu konfigürasyonlara doğru kaydırdılar (Saskia Sassen).

Demokratik Dışlamalar ve Demokratik Meşruiyetin Paradoksları

Means ve Bauböck benim yaklaşımımda demokratik kapanma ilkelerinin gerekçelendirilme tarzını sorgular. Means şöyle yazar: "Her ne kadar Benhabib ötekileri dışlamak için sunulan kimi gerekçelerin temelsiz olduğu konusunda net olsa da, onun *kapanma ilkesi* ile politik liberalizm ve cemaatçilik [communitarianism] tarafından ortaya konan kapanma ilkeleri arasındaki ayrım müphemdir. Bana kalırsa bu müphemliğin nedeni, Benhabib'in dışlamayı gerekçelendirme noktasından ziyade temelsiz dışlamaları tespit etme noktasında kendini rahat hissetmesidir"[2] (*European Journal of Political Theory* 6: 410). Bauböck de aynı kaygıyı dile getirir: "Mevcut koşullar altında umut edebileceğimiz en iyi şey, geçirgen hudutlardır. Burada açıklığa kavuşmayan konu, Benhabib'in bu tür bir ılımlı kapanmayı, ilkeli bir tavırla mı yoksa ideal olmayan koşullar altında bir kısıtlama olarak mı savunduğudur."[3]

Bunlar, savunduğum tutumun doğrudan özünü ilgilendiren, gayet meşru kaygılar.[4] *Ötekilerin Hakları*'nda, demokratik kapanmaya dair *kültürel-cemaatçi, vatandaşlık odaklı-cumhuriyetçi* ve *kozmopolit-federalist* yaklaşımlar arasında ayrıma gitmiştim. Kültürel cemaatçiler—bu ifadeyle Michael Walzer'ın *The Spheres of Justice* (1983) [Adalet Küreleri] adlı çalışmasındaki iddialarına gönderme yapıyordum—demokrasilerin, dil, hafıza ve kültür bağlarına sahip etik cemaatler üzerine inşa edildiğini savunur. Siyasanın, her birinin farklı farklı gelenekleri, sesleri ve hafızaları olan söz konusu etnokültürel cemaatlerin kendilerine dair kavrayışlarını yansıtması gerekir. Bu çeşitliliği bir tür küresel mega devletin bağrında silme çabası, yalnızca bu tür cemaat bağları zemininde filizlenebilen demokratik özgürlüklerin köklerini kopartır. Aynen cemaatçiler gibi, vatandaşlık odaklı cumhuriyetçiler [civic republicans] de—ki burada misal olarak David Jacobson'ın çalışmalarını alabiliriz[5]—demokrasinin kuruluşu noktasında etik değer ve ilkelerin paylaşılmasının önemine dikkat çeker; ancak onlar *vatandaşlık* kurumunun, sınırları belirli bir cemaate üyelik içermediği takdirde değersizleşip anlamsızlaşacağını da ekler. Bu yazarlara kalırsa çok miktarda ve çok sık göç almak, demokrasilerin massetme kapasitesini zorlamakla kalmaz, aynı zamanda siyasi bağları zayıflatarak vatandaşlığı değersizleştirir; öyle ki, siyasa, sonunda bir tür yabancılar cemaatine dönüşür. Vatandaşlık odaklı cumhuriyetçilerin, sınırları belli cemaatleri savunmasının başlıca nedeni, kültürel cemaatlerin çeşitliliğini koruma saiki değil, bizzat demokratik vatandaşlığın değerini koruma kaygısıdır.

Cemaatçiler ve vatandaşlık odaklı cumhuriyetçilerden farklı olarak ben, *demokratik temsilin mantığı* ile ilgileniyorum ve demokratik kapanma gereğinin bu ilkeyi takip ettiğini düşünüyorum. Tam da demokrasiler kanunları yapanları da bağlayan kanunlara sahip olduğu için, kendisini verili bir yurt üzerindeki halk şeklinde sınırlayan *demos* tarafından, demokratik meşruiyetin kapsamı çizilmelidir (*Ötekilerin Hakları*: 227). Dünya hükümeti fikrini reddeden Montesquieu, Kant ve Arendt'in açılımlarının izinden giderek, sınırları belli olmayan bir küresel siyasanın demokratik olamayacağını ileri sürüyorum.

Thomas Hobbes'un *Leviathan (1651)* adlı eserinde belirttiği gibi, temsiliyet mantığı gereği, bir birimin bir diğer birime *kendi adına hareket etmek* üzere *yetki* vermesi gerekir.[6] *Temsilciler,* kendilerine yetki veren tarafın rolünü üstlenen aktörlerdir. Temsiliyet, sınır çizmeyi beraberinde getirir. Söz konusu sınır çizme ediminin milli hudutların mevcut haline tekabül edip etmediği ise tartışmaya açıktır. Rainer Bauböck'ün belirttiği gibi, yurdun hudutları hem yargı yetkisinin *sınırlarını çizmeyi* sağlar hem de o hududu geçen insan akışını düzenlemeye imkân tanır. Demokratik özyönetişim, yargı alanının sınırlarının çizilmesini beraberinde getirse de, insanların hududun bir yanından öteki yanına geçmesini engellememesi gerekir. Dolayısıyla geçirgen hudutlar, bir dünya cemiyetindeki mükemmel olmayan adaletin "ideal olmayan koşulları" altındaki ikinci en iyi alternatif değildir; bu hudutlar demokratik temsiliyet mantığına ve dolayısıyla kamusal ve özel alanda özgürlüğün gerçekleşmesine içkindir.

Ancak cemaatçilerin ve vatandaşlık odaklı cumhuriyetçilerin aksine ben, on dokuzuncu yüzyıldan bu yana demokrasilere evsahipliği eden ulus-devlet sisteminin bu görevi yerine getirmek için tek başına yeterli olduğunu düşünmüyorum. Tam tersi: Dünya halklarının bir gün bugünkünden farklı hudutlar ve konfigürasyonlar içinde yaşamaya karar verebileceği fikri bana son derece akla yatkın geliyor. Birleşmiş Milletler nezdinde temsil edilen 195 küsur devletin sayısı artıp azalabilir, ayrıca devleti olmayan halklar kendi kamusal temsil kurumlarına kavuşabilir. Gelecekte bir gün, dünya halklarını temsil eden her birimde iki farklı tür seçimin düzenlenmesi de mümkündür: Bir seçimle söz konusu ulus-devlette görev almak için aday olan vekiller belirlenirken, ikinci bir seçimle kozmopolit vatandaşların bir Küresel Halklar Meclisi'ndeki temsilcileri seçilebilir. Ancak, bütün kurumsal konfigürasyonlara rağmen değiştiremeyeceğimiz şey *temsiliyet mantığıdır*; söz konusu mantık, temsil edilen birimleri birbirinden ayırır, ya da aralarına sınır çizer. Federal bir yapı bünyesindeki dünya vatandaşlığı bile birbirinden yurt, işlev gibi kriterlerle ayrılan çeşitli yargı birimleri içerecektir.

Açıkçası bu pek de rahatsız edici bir çıkarım değildir; zira dünyadaki küresel adaletsizliğin başlıca kaynağı, temsili birimler arasına sınırlar çizilmesi ihtiyacı değil, bugüne dek demokrasilere evsahipliği eden ulus-devlet yapılarının üyeliği ve demokratik söz hakkını hakkaniyetli bir biçimde dağıtma noktasında giderek yetersiz kalmasıdır. Göçmenlerin, mültecilerin ve sığınmacıların ilk kabulünden sorumlu karar alıcı birimler olarak ister bugünün ulus-devletlerini isterse de yarının "haklar, yurt ve otoriteyi" (Saskia Sassen) yeni bir biçimde kurgulayacak, iç içe geçmiş ve ademi-merkezi egemen birimlerini alalım, yine de Means'in ortaya attığı şu normatif meseleden kaçınamayız: "Bir kere üyeliğe ilişkin bu insan hakkını kabul etmeye hazır olduğumuz noktada, demokratik ulus inşasında yer alan yineleme süreçlerinin kaç tane yeni üye (ve dolayısıyla değerlere dair ne miktar çoğulculuk) massedebileceğini sorgulamak durumundayız" (*EJPT* 6: 410). Bir ulusun—ki ben siyasa demeyi tercih ederdim—"kaç tane yeni üye" massedebileceği sorusuna kesin bir kuramsal yanıt vermenin mümkün olduğuna inanmıyorum, zira bu sorunun muhatabı siyaset felsefecisi değil ancak ve ancak demokratik vatandaşlardır. Kültürel, ekonomik ve hukuki düzeydeki demokratik yineleme süreçlerinin birtakım sınırları olduğu apaçıktır; daha az açık olan şey, siyasaların kendini tanımlama ve rafine etme noktasında demokratik bir özdüşünüm gerçekleştirmeleri gerektiğine inanan bir siyaset felsefecisinin bu soruya ne *tür* bir yanıt verebileceğidir. Benim bakış açıma göre, verilebilecek her tür yanıt iki normatif kısıtlamaya tabidir ve bu koşullar sağlandığı zaman, akla yatkın olan yanıtlar geniş bir yelpazeye yayılır: Çıkarları etkilenecek herkesle, bizzat demokratik vatandaşları dolayımlayacak şekilde adil, hakkaniyetli ve açık demokratik yinelenme süreçlerinin kurumsallaşması ve evrensel insan haklarına saygı. Means'in bu zorlu sorusuna bunların ötesine geçen tutarlı bir yanıt nasıl verilebilir bilemiyorum.[7]

Demokratik Meşruiyet ve Egemenlik Paradoksu

Ötekilerin Hakları'nda, demokratik meşruiyet paradoksunu genel kuramsal terimlerle dile getirmiştim. Söz konusu paradoks, cumhuriyetçi egemen iktidarın, genelde "insan hakları" olarak anılan biçimsel ve tözel normlara yönelik bir dizi ön taahhütte bulunarak kendi iradesini bağlaması gereğiydi. Haklar vatandaşların ve mukimlerin özel şahıslar olarak özerkliğini korurken, ayrıca onların kamusal failler olarak katılımı için gerekli koşulları yaratır. Bu paradoksu tam olarak çözmek mümkün olmasa dahi, etkisini hafifletmek adına, insan hakları ve egemen kendi kaderini tayin şeklindeki ikili taahhüt yeniden müzakere edilip gözden geçirilebilir.

Aslında iki paradoks olduğu söylenebilir: Demokratik ön taahhüt paradoksu ve demokratik kapanma paradoksu.[8] Demokratik kapanma paradoksu bu tartışmanın bağlamıyla daha yakından ilişkilidir; diğer paradoksa yukarıdaki Dördüncü ve Yedinci bölümlerde bir çözüm önermeye çalıştım. Bütün demokrasiler bir üyelik ilkesi varsayar; buna göre belirli kişilere politik söz hakkı tanınırken diğerleri bundan dışlanır. Fakat kimin politik söz hakkına sahip olup kimin olmadığına dair karar alınması için, halihazırda üye olanların kimin dışlanıp kimin dışlanmayacağına karar vermesi gerekir. Bu da, demokratik üyeliğin illa ki dairesel bir yöntemle belirleneceği anlamına gelir. Kimin *demos* üyesi olduğunun belirlenmesi, bazılarının halihazırda üye olup ötekileri dışlama ayrıcalığına sahip olduğunu varsayar; söz konusu ötekilerse dışlanmaları konusunda söz hakkına sahip değildir. Dolayısıyla *demos*un sınırları bir tarihsel olumsallık ve politik tahakküm meselesidir. Bu paradoksa—mükemmel olmasa da—bir çözüm önermeden önce, meseleyi bir kez de egemenlik mantığının terimleriyle ifade etmek istiyorum.

Demokratik kapanma paradoksunu ifade etmenin bir diğer yolu, *halk* egemenliği ile *yurt* egemenliğinin özdeş olmadığını, ancak ikisinin gerek tarihsel gerek normatif açıdan yakınen ilişkili olduğunu söylemektir. Halk egemenliği, *demos*un bütün tam üyelerinin *demos*u yöneten kanunların ifade edilmesinde söz hakkına sahip olması demektir. Demokratik idarenin yargı alanı kendisini bu idarenin özneleri olarak görenleri kapsar. Gelgelelim, kanunun otoritesi altında bulunan ya da ondan etkilenen kesimler ile *demos*un tam üyeleri olarak tanınmış olanlar asla birbiriyle mükemmel biçimde örtüşmemiştir. Yurt egemenliği ve demokratik söz hakkı asla bire bir örtüşmemiştir, çünkü her zaman söz konusu yurtta yaşayan ve egemen iktidar adına yasalaşan kanunlardan etkilenen, ancak tam üyelik sahibi, yani ulusal vatandaş olmayan kişiler var olmuştur. Yeni kozmopolit üyelik siyaseti; tam üyelik hakları, demokratik söz hakkı ve yurtta ikamet arasındaki bu karmaşık ilişkinin yeniden müzakere edilmesi etrafında döner. Halkın egemen iktidarı olarak *demos* belirli bir yurt üzerinde kontrol uygulamak zorundadır; ancak *demos* kendi kendini kurma amaçlı düşünümsel edimler kanalıyla sınırlarını yeniden ayarlayabilir ve bizzat demokratik egemenliği bölüp yeniden birleştirebilir.[9]

Günümüzde bu tür demokratik yinelemeler sadece ulus-devletlerin hudutları içerisinde değil, aynı zamanda ulusaşırı kamusal iletişim ve eylem alanlarında da gerçekleşiyor; söz konusu yinelemelere, çoğu çifte vatandaş, eski sömürge tebaası veya post-vatandaş olan, evsahibi ülkelerde mevsimlik ya da geçici işçi olarak çalışan göçmenler de dahil oluyor. ABD'de 2010 baharında patlak veren ve kâğıtsız yabancıların akıbeti etrafında dönen göç tartışması, demokratik yinelemelerin gerçekleştiği bu yeni kamusal alanın karmaşıklığını gözler önüne serdi. Çoğu Hispanik bilhassa da Meksika kökenli olan kâğıtsız göçmenlerin statüsüyle ilgili bu tartışma, sadece ABD ve Meksika arasındaki iki taraflı müzakerelerle sınırlı kalmadı, Meksikalı yetkililerle ABD'nin en çok göç alan Arizona, Teksas, Kaliforniya ve New Mexico gibi bölgelerinden hatta diğer bölgelerden eyalet ve yerel yönetim düzeyinden liderler arasında da müzakere ve diyaloglar gerçekleşti.

23 Nisan 2010 tarihinde, Arizona valisi, eyaletin göç yasasına onay verdi. Söz konusu yasa, yerel emniyet güçlerine, durdurup sorguladıkları göçmenlerden "gerekli yabancı ikamet belgeleri"ni gösteremeyenleri arama, tespit etme, tutuklama, gözaltında tutma, hatta sınır dışı etme yetkisi tanıyordu.[10] Yasa sadece "ırksal profil çıkarma" konusunda gayet meşru kaygılar doğurmakla kalmadı; emniyet yetkililerinin yasal ikamet hakkına sahip yabancıları haksız yere tutuklaması ihtimali de oldukça yüksekti.

Bu tedbir karşısında, göçmen yanlısı aktivist grupları ABD kentlerinde militan eylemlere girişti. İnsan hakları grupları ve göçmen haklarını savunan gruplar, örneğin MALDAF (Meksika Kökenli Amerikalılar Hukuki Savunma Fonu), ABD mahkemelerinde davalar açtı. Hatta Phoenix'teki

Federal Bölge Mahkemesi'nde Yargıç Susan Bolton'a sunulan bir davanın taraflarından biri ABD federal hükümetiydi; hükümet, göç politikasının münferit eyaletlerin değil federal hükümetin yetki alanına girdiğini ileri sürüyordu. Şaşırtıcı bir biçimde, ABD hükümeti "Meksika hükümetinin yanı sıra yedi Latin Amerika devletinin daha desteğini aldı [...] pek çok eyaletin başsavcısı ise Arizona'ya arka çıktı."[11]

Meksika ve başka Latin Amerika hükümetlerinin, ABD hükümetiyle beraber bir Amerikan federal mahkemesinde açılan bir davaya taraf olması, ulusaşırı kamusal alanların son derece gerçek olduğuna delalet ediyor. Her ne kadar bu demokratik yineleme süreci gelecekteki bir noktada, ABD Yüksek Mahkemesinin varacağı bir hükümle ya da ABD Kongresi'nin geçireceği bir göç yasasıyla şu veya bu yönde bir karara bağlanacaksa da, söz konusu karar anı nihai olmak şöyle dursun, yeni ve daha derin demokratik yinelemelere yol açacaktır. Söylem etiğini benimsemiş bir siyaset felsefecisi demokratik diyaloğu devam ettirmek için çabalar; öyle ki, çıkarları bir yasadan etkilenen[12] herkesi kapsayan söylemler cemaati ile resmen tanınmış demokratik vatandaşlar kümesi arasındaki fark, tamamen ortadan kaldırılamasa bile, hiç olmazsa giderek genişleyen kamusal temsil ve katılım daireleri kanalıyla azaltılabilir. ABD'deki milyonlarca kâğıtsız işçi henüz demokratik vatandaşlık şöyle dursun yasal ikamet statüsü dahi kazanmış değildir; ancak onlar grev, imza kampanyası ve gösterilerle kamusal alana aktif bir biçimde müdahale ederek birer politik fail haline gelmiştir.[13]

Üyelik Hakkı: Fasit Daire mi, Verimli Daire mi?

Her ne kadar demokratik meşruiyet paradoksunu kabul etse de, Alexander Aleinikoff'un asıl kaygısı "hiçbir diyalogun, diyaloğa kimlerin katılması gerektiğine dair önsel soruyu yanıtlayamamasıdır. Ya da, bunu yapmaya kalkarsa şu soruya maruz kalır: Diyaloğa kimin katılması gerektiğine dair diyaloğa kimlerin katılması gerektiğine dair diyaloğa kimlerin katılması [...] vesaire vesaire"[14] (*EJPT* 6: 427).

Ötekilerin Hakları'nda belirttiğim gibi, ahlaki gerekçelendirme diyaloglarının açık uçlu olması dolayısıyla, sınırları belli olan cemaatlere üye olmamızdan kaynaklanan ahlaki yükümlülükler ve ödevler ile *simplici-*

ter [salt, mutlak, çıplak] insanlar olarak benimsememiz gereken ahlaki perspektif arasında kaçınılmaz ve gerekli bir gerilim her zaman olacaktır. Evrenselci ve kozmopolit bir bakış açısından, devletlerin hudutları da dahil olmak üzere sınırların gerekçelendirilmesi gerekir. İçerme ve dışlama pratikleri her zaman için, uçları sonsuz biçimde açık bir ahlaki diyalogdan kaynaklanacak sorgulamalara maruz kalacaktır (16).

Buradaki ikilem şudur: Bir söylem kuramı ya üyelik pratikleriyle o denli *alakasızdır* ki *hiçbir* gerekçelendirilebilir dışlama kriteri ortaya koyamaz, ya da mevcut dışlama pratiklerini başka tasdike ihtiyaç duymayan *ahlaken nötr* ve tarihsel açıdan olumsal düzenlemeler olarak *kabul eder.* Bu da, demokrasinin ahlaken gerekçelendirilebilir bir kapanma gerektirdiği ölçüde, demokrasiye dair bir söylem kuramının temelsiz hale geldiği anlamını taşır; bu ise söylem etiğinin sunamayacağı bir sonuçtur.

Bu durum karşısında söylem etiği taraftarı, *ahlaki olan ve etik olan, ahlaki olan ve politik olan arasındaki zorunlu kopukluk ve zorunlu dolayım üzerinde ısrar eder.* Onun görevi, indirgeme değil dolayım görevidir. Ahlaki evrenselcilik ve etik tikelcilik arasında nasıl dolayım kurulabilir? Hukuki ve politik normlar nasıl ahlaki normlarla dolayımlanabilir? Üyelik meseleleri, insanın karşısına sürekli dolayımlama ile ilgili bu tür zihinsel bulmacalar çıkarır: Eğer *ahlaki olan* ile *etik olan* arasında ayrıma gitmezsek, özgül kültürel, dini ve etnik toplulukların dışlayıcı üyelik pratiklerini ve dışlayıcı vatandaşlık pratiklerini eleştiremeyiz. Eğer *ahlak* ile *yasallık* arasında ayrım yapmazsak, demokratik çoğunlukların hukuk çerçevesinde hayata geçirdikleri normları eleştiremeyiz—mültecileri içlerine almayı reddettikleri, sığınmacıları kapıdan çevirdikleri ve sınırları göçmenlere kapattıkları zaman dahi. Eğer *ahlak* ile *işlevsellik* arasında ayrıma gitmezsek, göç kontrolü, vatandaşlığa kabul ve sınır denetimi pratiklerini, değer verdiğimiz ahlaki, anayasal hatta etik inançları çiğnedikleri zaman kınayamayız. Dolayısıyla, üyeliğe dair diyaloglardaki dairesellik, fasit değil verimli bir daireselliktir: Ne zaman bir topluluğun sınırlarına dair sorular ortaya atsak, "her zaman zaten" bir tür üyelik topluluğunun içindeyizdir; bu şekilde konumlanmış olmamız zaten söz konusu üyelik sorusunu sorabilmemizin ön koşuludur. Üyeliğe dair bu "hermenötik daire" birtakım yerleşik kavrayış, pratik ve kurumları varsayar; ayrıca kişinin bunlar üzerinde eleştirel bir açıdan kafa yorabilmesini ve yukarıda ifade edilen türden eleştirel dolayımlara girişebilmesini mümkün kılar.[15]

Aleinikoff, bu noktada "diyalogdan etkilenen herkes diyaloğa katılabilmeli midir öyleyse?" diye sorar. Ahlaki bakış açısından, benim cevabım gayet net bir "evet"tir. "Ancak," diye itiraz eder Aleinikoff, "ben politik kurumlarımızı bu şekilde yapılandırdığımıza inanmıyorum. Dikkat ederseniz, bu durumda üyeliğin sınırları mukim göçmenlerin dahi ötesine geçecektir. Örneğin bu teoriye göre, neden bütün Iraklılar ABD'deki diyaloğun parçası olmasınlar ki?" (*EJPT* 6: 428) Sahiden, neden olmasınlar?[16]

Ahlaki bakış açısına göre, bir norm, kanun veya pratikten etkilenen herkes ilgili gerekçelendirme diyaloğuna dahil olabilmelidir. Söz konusu söylem ilkesinin elbette kati olmadığını, zira hangi insanların bir normdan ve onun potansiyel sonuçlarından etkilenme iddiasında bulunabileceğine göre, muhatapların oluşturduğu dairenin her zaman gözden geçirilmesi gerektiğini belirtelim. ABD'nin BM Güvenlik Konseyi'nden onay almaksızın Irak'a savaş ilan etmesi, bütün bir milletin yaşam tarzını etkilediği ve yok ettiği için Iraklılar, ABD kurumlarındaki *karar yapısına* dahil olmasalar bile, mutlaka ABD'deki ahlaki ve siyasi diyaloğun bir parçası olmalıdır; hatta geçmişte de olmaları gerekirdi. Aleinikoff'in odaklandığı husus, ulus-devletlerin meşru kararlara varmasını ve kapanma sağlamasını mümkün kılacak çizginin nasıl, nerede ve ne zaman çekileceğidir. Bense kapanmanın nihayetini gerekçelendirmekle o denli ilgilenmiyorum. Asıl ilgilendiğim nokta, demokrasilerin kamusal alanlarında ve sivil toplumlarında ve hatta sınırlarının ötesinde *normatif* mevzu ve soruların dolaşımını, dolayısıyla da karar mekanizmalarındaki bu tür bir kapanmaya rağmen demokratik diyaloğun gerçekleşmesini sağlama meselesidir.

Doğuştan Gelen ve Gelmeyen Üyelik Kriterleri

Aleinikoff'u bu denli rahatsız eden bir diğer husus ise, üye olmayı engelleyen "doğuştan gelen" ve "doğuştan gelmeyen" gerekçeler arasındaki ayrımdır. "Bir kişinin diyaloğa katılımını bu tür gerekçelerle (yani beceriler, dil ve benzeri) reddetmek, doğuştan gelen özellikler icabı reddetmekten daha mı az onur kırıcıdır?" Bu noktada Aleinikoff, *Ötekilerin Hakları*'nı tenkit eden pek çok yazarın dile getirdiği bir kaygıyı paylaşıyor.[17] İzninizle beni söz konusu ayrımı yapmaya götüren varsayımları burada tekrar etmek istiyorum: Ahlaki varlıkların eylemleri dolayısıyla, yani karar veya davranışlarıyla değiştiremedikleri veya etkileyemedikleri durumlar için değil yapıp yapmamanın kendi ellerinde olduğu edimler dolayısıyla tenkit veya övgü hak ettiklerini kabul etmiştim. Kişi cinsiyetini, ırkını, deri rengini, etnisitesini, içine doğduğu dilsel ve dinsel topluluğu seçemez; ancak son üç unsurun zaman içinde müzakere edilmesi ve dönüştürülmesi ilk üç unsura göre yine de daha kolaydır (cinsiyet değiştirme ameliyatlarını karşılayabilen küçük bir grup insanı bir kenara bırakıyorum). Dolayısıyla, kişi, başka bir etnik grubun mensubuymuş gibi yapabilir; başka bir dini kabul edebilir; ve "ötekinin dilini konuşmayı" öğrenebilir. Gelgelelim, bu *tür* doğuştan gelen özellikleri yüzünden bir göçmenin evsahibi ülkenin mensubu olmasını engellemek, o kişinin ahlaki failliğini iki açıdan hiçe saymak anlamına gelir: Birincisi, kişi *kendi elinde olmayan* bir özelliği nedeniyle suçlanmış olur ve ikincisi, kişi etnisite, din ve dil grubu açısından ne *tür* bir insan olduğuna bakılarak reddedilmiş olur. Bu, düpedüz ayrımcılıktır ve her insana borçlu olduğumuz evrensel ahlaki saygı ile çelişir. Doğuştan gelen ve gelmeyen özellikler arasındaki ayrımın dayanağı, iki ahlaki ilkedir: Bunların birincisi, insanlara yöneltilen ahlaki tenkit ve övgünün onların hür *failliklerini* uygulamalarına bağlı olmasıdır; ikincisiyse, *ayrımcılık yapmama* ilkesine riayettir. Doğuştan gelen özellikler nedeniyle üyeliğin reddedilmesi bağlamında söz konusu iki ilke arasında ayrıma gitmediğim için, bu ayrımın ne kadar önemli olduğunu fark etmemi sağlayan tenkitçilerime müteşekkirim.

Peki ya kişinin içine doğduğu yoksulluk ve zorlu ekonomik koşullar? Bunlar da kişinin içine doğduğu ve sorumlu tutulamayacağı şartlar değil midir? Hangi insan evladı kendini içinde bulduğu toplumun ve bölgenin vaziyetinden sorumludur? Doğuştan gelen bu tür tesadüfi koşullar neden insanların hayatta hakkaniyetli fırsatlara sahip olmasını etkilesin ve belirlesin ki? Dahası, gerçek hayatta "yoksulluğun rengi" olduğunu söylersek yanılır mıyız—bir kişiye karşı ekonomik açıdan ayrımcılık yapmak demek, genelde ona karşı ırksal ve etnik ayrımcılık yapmak anlamına gelmez mi? Pek çoklarının zihninde, göçler bağlamında, üyeliği belirleyen doğuştan gelen ve gelmeyen özellikler işte bu şekilde küresel ekonomik eşitsizlik meseleleriyle iç içe geçer. Ancak, bu iki unsurun arasındaki karşılıklı bağları incelerken onları birbirinden ayrı tutmakta ısrar edeceğim.

Geçirgen sınırların savunusunu yaparken, bir dünya ekonomisindeki toplumların arasındaki dinamik karşılıklı bağımlılık ve bağlılık halini önemli ölçüde vurguluyorum. Her ne kadar sosyal bilimler perspektifinden yoksulluk ve göçler arasındaki bağları ispatlamak zor olsa da, göç edenlerin dünyadaki en yoksul insanlar olmadığı fikri genel kabul görür; ayrıca göçün her zaman yoksulluğa bir çözüm olduğu da söylenemez.[18] Göçmenlere geçirgen sınırlar ve esnek piyasalar sunmak, yalnızca evsahibi ekonomiler açısından faydalı bir politika olmakla kalmaz; aynı zamanda ahlaki açıdan da savunulabilir bir tutumdur, zira kişinin, yerkürenin neresinde olursa olsun, yeterli bir geçim kaynağı aramak için gerekli imkânlara sahip olması temel bir insan hakkıdır.[19] Ancak, özyönetim esasına dayanan toplulukların da *belirli* ilk kabul ve üyelik koşullarını, ayrıca göç sınırlama şartlarını tespit etme hakkına sahip olduğunu teslim etmek durumundayız. Belirli bir süre boyunca bir topluluğun sivil toplumuna ve piyasasına massolmuş bir kişiye nihayetinde üyelik vermemek adil değildir; ancak, her yerdeki toplulukların her zaman, ilk kabul talep eden ve üyeliğe hevesli *herkesi* kabul etmek gibi bir yükümlülüğü olduğunu savunmak da tutarsızlık olur. İlk kabulün gerçekleşmesini müteakip, üyelik, üye olmaya hevesli ve *belirli* koşulları karşılamaya istekli herkese *prensipte* açık olmalıdır—buna, af, belirli bir para cezasının ödenmesi, ülkeden çıkıp tekrar yasal giriş yapma gibi kimi tedbirlerle yasal statüye kavuşturulabilecek kâğıtsız göçmenler de dahildir. Ancak üyelik, dil yetkinliği,[20] beceriler gibi birtakım şartların karşılanmasını gerektirecektir yine de. Üyelik herkese serbestçe dağıtılan bir statü olamaz. Günümüzde adil bir göç ve vatandaşlık politikasının inşası bağlamındaki en çetin mesele, bu şartların genel uluslararası insan hakları normlarıyla bağdaşmasını sağlamaktır.[21]

Corey Robin'in ima ettiğinin aksine, *Ötekilerin Hakları*'nda, işsiz bir göçmenin vatandaşlıktan mahrum edilmesini ya da ülkeden atılmasını savunmuş değilim asla.[22] Eğer bir kişi, belirli bir süre için belirli bir sivil toplumun ve ekonominin mensubu olmuş ve eğer söz konusu ekonomiden kaynaklı koşullar sonucu işsiz kalmışsa, bu hususların aynen bir vatandaşın ekonomik haklarının belirlenmesinde olduğu şekilde hesaba katılması gerekir; bunlar, göçmen ve genelde kâğıtsız olan söz konusu işçilerin derhal sınırdışı edilmesi için gerekçe gösterilemez. Gelgelelim, ekonomik göçün *şu veya bu şekilde* düzenlenmesi ve göçmen işçilerin iş sözleşmelerinin ve çalışma koşullarının yakından denetlenmesi, göçmen işçiler için de en az ilgili istihdam piyasası için olduğu kadar faydalıdır. Göçmen işçilerin emeğinin aranır olmasının sebebi tam da daha düşük ücretlere çalışmaları, sosyal ve ekonomik haklardan mahrum olmalarıdır; üstüne üstlük, göçmen işçilerin sunduğu hizmetler daha ucuz bir emek kaynağı teşkil etmek suretiyle yerli işçilerin haklarının altını oyabilir. Küresel kapitalizm bu tür bölgeler ve ülkeler arası farklardan yararlanmada ustadır. Küresel kapitalizmin işçilerin kozmopolit haklarını savunacağını düşünmek saflık olur; bilakis, yerli işçilerle kurulacak ulusaşırı ittifaklar kanalıyla, sınırlar aşan bir dayanışma yaratarak ve Uluslararası Çalışma Örgütü hatta Dünya Ticaret Örgütü gibi ulusaşırı örgütlerin kurumsal mekanizmalarını kullanarak bu haklar uğruna mücadele etmek gerekir.

Saskia Sassen'in işaret ettiği gibi göçlerin meydana geldiği yapılandırılmış koşullar hem "çeken" hem "iten" faktörler içerir: Göç veren ve alan ülkelerin arasındaki karşılıklı ekonomik bağımlılıklar nedeniyle zaman içinde belirli göç örüntüleri iyice oturur.[23] Dünyadaki herkes bir yerlere göç etmeye istekli değildir! Göçler genelde emperyalizm ve sömürgecilik, ayrıca yerli halkların topraklarına zorla el konması gibi tarihsel nedenlere bağlıdır. Özetle ifade etmek gerekirse, göçmenler "biz size geldik, çünkü daha önce siz bize gelmiştiniz" derler; ya da "biz sınırı geçmedik, sınır bizi geçti" derler.

Söz konusu tarihi faktörler her milletin göç, vatandaşlık ve vatandaşlığa kabul kanun ve politikasına tesir eder. Genelde bugünün göçmenleri, içinde yaşadıkları ya da kabul talep ettikleri toplumların eski, neo- ve postkolonilerinden gelmektedir. Bu tür faktörler "etik"in alanına girer; yani, ortak tarih, etkileşim, hafıza ve kolektif deneyimler nedeniyle halklar arasında özel yükümlülüklere yol açan koşullarla ilgilidir. Yine de bu tür hususlar, tek başlarına adil üyelik pratiklerine yön vermesi gereken insan hakları prensiplerinin yerini tutamaz. Bu nedenle, dünyadaki pek çok ülke, geri dönmek isteyen ya da o ülkede yaşamaya başlamasa bile vatandaşlık bağlarını sürdürmek isteyen uyruklarına ayrıcalıklı vatandaşlık ya da kalıcı ikamet statüsü bahşeder. Bir örneği İsrail'in Geri Dönüş Yasası—ki belirli kriterlere göre tanımlanan Yahudilere "geri dönme" hakkı verir—olan bu tür düzenlemelerin tosladığı sorun, bu tür bir ayrıcalığın var olması değil, başka insanlara verilmemesidir. Mesela, anavatanları İsrail'in toprakları olan Filistinli mülteciler de bir geri dönüş hakkına sahip olmalıdır; aynı şekilde, ne Yahudi ne Filistinli olup da, İsrail'de misafir işçi ya da göçmen çocuğu olan kişilere de yasal vatandaşlığa kabul seçenekleri sunulmalıdır.[24]

Göç hareketlerinin dünya ekonomisindeki yapılandırılmış karşılıklı bağımlılık ilişkilerin oluşturduğu arka plan üzerinde gerçekleştiği gerçeği, kaçınılmaz olarak küresel dağıtım adaleti ve göçler gibi meseleleri gündeme getirir. *Ötekilerin Hakları*'nın üçüncü bölümünü, Thomas Pogge, Charles Beitz ve başka yazarlar tarafından geliştirilen küresel adalet mefhumlarının analizine ayırmıştım (s. 81 ve devamı). Şundan hiç olmadığı kadar eminim: İhtiyacımız olan şey, yalnızca kaynakların küresel planda yeniden paylaşımı değil, dünya ekonomisinin kurumlarının hem kurumsal hem de kurumsal olmayan düzlemde yeniden yapılandırılmasıdır; bu sayede, dünyanın yoksul ülkelerine sürdürülebilir ekonomiler geliştirme ve dünya ekonomisine adil ticaret koşulları altında katılma konusunda destek olunabilir. İster Thomas Pogge'nin savunduğu gibi bir "küresel kaynak temettüsü"nü tercih edelim,[25] ister Amartya Sen'in ileri sürdüğü gibi gibi sürdürülebilir gelişmeye ağırlık verelim, küresel çaptaki bu ekonomik reformlar ekonomik göçmenler, mülteciler ve sığınmacıların bireysel göç etme ve sınır geçme haklarının önüne geçemez. Bu iki husus birbiriyle ilişkili olsa da, iki farklı normatif ilke düzleminde işler. Bauböck'ün şu yazdıklarıyla tamamen hemfikirim: "Açık sınırların asıl önemi, insanlar arası eşitsizliği azaltmasından ziyade insan hürriyetini artırmasıdır" (*EJPT* 6: 401).

Demokratik Yinelemeler

Beni eleştiren dört yazar da demokratik yinelemeler kavramına olumlu yaklaşıyor; onu, evrensel hak talepleri ile halkın kendi kaderini tayin ayrıcalıkları arasındaki açmazı aşma noktasında kavramsal bir yenilik olarak kabul ediyor. Bauböck ve Aleinikoff haklı olarak söz konusu kavramın ampirik mi yoksa normatif mi olduğu sorusunu ortaya atar. Bununla ilişkili bir diğer kaygı ise demokratik yinelemelerin yalnızca "hukuk yaratıcı" [jurisgenerative] mı olduğu ve "hukuk dondurucu" [jurispathic] olmalarının da mümkün olup olmadığı yönündedir.[26]

Demokratik yinelemeler bize politik meşruiyete dair idealleştirilmiş bir yaklaşım sunar. Bu kavramın hem ampirik hem de normatif bir bileşeni vardır—Max Weber'den bu yana ortaya atılan bütün "meşruiyet" kavramlarının delalet ettiği gibi.[27] Normatif bileşen, bir söylem etiğinin, normatif anlamda gerekçelendirilecek her tür müzakere sürecine dayatacağı kısıtlamalardan türer. Dolayısıyla, eğer demokratik yinelemelere katkıda bulunan diyaloglar, çıkarları etkilenen herkesin en geniş *katılımını* gerçekleştirmezse; eğer söz konusu diyalog ve müzakereler diyalog gündeminin *sorgulanmasına* izin vermezse, *katılımda eşitlik* sağlamazsa, o zaman yineleme süreci hakkaniyetsiz, dışlayıcı ve gayri meşru hale gelir. *Ötekilerin Hakları* adlı çalışmamda, *Modernizm, Evrensellik ve Birey*'de ortaya attığım bir söylem etiğinin önkabullerini temel alarak meseleyi inşa etmeye devam etmiştim.[28] Söylem etiği; katılımcıların kimliğini, gündem oluşumunun kurallarını ve konuşma edimlerinin dağılımını vs belirleyen birtakım prosedür kısıtları sağlar.

Demokratik yinelemeler, "demotik topluluk" diyebileceğimiz, birbiriyle kesişen diyalog toplulukları bünyesinde gerçekleşir. Demotik topluluk, hem bir yargı sisteminde resmen vatandaş ve mukim olarak yer alan kişileri, hem de daha akışkan, yapılandırılmamış "diyalog toplulukları"nı içerir—ki bu sonuncuya Uluslararası Af Örgütü gibi uluslararası ve ulusaşırı insan hakları örgütleri, çeşitli BM ve insan hakları gözlem kuruluşları, ayrıca Sınır Tanımayan Doktorlar gibi küresel aktivist örgütler de dahildir. Demokratik yinelemeler "insanlar için hangi normlar her zaman ve her yerde geçerlidir?" sorusuyla değil şu tür sorularla ilgilenir: "Bir halk olarak ahlaki, politik ve anayasal taahhütlerimiz ayrıca insan hakları anlaşmaları ve belgelerinden doğan uluslararası yükümlülüklerimiz ışığında, alacağımız hangi kolektif kararlar hem adil hem de meşru kabul edilebilir?" Demokratik yinelemelerin hedefi demokratik adalettir.[29] Demokratik yinelemeler, bir yanda kolektivitenin anayasal ve kurumsal sorumlulukları ile öte yanda söz konusu kolektivitenin bir o kadar riayet etmesi gereken adalet ve insan haklarının bağlamları aşan evrensel iddiaları arasında dolayım sağlar.

Demokratik yinelemeler mefhumunu geliştirirken Robert Cover ve Frank Michelman'ın "hukuk yaratımı" [jurisgenerativity] analizlerinden yola çıktım.[30] Beni ilgilendiren husus, formel yasama süreçleri ile enformel kanaat ve irade oluşumu süreçleri arasındaki etkileşimdi. Robert Cover'ın işaret ettiği gibi söz konusu etkileşim, her ne kadar formel yasama organları tarafından kontrol edilemese dahi hukuk dondurucu hale gelebilir; yani anlam oluşumu kaynakları tükenir, kanunlar tartışmalı diyalogları ve anlamın dolaşımını coşturmak yerine boğabilir.[31] Demokratik yinelemeler de aynı şekilde "hukuk dondurucu" olamaz mı? Onlar da anlamın dolaşımına ket vurup, irade ve kanaat oluşumu süreçlerini sekteye uğratıp, yinelemeleri salt popülist siyasete ya da formel yasama süreçlerine indirgeyemez mi?

Ötekilerin Hakları'nda, demokratik yineleme süreçlerinin bu tür daha negatif veçhelerini ve potansiyel fiyaskolarını netleştirme noktasında eksik kaldım. Her ne kadar "Demokratik yinelemeler kamunun kendi üzerinde düşünmesine yol açabildiği gibi, kamusal bir savunma mekanizması da üretebilir" (205) diye yazdıysam da, bu tür bir kamusal savunma mekanizmasının hangi koşullar altında ortaya çıkacağını kuramsallaştırmadım. Kavram tam da hem normatif hem de ampirik bir içeriğe sahip olduğu içindir ki, *gerekçelendirme* ve *meşrulaştırma* arasında konumlanır; kavramın altında yatan kaygı, devlet sınırları dahilinde veya bu sınırlar ötesinde hayat bulan gerçek demokratik söylem süreçlerinin nasıl *meşrulaştırma kanalıyla gerekçelendirme* yarattığını ya da yaratamadığını inceleme kaygısıdır. Burada Thomas Franck'in şu berrak ifadesine çok şey borçluyum: Meşruiyet, "normatif düzlemdeki muhataplarını kendine riayet etmeye *çeken* bir kuralın ya da kural koyucu kurumun bir özelliğidir; söz konusu muhataplar, bu kuralın ya da kurumun genel kabul gören doğru süreç ilkeleri çerçevesinde ortaya çıktığına ve işlediğine inanır"[32] (italikler benim). Demokratik yinelemeler de bu tür bir "çekme"nin ortaya çıktığı süreçlerdir.

Yeni Hak, Yurt ve Otorite Konfigürasyonlarına Doğru

Sassen, *Ötekilerin Hakları*'na dair yorumlarında, normatif konulardan ziyade argümanımın dayandığı sosyal kuram varsayımları üzerinde durur. Onun temel iddiası, benim hâlâ ulusal—küresel ikiliği çerçevesinde akıl yürüttüğüm ve bunun sonucu olarak, Sassen'in de benimsediği kozmopolit federalizm projesinin gerek normatif vizyon gerek kapsam açısından sınırlı kaldığı yolundadır. Sassen aşağıdaki keskin gözlemde bulunur:

> Dolayısıyla küreselleşme dediğimiz çığır açıcı dönüşüm, genelde fark edildiğinden çok daha büyük ölçüde, bizzat ulusal olanın içinde gerçekleşmektedir. Küresel olanın en karmaşık anlamları orada tesis edilir ve ulusal olan sık sık, yeni oluşan küresel ölçeği mümkün kılan ve oluşturan kilit unsurlardan biridir. Küreselleşmenin önemli bir bölümü, geçmişte ulusal düzlemde inşa edilmiş unsurların—politikalar, sermaye, politik öznellikler, kentsel uzamlar, zamansal çerçeveler ve başka dinamik ve alanların—ulussuzlaşmasını getiren, inanılmaz çeşitlilik arz eden mikro süreçlerden oluşur.[33] (*EJPT* 6: 435)

Benim kullandığım "ulusalın küresel tarafından aşındırılması" ifadesine itiraz eden Sassen, buna karşı, ulus-devletlerin bir bakıma kendi kendilerini tersyüz ettiği, küresel süreçlerin ulusal olana nüfuz etmesini sağlayan ulussuzlaşma süreçlerini belgelemek ister.

Sassen'in bu gözlemlerini, itiraz götürmez ve zihin açıcı yorumlar olarak görüyorum; benim gözümde daha az net olan mevzu, bunların adil üyeliğe dair benim ileri sürdüğüm argümanı nasıl etkileyebileceğidir. Sassen, Avrupa Birliği'nin "ulusal ve evrensel arasındaki bildik ikiliği" aştığını ve bireyler için "ulussuzlaşmış" hak rejimleri yarattığını düşünüyor. Burada aramızda bir anlaşmazlık yok; benim "vatandaşlık haklarının çözülmesi" analizim de bunu destekliyor. AB üyesi ülkelerin, farklı bir üye ülkede uzun süredir ikamet eden vatandaşları; 27 AB üyesi ülkeden değil üçüncü ülkelerden gelen mukim göçmenler; ve AB'ye girmeye çalışan mülteci ve sığınmacılar gibi çeşitli kesimlerde nasıl çoklu, kesişen ve farklılaşmış hak rejimlerinin ortaya çıktığını belgelemiştim (*Ötekilerin Hakları*: 156–177). Bu süreçleri "çözülme" olarak nitelemekle, Sassen'in isabetli ifadesiyle "yeni yargı yetkisi coğrafyaları" oluşturan yeni hak, otorite ve yurt konfigürasyonlarına da işaret ediyordum.[34] Dolayısıyla bu hasustaki ihtilafımızın salt terimler düzeyinde mi yoksa daha derinde mi olduğu benim açımdan pek net değil.[35] Ortaya çıkan onca yeni "hak, otorite ve yurt" konfigürasyonuna rağmen, bu dünyadaki devletlerin ezici çoğunluğunda, sınırların ve göçmen politikasının kontrolü hâlâ merkezi devlet otoritesinin yargı yetkisine giriyor.

Sassen eskinin içinden yeninin doğuşunu resmetmekte şüphesiz haklı olsa da, ulusal-küresel ikiliğinin aşılmasının, ulusal üyeliğin terimlerini, pratiklerini ve tasavvurunu gerçekte ne ölçüde değiştirdiğini değerlendirmek bana güç görünüyor. Elbette, yukarıda değindiğimiz, Meksika hükümetinin ABD'deki bir federal davada davacı olması ve kendi vatandaşlarının haklarını Arizona eyaletine karşı savunması örneği, sonuçlarını henüz bilmediğimiz, merak uyandıran bir gelişmedir. Ancak bu durum, ABD-Meksika sınırının artan militarizasyon ve kriminalizasyonunu değiştirmemiştir.

Her ne kadar Sassen kapanmanın ve "demokratik aidiyetin, ki buna mevcut ulus-devlet yapılarına yönlendirilemeyecek aidiyetler de dahildir," önemli olduğu noktasında benimle hemfikir olsa da, ulus-devlet merkezli kapanma biçimlerine yönelik savunumu da, "ulusal olan ve olmayanın birbirini karşılıklı olarak dışladığı" fikrini de reddeder. Ancak yukarıda açıklık getirdiğim üzere, ben ulus-devlete dair "konteynır teorisi"ni savunmuyorum. Bilakis; benim kapanmayla ve sınırlara duyulan ihtiyaçla ilgili argümanlarım, temsil mantığını esas alır, ulusal olana aidiyetin önceliğini değil.

Sassen vatandaşlığı, "devlet ve tebaası arasındaki, tamamen kuramlaştırılmamış bir sözleşme" olarak tasavvur eder (*EJPT* 6: 439). Doğrusu demokratik yinelemelerin anlamı da budur; demokratik yinelemeler dediğimiz süreçler boyunca, sadece vatandaşlığı değil kısa ve uzun süredir ikamet eden kişilerin—göçmenler, mülteciler ve sığınmacılar gibi—üyeliğini de düzenleyen "sözleşme" müzakere edilir. Bu süreçlerin bazıları, çözülmüş hak rejimlerinin yükselişi kanalıyla vatandaşlığın ulussuzlaşmasını beraberinde getirir; Sassen'in işaret ettiği gibi ulussuzlaşma ve post-uluslaşma analitik açıdan birbirine eşlik etmek durumundadır. Eğer bir birey uyruğu olduğu ülkeden farklı bir ülkede uzun süre boyunca ikamet ederse, bu birey, ayakları iki yargı rejimine de basan bir post-vatandaş haline gelir. Sassen, Bauböck'ün de işaret ettiği bir hususa, yani ulussuzlaşmış ve ulus-sonrası vatandaşlık rejimleri arasındaki analitik, kurumsal ve normatif karşılıklı bağımlılığa vurgu yapar (*EJPT* 6: 402–3, 441). *Ötekilerin Hakları'*nın odak noktası, kişinin kendisininki dışındaki siyasalarda üyelik arayışının koşullarıydı; kişinin menşe ülkesini terk etmesinin sonuçları ve bu tür bir davranışın doğuracağı bağların doğası değildi. Dolayısıyla, Bauböck'ün "dışsal vatandaşlık" (agy. 402), Sassen'in ise "ulus-sonrası vatandaşlık" (agy. 438) dediği mehfumla yeterince ilgilenmedim. Ancak, Güneydoğu Asya ve Orta Amerika'daki bu tür gelişmelerin önemine dikkat çektim ve Aihwa Ong'un kullandığı "esnek vatandaşlık" kategorisine gönderme yaptım (agy. 225–26). Yine de, ulus-sonrası vatandaşlık kendi başına incelenmesi gereken önemli bir gerçekliktir.

Sassen, "çoklu, genelde son derece uzmanlaşmış, hem formel hem enformel mikro dönüşümler nedeniyle" (agy. 442), kendi kaderini tayin iddiası ile evrensel insan hakları arasındaki tarihsel açıdan kurucu öneme sahip gerilimin bugün eskisi kadar belirleyici olmadığı sonucuna varır. Çoğu çokuluslu şirketlerin ve ulusaşırı ekonomik ve teknolojik örgütlerin liderliği altında gerçekleşen söz konusu mikro dönüşümlerin, normatif bir açıdan hayırlı olduğu iddiasına şüpheyle yaklaşıyorum. Ulussuzlaşma süreçleri o denli mesafe kaydetti ki, belki de bunların demokratik yöne-timin yeni bir konfigürasyonundan ziyade bir tür postdemokrasiye teka-bül ettiğini söylemek daha doğru olabilir. Sassen bu tür bir dönüşümün vaat ettikleri konusunda benden daha iyimser. Ancak, *maquiladora*ların ve Büyüme Üçgenlerinin yükselişi veya ulussuzlaşma sayesinde kamu kurumlarının küçülmesi örneklerindeki gibi, "devletin olmadığı küresel hukuk"un (Günther Teubner) ortaya çıkışı sonucunda tanıklık ettiğimiz pek çok gelişmenin ironik yönü; en savunmasız yurttaş ve mukimleri, örneğin kadınları, çocukları ve yoksulları küresel kapitalizmin güçleri karşısında daha da savunmasız bırakmış olmasıdır. Söz konusu dönüşümler adil üyelik arayışını anlamsız kılmaz; bilakis, onu daha da güçlendirir. Ancak Sassen gibi ben de, bu gelişmelerin devletin dışında konumlanan yeni vatandaşlık biçimleri (örneğin *les sans-papiers* ya da kâğıtsız işçilerin yerkürenin dört bir yanındaki ulusaşırı hareketini düşünelim) yaratıp yaratmayacağı sorusunun "ampirik, operasyonel ve teorik açıdan ucu açık" olduğunu düşünüyorum. Bir diğer alternatif ise bu gelişmelerin vatandaşlık içermeyen üyeliğe yol açması, halkların dünya çapındaki hareketlerinin sonuçta *civitas* sahibi olmayan mukimler yaratmasıdır. Veyahut, vatandaşlar için *civitas*, bir futbol kulübü ya da golf derneği misali istedikleri gibi üye olup ayrılabildikleri herhangi bir umumi kuruluş türü haline gelebilir.

Göçmen, mülteci ve sığınmacı yirmi birinci yüzyılda birer metafor haline gelmiştir. Bunun nedeni, Giorgio Agamben[36] ve başkalarının savunduğu gibi, liberal devletin temellerinin gayri meşru ve şiddet içeren bir dışlama üzerine kurulu olması değildir. Onun yerine, halkların dünya çapındaki hareketleri, devletlerin bir taraftan sermaye, para ve metanın sınırlar aşan hareketini kolaylaştırırken diğer taraftan aynı sınırları aşmaya kalkışan insanları yakaladığı, sakat bıraktığı ve öldürdüğü bir dünyada, özel ve kamusal özerkliğin kırılganlığını gözler önüne serer. Bu çözülmemiş paradoks *Ötekilerin Hakları*'ndaki önemli bir eksiktir; bu meselelerin hâlâ ne kadar önemli ve çetin olduğuna dikkatimi çeken meslektaşlarıma müteşekkirim.

"Etkilenen Çıkarlar" İlkesi Üzerine Derkenar

Son yıllarda, "*demos*un sınırı meselesi"ni (Whelan) ele almak ve bu meselenin göç ve üyelik mevzuları üzerindeki etkisini araştırmak isteyen kuramcılar arasında canlı bir tartışma patlak verdi.[37] Bu tartışmanın etrafında döndüğü sorular, benim tenkitçilerime verdiğim yanıtlarla yakınen ilişkili olduğu için, izninizle bu tartışmayı kısaca ele almak ve bu tutumlarla benim tutumum arasındaki süreklilik ve kopuşları aydınlatmak istiyorum.

Günümüz yazarlarının çoğu (Abizadeh; Goodin; ve Miller) sınır meselesinin demokratik kuramın karşısına çözümsüz bir paradoks çıkardığını kabul eder. "Sınır meselesi," diye yazar Whelan, "demokratik olarak karara bağlanması mümkün olmayan bir kolektif karar konusudur. [...] Çözüme varma sürecine kimlerin katılacağı konusunun önceden karara bağlanmış olması gereklidir. [...] [Demokrasi] grubun mevcudiyetini varsaydığı için, grubun kuruluşu gibi mantıken önsel bir mesele üzerinde hükme varamaz."[38] Whelan'dan önce Robert Dahl da halkın sınırlarının nasıl meşru bir şekilde çizileceği meselesinin bütün önemli demokrasi kuramcıları tarafından göz ardı edildiği gözleminde bulunmuştu.[39] Hiç şüphesiz söz konusu mevzular çok yakın zamana kadar görünmez kaldıysa, bunun bir nedeni, sınırları içindeki canlı veya ölü her şeye hükmeden Vestfalya egemen devlet modelinin, her ne kadar Avrupa ulus-devlet sisteminin yıkılışıyla ilk ciddi krizini yaşadıysa da, hem kuram hem de pratiğimize yön vermesiydi (elinizdeki kitabın Birinci Bölümüne bakınız). Günümüzde sınır meselesini nihayet gündemimize taşıyan durum, her yeri etkileyen küreselleşme olgusu ve halkların sınırları aşan hareketleri olmuştur. Bu sosyotarihsel ve ekonomik dönüşümlerle beraber, demokratik halkın verili ulus ile özdeş olduğu varsayımı da erozyona uğradı. On dokuzuncu yüzyıldan bu yana, ulusun, bir *demos* biçiminde birleşmiş halkın pre-politik kimliğini teşkil ettiği varsayılıyordu. Milliyetçilik hem vatandaşlık hem de göç konularında güçlü bir içerme ve dışlama ilkesi olarak işliyordu. *Demos, ethnos*a dayanıyordu.

Oysa demokratik meşruiyet ilkesi normatif açıdan çok daha çetindir ve pre-politik olarak kurulu kabul edilen bir ulus üzerine inşa edilemez sadece. Dahl'ın izinden giden Goodin meseleyi şöyle ifade eder: "En genel biçimiyle ele alırsak, 'etkilenen tüm çıkarlar' ilkesi basitçe şunu der: 'Bir hükümetin kararlarından etkilenen herkes o hükümete katılma hakkına sahip olmalıdır.'"[40] Goodin'in burada tekrarlama imkânına sahip olmadığım argümanı, bir dizi *reductio ad absurdum* iddiadan geçerek şu sonuca ulaşır:

> Eğer (benim inandığım gibi) "etkilenen tüm çıkarlar" ilkesi, *demos*u inşa etmek için en sağlam ilkeli temeli teşkil ediyorsa ve eğer (benim ileri sürdüğüm gibi) bu ilkenin en iyi yorumlanma şekli geniş "kapsayıcı" biçimse, o takdirde dünyadaki neredeyse herkese neredeyse her konuda oy hakkı vermemiz gerektiğini (en azından prensipte) düşünmek için bir dayanağımız olur.[41]

Ancak bu durum Goodin'e göre "hiç de pratik değildir;" dolayısıyla yazar yurt temelli devletleri, etkilenen tüm çıkarlar ilkesine daha uyumlu kılmak için iki seçenek önerir. Bunlardan biri, "dünya hükümeti" gereğini teslim etmektir; ikincisi ise, yurt temelli devletlerin iktidarını "uluslararası hukuk"a tabi kılmaktır. Bu noktada argümanını sınır kontrolü ve göç meselelerine doğru genişleten Goodin'e göre, her halü kârda, "eğer çıkarlarını etkilediğimiz insanlar bizim *demos*umuzun dışında bırakılmışsa,—demokrasi, ayrıca adalet ve insaniyet ilkeleri icabı—onlara olan borcumuzu ödemek durumundayız."[42]

Goodin'in argümanı, günümüzdeki yurt temelli devlet sisteminin, etkilenen çıkarlar gibi çetin bir kritere göre değerlendirildiğine oldukça keyfi göründüğünü ikna edici bir biçimde gösterir. Peki ama "etkilenen çıkarlar" ilkesi, demokratik meşruiyet ilkesini ortaya koymanın en iyi yolu mudur gerçekten? Hiç sanmıyorum. Birincisi, Goodin bu ilkenin *politik* değil ama *ahlaki* boyutlarını dikkatle incelemede eksik kalır. Ancak ahlaken her bir bireyin eşit saygı ve özen hak ettiğini düşünüyorsak, demokratik yönetimin çıkarlarını etkilediği *herkesin* gözünde gerekçelendirilmesi gerektiğini ileri sürebiliriz. Eşit ahlaki saygı varsayımında bulunmuyorsak, kimilerinin çıkarlarının çoğunluk tarafından göz ardı edilmesi ya da çiğnenmesi neden umrumuzda olsun ki? Haliyle, etkilenen tüm çıkarlar ilkesini salt politik gözle okuyup da insanların eşitliği ilkesiyle arasında ahlaki bir bağ kurmayan demokrasi kuramcıları, demokratik yönetimin düpedüz çoğunluk hükmüne doğru kaymasını önlemekte epey zorlanır.

İkinci olarak, Goodin'e göre "çıkar" kavramı kuramın dışında kalır ve demokratik müzakere süreçlerine bağlı değildir. Yazar bu kavrama sağlam bir kuramsal dayanak sunmadığı için çıkarları pek çok farklı tanıma göre kurgulamak mümkün hale gelir; bu tanımlar kurama dışsal olduğu için de absürt sonuçlara varırız haliyle. Buna karşın müzakere demokrasisi kuramcılarına göre, siyasadaki her tür tartışma, eylem ya da eşgüdümden önce geliyor gibi görünen böylesi "cılız" bir çıkar kavramını kabul etmek mümkün değildir. Kaldi ki, müzakere demokrasisi kuramını benimsemeseniz dahi, etkilenen çıkarların, siyasa bünyesinde—kendileri de oldukça tartışmalı idealler olan—bireysel özerklik ve iyi yaşamın ne olduğuna dair ortak mefhumlardan bağımsız olduğunu düşünmek mümkün değildir.

Bu itirazlar bizi nereye götürüyor? Mantıken, çıkarların pek çok alternatif biçimde tanımlanması mümkün olduğu için, şu veya bu tanıma göre bir *demos*un kararlarının bütün dünya nüfusunun çıkarlarını etkilediğini göstermek oldukça kolaydır. O zaman da, fiili ya da olası bütün çıkarların birbirini etkilediğini savunmak ve dolayısıyla karar alma noktasında herhangi bir demokratik kapanmanın imkânsız ve gerekçesiz olduğunu iddia etmek mümkün olur. Nancy Fraser şöyle yazar:

> Mesele şudur: "Kelebek etkisi" uyarınca neredeyse herkesin neredeyse her şeyden etkilendiğine dair çeşitli ampirik kanıtlar toplanabilir. Dolayısıyla ihtiyacımız olan şey, bu etki düzeyleri ve türleri arasında, ahlaki bir konum almayı gerektirenlerle gerektirmeyenler arasında ayrıma gitmenin bir yolunu bulmaktır.[43]

Dolayısıyla bu ilkenin vardığı sağduyuya aykırı bir diğer sonuç, tüm etkilenen kişilerin oluşturduğu kümenin sürekli genişleyip daralmasıdır. *Demos*un her bir kararı her seferinde farklı bir birey grubunu etkileyeceği için—diyelim ABD'nin ton balığı avını yasaklama kararı Japon balıkçıları etkilerken, Arizona eyaletinin 2010'da kabul ettiği göçmen karşıtı yasa bambaşka bir grubu etkileyecektir—*tüm* etkilenen kişilerin oluşturduğu kitle asla bir kararın öncesinde ve ondan bağımsız olarak belirlenemez. Buysa, demokratik kurumların işleyişini imkânsız hale getirecektir. Özetlersek, Goodin tarafından ortaya konduğu haliyle "etkilenen tüm çıkarlar ilkesi," bu düsturun ahlaki ve politik anlamlarını şişirdikçe şişirir; dayandığı çıkar kavramı belirsizdir; ve "kelebek etkisi"ne varır, yani etkilenen kişiler kümesi bir genişler bir daralır. Acaba burada bir sorun yok mu?

Goodin tarafından ortaya konduğu haliyle "etkilenen tüm çıkarlar ilkesi" aslında iki hususu birbirine karıştırmaktadır: Eylemlerimizi hepimizin gerekçelendirilebilir bulacağı bir ilkeye göre düzenleme ihtiyacı ile *demos*un demokratik kuruluşu olgusu. Goodin bu ikisini birbirinden ayıramaz; zira, müthiş soyut bir çıkar kavramından yola çıktığı için zor kullanımı, haksız tesir, asgari etki gibi durumlar arasında ayrıma gidemez,[44] hele hele bir demokratik üyelik kriteri formüle etmeye yaklaşamaz bile.[45]

Habermasçı kuramdaki söylem ilkesi ile etkilenen tüm çıkarlar ilkesi arasındaki bir önemli fark budur. Söylem etiğinin temel önermesine (D) göre, yalnızca, bir pratik söylemin katılımcısı olma kapasitesine sahip ilgili herkesin onayını alan (ya da alabilecek olan) normlar geçerli addedilebilir.[46]

Bu formülde "ilgili herkes"in belirlenmesi hususu, Goodin'in etkilenen tüm çıkarlar ilkesindeki kadar ucu açıktır. Belirli bir anda, bir fail ya da failler grubu, norm formülasyonu süreçlerinden keyfi biçimde dışlandıklarını gösterebilirse, eğer görüşleri bastırılıyorsa, eğer diyaloğa simetrik biçimde katılma hakları ihlal ediliyorsa, vs; o durumda, varsayımsal norm daha fazla müzakere olmaksızın geçerli addedilemez. Söylem ilkesi ahlaki faillere bir "veto yetkisi" (Rainer Forst) bahşeder; onlar her an gerekçelendirme diyaloğunun yeniden başlamasını isteyebilir veya itirazları ortaya konana, dinlenene ve karara bağlanana kadar bu diyaloğun sonlanmamasını talep edebilir. Bu, politik olarak geçerli ya da gerekçelendirilebilir kararların asla vakitlice alınamayacağı anlamına gelmez; sadece, ilgili kişilerin ses ve görüşlerini süreç içinde duyurma hakkı çiğnenirse, bu tür kararların eleştiriye maruz kalacağı anlamına gelir. Bu tür bir söylemsel geçerlilik sürecinin ilk adımı, kişinin ilgili insanlar kümesine dahil olduğunu ve "pratik söylemlere katılma" hakkı olan ahlaki ve politik bir fail olduğunu ortaya koymasıdır. Bu şekilde anlaşılan söylem ilkesi her şeyden önce bir ahlaki ve politik *gerekçelendirme* ilkesi haline gelir; demokratik üyeliğin kapsamının çizilmesine dair bir ilke olmaktan çıkar. Tam da bu nedenledir ki, Goodin'in "etkilenen tüm çıkarlar" formülasyonunun vardığı absürt sonuçlara varmaz.

Daha somut ifade edeyim: Eğer fail A fail B üzerinde iktidar uyguluyorsa, eşitlikçi ve evrenselci bir ahlakın bakış açısına göre, A, B'nin edimleri üzerinde böylesi bir kısıtlama uygulamasının neden meşru olduğunu gerekçelendirmekle yükümlüdür. A'nın B'ye bir gerekçelendirme borcu vardır; zira, A, B'nin iletişim özgürlüğünü sınırlamıştır. A'dan bir yanıt talep etmek B'nin ahlaki hakkıdır; B'nin bu yanıtın geçerliliğine sağlam dayanaklarla ikna edilmesi şarttır. Etkilenen tüm çıkarlar ilkesi, bu söylemsel geçerlilik ilkesine son derece yakın gibi görünüyorsa da, bu aslında aldatıcıdır. Söylemsel geçerlilik ilkesine göre aslolan unsur, zor kullanımını birbirimizin gözünde gerekçelendirme yükümlülüğümüzdür; birbirimizin etkilenen çıkarlarını hesaba katmak değil. Elbette, size karşı şu veya bu şekilde zor kullandığım takdirde sizin çıkarlarınızı etkilediğim söylenebilir; o noktada, gerekçelendirme ilkesi ve etkilenen tüm çıkarlar ilkesi birbiriyle örtüşür; gelgelelim aslolan husus, sizin üzerinizde iktidar uyguladığım eylemleri size karşı gerekçelendirme yükümlülüğümdür. Sizin çıkarlarınızı etkileyen pek çok başka uygulama, eylem ve koşul olabilir; ancak bunlar zor kullanılmasının bir sonucu ya da etkisi olmayabilir.

Genel ahlak felsefesinden farklı olarak, demokrasi kuramında asıl ilgilendiğimiz mesele *iktidarın zor kullanmasının kamusal olarak gerekçelendirilmesidir*;[47] yoksa, insan çıkarlarının birbirine bağımlı olabileceği ya da birbirini etkileyebileceği her tür insan etkileşimi biçimi değil. Bu açıdan David Owen'ın şu yazdıklarıyla hemfikirim:

> Çıkarları verili bir siyasanın aldığı bir karardan etkilenen kişilerin çıkarı illa ki o birinci derece siyasa ya da yönetişim yapısına üye olmalarını gerektirmez; ancak (çıkarları o siyasadan etkilendiği için) söz konusu karardan etkilenen herkesle beraber (ki buna birinci derece siyasaya üye olanlar da dahildir), birinci derece siyasanın aldığı kararları kısmen düzenleme gücü bulunan ikinci dereceden bir siyasa ya da yönetişim yapısına üye veya tebaa olmaları ortak çıkarları gereğidir.[48]

Bu tür ikinci derece yönetişim yapılarının nasıl bir biçime bürüneceği farklı bir sorudur; ki önceki bölümlerde bu soruya deneme amaçlı yanıtlar önerdim. Şimdi de demokratik kapanmanın gerekçelendirilmesi ile ilgili başka bir kuramı ele almak istiyorum.

Sınırları Tek Taraflı Biçimde Kontrol Etme Hakkı

Arash Abizadeh söylem kuramını ve müzakereye dayalı demokrasi modelini benimser. Abizadeh şöyle yazar:

> Demokrasi kuramı ya tek taraflı biçimde sınırları kapatma hakkını reddeder, ya da bu hakkı, başarılı ve demokratik biçimde yabancılar nezdinde gerekçelendirilmiş olması şartıyla, ancak dolaylı biçimde tanır. Çünkü demokrasi kuramındaki *demos* prensipte sınırsızdır ve dolayısıyla sınır kontrol rejimi hem yabancılar hem vatandaşlar nezdinde demokratik olarak gerekçelendirilmelidir.[49]

Abizadeh'ye göre demokrasi kuramında, "iktidar uygulanan herkese karşı" gerekçelendirme yükümlülüğü mevcuttur. Yazar haklı olarak şöyle der: "bütün bu kişiler 1) iktidarın nasıl uygulandığını belirleyen politik süreçlere 2) özgürlük ve eşitlikleriyle uyumlu olan koşullar altında fiilen katılma fırsatına sahip olmalıdır."[50] Buradaki kilit soru, bir sınır kontrol rejiminin, sadece üyeleri değil başkaları üzerinde de iktidar uygulayıp uygulayamayacağıdır; ayrıca, "bütün bu ötekiler" kimdir? Abizadeh'nin zihni bu konuda oldukça nettir:

> Benim argümanımın dayandığı daha sınırlı ilke, politik rejimin kimi etkilediğine değil *kime zor uyguladığına* bakar. [...] Argümanın tartışmalı noktasının, zımnen dayandığı öncülde olduğunu kabul ediyorum. Bu öncül, önermenin başındaki "bütün" ifadesinde yansımasını bulur—yani, bütün *vatandaşlara* (üyelere) değil bütün *kişilere* gönderme yapar. Demokratik kuramdaki bu halk egemenliği formülasyonu, demokratik gerekçelendirme yükümlülüğünün borçlu olunduğu demosun sınırsız olduğunu zımnen varsayar. *Sınırsız demos tezi* dediğim husus budur.[51] (italikler orijinal metinden)

Peki Abizadeh, bir tek taraflı sınır kontrol rejiminin yalnızca vatandaşlara ve ilgili *demos*a bitişik topraklarda yaşayan vatandaş olmayan komşulara değil, *bütün* kişilere "zor uyguladığını" ortaya koyabilir mi? Ya da bütün insanlığa? Abizadeh şöyle yazar:

> Vardığımız yer şudur: (1) Fiziksel güç kullanan Amerikalı yetkililer tarafından ABD sınırını geçmeleri engellenen Meksikalılar ve Zambiyalılar ve (2) ABD'nin hukuki yaptırım tehditleri dolayısıyla sınırı geçmekten kaçınan kişiler; zora maruz kalma onurunu (3) sınırı yasadışı biçimlerde geçenler ve (4) hiçbir zaman ülkeye girme niyeti beslemeyenlerle paylaşır.[52]

Ancak bu çıkarım, tamamen sağduyuya aykırıdır. Bu çıkarıma göre, bir sınır kontrolü rejiminin, benim o ülkeyi ziyaret etme veya orada çalışma arzu ve planlarımı değiştirmesi, benim zora maruz kaldığım anlamına gelir. Diyelim ki, ben Z ülkesine girip yerleşmek isteyen X grubuna mensubum, ama Z ülkesi benim ülkemden o kadar çok insanın akınına maruz kalmış ki, yurtiçi emek piyasasını korumak için bir sınır kontrol sistemi tesis etmiş; bu nedenle, bana bir ziyaretçi vizesi veriliyor ama iş arama ya da uzun süreli ikamet hakkı verilmiyor. Bu örnek, çeşitli AB üyesi ülkelere girmek isteyen Türk vatandaşlarının mevcut durumunu aşağı yukarı doğru biçimde yansıtıyor; kaldı ki, AB'nin içinde dahi, Polonya, Macaristan, Romanya, Çek Cumhuriyeti gibi yeni üye olan Doğu Avrupa ülkelerinin vatandaşlarının Büyük Britanya, Almanya, Fransa gibi ülkelerin cazip emek piyasalarına akmasını engellemek için giriş kontrolleri tesis edilmiş durumda. Herhalde Abizadeh, her iki örnekte de, Z ülkesinin X grubunun üyelerine zor uyguladığını, çünkü Z ülkesinin aldığı tedbirlerin onların özerkliğini, önemli yaşam fırsatlarını ve bağımsızlığını olumsuz yönde etkilediğini savunurdu:

> Buna karşın, bir *zor tehdidi*, gelecekte, bir kişiyi aksi takdirde yapabileceği bir tercihi yapmaktan caydırma etkisi doğurabilecek bir eylemde bulunma niyetini iletir düpedüz. Dolayısıyla devletler, yalnızca belirli tercihleri sekteye uğratmakla kalmaz, kişilerin belirli eylemlere kalkışması durumunda yaptırım uygulama tehdidi de savurur.[53]

Abizadeh'nin hem demokratik gerekçelendirme ilkesine dair yaklaşımı ile hemfikirim hem de sınır kontrollerinin zor rejimleri olduğunu ve aslında gerekçelendirme söylemlerine tabi olmaları gerektiğini gösteren titiz analizini benimsiyorum. *Tek taraflı* bir sınır kontrolü sistemini normatif açıdan gerekçelendirmenin mümkün olmadığını savunduğu ölçüde, kendisine katılıyorum. Ancak yazar, bir devletler sistemi içerisinde sınır kontrollerinin *varlığı* dahi sadece *bazılarına* zor uygulamakla kalmayıp *diğer bütün herkese*—hatta insanlığa—yönelik zor tehdidi oluşturur, dediği noktada, şirazenin topuzu iyice kaçıyor. Abizadeh bizzat sınırların varlığının normatif açıdan gerekçelendirilemeyeceği sonucuna da varabilirdi rahatlıkla—gerek demokrasi kuramı gerekse de ahlak felsefesi açısından. Oradan da yazar ancak sınırların olmadığı bir dünyanın ahlaken kabul edilebilir olduğu çıkarımına varabilirdi; ki bu da gayet savunulabilir bir ahlaki tutumdur. Gelgelelim, demokrasi kuramının öncüllerinden bu tür bir sonuca varılamaz; ancak ahlak kuramından hareketle varılabilir.

Bu Abizadeh'nin ulaşmak istediği bir sonuç değil. Peki bundan kaçınması mümkün mü? Şöyle yazıyor Abizadeh:

Neticede, bir devletin sınır kontrolü rejiminin meşruiyet kazanmasının tek yolu, sınırların hem vatandaşlar hem de yabancılar nezdinde fiilen gerekçelendirileceği kozmopolit demokratik kurumların varlığı olabilirdi. [...] Demokratlar, savundukları politik meşruiyet anlayışı gereği, kozmopolit demokratik kurumların oluşumunu desteklemek durumundadır; bu kurumların ya ülkeye giriş politikasını belirleme noktasında yargı yetkisi olmalı ya da söz konusu giriş politikasını meşru bir biçimde belirli devletlere (ya da başka kurumlara) devretme yetkisi olmalıdır.[54]

Bu tür kozmopolit demokratik kurumlar neye benzemelidir? Ülkeye giriş politikasını belirleme hakları olduğu için, o ana dek kendini egemen addeden devletler üzerinde fiilen egemen otoriteye sahip olacaklardır. Bir tür "üst egemen" birim ortaya çıkacaktır. Şüphesiz, Avrupa Birliği modeli bunun olası olduğunu göstermektedir. Ancak, bu bölümde gösterdiğim gibi, üst egemen AB modelinde dahi, sınır kontrolü ve göç politikası konusundaki ihtilaflar gırla gidiyor. Her zaman için "içeridekiler" ve "dışarıdakiler" vardır—ancak bu içeridekilerin kim olduğu geçmişte kurulmuştur. Abizadeh'nin değindiği bir diğer konu da "yargı yetkisinin devri"dir. Bundan kasıt nedir? Kastettiği şey, örneğin Uluslararası Göç Örgütü'nü güçlendirmek midir? Ya da başka ulusaşırı örgütlerin yaratılması mıdır? Bence mesele büyük ölçüde, "yargı yetkisinin devri" ifadesinden kastımızın sınırlar üzerindeki kontrolün bir üst egemen birime topyekûn devredilmesi mi, yoksa artan işbirliği ve eşgüdüm temelinde kısmen devredilmesi mi olduğuna bağlıdır. Bana kalırsa yegâne akla yatkın model ikincisidir.

Sınır kontrolü rejimleri üzerindeki yargı yetkisinin topyekûn bir üst devletin otoritesine devredilmesi, mevcut koşullar altında pek olası değildir; bu bir dünya devleti modeli çerçevesinde düşünülmediği sürece. Ancak göç hareketleriyle ilgili giderek daha eşgüdümlü uluslararası standartlar geliştirilmesi ve göçmen, mülteci ve sığınmacılara yönelik muamelenin daha adil olmasının teşvik edilmesi şüphesiz mümkündür. Son yıllarda, göç hareketlerinin artan şekilde kriminalizasyonunun yanı sıra, hukukun üstünlüğüne dayalı devletlerin güvenlik eksenli devletlere dönüşümü söz konusudur. Göçmenler, statüsü en azından çeşitli uluslararası anlaşmaların koruması altında olan mültecilere nazaran, genelde daha da korumasız durumdadır.

Dolayısıyla Abizadeh, mevcut sınır dayatma rejimlerinin gerek ahlaki gerekçelendirmeden gerek tam demokratik meşruiyetten yoksun olduğunu söylemekte haklıdır. Ancak, bu tür bir demokratik açığın var olduğuna ikna olması gereken asıl kesim bizzat *demos*lardır; bu halklar ardından demokratik yineleme süreçlerini başlatmalı ve böylece mevcut sistemlere giderek artan gerekçelendirme ve denetim talepleri yöneltmelidir. Çoğu örnekte, *demos* üyesi olmayanlar ile olanlar arasında ilişki olduğu için, içerisi ve dışarısı arasındaki çizgi sanıldığı kadar keskin değildir. Buna örnek olarak Almanya'da yaşayan Türkler ve ABD'de yaşayan Meksikalılar verilebilir. Bu kişilerin akrabalarını dışarıda tutan mevcut sınır dayatma rejimleri, en başta onları zora maruz bırakır ve dolayısıyla *demos*un üyeleri olarak üye olmayanlar adına seferber olmaları gerekir—zaten böyle de yapıyorlar. Bu tür demokratik yinelemeler, *demos*un kendisini yeniden kurduğu süreçlerdir. Bu durum, *demos*un ilk kuruluşundaki keyfiyet unsurunu ortadan kaldırmaz; bu anlamda, demokratik kuruluş paradoksu çözülmeden kalır. Ancak paradoksla baş etmenin daha adil ve daha az adil, daha kapsayıcı ve daha az kapsayıcı, daha demokratik ve daha az demokratik yolları vardır.

Bu noktada Nancy Fraser'ın şu sözlerine katılıyorum:

> Bunun yerine, karşımızdaki fasit daireyi verimli bir spirale dönüştürmenin yollarını aramalıyız. D.W. Winnicott'tan ödünç aldığım bir ifadeyle, "yeterince iyi müzakere" oluşturmakla başlayabiliriz işe. Her ne kadar bu tür bir müzakere, katılım eşitliğinden oldukça uzak kalsa da, çeşitli mütevazı sosyal reformları meşrulaştırmak için yeterli olacaktır; bu sosyal reformlarsa bir kere kurumlaştıklarında, bir sonraki müzakere aşamasını katılım eşitliğine bir adım daha yaklaştıracaktır.[55]

Dolayısıyla çabalamamız gereken hedef, "yeterince iyi müzakere" kriterlerini karşılayan uygulama ve kurumlardır.

Demokratik yinelemeler ve "yeterince iyi müzakereler," ulusaşırı söylem ve eylem topluluklarının bünyesinde gerçekleşir. Nasıl üye olmayanların *demos*ta akrabaları varsa, neredeyse her *demos*un bazı üyeleri diğer *demos*larda ikamet etmektedir ve hakları söz konusu ülkelerin hukukunca düzenlenmektedir; yani bu kişiler de "ulus-sonrası vatandaşlar" sayılabilir. Geleceğin dünya çapındaki cumhuriyetçi federalizm sisteminde egemenlik işaretleri bir havuza toplandığı zaman, mukimlerin ve yabancıların, ayrıca göçmenlerin ve mültecilerin hakları artan biçimde uluslararası hukuk ve insan hakları anlaşmalarına uyumlu hale getirilecektir.

İster Habermasçı versiyonu, ister "etkilenen tüm çıkarlar ilkesi" versiyonu, isterse de salt demokratik gerekçelendirme ilkesi versiyonu altında olsun, söylemsel gerekçelendirme ilkesini, bir *demos*un üyeliğinin kuruluşu meselesinden ayırdettiğimizde bile, kimin bir siyasaya üye olmayı hak ettiği sorusu yanıtsız kalmaya devam eder. Yukarıda ileri sürdüğüm üzere, insanın istediği ülkeye *ilk giriş yapma hakkı* diye bir insan hakkı yoktur—ki burada Abizadeh'den ayrılıyorum—ve kişinin belirli sınır kontrol rejimlerine riayet etmesi şarttır—bunları artan şekilde demokratik gerekçelendirme formlarına tabi tutsa dahi; gelgelelim *üyeliğe ilişkin bir insan hakkı* vardır. Üyeliğe ilişkin bu insan hakkı, kamusal ve açık bir biçimde formüle edilmeli, ayrımcılık gütmemeli ve uluslararası insan hakları anlaşmalarıyla uyumlu olmalıdır. Bu koşullar bir kere karşılandıktan sonra, dili akıcı biçimde kullanma gibi başka üyelik şartları getirilebilir. Bir *demos*a üye olmak, zora dayalı iktidardan *etkilenme* ya da ona *maruz kalma* gibi durumların çok ötesine geçer. Üyelik, belirli bir insan topluluğuyla zaman içinde işbirliği yapma taahhüdünü içerir; ayrıca, kişinin kendi ahlaki menfaatinin ve kamusal-politik söz hakkının o insan topluluğunun akıbetiyle—ama asla münhasır, hatta asli olmayan bir biçimde—iç içe geçtiği hissini gerektirir.

Bu, Goodin veya Abizadeh'nin benimsemek istediği kadar radikal bir sonuç olmayacak; ancak *demos* üyeliği, ilk başta ne kadar keyfi temellere dayanırsa dayansın, ancak *demos*lar tarafından, giderek çoğalan ve kesişen ulusaşırı işbirliği daireleri çerçevesinde, özdüşünümsel bir süreç kanalıyla değiştirilebilir.

İzleyen bölüm, Avrupa ve başka yerlerdeki demokratik yinelemelerin en ihtilaflı örneklerinden biri olan "türban meselesi"ni, hem hukuk yaratıcı hem de hukuk dondurucu biçimleri altında ele alıyor. Bu mesele başta kendilerine söz hakkı tanımayan zor sistemlerine tabi tutulmuş kişilerin nasıl kamusal söz hakkına ve üyeliğe kavuşabileceğine iyi bir örnek teşkil eder. Göçmenlerin bir zamanlar homojen olarak görülen, ya da kendisini homojen gören ulus-devletlerde uzun ve kısa süreli ikameti birtakım ana-yasal, kültürel ve politik ikilemler doğuruyor ve bir kez daha bizi, *demos*un sınırlarının nasıl kurulduğu meselesine getiriyor. Burada söz konusu olan, salt "içerisi/dışarısı" ayrımı değil, aynı zamanda bizzat *demos*un bağrındaki "ötekiler"in statüsüdür.

DOKUZUNCU BÖLÜM

Politik Teolojinin Dönüşü*

FRANSA, ALMANYA VE TÜRKİYE'DEKİ BAŞÖRTÜSÜ MESELESİNE

KARŞILAŞTIRMALI ANAYASAL BAKIŞ

Sekülerleşme Hipotezinin Sonu

Günümüzün dünyasında dini ve etno-kültürel fark temelli zıtlıklar giderek şiddetleniyor. 11 Eylül 2001'den bu yana, 1980'li yılların "medeniyetler çatışması" (Huntington) söz dağarcığı giderek yerini siyasal İslamın ve Batılı liberal demokrasilerin güçleri arasında cereyan eden bir "küresel iç savaş"a terk etti. Siyasi İslam ile Batı denen ülkeler arasındaki çatışma, komünizme karşı Soğuk Savaş retoriğinin yerini aldı.

Maalesef, bu retorik yalnızca G.W. Bush yönetimi ve Amerikan yeni-muhafazakârlarının güttüğü yıkıcı dış siyasetle sınırlı değil. Madrid (2004) ve Londra'da (2007) patlayan bombalar, Danimarka'da Hz. Muhammed'in tasvir edildiği karikatürlerle ilgili olarak yaşanan tartışma, Hollanda'da Theo van Gogh'un bir Faslı militan tarafından öldürülmesi (2004) ve Fransa'da yaşanan "başörtüsü meselesi" (1989–2004) ile beraber, siyasal İslamın ve Batılı liberal demokrasilerin güçleri arasındaki çatışma Avrupa'daki söylem ve siyasette de baskın bir hale geldi.[1] Söz konusu gelişmeler ışığında, "sekülerleşme" hipotezini yeniden değerlendirerek konuya giriş yapabiliriz.

---

*   Bu makalenin daha kısa bir versiyonu 2-8 Haziran 2008 tarihlerinde düzenlenen Reset İstanbul Seminerleri kapsamında açılış konuşması olarak sunuldu. Kısa bir versiyonu S. Benhabib, "Turkey's Constitutional Zi-Zags," *Dissent* (Kış, 2009): 29-32'de; tam metin de S. Benhabib, "The Return of Political Theology: The Scarf Affair in Comparative Constitutional Perspective in France, Germany, and Turkey," *Philosophy and Social Criticism* 36/3-4 (2010): 451-71'de yayımlandı.

213

Max Weber'in "Wissenschaft als Beruf" (1919) başlıklı makalesinden bu yana, *Entzauberung*, yani günlük hayatın büyüsünün kaybolması ve bilim, din, hukuk, estetik ve felsefe alanları arasındaki rasyonel farklılaşma (*Ausdifferenzierung*) süreci, modernitenin temel özellikleri olarak kabul edilmiştir.[2] Max Weber bu çalışmasında, Aydınlanma'dan bu yana yaygın olarak benimsenen bir görüşü ifade ediyordu: Buna göre, bilgi ve bilimin yayılması, sadece Kant'ın belirttiği gibi "dini, aklın sınırları dahilinde tutmakla kalmayacak," Feuerbach, Marx ve Nietzsche'nin ileri sürdüğü üzere modern akıl ve özgürleşmiş toplum adına dini toptan ortadan kaldıracaktı.

Ancak modernite ve din arasındaki yakın ilişkileniş kimilerinin bize söylediği kadar basit olmadı: Daha Karl Löwith ve Hans Blumenberg, Aydınlanma'nın sekülerleşme hipotezine olan inancının teolojik kaynaklarını ortaya çıkarmış; toplu öğrenmeye ve ortak bir Aydınlanma'ya doğru ilerlemeye muktedir bir birleşik insanlık fikrinin kaynaklarının dini esinli kurtuluş mitlerinde yattığını savunmuştu.[3] Aydınlanma teolojinin ötesine geçmemişti; bilakis kendisi bir tür *Heilsgeschichte*'nin (kurtuluş eksenli tarih anlatısı) teolojik önkabullerine dayanıyordu. On dokuzuncu yüzyılın ortasında, modern toplumlara dair ilk sosyolojik incelemeler, örneğin Alexis de Tocqueville'in eserleri de demokrasi denen büyük modern deneyin birtakım dini temellere dayandığını ileri sürdü. Tocqueville, zamanın en eşitlikçi modern toplumu olan Amerika Birleşik Devletleri'nin oldukça dindar olduğu gözleminde bulundu. Dolayısıyla, sekülerleşme hipotezine eleştiri ve kuşkuyla yaklaşanlar her zaman oldu.

Bugün, dini köktenciliklerin dünya çapında yayıldığına ve modernleşme sürecinin özellikle bir kilit veçhesine meydan okuduğuna tanık oluyoruz: Din ve siyaset arasındaki, teolojik hakikat ve katı siyasi görüşler arasındaki ayrım. Din ve kamusal düzlem arasındaki, zaten her zaman kırılgan olan ayrım çizgileri, gittikçe daha da geçirgen hale geldi. Şüphesiz söz konusu olgunun en net biçimde gözlenebileceği alan siyasal İslamın yükselişidir. Siyasal İslamın yükselişi, sadece din ve siyaset ayrımını sarsmakla kalmaz, *Dar-ül-İslam*'ın (İslamın toprakları) *Dar-ül-Harb*'e (kâfirlerin toprakları) karşı zafer kazanması çağrılarıyla bizzat Müslüman ulus-devletlerin sınırlarını tehdit eder.

Bu bakımdan Türkiye eşsiz bir örnektir: 1923'ten beri cumhuriyetle yönetilen modern Türkiye, Osmanlı İmparatorluğu'nun yıkılması ve

Halifeliğin kaldırılmasından sonra 1924 yılında bir ulus-devlet olarak ortaya çıkmıştır. Sultan'ın aynı zamanda Halife (Müslüman dünyanın dini lideri) olduğu Osmanlı devletinin teolojik boyunduruklarını bir kenara atan Türkiye, liberal demokrasileri örnek alarak, İslam inancını özel alanla sınırlamayı seçti ve cumhuriyetçi sekülerliğin *laiklik* denen versiyonunu benimsedi. Modern Türk cumhuriyetinin kurucularının devrimci ideolojisi olan Kemalizm aynı zamanda devletçi bir ideolojiydi: Devlet din işleri üzerinde, hatta ekonomi ve sivil toplum üzerinde büyük bir kontrole sahipti. Din, bireylerin özel inancıyla ilgili bir mesele haline geldi ve devlet teolojik söz dağarcığını kendi işlerinden çıkardı; öte yandan devlet İslam inancını Türk toplumunun resmi dini ilan etti. Etkili İmam-Hatip Okulları kanalıyla Türk devleti hafız ve müezzinleri, ayrıca ülkenin dört bir köşesindeki sayısız yerleşim biriminde cuma namazı kıldıran imam ve hocaları yetiştirmeye devam ediyor.

Politik teoloji, günümüz Türkiye'sinin gündeminde önemli bir yer işgal ediyor: İslam inancını kamusal-politik yaşamın dışında tutma amacıyla çekilen *cordon sanitaire* [Fr. sağlık kordonu] son yirmi yılda koptu ve Avrupa'nın geri kalanı gibi Türkiye de İslam dinini kamusal düzlemde konumlandırma konusunda ikilemler yaşıyor.

Özellikle kadınların bedenleri; bir yanda dini ve kültürel farkı yeniden özselleştiren bir kavrayış ile öte yanda devlet iktidarının vatandaşlık odaklı-cumhuriyetçi, liberal-demokratik ya da çokkültürlü biçimler altındaki güçleri arasındaki sembolik çatışmaların alanı haline geldi. Terimleri sürekli kayan bu kamusal tartışmaların doğuşunun artında yatan önemli bir neden, benim "tersine küreselleşme" [reverse globalization] olarak adlandırdığım sosyolojik süreçtir. Kültürel olan ve dini olan arasındaki ayrımın, ayrıca eylem ve geleneklerin kültürel veya dini olarak nitelenmesinin gerisinde yatan arka plan, sömürgeciliğin ve Batı'nın "geriye kalanlarla" karşı karşıya gelmesinin tarihidir. Avrupa siyasal düşüncesini dini olan ve kültürel olan arasındaki ayrımı netleştirme ve pekiştirmeye iten unsur, bir zamanlar Avrupa sömürgeciliğinin kültürel ve dini ötekileriyle karşı karşıya gelmesi şeklindeki tarihi deneyimdi; bugünse, kültürel, dini ve politik olan arasındaki ayrımı yeniden şekillendiren unsur Afrika, Asya ve Ortadoğu'dan müreffeh liberal demokrasilerin—AB, ABD, Kanada ve

Avusturalya—kıyılarına doğru kitle göçüdür.[4] Göç koşulları altında, kimliklerin ve geleneklerin istikrarsızlaşması ortaya çıkıyor ve gelenek "yeniden icat ediliyor" (Eric Hobsbawm). Şüphesiz, günümüzdeki bu tür ihtilafların en iyi bilinenlerinden biri de Avrupa ve Türkiye kamuoyunun gündemini işgal etmeye devam eden "başörtüsü meselesi"dir—Fransızcasıyla *l'affaire du foulard* ya da *l'affaire de la voile*; Almancasıyla *die Kopftuch Affaire* ya da *der Schleiaffaire*.

Okuduğunuz bölümde, küreselleşme koşulları altında "politik teoloji"nin karmaşık bir terim olarak kullanıldığını; din ve kamusal düzlem, özel olan ve resmi olan, bireylerin dini özgürlük hakları ve devletin güvenlik ve kamusal esenlik kaygıları arasındaki bir istikrarsızlık uzamını ifade ettiğini ileri sürüyorum.[5] Karşımıza çıkan meseleleri Jürgen Habermas, kısa süre önce ortaya attığı bir soruyla az ve öz biçimde ifade etmiştir: "Postseküler bir toplumun üyeleri olarak kendimizi nasıl algılamalıyız ve kültürlerin ve dini dünya görüşlerinin sayıca artmasına rağmen derin köklere sahip ulus-devletlerde sosyal ilişkilerin medeni kalmasını sağlamak için birbirimizden ne beklemeliyiz?"[6]

Peki politik teoloji nedir?

Carl Schmitt'in Politik Teolojisi

1922 yılında Carl Schmitt, *Political Theology: Four Chapters on the Concept of Sovereignty*[7] adlı eserini yayımladı. Schmitt tarafından 1934 yılında yeni bir Önsöz'le yeniden yayımlanan bu metin, 1932 tarihli *The Concept of the Political* ve daha erken tarihli (1923) *The Crisis of Parliamentary Democracy (Zur geistesgeschichtliche Lage der heutigen Parlamentarismus)*[8] adlı çalışmalarıyla birlikte Schmitt, liberal demokrasi projesinin en keskin muarızlarından biri konumuna geldi.* Schmitt, parlamentoların birer müzakere organı olarak çalışmasını engelleyen özel çıkar gruplarının ve komitelerinin

---

* Bkz. *Siyasi İlahiyat: Egemenlik Kuramı Üzerine Dört Bölüm*, çev. Emre Zeybekoğlu, 2002. Ankara: Dost Kitabevi. *Siyasal Kavramı*, çev. Ece Göztepe, 2006. İstanbul: Metis Yayınları. *Parlamenter Demokrasinin Krizi*, çev. Emre Zeybekoğlu, 2006. Ankara: Dost Kitabevi.

idaresi altında liberal parlamentarizmin geçirdiği sosyolojik dönüşümü ortaya koymakla kalmadı; yazar aynı zamanda, rasyonalist yanılgılarını teşhir ettiği liberalizmin "sınır-kavramlarını"—*die Grenzbegriffe*—gözler önüne serdi. Söz konusu sınır-kavramlar, Schmitt'e kalırsa, modern devlet yapısının dayandığı gizli ve "üzerine düşünülmemiş" temelleri teşkil ediyordu. Egemenlik bu sınır-kavramlardan biriydi; tartışma kanalıyla hükümet etme ilkesi ve görüşlerin müzakereler sonucunda bir noktada buluşacağı varsayımı da birer sınır-kavramdı.

Schmitt'in getirdiği sosyolojik ve felsefi eleştiriler oldukça kuvvetlidir ve gerek sağ gerek sol cenahtan düşünürlere esin vermiştir. Otto Kirchheimer'den tutun Walter Benjamin ve Hans Morgenthau'ya, Leo Strauss'tan tutun Chantal Mouffe ve Ernesto Laclau'ya,[9] pek çok düşünürün gözünde Schmitt liberal demokrasi projesi derin krize girdiğinde başvurulacak *éminence grise* ya da akıl hocasıdır. Gerek Avrupa'da gerek ABD'de Schmitt'e yönelik ilginin nasıl da yeniden canlandığını aktarmaya gerek yok burada. Bunun yerine, Schmitt'in *Politik Teoloji*'de ileri sürdüğü kimi tezleri kısaca hatırlamak suretiyle, günümüzde "politik teoloji" ifadesi altında toparlanabilecek kaygılarla Schmitt'in aklını meşgul eden meseleler arasındaki süreklilik ve kopuşları ortaya koymak niyetindeyim.

Schmitt'in *Politik Teoloji*'sinde birbiriyle ilişkili, ancak genelde birbirinden net biçimde ayırt edilmeyen en az üç tez vardır. Birincisi, zaman zaman Schmitt tarafından "kavramlar sosyolojisi" (45) olarak da anılan düşünceler tarihine dair bir tezdir ve en iyi özetini şu iddiada bulur: "Modern devlet kuramının tüm önemli kavramları sekülerleşmiş teolojik kavramlardır ve bu kavramlar tarihi gelişimleri esnasında teolojiden devlet kuramına aktarılmıştır; örneğin, kadir-i mutlak Tanrı kadir-i mutlak yasa yapıcı haline gelmiştir" (36). İkinci olarak, Schmitt *hukuki hermenötik*'i, yani genel ve tikel arasındaki, hukuk ve uygulandığı durumlar arasındaki diyalektiği inceler. Üçüncüsü, Schmitt modern devlette meşruiyetin odağı olarak *egemenliğin inşası ve imtiyazları* üzerine bir tez geliştirir. Günümüzdeki tartışmalarda en fazla yankı bulansa, Schmitt'in ilk ya da ikinci tezi değil üçüncü tezidir—yani olağanüstü hal kuramı. Adeta günümüzdeki politik zeitgeist, Schmitt'in *Politik Teoloji*'sinin ünlü açılış cümlesine yeniden hayat vermiştir: "Egemen, olağanüstü hale karar verendir" (5).

Günümüzün genelgeçer ifadelerinden biri haline gelen meşhur "olağanüstü" [exception] kavramının anlamı geniş bir yelpazeye yayılır: Kavram bir taraftan bir normu ihlal eden, ya da normun dışında kalan durumu ifade ederken, diğer taraftan, anayasal hukukta daha teknik bir anlama sahiptir ve sıkıyönetimin ilan edildiği, bazı ya da bütün hürriyetlerin askıya alındığı bir durumu anlatır—yani "acil durum," *Notstand* anlamına gelir. Ancak zaman zaman acil durumdan ayırt edilmesi güçleşen olağanüstü hal [state of exception], sadece hürriyetlerin anayasal çerçevede askıya alınması ve devletin istisnai yetkiler üstlenmesiyle sınırlı değildir; olağanüstü hal, politik düzenin bizzat temellerinin kökünden sarsıldığı şiddetli bir kriz anıdır. Giorgio Agamben'in *State of Exception*[10] adlı eserinde,[*] hukuki hermenötik bağlamında tikel ve eşsiz olana dair bir kuram anlamına gelen, anayasa hukukunda ise belirli kanun ve hürriyetlerin askıya alındığı bir durumu anlatan "olağanüstü" ifadesinin bu geniş müphemliği tespit edilir ve etkili biçimde açımlanır.[11]

Politik teoloji kavramı, her ne kadar günümüzdeki tartışmalarda yaygın bir biçimde kullanılıyorsa da, Schmitt'in egemenlik ve olağanüstü hal doktrininden koparıldığında Schmitt'tekinden çok daha farklı mevzulara değer. Hatta, benim savıma göre, *bizim* politik ve teolojik açmazımızı aydınlatma noktasında Carl Schmitt'in çalışmaları pek fayda sağlamaz.

Schmitt'in Ötesinde Politik Teoloji

Hent de Vries, *Political Theologies. Public Religions in a Post-Secular World* [Politik Teolojiler: Post-Seküler Bir Dünyada Kamusal Dinler] adlı kitabının giriş kısmında şu soruyu ortaya atar:

> Ekonomik pazarların, teknolojik medyanın ve bilgi ağlarının küresel yayılışı sonucu, teolojik-politik otoriteyi coğrafi sınırlar ve milli egemenlik tarafından belirlenen bir toplumsal organizmaya bağlayan bağlantının gevşediği veya büyük ölçüde askıya alındığı bir dünyada, din ve onun işlevsel muadilleri ve müteakip inanç ve ritüeller, hangi *pre-*, *para-* ve *post-* politik

---

[*]   Bkz. *Olağanüstü Hal*, çev. Kemal Atakay, 2008. İstanbul: Varlık Yayınları.

formlara bürünür? Teolojik-politik siyasi teşekkül yerine cisimsiz—sanal veya aşkın da denebilir—bir teşekkül geçirmek düşünülebilir, mümkün, uygulanabilir hatta arzu edilir bir durum mudur?[12]

Politik teolojiyi, geçmişte teolojik-politik otoriteyi "coğrafi sınırlar ve milli egemenlik tarafından belirlenen bir toplumsal organizma" içinde konumlandıran bağları gevşeten günümüzün küresel ekonomi, teknoloji ve medya bağlamına yerleştirerek, de Vries önemli bir tezatın altını çizer. Tarihte gördüğümüz, ulus-devletle sınırlı teolojik-politik alan modeli ile bugünün yurtsuzlaşmış [deterritorialized], ulusaşırı, televizyon dolayımlı ve zaman zaman elektronik olarak iletilen günümüz dinleri ve dini hareketleri birbirinden radikal bir biçimde ayrılır. Ironiktir, bu açıdan, Kuzey ve Güney Amerika'nın Evanjelist kiliseleri, Rusya'daki Yehova Şahitleri ve Suudi Arabistan'daki Vahhabilik'in başvurduğu iletişim biçimleri ile El Kaide'nin interneti ve diğer günümüz mecralarını yetkin bir biçimde kullanması—ki Al-Madoodi gibi gezgin İslam yorumcularının güçlü sesi bu etkiyi iyice pekiştirir—arasında pek az fark göze çarpar. Küreselleşme çağında, yurtsuzlaşmış dinler yalnızca ulus-devletin otoritesine meydan okumakla kalmaz, ulusal kolektif kimlik hissiyatını da yerinden eder. Özellikle Halifeliğin kaldırılması, Osmanlı İmparatorluğu'nun çöküşü ve İngiliz ve Fransız emperyalizmlerinin bölgeden çekilmesinden sonra oluşan Türkiye, Mısır, Ürdün ve Irak gibi Ortadoğu toplumlarında, başlıca dayanışma, kimlik ve kendini tanımlama mevkii olarak İslami ümmetin ruhani otoritesinin yerini ulus-devletin otoritesinin alması her zaman kırılgan bir durumdu. *Cius regio, eius religio* (iktidar kimdeyse onun dini hâkimdir) ilkesi ve "kilise otoritesinin yurtlaşması" süreci İslam toplumlarında hep direnişle karşılaştı; söz konusu toplumlar Batı Avrupa'da Vestfalya sonrasında gerçekleşen şekliyle, din ve devlet arasındaki ayrım sürecini yaşamamışlardı.

Paradoksaldır, küreselleşme koşulları altında dinin yurtsuzlaşması sonucu ulus-devletin otoritesinin altının oyulması, modernite öncesi hatıratı canlandırır ve postmodern iletişim, mübadele, ticaret ve bilginin merkezsizleşmiş araçları ile kendilerini yenilemekle meşgul olan kabilelerin gücünü pekiştirir. Hans Jonas şu gözlemde bulunur: "Dolayısıyla 'postseküler', dinin daha anlamlı hale gelmesi ya da dine yönelik ilginin artması manası taşımaz; seküler devlet tarafından ya da kamusal düzlem bünyesinde dini cemaatlerin ya da onlardan doğan itkilerin süregiden varlığı karşısında takınılan tavrın değişmesi anlamına gelir."[13]

Liberal demokrasilerde karmaşık demokratik kimliklerin oluşumu sürecinin, dini inancın yurtsuzlaşması sonucu karşılaştığı zorlukları incelemek için "başörtüsü meselesi" denen olguya odaklanmak istiyorum. Ulusaşırı bir mücadele halini alan başörtüsü siyaseti; etno-kültürel ve dini gruplar arasında cereyan eden karmaşık hareketleri ve karşı hareketleri gözler önüne serdi. Söz konusu gruplar kadın bedenine dair sembolik işaretler etrafında seferber olmakta, seküler devletin egemenliğine meydan okumakta ve bazı örneklerde zorlu hukuki, hatta anayasal müzakereleri gündeme getirmektedir.

Aşağıda ele alınacak üç ülke olan Fransa, Almanya ve Türkiye'nin imzaladığı İnsan Hakları Evrensel Beyannamesi (İHEB), Uluslararası Sivil ve Politik Haklar Sözleşmesi (USPHS) ve Avrupa İnsan Hakları Sözleşmesi (AİHS), hukuki göndermelerle ilgili söylemsel çerçeveyi teşkil eder. Hem USPHS hem de AİHS, İHEB'nin 18. Madde'sini bir şablon olarak benimser. Söz konusu madde şudur: "Herkes düşünce, vicdan ve din özgürlüğüne sahiptir; söz konusu hak, din veya inanç değiştirme özgürlüğünü, ayrıca tek başına veya topluluk halinde, kamusal veya özel düzlemde, din ve inancını öğreti, uygulama, ibadet ve riayet şeklinde ortaya koyma özgürlüğünü de içerir."[14]

L'Affaire du Foulard (Başörtüsü Meselesi)[15]

L'affaire du foulard[16] ifadesi; Fransa'da 1989 yılında başörtüsülü üç Müslüman kızın Creil'deki (Oise) bir okuldan atılması üzerine patlak veren, ardından da Kasım 1996 tarihinde Conseil d'Etat kararıyla 23 Müslüman kızın okullarından uzaklaştırılmasıyla devam eden uzun soluklu kamusal ihtilafları anlatır.[17] Neredeyse on yıl süren ihtilafın ardından Fransız Milli Meclisi Mart 2004'te büyük çoğunluğun oyuyla bir yasa kabul etmiştir: Söz konusu yasa—ilginç bir biçimde artık *la voile* olarak anılan—"türban"ın takılmasını yasaklamakla kalmamış, aynı zamanda "dini aidiyet ifade eden aleni işaretlerin kamusal alanda kullanılmasını" da yasaklamıştır. Bernard Stasi başkanlığında toplanan ve cumhurbaşkanına rapor veren Komisyon, başörtüsü takılmasını, İslamın *laïcité* değerlerine karşı yönelttiği artan tehdidin bir parçası olarak ele almıştır.

Zaman zaman "ulusal dram"[18] hatta "ulusal travma" olarak anılan bu olay, Fransa'da Fransız Devrimi'nin iki yüzüncü yılı kutlamaları arifesinde patlak vermiş ve Fransız eğitim sistemiyle onun felsefi ilkesi olan *laïcité*ye karşı bir meydan okuma olarak algılanmıştır. *Laïcité* kavramını, Kilise ve Devlet'in ayrılması hatta sekülerleşme olarak tercüme etmek zordur. Bu kavram en doğru biçimde, devletin kamusal düzlemde bütün dini pratiklere karşı alenen nötr olması; bunun da sekter dini sembollerin, ikonların ve giyim eşyalarının dikkatli bir biçimde resmi kamusal alanlardan kaldırılması kanalıyla kurumsallaşması olarak anlaşılabilir. Ancak, Fransız Cumhuriyeti'nde, bir yanda bireylerin vicdan ve din özgürlüğüne saygı ile öte yanda her tür dini sembolizmden arınmış bir kamusal alanın oluşturulması arasındaki denge o kadar kırılgandı ki, bir avuç gencin edimleri söz konusu kırılganlığı teşhir etmeye yetti. Bunun ardından başlayan tartışma, baştaki münakaşanın çok ötesine geçti ve gerek sol gerek sağ cenahın Fransız cumhuriyetçiliğini nasıl algıladığı, sosyal ve cinsel eşitliğin anlamı, ayrıca Fransız yaşamında liberalizm, cumhuriyetçilik ve çokkültürlülük arasındaki ihtilaflar gibi konulara uzandı.

Fransız sosyologlar Gaspard ve Khosrokhavar söz konusu karmaşık sembolik müzakereleri şu şekilde yakalar:

> [Başörtüsü] ebeveynlerin ve büyük ebeveynlerin gözünde bir süreklilik yanılsaması yaratsa da, aslında bir kopuş unsurudur; kimlik (gelenek) kisvesi altında, ötekiliğe (modernite) geçişi mümkün kılar; menşe toplumla özdeşleşme hissi yaratır, ancak anlamı asıl evsahibi toplumdaki ilişkiler dinamiğiyle bağlantılıdır, [...] gelenek itibariyle bir eylem alanı olarak kadına kapalı olan kamusal alana girişi ve bireysel özerkliğin inşası süreçlerini iç içe geçiren, geleneksel ayrımları bulandıran bir moderniteye geçiş kanalıdır.[19]

L'affaire du foulard sonunda, küreselleşme ve çokkültürlülük çağında Fransız milli kimliğinin yaşadığı bütün ikilemleri temsil eder hale geldi: Bir taraftan Fransa'nın AB'yle entegrasyonu, diğer taraftan Fransız topraklarında ikinci ve üçüncü kuşak göçmenlerin varlığından kaynaklanan çokkültürlülük basınçları karşısında Fransız *laïcité,* cumhuriyetçi eşitlik ve demokratik vatandaşlık gelenekleri nasıl muhafaza edilecekti? Fransız vatandaşlık pratikleri ve kurumları, cumhuriyetçi eşitlik ideali çerçevesinde çokkültürlülüğü kapsayabilecek denli esnek ve cömert olabilecek miydi?

Bu kızların eylemleri tam olarak ne anlama geliyordu? Bu bir dini riayet ve kalkışma edimi, bir kültürel meydan okuma davranışı mıydı; yoksa ergenlerin dikkat çekme ve öne çıkma çabası mı söz konusuydu? Kızları harekete geçiren korku mu, kararlılık mı yoksa narsisizm miydi? Eylemlerinin bütün bu unsur ve saikleri içerdiğini düşünmek zor değil. Bu ateşli tartışmada kızların sesli fazla duyulmadı; ancak Fransız kamusal alanında gerçek bir kamusal tartışma yaşandı ve çokkültürlü bir toplum bünyesinde demokrasi ve farklılık meseleleri üzerine epey kafa yoruldu. Sosyologlar Gaspard ve Khosrokhavar'ın işaret ettiği gibi, onlar kızlarla söyleşi yapana dek, kimse kızların bakış açısına pek kulak asmıyordu. Söz konusu kızlar hukuk nezdinde yetişkin olmasalar ve ailelerinin vesayeti altında yaşasalar dahi, 15-16 yaşındaki bu kızların kendilerinin ve davranışlarının sorumluluğunu üstlenebileceğini düşünmek akla yatkındır. Eğer onlara kulak verilmiş olsaydı, başörtüsü takma eyleminin giderek bir dini davranıştan bir kültürel meydan okuma ve artan politizasyon sürecine doğru evrildiği görülürdü. İroniktir, bu kızları evdeki patriyarkal yapıların dışına çıkaran ve Fransız kamusal alanına sokan, dahası onlara *başörtüsü takmanın anlamını yeniden kurma* yolunda özgüven ve olanak sağlayan bizzat Fransız kamusal eğitim sisteminin eşitlikçi normlarıydı.

Dünyanın başka pek çok noktasında da Müslüman kadınların başörtüsünü ve çadoru, gelenekten özgürleşmeleri sonucu ortaya çıkan paradoksları örtmek için kullandıklarına dair bol miktarda kanıt mevcuttur sosyoloji literatüründe.[20] Eylemlerinin tek anlamını seküler devlete dini bir meydan okuma olarak yorumlamak, bu kadınların kendi eylemlerinin anlamını tanımlama kapasitesini hafife almak anlamına gelir ve ironik bir biçimde onları, kurtulmaya çalıştıkları patriyarkal anlam duvarlarına yeniden hapsetmek olur.

Kadın hareketleri ve örgütleri başörtüsü yasağının değerlendirilmesi konusunda ayrımlar yaşadı: Ni Putes, Ni Soumises (Ne Fahişeyiz Ne Köle) adlı örgütün üyeleri yasağı savunurken, Aile-Öğretmen Federasyonu, SOS Racisme, Une École pour Toutes et Tous (Herkes İçin Eğitim) gibi örgütler kızların din ve eğitim özgürlüklerinin, ayrıca ayrımcılığa karşı korunma haklarının çiğnendiğini ileri sürdü. Human Rights Watch, Islamic Human Rights Commission ve ABD-merkezli KARAMAH, Muslim Women Lawyers for Human Rights [İnsan Hakları için Müslüman Kadın Avukatlar] gibi dış gözlemciler de onlarla aynı fikirdeydi.[21]

Aynı şekilde, akademik literatürde de bu olayların yorumlanma biçimi tartışma doğurmayı sürdürüyor: Joan Scott başörtüsü yasağının, cinsiyetçi ve Avrupamerkezci Fransız cumhuriyetçi geleneğini teşhir ettiğini ileri sürerken, Christian Joppke *Veil: Mirror of Identity* [Başörtüsü: Kimliğin Aynası] adlı çalışmasında farklı bir argüman ortaya atıyor. Joppke şöyle yazar: "Fransız Müslümanları, ulusa sadakatlerinin test edildiği kritik bir anda, sınavı yıldızlı pekiyi ile geçerek cumhuriyetin 'mağdur'ları olmaktan çıkıp 'kahraman'ları haline geldiler."[22] Joppke'nin kastettiği olay iki Fransız gazetecinin Irak'ta radikal İslamcılar tarafından başörtüsü yasağının kaldırılması talebiyle kaçırılmasıydı. Bu olay, görülmedik bir biçimde Fransız devleti etrafında safların sıklaştırılması sonucunu doğurdu. Yüz binlerce kişiyi Fransız sokaklarına döken bir gösteriye, başörtüsü yasağına karşı olan pek çok kişinin de katılması ve radikal İslamcıların kendi mücadelelerine burunlarını sokmasını reddetmesi ironik bir durumdu.[23]

Joppke birtakım zihin açıcı veriler de sunar: Kanunun yasalaştığı Eylül 2004'ten sonra sadece 639 öğrenci okula başörtüsüyle geldi ve bunların 100'ü başörtüsünü çıkarmayı reddetti; bir yıl sonra okul yılının başlangıcında bu sayı 12'ye inmişti. 1994'te 9 milyon öğrencinin 1.123'ünün, 2003'te ise 1.256 öğrencinin başörtüsüyle okula geldiği düşünüldüğünde, kanunun amacına ulaştığı söylenebilir. Ancak Joppke'nin aksine ben Müslüman gençlerin Fransız toplumuna başarıyla entegre olduğuna ikna olmuş değilim. 2005 baharında Paris'in göçmen ağırlıklı mahallelerinde patlak veren isyanlar, Fransız devletine yönelik hınç, yabancılaşma ve meydan okuma hislerinin her an kıvılcım alıp patlayabileceğini gösterdi. Avrupa kamusal alanı, Belçika ve Fransa'nın burkayı[24] yasaklamasıyla ilgili tartışmalarla sarsılırken, başörtüsü meselesinin etrafındaki sembolik siyasetin tükenmediği sonucuna varmak durumundayız.

Almanya'nın "Başörtüsü Meselesi:" Fereshta Ludin Olayı[25]

Son yıllarda, Alman mahkemeleri Fransa'daki başörtüsü meselesine oldukça benzer bir mevzuyla karşı karşıya geldi. Baden-Württemberg'de ilkokul öğretmenliği yapan Afgan kökenli Alman vatandaşı Fereshta Ludin, derslere başı örtülü halde girmekte ısrar ediyordu. Okul yetkilileri ise buna izin vermediler. Mesele Alman Yüksek Mahkemesi'ne kadar çıktı ve 30 Eylül 2003 tarihinde mahkeme kararını açıkladı. Buna göre, mahkemeye sunulduğu şekliyle, başörtüsü takılması, davacının İslam dini cemaatine (*die islamische Religionsgemeinschaft*) ait olduğunun bir ifadesiydi. Mahkeme, bu tür bir davranışın ilkokul ve ortaokullarda öğretmenlik yapma açısından yetersizlik (*Eignungsmangel*) olarak yorumlanmasının, Temel Yasa (*Grundgesetz*) Madde 33 paragraf 2 uyarınca herkesin kamu görevi icra etme noktasında eşit hakka sahip olduğu ilkesiyle bağdaşmayacağına hükmetti, ayrıca Madde 4 paragraf 1 ve 2 tarafından güvence altına alınan vicdan özgürlüğü hakkıyla çeliştiğine, ancak bunun için gerekli ve yeterli hukuki dayanak sunmadığına karar verdi (BVerfGe, 2BvR, 1436/02, IVB 1 ve 2; kendi çevirim). Bayan Fereshta Ludin'in sahip olduğu temel hakların altını çizen mahkeme heyeti, yine de davacı aleyhine karar verdi ve konuya dair nihai takdiri demokratik yasama organlarına devretti (BVerfGe, 2BvR, 1436/02, 6).

Alman Anayasa Mahkemesi, büyük ölçüde Fransa'daki Conseil d'Etat gibi, söz konusu temel hakların—vicdan özgürlüğü ve kamu görevlerine erişimde eşitlik—önemini teslim ettiyse de, söz konusu hakları demokratik yasama organlarının iradesine karşı korumayı reddetti. Ancak belirtmek gerekir ki, Almanya'da başörtüsü yasağı öğrencilere değil öğretmenlere uygulanır, zira Alman Temel Yasası Madde 4 ve 2 uyarınca öğrencilerin başörtüsü takma hakkının dini özgürlük haklarının güvencesi altında olduğu asla sorgulanmamıştır. Meseleyi yalnızca okul yetkililerinin otoritesine bırakmamak ve devletin din ve dünya görüşü açısından nötr tutumunu koruma gereğini vurgulamak suretiyle, mahkeme demokratik yasama organlarına, liberal bir demokraside dünya görüşlerindeki çoğulculuğa saygı göstermenin önemini işaret etmiştir. Buna rağmen mahkeme kendisinde çoğulculuğu korumak için müspet müdahalede bulunma yetkisi görmeyerek, bu meselenin Länder'in yani eyaletlerin yetki alanına girdiğine hükmetmiştir.[26] Şüphesiz, Almanya'daki öğretmenlerin aynı zamanda *Beamten*, yani çeşitli memuriyet yasalarına tabi kamu görevlileri olması da bu açıdan bir rol oynamış olabilir. Gelgelelim, mahkemenin asıl kaygısının, menşe topluluğun geleneklerine aidiyetini ifade eden bir nesneyi alenen takan bir kadının Alman devletinin bir memuru olarak görevlerini yerine getirip getiremeyeceği şeklindeki, usule değil esasa dair mesele olduğu izlenimini edinmemek pek mümkün değildir. Baden-Württemberg eyaletinin Eğitim Bakanı Annete Schavan, Almanya'daki başörtüsü tartışmasının açılış salvosu niyetine şunu ileri sürmüştür: "Başörtüsü [...] aynı zamanda kültürel ayrışmayı (*Abgrenzung*) ifade eder, dolayısıyla da sosyal barışı [tehdit eden] bir politik semboldür."[27]

Bayan Ludin, öğretmen olmak için gerekli vasıfları başarıyla edinmiş Afgan kökenli bir Alman vatandaşı olmasına rağmen, onun vatandaş haklarının iki boyutu—hukukun tam ve eşit korumasından yararlanma hakkı ve mütedeyyin bir Müslüman olarak kültürel kimliği—birbirleriyle çelişkili gibi görülüyordu.

Bir kez daha, Alman mahkemesinin kararı birtakım paradoksal sonuçlar doğuruyordu: Bir yandan, devlet okullarındaki dini sembolleri gerek muhafaza eden gerek yasaklayan tüm mevcut düzenlemeler derhal hükümsüz kılınıyordu, öte yandan "öğretmenlerin başörtüsü takmasını yasaklamaya niyetli [eyalet hükümetleri] derhal bu yönde yasalar çıkarmak durumunda kalıyordu" (Joppke, *Veil*: 70). Devlet başkanı Johannes Rau ve Kardinal Ratzinger (sonradan Papa Benedict XVI olacaktı), söz konusu kararın devlet okullarındaki *bütün* dini sembolleri yasaklama etkisi yaratacağını ve eyalet yasama organlarının aksi yönde kararlar almaması halinde bu durumun Almanya'yı *laïcité* yoluna sokacağını belirtti. Almanya *laïque* değil *christlich-abendländische* (Hıristiyan-Batılı) geleneğe sıkı sıkıya bağlı bir devlettir; ülkede resmen tanınan üç inanç—Protestanlık, Katoliklik ve Musevilik—doğrudan müminlerden toplanan *Kirchensteuer* adlı vergi ile fonlanır. Dolayısıyla, Fransız tarzı bir *laïcité* oluşumunu engellemenin tek yolu, yalnızca İslami sembollerin zımnen politik ve provokatif olduğunu ilan eden yasal mevzuat geçirmekti. Joppke'nin belirttiği gibi, "Berlin dışındaki yedi *Länder*'de (Baden-Württemberg, Bavyera, Hesse, Aşağı Saksonya, Saarland ve daha yakın zamanda Bremen ve Kuzey Ren-Vestfalya) yasalaşan başörtüsü karşıtı mevzuat, Hıristiyan ve Musevi sembollerini büyük ölçüde kapsamı dışında bırakıyordu" (Joppke, *Veil*: 71).

Baden-Württemberg'in başörtüsü karşıtı mevzuatı, eyaletin eğitim kanununun 38. paragrafına eklenen üç yeni cümleden ibarettir ve İslam dinine karşı alenen ayrımcı bir tavır barındırır: "Hıristiyan ve Batılı değerlerin ve geleneklerin temsili, [bölgesel] anayasanın eğitim konusundaki hükümlerine uyumludur ve birinci cümlede talep edilen davranışlarla çelişmez." Bahis konusu birinci cümleye göre, öğrenciler ve ebeveynlere yönelik tarafsızlığı riske ya da tehlikeye atmama kaygısıyla, "öğretmenlerin, politik, dini [ya da] ideolojik nitelikli aleni ifadeler sarf etmesine izin verilemez" (Joppke, *Veil*: 72–3). Burada başörtüsünün adeta kurumsal bir logo misali, ancak tek bir yoruma izin veren için bir anlamı olduğu hiç tartışmasız kabul edilir ve başörtüsü takanın onu ne niyetle taktığına hiçbir önem atfedilmez.

Alman Anayasa Mahkemesi çoğulculuğa sağlam bir anayasal savunma sağlama noktasında başarısız olmuştur. Başörtüsü takma konusundaki düzenlemelerde, yasama organlarının tekil kanunlarla yasaklar getirmesinin önünü açan mahkeme, temel bir insan hakkını korumada yetersiz kalmış ve dahası İslamı cımbızla seçip alan oldukça ayrımcı ve cezalandırıcı bir dizi mevzuat değişikliğine yeşil ışık yakmıştır.[28]

Türkiye'deki "Türban Meselesi"

Şubat 2008'de iktidardaki Adalet ve Kalkınma Partisi (AKP) Türkiye'deki yüksek öğretim kurumlarında başörtüsü ve türban takılmasını yasaklayan kanunu değiştirmeye karar verdi. Haziran 2008'de Anayasa Mahkemesi, Türk devletinin seküler doğasıyla bağdaşmadığı gerekçesiyle yeni kanunu geri çevirdi.[29] AKP karşıtları, Türkiye'nin laik (seküler) anayasal düzenini yıkmaya çalıştığı gerekçesiyle partiyi kapattırmaya çalıştı. Pek çok kişinin korku ya da öngörülerinin aksine, mahkeme Ağustos 2008'de AKP'nin kapatılmayacağını açıkladı; bunun yerine, laik (seküler) anayasal düzene karşı eylemleri nedeniyle cezaya çarptırılacaktı.[30]

İlk başta, Türkiye Anayasası'nın 10. ve 42. Madde'lerini değiştirme çabaları, kötü ün sahibi 301. Madde'nin tadilini de içeriyordu. "Türklüğe hakaret" etmeyi yasaklayan 301. Madde, pek çok milliyetçi ya da aşırı milliyetçi savcı tarafından Orhan Pamuk gibi liberal yazar ve entelektüellere karşı dava açmak amacıyla kullanılıyordu. Ancak söz konusu önerge daha sonra iptal edildi ve Anayasa'nın en antidemokratik ve antiliberal maddelerinden biri böylece değişmeden kaldı.

10. Madde "Kanun Önünde Eşitlik" ile ilgilidir ve "Herkes, dil, ırk, renk, cinsiyet, siyasi düşünce, felsefi inanç, din, mezhep ve benzeri sebeplerle ayırım gözetilmeksizin kanun önünde eşittir" der. Ayrıca şöyle yazar: "Kadınlar ve erkekler eşit haklara sahiptir. Devlet, bu eşitliğin yaşama geçmesini sağlamakla yükümlüdür." Değişiklikler Madde'nin dördüncü bendiyle ilgilidir. İlgili bendin eski versiyonu şu şekildeydi: "Devlet organları ve idare makamları bütün işlemlerinde kanun önünde eşitlik ilkesine uygun olarak hareket etmek zorundadırlar." Önerilen yeni versiyon ise şu şekildeydi: "Devlet organları ve idare makamları bütün işlemlerinde ve *her türlü kamu hizmetlerinden yararlanılmasında* kanun önünde eşitlik ilkesine uygun olarak hareket etmek zorundadırlar" (vurgu benim). TBMM böylece her tür ayrımcılığa karşı olma ilkesini benimseyerek, toplumsal cinsiyet ayrımcılığının kanuna aykırı olduğunu ve dil ve etnisite temelinde ayrımcılığın da yasadışı olduğunu vurguluyordu.

15 milyon Kürdün yaşadığı ve Türkçe yanında kendi dillerini de konuştuğu Türkiye bağlamında, bu ayrımcılık karşıtı ilkenin vurgulanması pek çok anlam taşıyordu. AKP'nin kimi milletvekilleri ve başka kişiler Türkiye'nin bir gün şeriat hukukunu benimseyeceğini ve cinsiyetler arası eşitsizliği kabul edeceğini umuyorduysa bile, artık karşılarında bizzat kendi partilerinin yasalaştırdığı mevzuatı bulacaklardı. İronik bir biçimde, Türk Kemalist geleneğinin eşitlikçi ve vatandaşlık odaklı-cumhuriyetçi mirası, İslamcıların çoğunlukta olduğu TBMM'yi, kamusal hizmetlerin tedariği bağlamında Türk vatandaşları arasında ayrımcılık güdülmemesi ilkesini net biçimde vurgulamaya götürmüştü.

Ancak kamusal hizmet *sağlayanların* da bu hizmetlerden *yararlananlar* gibi ayrımcılık karşıtı ilkeden faydalanıp faydalanamayacağı muğlak bırakılmıştı. Yasa sadece eğitim, sağlık vb hizmetleri alan dindar kadınları ayrımcılığa karşı korumayı mı amaçlıyordu, yoksa yasanın bu tür hizmetleri sağlayanları da koruma niyeti var mıydı? İkisi arasındaki fark son derece büyüktür. Eğer yasa kamu hizmetlerinden *yararlananlar* kadar onları *sağlayanları* da koruyorduysa, bu durumda öğretmenler, hükümet yetkilileri, doktorlar, avukatlar, hatta Cumhurbaşkanı'nın eşi resmi konumları çerçevesinde ve resmi görevlerini ifa ederken türban takabilecekti.

Ahlaki bir bakış açısından, kamu hizmetlerini *sağlayanlar* ile bunlardan *yararlananlar* arasında bir ayrıma gidilmesini savunulamaz olduğu ileri sürülebilir. Önemli olan, devletin bireylerin vicdan özgürlüğünü ve inanç temelinde ayrımcılığa maruz kalmama hakkını korumasıdır. Söz konusu kaygılar Fereshta Ludin olayına oldukça benzerdir. Türkiye örneğinde de, eğitim, sağlık ve ulaşım gibi *devlet hizmetlerinin* tedariğinde sekter dini sembollerin kesin olarak yasaklanmasını beraberinde getiren *laïcité*'nin kamusal alanda mutlaka savunulması söz konusuydu.

Anayasa'nın "Eğitim ve Öğrenim Hakkı ve Ödevi" başlıklı 42. Madde'sinde yapılan tadil daha netti; ancak söz konusu Madde'de bir dizi muğlak hatta baskıcı politik unsur da mevcuttur. Madde şöyle der: "Türkçeden başka hiçbir dil, eğitim ve öğretim kurumlarında Türk vatandaşlarına ana dilleri olarak okutulamaz ve öğretilemez." Bu, politik ulus yani *demos*un dayandığı *ethnos*un sözde "homojenliği"nin militanca ifadesidir. Bir tarafta din, etnisite, inanç ve deri rengi ne olursa olsun Türk vatandaşlarından menkul Türk cumhuriyetinin *demos*u ile öte tarafta Türkçe dışında hiçbir anadili olmaması gereken bir millet olan *ethnos*un hayali birliği ve sözde homojenliği arasındaki gerilimi yansıtır. 10 Şubat 2008 tarihli reformlar aslında Anayasa'nın özünü olduğu gibi bırakıyordu. Yalnızca, "Kanunda açıkça yazılı olmayan herhangi bir sebeple kimse yüksek öğrenim hakkını kullanmaktan mahrum edilemez. Bu hakkın kullanımının sınırları kanunla belirlenir" şeklinde bir ek yapılıyordu. Bu ek fıkra, türban takan kadınların ilgili kurumlara girmesini ya da başları örtülü halde sınavlara girmesini tamamen idari tedbirlerle yasaklayan eğitimci, profesör ve idarecileri engelleme amacını güdüyordu. Ancak, mevzuatın kabulünden sonra dahi bu tür olayların ardı kesilmedi. Devlet sağlık merkezlerindeki yerel yetkililer dahi türban takan kadınlara hizmet vermeyi reddettiler.

Bütün bunların geçmişte kaldığı, zira iki değişikliğin de iptal edildiği ve Anayasa Mahkemesi'nin *status quo ante*yi [Lat. önceki statüko] yeniden tesis ettiği şeklinde itirazları duyar gibiyim. Ancak, yeni mevzuatın kabul edildiği Şubat 2008 ila iptal edildiği Haziran 2008 arasında, Türkiye'nin gerçek anlamda çoğulcu bir toplum için yeni bir *demos* ve yeni bir siyasi kimlik yaratma şansını kaçırdığını görmek büyük önem taşır. Türkiye, mütedeyyin olan ve olmayan Müslümanlar arasındaki yarılmanın, Türk toplumunda yüzeye çıkan pek çok farklılık ve ayrılıktan yalnızca *biri* olduğunu, hatta en önemlisi de olmadığını kabul etme şansını kaçırdı.

Bugün Türkiye'deki sivil toplum, görülmedik bir canlılık ve içe bakış sürecinden geçiyor. Medya, gazeteler, sanat ve tiyatro eserleri, ayrıca güncel akademik çalışmalar tarafından ele alınan konular arasında 1915'te Osmanlı Ermenilerine karşı işlenen hunharca suçlar; Yahudi, Rum ve Ermenilerin zenginliğini yeni doğan Türk burjuvazisi arasında yeniden paylaştıran Varlık Vergisi sonucu gayri Müslimlerin maruz kaldığı baskılar; hâkim elitlerin baskıcı Kemalist ideolojisi; ve söz konusu Kemalist elitlerle Kürt feodal ağaları arasındaki mütabakata kadar geri giden Kürt meselesinin kökenleri yer alıyor.[31] Bu arka plan üzerinde incelendiğinde, türban tartışmasının esas olarak, milliyetçilik sonrası ve demokratik bir toplumda kimliklerin çoğullaşması etrafında döndüğü görülür. Pek çok laiğin iddia ettiğinin aksine, İslami bir cumhuriyete rücu söz konusu değildir. Kemalist elitler—ordu, sivil bürokrasi, öğretmenler, avukatlar, mühendisler ve doktorlar—bu gelişmeleri, cumhuriyetçi deneyimin *hezimeti* olarak algılıyor. Bilakis, bu gelişmeler ilgili deneyin başarısının sonuçları olarak da görülebilir. Aydınlanmacı iddialarına rağmen Kemalist cumhuriyetçi ideoloji, vatandaşlığı etnik Türk ve çoğunluk Müslüman kimlikle özdeşleştirir; oysa bugün, sadece etnisitelerin artışına değil, Müslümanlığın farklı biçimlerde ifade edilmesine tanıklık ediyoruz. Genç kız ve kadınların sadece türban *takma* hakkı değil türban *takmama* hakkı da, ayrıca Ramazan esnasında oruç tutmama hakkı vs de savunulmalıdır. Ancak, ne iktidardaki AKP ne de muhalefetteki CHP bu açıdan kararlı demokratlar sayılabilir. Eğer Anayasa Mahkemesi ilgili değişikliklerin Anayasa'ya uygun olduğunu ilan etseydi, AKP'nin bunu kamusal alanlarda alkol tüketilmesini yasaklamaya, dindar olmayan Türk kızlarının giyinme alışkanlıklarına kısıtlamalar getirmeye veya Ramazan'da herkesin oruç tutmasını talep etmeye dair bir yeşil ışık olarak algılaması da gayet mümkündü. Başka bir deyişle, Türk sivil toplumunun kamusal yüzü, dini grupların sivil ve politik hayatın pek çok alanında büyük özgürlüklere ve bir ölçüde özyönetime sahip olduğu İsrail veya Kanada'dan ziyade Suudi Arabistan ve Malezya'yı andırmaya başlayabilirdi.[32]

Türban yasağının kaldırılmasını takip eden haftalarda, yaklaşık 800 türbanlı kadından oluşan bir grup, "Söz konusu özgürlükse hiçbir şey teferruat değildir. Biz henüz özgür olmadık" diyen bir bildiriye imza attılar. Bu kadınlar "yasakçı zihniyet"e karşı çıktıklarını açıkladılar: YÖK'ün kaldırılmasını, Alevilerin haklarının güvence altına alınmasını, Kürt meselesinin çözüme kavuşturulmasını ve 301. Madde'nin ilgasını talep ettiler. Türban takma hakkını, diğer gruplar için sivil hakların genişletilmesi bağlamında algılıyorlardı.

Sonuç

Yakınsamalar kadar ıraksamaların da söz konusu olduğu hukuki peyzajdaki bu kısa gezintiden hangi sonuçlara varabiliriz? Şüphesiz, incelediğimiz üç ülkede ve giderek artan bir biçimde Büyük Britanya'da, türban, takanların öznel bir seçimini ve inançlarına dair tavırlarını yansıtan dini bir giyim eşyası olarak görülmekle kalmıyor, devlet tarafından dikkatle düzenlenmesi ve takip edilmesi gereken bir politik sembol olarak görülüyor.[33] Üç devlet de, türban takmayı, dini vicdana dair bir edim değil, potansiyel bir politik tehdit olarak görüp ona göre düzenlemeler getiriyor.

Devlet iktidarı ile türbanlı kadınlar ve genç kızlar arasındaki mücadele sürecinde, bizzat sembolün anlamı değişim geçiriyor: Söz konusu genç kızlar ve kadınların gözünde türban artık sadece İslami tevazunun bir ifadesi değil, mücadeleye konu olan bir kimliğin sembolü ve kamusal alanda meydan okumanın işaretidir. Türban takma edimi bütün ülkelerdeki söz konusu kadınları politize etti; onları "uslu tebaa" olmaktan çıkarıp giderek daha mücadeleci öznelere dönüştürdü. Benim şahsi kanım, bu mücadelelerin bitmeyeceği yönünde: Etnik ve dini kimliği sembolleştirmenin yeni tarzları ortaya çıkacak; mahkemeler, İslami dini ve kültürel farklılıkların modern liberal demokrasilere entegrasyonuna dair artan sayıda davaya bakacak. Müslüman kızların karma beden derslerine girmeye zorlanıp zorlanamayacağı, umumi havuzlarda "burkini" giyimi (burka ve bikininin bir sentezi) ve benzeri konulardaki tartışmalar, söz konusu sembolik ve politik tartışmaların tükenmekten çok uzak olduğuna delalet ediyor. İsviçre'de 2010 başlarında minare inşaatının yasaklanması ve 2010 yazında New York'taki eski Dünya Ticaret Merkezi arazisi yakınlarında bir cami inşa edilmesi etrafında kopan tartışma düşünüldüğünde, İslamın kamusal mevcudiyetinin Batılı liberal anayasal demokrasiler için ciddi bir mesele teşkil etmeye devam ettiği apaçıktır.

Bu tür tartışmalar esnasında, demokratik yinelemeler kanalıyla haklar ve kimlikler diyalektiği işlemeye başlar. Hakların ve liberal demokratik devletin diğer ilkelerinin anlamının canlı kalması ve orijinal anlamlarının zenginleşmesi için, zaman zaman meydan okumalarla karşılaşmaları ve yeniden ifade edilmeleri şarttır. Ancak ve ancak yeni gruplar bir hakkın ilk ifadesi esnasında çizilen muhataplar grubundan dışlandıklarını ve bu gruba dahil olmak istediklerini ifade ettikleri zamandır ki, belirli bir anayasal gelenekteki tek tek hakların temeldeki kısıtlarını kavrama ve bu tür iddiaların bağlamları aşan geçerliliğini anlama şansımız olur. Gerek demokratik diyalog gerek hukuki hermenötik diyalog, liberal demokrasilerin kamusal alanlarında yeniden konumlandırılmak ve yeniden ifade edilmek suretiyle zenginleşir.[34] Hukuk zaman zaman bu sürece kılavuzluk edebilir; yani hukuki reform halkın bilincinin önünden gidebilir ve söz konusu bilinci anayasanın düzeyine çıkarabilir. Ancak hukuk halkın bilincinin gerisinde de kalabilir ve ona uyum sağlamak için dürtülmesi gerekebilir. Canlı bir liberal çokkültürlü demokraside, kültürel-politik ihtilaflar ve ihtilaf kanalıyla öğrenme süreçleri, hukuki manevralarla boğulmamalıdır. Bizzat demokratik vatandaşlar, aralarındaki örtüşen mütabakatın sınırlarını test etmek suretiyle ayırdetme sanatını öğrenmelidir.

Kısır, legalist ya da popülist anlamda hukuk dondurucu süreçler de ortaya çıkabilir.[35] Bazı örneklerde hiç normatif öğrenme gerçekleşmeyip, sadece taraflar arasında stratejik bir pazarlık yaşanabilir; başka örneklerdeyse, politik süreç legalizmin bariyerlerine toslayabilir ya da *demos*un çoğunluğu bir toptancı korku ve savaş söylemiyle azınlığın haklarını

232 | DOKUZUNCU BÖLÜM

çiğneyebilir. Şiddet patlak verebilir. Hukuk yaratıcı siyaset bir teleoloji ya da tanrıbilim siyaseti değildir. Daha ziyade, kamusal alanda bir boşluğun doğduğu, demokratik irade oluşumunun dayandığı ilke ve normların yeni semantik bağlamları massedebilecek denli geçirgen ve akışkan hale geldiği momentleri kavramsallaştırmamızı sağlar; bu tür momentler de hakların anlamının genişletilmesine olanak tanır. Ben, *hukuk yaratıcı* ve *hukuku dondurucu* siyasetlerin, dini-kültürel farklar etrafında karşı karşıya geldiği bu tür bir tarihsel andan geçtiğimizi ileri sürdüm. Ancak, Habermas'ın dem vurduğu, "kültürlerin ve dini dünya görüşlerinin çoğulluğunun artmasına rağmen" değil artması sayesinde elzem hale gelen o "medeni sosyal ilişkiler"e ulaşmaktan çok uzağız henüz.[36]

ONUNCU BÖLÜM

Günümüzde Ütopya ve Distopya[*]

Doğal Haklar ve Sosyal Ütopyalar

Büyük bir düşünür adına verilen bir ödülü alan insan, anısını yaşatmak üzere seçildiği düşünürle arasında yakınlıklar ve tesirler aramaya koyulur ister istemez. Benim örneğimde bu hiç de zor olmadı: 1986'da İngilizce olarak basılan ve 1992'de Almanca çevirisi (Fischer Verlag tarafından) yayımlanan ilk kitabım, *Critique, Norm and Utopia: A Study of the Foundations of Critical Theory,*[†] Ernst Bloch'un şu sözleriyle kapanıyordu:

> Klasik doğal hak teorileri mirasıyla ilgili mesele kendi açısından toplumsal ütopyalar mirası meselesi kadar acildir. Toplumsal ütopyalar ve doğal hak, aynı insan alanında ortak destekleyici bir göreve sahiptir; ne yazık ki birlikte savaşmadan ayrı ayrı yol alırlar. [...] Toplumsal ütopya insanlığın mutluluğuyla ilgilenir; doğal hak ise onuruyla. Toplumsal ütopyalar *tükenmişliği* ve *ayak altında çiğnenmişliği* ortadan kaldıran insan ilişkileri tasarladı; doğal hak ise *hor görülenin, alçaltılanın* olmadığı ilişkiler inşa etti (440).[1]

---

[*] Bu bölüm, Almanya'nın Ludwigshafen kentindeki Ernst Bloch Zentrum'da 25 Eylül 2009 tarihinde Ernst Bloch Ödülü Kabul Konuşması olarak sunulmuştur. İngilizce versiyonu ilk kez burada gözden geçirilmiş halde yayımlanıyor. Almancada şu başlık altında yayımlanmıştır: "Zur Utopie und Anti-Utopie in unseren Zeiten. Rede anlässlich der Verleihung des Ernst-Bloch Preises 2009," *Bloch-Almanach* 28/2009 içinde, der. Klaus Kufeld (Talheimer: Mosseingen-Talheim, 2009), s. 11–27.

[†] *Eleştiri, Norm ve Ütopya: Eleştirel Teorinin Temellerine Dair Bir İnceleme,* çev. İsmet Tekerek, 2005. İstanbul: İletişim Yayınları. İzleyen alıntı bu çeviriden alınmıştır; sayfa numaraları Türkçe çeviriye aittir.

Bu çarpıcı sözlerde bana özellikle önemli gelen husus, "özne felsefesi"nin ölümüne rağmen ütopya kavramında ısrar edilmesiydi. İzninizle bunu açayım. Klasik Marksizm, adeta ilahsı bir insanlığın eylemleriyle kendini tarih içinde dışsallaştırdığını, ancak bu dışsallaşmış kapasitelerinin insanlığın karşısına "sermaye" olarak dikildiğini öngören bir modeli varsayıyordu; sermaye, bireyleri baskı altında tutan bütün yabancılaşmış güçlerin toplamıydı. Dolayısıyla özgürleşme, bu yabancılaşmış potansiyelin bireyler tarafından yeniden sahiplenilmesinden geçiyordu.[2] Bu iddiadan hareket eden Marx'ın Hegel eleştirisi, *düşünüm öznesinden üretim öznesine* doğru bir dönüşüm başlattı. Buna göre insanlığımızın asli bileşenleri, *animal rationale* [akıllı hayvan] değil *animal laborans* [emek sarf eden hayvan] çerçevesinde tanımlanmalıydı. Bizi doğadan çıkartan edimimiz, düşünüm değil üretimdi; üretim ise "maddi, dünya kurucu praxis" olarak tanımlanıyordu. Doğa, Hegel'in savunduğu gibi Tin'in bir tezahürü değildi; doğa, insan öznelerin faaliyetiyle şekillenen ve değiştirilen bütün nesnel koşulların toplamını ifade ediyordu. Gelgelim, Hegel'in Marksist yöntemle bu şekilde başaşağı çevrilmesi, benim ifademle "özne felsefesi"nin önkabullerini sürdürüyordu (*Eleştiri, Norm ve Ütopya*: 139–54).

Özne felsefesinin kökleri, Hegel'in *Tinin Fenomenolojisi* eserindeki modele uzanır; buna göre, *Geist* adı verilen kolektif tekil özne tarih boyunca kendini dışsallaştırdıktan sonra, karşısına çıkan "ikinci doğa"yı yeniden sahiplenerek kendine geri döner. Hegel, *Geist*'in kendi oluşum koşulları üzerinde düşünümü sonucunda bir uzlaşım (*Versöhnung*) ortaya çıkacağını ileri sürerken, Marx, ardından Lukács ve genç Bloch, ayrıca Frankfurt Okulu mensupları bu yeniden sahiplenmenin iki boyutta ilerleyeceğini öngörüyordu: Birincisi, sosyal üretimin maddi pratiği olarak ele alınan dünya kurucu faaliyeti; ikincisi ise dönüştürücü, devrimci pratik. Dolayısıyla bu geleneğe göre, *praxis* denen dünya, kurucu faaliyet iki sürece gönderme yapıyordu: Bir tarafta maddi üretim, öte tarafta devrimci faaliyet. *Poeisis* ve *praxis* arasındaki, oluşturmak ve eylemek arasındaki Aristotelesçi ayrımı yıkan Marksist-Hegelyen gelenek (ki genç Bloch da bu geleneğe dahildi) söz konusu faaliyetlerin farklı mantık, yapı ve gelişimlerini bağdaştırmayı başaramıyor; gerek kuram gerek pratik düzeyinde itiraza açık sonuçlar ortaya çıkıyordu.

Bloch ve Özne Felsefesi

Jürgen Habermas'in "Labor and Interaction: Remarks on Hegel's Jena *Philosophy of Mind*,"[3] [Emek ve Etkileşim: Hegel'in Jena Dönemindeki *Tin Felsefesi* Üzerine Notlar] başlıklı meşhur erken dönem makalesinden bu yana, günümüz eleştirel kuramı, *praxis* kavramı altında "dünya kurucu etkinlik" olarak hatalı biçimde iç içe geçirilen bu farklı insan faaliyetlerinin mantıkları arasında ayrıma gitmiştir. Örneğin bugünlerde hem Axel Honneth hem Nancy Fraser tarafından kullanılan "yeniden dağıtım" ve "farkındalık" kavram çifti, bu iki boyutu birbirinden ayırma amaçlı bir girişimdir ve emek ile etkileşim arasındaki bu ayrıma çok şey borçludur.[4]

Genç Bloch, bana kalırsa, bir taraftan özne felsefesine borçludur, diğer taraftan da onunla alttan alta mücadele etmektedir. *The Spirit of Utopia* [Ütopya Ruhu] ([1923] 2000) adlı eserinde şöyle yazar Bloch:

> İşte tam da bu sınıfa, onun *a priori* ekonomik açıdan devrimci sınıf mücadelesine, Marx, müthiş paradoksal bir kesişim noktasında, bütün özgürlüğün mirasını, tarih öncesinden sonra dünya tarihinin başlangıcını, ilk hakiki topyekûn devrimi, bütün sınıf mücadelelerinin sonunu, her tür sınıf çıkarının materyalizminden başlı başına kurtuluşu teslim eder.[5]

Bu pasajdan çıkarabileceğimiz gibi, özne felsefesine hâkim olan birleştirici *praxis* kavramının en önemli sonucu salt analitik değil aynı zamanda normatifti. Klasik Marksizmde—ister ortodoks ister eleştirel olsun—ekonomi üzerindeki vurgu ile artık bizzat insanlığın temsilcisi addedilen sanayi proletaryası denen ayrıcalıklı sınıfın çıkarlarına politik bağlılık el ele gidiyordu. Bu bakış açısı, sadece geç kapitalist toplumlarda politik ihtilaf biçimlerinin çoğullaşmasını ve yeni kurtuluş aktörlerinin ortaya çıkışını açıklayamamakla kalmıyordu, ayrıca Marksist hareketlerin sürdürdüğü tarihi *praxis* boyunca bir *kolektif tekillik siyasetine* yol açmıştı.[6] Bundan kastım, bir grup ya da örgütün bütün adına hareket ettiği bir siyaset tarzıdır. Tekil bir grubun bu şekilde evrenselliğe el koyması; sonra bu grubun Parti tarafından, sonra Parti'nin Yürütme Komitesi tarafından, sonra da Parti'nin Lider tarafından vs temsil edildiğinin iddia edilmesi, ancak ve ancak baskıcı ve antidemokratik bir siyasete yol açabilirdi. Ortodoks

Marksist ve Stalinist siyasetle aralarına mesafe koyan eleştirel Marksistler dahi, Avrupa'nın gerçekliği ve faşizmin yükselişinin onları mecbur kıldığı 1930'ların sonlarına dek proletaryanın "evrensellik" iddialarını radikal bir biçimde gözden geçirmedi. Ernst Bloch da Stalinizmle arasına yeterince mesafe koymamakla itham edilmiştir.[7]

Ancak genç Bloch'un bile "Hegel'den miras alınan aklın kurnazlığını" eleştirdiğini görürüz (*Spirit of Utopia*: 241). Bloch'a göre Marx, her tür rüyayı, aktif ütopyayı ve dini esinli hedefi tarihten "aforoz" etmek suretiyle, üretim sürecinin fetişleşmiş niteliğini ifşa ettiği halde, yine de gelip bu "aklın kurnazlığı"nı tasdik etmişti. Bloch'un keskin biçimde gözlemlediği gibi, Marx "'üretici güçler' kavramıyla, 'üretim süreci' hesaplarıyla sonunda aynı kurucu oyunu, panteizmi, mistisizmi [...] Hegel'in 'İdea'ya atfettiği yol gösterici gücü benimsemişti" (agy. 241). Bu, özne felsefesine net bir reddiyedir. *Spirit of Utopia* kitabında Marksizm-Leninizm'in "devletin sönümlenmesi" doktrinini naif bir biçimde benimsese de (agy.241), Bloch başka pasajlarda "komüniter bir toplum"dan dem vurur (agy. 246); "Sosyalist planlama fikrini [...] katıksız Jakobenizmden arındırdığı" (agy. 236) ve "Kant ve Baader'in ruhunu yeniden canlandırdığı" (agy.) gerekçesiyle Marx'ı över.

Öyleyse pek çok açıdan genç Bloch, proletarya diktatörlüğü kanalıyla devleti ele geçirme amaçlı Marksist-Leninist girişimlerden ziyade, erken ütopyacı sosyalistlerin anarşist ve kooperatifçi geleneklerine yakındır. "Sosyalist İdea" başlıklı meşhur bölüm, şu apokaliptik vizyonla son bulur: "Baal Shem şöyle der adeta: Mesih ancak bütün misafirler sofraya oturduğu zaman gelecektir; bu sofra her şeyden önce emeğin sofrasıdır, emeğin de ötesine geçen bir sofradır, ama aynı zamanda Tanrı'nın sofrasıdır," ve bu pasaj son derece muğlak anlamlı bir ifadeyle tamamlanır: "Kardeşçe sevgi [philadelphian] Krallığında yerkürenin düzeni, nihai eşgüdümlü metafiziğine kavuşur" (agy. 246). Burada Bloch neye gönderme yapar? Quaker'ların "kardeşçe sevgi kenti"ne mi,[*] ya da 1776 yılında Amerikan Bağımsızlık Bildirgesi'nin imzalanmasına mı? Bilemiyoruz. Muhtemelen her ikisine de. Peki bu tavır kabul mü yoksa red mi edilmelidir?

---

[*]   ABD'deki, kuruluşunda Quaker'ların önemli bir rol oynadığı Philadelphia şehrinin ismi, Yunancada "kardeşçe sevgi kenti" anlamına gelmektedir—çn.

Zaman zaman özne felsefesini benimseyip zaman zaman ondan uzaklaşan *Spirit of Utopia* çalışmasındaki apokaliptik mesihçiliğin aksine, Bloch'un daha geç tarihli eseri eseri *Natural Law and Human Dignity* ([1961] 1985) [Doğal Hukuk ve İnsan Haysiyeti] hukuk ve haklar doktriniyle ya da bugün "politik liberalizm" geleneği dediğimiz doktrinle daha sağduyulu bir hesaplaşmaya girişir. 1961'de, kitabı daha geniş bir okuyucu kitlesine tanıtma amaçlı "Naturrecht und menschliche Würde" ("Doğal Hukuk ve İnsan Haysiyeti") başlıklı radyo konuşmasında, Bloch şöyle der:

Ekonomik kurtuluş olmadan insan haysiyeti—yani doğal hukukun amaçladığı türden insan haysiyeti—mümkün olmadığı gibi, aynı şekilde insan hakları meselesini içermeyen bir ekonomik kurtuluş da gerçekleşemez. [...] Dolayısıyla, sömürüye son verilmedikçe insan hakları hayata geçirilemez, ama insan hakları hayata geçirilmedikçe de sömürüye son verilemez.

İleride şöyle devam eder:

Bütün doğal haklar kuramlarının temel amacı olan insan haysiyetinin ekonomik kurtuluş olmaksızın asla mümkün olmadığını kabul edersek, insan hakları hayata geçirilmediği sürece ekonomik kurtuluşun da mümkün olamayacağını teslim etmemiz gerekir. [...] Sömürüye son verilmedikçe insan hakları gerçek anlamda tesis edilemez, fakat insan hakları tesis edilmeden de ekonomik sömürüye gerçek anlamda son verilemez.[8]

Sömürünün sonunu ve insan haklarının hayata geçmesini nasıl düşünebiliriz? Böyle yapmakla Hegel'in meşhur Kant eleştirisinde o kadar keskin bir biçimde formüle ettiği das *abstrakte Sollen* (soyut gereklilik) kavramına geri dönme hatasına düşmüyor muyuz?[9] Bizzat Bloch "somut ütopya," ve "düşünümsel ütopya" arasında ayrıma gider.[10] Sosyal ütopyalar, erken dönem burjuva düşünürlerin sosyal mühendislik hayallerinde tükenip gitmiş değildi; onların hedefi *noch-nicht*, yani "henüz gerçekleşmemiş" olandı. "Henüz gerçekleşmemiş" olan ne zaman ve nasıl tezahür ediyordu?

Ütopya ve Yeni Toplumsal Hareketler

Özne felsefesinin sonu ve "araçsal aklın eleştirisi"nden iletişimsel rasyonalitenin eleştirisine dönüş, toplumlarımızda ütopyanın anlamını değiştirir. Ütopyayı yeni terimlerle düşünmemize imkân sağlayan ve bana kalırsa yine de Ernst Bloch düşüncesiyle çarpıcı bir yakınlık içeren bu paradigma kaymasının genel hatlarını yirmi yıldan uzun süredir inceliyorum. Toplumsal yapının içinde, ayrıcalıklı bir görüş noktasında bulunan kimi kişilerin bütünün özel bir manzarasını görebildiğini varsayamayız artık. Ancak nesnel tinin ütopyacı kaynaklarının tükendiğini de peşinen kabul edemeyiz. Zamanımızın yeni toplumsal hareketleri—son altmış yılın kadın hareketinden tutun ekoloji hareketine, *les sans-papiers* yani kâğıtsız göçmen ve mültecilerin hareketinden "küresel Güney"i güçlendirmeyi amaçlayan dünya sosyal forumu aktivistlerine dek—geç on dokuzuncu ve erken yirminci yüzyılın kibrine sahip değil; tek bir tikelliğin başlı başına bütün evrenselliği temsil edebileceğini savunmuyorlar. Farklı konumlanış deneyimleri arasındaki "farklılık," "ötekilik," ve "ayrıksı mantıklar"ın bilincindeler; çoğulluğun barındırdığı bu ayrıksı mantıkları zayıflık değil kuvvet emaresi kabul ediyorlar.

Söz konusu hareketler, doğal hak ve sosyal ütopya ruhunu devam ettiriyor; zira haklar ve salahiyetlere dayalı bir "siyasa" *ve* "ihtiyaçlar ve dayanışma üzerine kurulu bir örgütlenme" oluşturmayı amaçlıyorlar.[11] Benim *siyasa* sözünden kastım, pek çok topluluktan oluşan ve ortak bir demokratik hukuki, politik ve idari mekanizma tarafından bir arada tutulan demokratik, çoğulcu bir birliktir. Buna karşın *ihtiyaçlar ve dayanışma üzerine kurulu bir örgütlenme*, eyleme geçmiş bir topluluktur; bu topluluk, genelleştirilmiş öteki olarak görülen ötekinin haysiyetine saygı göstermek suretiyle ötekinin somutluğunun yüceltildiği bir dizi ortak değer ve idealden meydana gelir. Bu tür topluluklar baştan verili değildir; ezilen, sömürülen ve hor görülenlerin mücadelelerinden doğar. İhtiyaçlar ve dayanışma üzerine kurulu topluluk, bir taraftan nesnel tinin evrenselleştirici vaatlerini—adalet, sosyal ve politik haklar—genişletmek için savaşan, öte taraftan adaletin mantığı ile dostluk ve dayanışmanın mantığını birleştirmeye çabalayan yeni toplumsal hareketler tarafından toplumların çatlaklarında yaratılır. "Genelleştirilmiş öteki" perspektifi doğal hak kuramlarının mirasıdır; "somut öteki" perspektifi ise sosyal ütopyaların hayallerini devam ettirir.

"Genelleştirilmiş öteki" ve "somut öteki" bakış açılarının birbirine zıt ve birbirini tamamlayıcı yönlerini, 1990'ların başlarında, feminist kuram ve feminist etikle haşır neşir olduğum sıralarda geliştirdim.[12] *Eleştiri, Norm ve Ütopya* kitabımın sonuç bölümünde (440) alıntıladığım, Bloch'un "Toplumsal ütopyalar ve doğal hak, aynı insan alanında ortak, destekleyici bir göreve sahiptir; ne yazık ki birlikte savaşmadan ayrı ayrı yol alırlar" (*Natural Law and Human Dignity*: xxix) sözleri, bu bakımdan benim için önemli bir ilham kaynağı oldu.

Küreselleşme Döneminde Devlet ve Toplumun Büründüğü Yeni Çerçeve

Doğal hak ve sosyal ütopya fikirleri birbirini nasıl tamamlar—gerek etik açıdan, gerekse de daha özgül olarak genelleştirilmiş ve somut öteki perspektiflerinin birbirini tamamlaması bağlamında? Bugün, salt Marksist eleştirel sosyal düşüncenin değil genel olarak bütün klasik sosyolojinin çerçevesini sarsan bir meydan okumayla karşı karşıyayız. Sosyal kuramın klasik yazarları için—Tönnies, Marx, Weber, Durkheim, Simmel ve Frankfurt Okulu kuramcıları—başlıca sosyal analiz birimi, ulus-devlet biçiminde örgütlenmiş sivil toplumdu. Onların modellerinin üzerine inşa edildiği çoğu ikilik—toplum ve topluluk; organik dayanışma ve mekanik dayanışma; araçsal rasyonalite ve değer rasyonalitesi; para ve sevgi; yabancı ve komşu; araçsal akıl ve tözel akıl—sosyal entegrasyon kurumlarını geliştirme sürecindeki modern kapitalist toplumun çelişkilerini yansıtıyordu. Ortadaki soru şuydu: Bu toplumlar üyelerini tutarlı bir toplumsal bütün içinde entegre etmeyi başarabilecekler miydi, yoksa piyasanın arazları ve kapitalist sivil toplumun taleplerinden doğan kendi çelişkilerinin ağırlığına dayanamayıp çökecekler miydi? Devlet, bazılarınca bu daha büyük güçlerin salt bir gölge fenomeni olarak görülüyordu; bazılarına göreyse, devlet bağımsız bir güçtü, sivil toplum üzerinde hüküm sürüyordu ve eğitim, askeri savunma ve ekonomik düzenleme gibi görevleri yerine getirerek toplumun içeriden çökmesini engellemeye çalışıyordu.

Bir dünya toplumunun oluşumuna doğru yol aldığımız günümüzde, "toplum" diye bir şeyden bahsedip edemeyeceğimiz sorusuyla karşı karşıyayız. Bir bakıma "toplumun toplumsuzlaşması" sürecinden geçiyor olabiliriz. Toplum dünya toplumuna dönüştükçe, bir dizi politik-ekonomik idare ve sosyosembolik entegrasyon işlevi başka unsurlara teslim ediliyor: Bilhassa ABD'de eğitim sisteminin kuponlar ve "charter school" denen okullar kanalıyla özelleştirilmesine tanık oluyoruz; hapishaneler özelleştiriliyor; hatta askeriye bile, Irak Savaşı'nda rol oynayan ve bugün "Xe" gibi bilim kurgu kitaplarından fırlamışa benzeyen bir isimle anılan Blackwater ve benzeri örgütlerin yükselişiyle birlikte özelleştiriliyor. Ulus-devletin kamusal işlevleri parça parça özel kuruluşlara devrediliyor; söz konusu kuruluşlar da parlamento ve yargı organlarının denetiminden kaçınarak hukukun üstünlüğü ilkesinin altını oyuyor. Açıkçası gözetim, hapsetme ve askeri savunma gibi devlet işlevlerinin bu tür kuruluşlara devri; "profesyonel askeri kadrolar"ın ve onların paramiliter silah arkadaşlarının muhakeme gücünü sekteye uğratan, politik açıdan zararlı müdahale biçimleri olarak görülen parlamenter ve demokratik denetimi engellemenin bir yoludur. Şüphesiz bu eğilimlerin en görünür olduğu yer ABD'dir. Avrupa ülkeleri ise bu küresel güçlerin saldırısına karşı durabilmek için klasik Vestfalya tipi egemenlikten feragat etmek durumunda kalmıştır; bunun sonucunda devletin, sınır kontrolü gibi belirli alanlarındaki idare kapasitesini artırırken, ekonomik ve mali politika gibi belirli alanlardaki idare kapasitesinden vazgeçmişlerdir. Ancak adım adım, ulus-devletin hem idare hem de entegrasyon işlevleri başka yapılara aktarılmaktadır: Ya "taşeronlaşma" süreçlerindeki gibi ulusaltı yapılara, ya da Avrupa Birliği örneğindeki gibi ulusüstü ekonomik ve askeri idare ve sosyoekonomik entegrasyon yapılarına. Bugün World Wide Web ve dünya eğlence sektörünün 15 ila 25 yaş arası kuşağın hayalgücü üzerindeki etkisi, okulların, ebeveynlerin ya da başka sivil toplum örgütlerinin etkisinden çok daha güçlüdür.

Gelgelelim, 1930'lu yılların Büyük Buhran'ından bu yana yaşanan en büyük ekonomik krizle karşı karşıya olan politik sistemlerimiz, dünya ekonomisinin eski düzenleme çerçeveleri içinde bocalamaya devam ediyor. Bir tarafta, artan sayıda bireyi entegre etme noktasında sosyokültürel ve sembolik kapasitesini yitiren toplumlarla karşı karşıyayız; öte tarafta ise beş kıtadaki neredeyse her ekonomiyi kapsayan dünya ekonomisinin, kriz karşısında, off-shore kazançların kontrolü ve daha fazla işbirliği gibi bildik teraneler dışında bir çözüm üretemediğini görüyoruz. Bloch'u bir kez daha hatırlayalım bu noktada: "Sömürüye son verilmedikçe insan hakları gerçek anlamda tesis edilemez, fakat insan hakları tesis edilmeden de ekonomik sömürüye gerçek anlamda son verilemez." Bugün, adalet taleplerinin ve sosyoekonomik hak iddialarının dile getirildiği çerçeve dönüşüm geçirmiş durumdadır. Küresel sosyoekonomik karşılıklı bağımlılık çağında, yeniden dağıtım taleplerinin tek muhatabı ulus-devletler değildir; ancak ulus-devletler yine de ellerindeki bütün imkânları seferber ederek vatandaşların ve mukimlerin isteklerini karşılamakla yükümlüdür.

Ancak, yirmi birinci yüzyılın başlarında insanlar arasında yaşanan küresel sosyoekonomik karşılıklı bağımlılık, Kantçı anlamda bir "dünya cumhuriyeti"nin mensupları arasındaki ilişkiden çok, varsıllarla yoksullar arasında artan gaddarlık biçiminde cereyan ediyor. Avrupa Birliği'nin yeni göç ve sığınma politikaları buna iyi bir örnek. Giderek birer mezarlığa dönen Akdeniz'in kıyıları boyunca, ülkelerindeki yoksulluktan kaçan, ardından da riyakar kılavuz ve kaptanların elinde hayatını kaybeden Afrikalı, Çinli ve Ortadoğulu insanların cesetleri sıralanıyor. Yolda ölmeyecek kadar şanslı olanlar ise "temerküz kampları" ya da "transit işlem kampları"nda buluyor kendini; buralarda belirsiz bir süre boyunca tutulduktan sonra, zulüm korkusuyla kaçtıkları ülkelerine geri gönderiliyorlar. İkinci Dünya Savaşı'nın hemen ertesinde ve Soğuk Savaş boyunca dünya devlet sistemi için bir bakıma faydalı bir rehber rolü oynayan, ekonomik göçmen ve politik sığınmacı arasındaki ayrım artık kadüktür. Politik baskı ile ekonomik marjinalizasyon ve ayrımcılık birbirine bağlı olgular. Ancak, dünyanın her yanındaki göç hareketleri, onları doğuran küresel ekonomik güçler hesaba katılmaksızın, giderek kriminalize ediliyor.

Öğrencilerime, göçlerin nasıl bir dünya ekonomisindeki "itme ve çekme" güçleri sonucu ortaya çıktığını anlatmak için kullandığım bir örnek var. Göçmenler der ki: "Biz size geldik, çünkü geçmişte siz bize gelmiştiniz;" "biz sınırı geçmedik, sınır bizi geçti." Bu ne anlama geliyor? Örneğin, NAFTA anlaşması kanalıyla 1990'larda ABD, Meksika piyasasına mısır ihraç etmeye başladı. Bu mısır türü, yerel türlere nazaran hastalık ve zararlılara karşı daha dirençliydi ve kısa sürede ABD'den ihraç edilen mısır Meksikalı çiftçileri piyasayı terk etmeye zorladı. Sonuçta bu çiftçiler yoksul ve işsiz göçmenler haline geldiler ve çölü geçip ABD'ye gelmeye kalkıştılar. İronik olarak, ABD'de—tabii şansları yaver gittiyse—Kaliforniya'nın tarım alanlarında kâğıtsız işçi ya da Arizona ve New Mexico'da yevmiyeli amele olarak çalışmaya başladılar.

Peki bu insani trajediye verilen tepki nedir? Göçmenin kriminalizasyonu; sınırın militarizasyonu; tarım şirketlerinin gazabından korktuğu için onların Meksika ekonomisi üzerindeki yıkıcı etkisini sınırlamaktan çekinen hükümet yetkililerinin riyakarlığı. Benzer senaryolar Avrupa Birliği'nde de yaşanır. Kendi çiftçilerini bol keseden dağıtılan teşviklerle koruyan AB, iç pazarını Afrikalı çiftçilere açmayı reddederek onları yıkıma sürükler.

Bloch'un Mirası

Peki bu koşullar altında somut ve düşünümsel bir ütopya ne şekil alabilir? Birincisi, doğal haklar kuramının mirasını genişleterek kadın hareketinin ve *les sans-papiers* ve "kâğıtsız göçmenler" hareketinin mücadelelerini de işin içine katmalıyız. Göçmenin ve yabancının kriminalizasyonuna karşı mücadele etmeliyiz; ötekilerin sivil ve sosyoekonomik haklarının tanınması için savaşmalıyız; ve uzun süredir ikamet eden kişilerin vatandaş olmasının önüne çıkarılan engelleri ortadan kaldırmak için çabalamalıyız. Bu talepler doğal hakları devlet sınırlarının ötesine taşır ve Stoacılara kadar geri giden doğal haklar düşüncesinin kozmopolit özünü belki de insanlık tarihinde ilk kez bütün insanlığa genişletir. Bu, göçmenin, mültecinin ve yabancının, eşit haklara sahip olmak istediğimiz bir "genelleştirilmiş öteki" muamelesi görmesi anlamına gelir. Bloch'un yazılarında bu vizyonu destekleyen çok güzel bir pasaj var. Şöyle diyor:

> Stoacıların doğal hak kuramında oraya çıktığı haliyle, bu insanlık huku-kunun, bu nomos anthropos'un içeriği, bütün insanların doğuştan gelen *eşitliği* (efendi ve köle, barbar ve Yunanlı arasındaki değer farkının ortadan kaldırılması) ve bütün halkın bir uluslararası camianın, yani sevginin ras-yonel imparatorluğunun mensupları olarak *birliği* idi. (Bloch, *Natural Law and Human Dignity:* 13; İtalikler orijinal metinde)

Ancak genelleştirilmiş öteki perspektifini genişletmenin ötesinde, ahlaki tahayyülümüz kanalıyla "genişletilmiş düşünce"nin gücünü de hayata geçirmemiz gerekir ki, somut ötekinin perspektiflerini kavrayabilelim. Ekvator veya Gana'dan gelen, dört çocuk annesi bir kadının gözüyle görebilecek miyiz dünyayı? Kadının kocası bir çete savaşında öldürülmüş veya ortadan kaybolmuştur; o da çocuklarını yaşlı bir anne veya teyzeye bıraktıktan sonra Arizona'dan sınırı geçmeye ya da Tanca'dan bir kayığa sığışıp İtalya'ya ulaşmaya kalkışır. Bu kadının bir suçlu olmadığını; aynen siz veya ben gibi somut bir geçmişi olduğunu, somut ihtiyaçları, arzuları ve istekleri bulunduğunu anlayabilecek miyiz? Onu suçlu ilan etmek yerine ona saygın bir iş bulacak kadar dayanışma ruhu kaldı mı içimizde? Onun kendisine ve çocuklarına bakmayı öğrenmesi için ülkesinde çeşitli programların başlatılmasına destek olacak kadar incelik bulabilecek miyiz içimizde? Küresel Güney'e yönelik bu tür dayanışmacı kalkınma ve işbirliğine dayalı yatırım fikirleri yeni değil elbette; ama bunlar bir şekilde vicdanımızdan kaybolmuş. Somut ötekiye odaklanan sosyal ütopya, yabancıya sadece saygı değil merhamet de göstermemizi gerektirir; ihtiyaçlarımızın birbirine karşılıklı olarak bağımlı olması nedeniyle, sosyal tahayyülümüzü harekete geçirerek karşılıklı olarak birbirine bağımlı çözümler üretmeliyiz. Kozmopolitizm yerel farkların ortadan kaldırılması ya da etrafımızdakilerle aramızdaki bağların koparılması anlamına gelmez; ahlaki sempatimizin ufkunu iyice genişleterek artan sayıda insanı "somut ötekiler" olarak görmemiz anlamına gelir—öyle ki, onların birer "genelleştirilmiş öteki" olarak sahip olduğu haklarını savunmak için sesimizi yükseltmeye ve mücadele etmeye istekli hale geliriz.

Bu kozmopolitizm ütopyası günümüzde, on sekizinci yüzyılda Kant gibi düşünürler tarafından dile getirildiği zamandan çok daha somut bir hale bürünmüştür. Batı'nın denizcilik ve ticaret kapitalizminin bilhassa Hindistan ve Çin'e doğru yayılması karşısında müphem bir yaklaşımı vardı Kant'ın: Bir taraftan, söz konusu kapitalizm ruhu insan ırkını ticaret sayesinde bir araya getirdiği ölçüde onu olumlu karşılıyordu; öte taraftan, ticaretin genelde eşitsiz mübadele anlamına geldiğinin ve Avrupa dışındaki halklara yoksulluk getirdiğinin de bal gibi farkındaydı.[13] Bugün küresel bir dünya toplumunda yaşıyoruz. Haberler ve hastalıklar, metalar ve hisse senetleri, moda ve eğlence, dünya çapındaki bir kamusal alanda dolaşım halinde; ancak bu dünya kamusal alanı henüz küresel bir kamusal eylem ve karar alanı olmaktan uzak. Eylemlerimizin sonuçlarının kaçınılmaz olarak, iklim değişikliği, kuraklık, tayfun, finansal felaket ve salgın hastalıklar şeklinde dünyanın uzak noktalarındaki kişileri etkilediğinin farkına varıyoruz giderek. Birincisi, tür olarak yerküreye verdiğimiz zarar karşısında bize yol gösterecek bir *gezegen etiği* geliştirmemiz gerek; ikincisi, bir küresel kamusal alan, bir eylem ve müzakere alanı geliştirmemiz gerek ki, birbirine giderek daha bağımlı hale gelen formel ve enformel alanlar ve kurumlar kanalıyla kenetlenip cumhuriyetçi federalizme doğru yol alalım. Günümüzün somut ütopyası işte budur.

Distopya Tehdidi

Bugünün potansiyel distopyalarını da unutmayalım—aksi takdirde umutlarımız birer dini dileğe ya da soyut ütopyaya dönüşebilir. Günümüzün distopyaları arasında, pek çok kişiye olası görünen bir tanesi, giderek militarize hale gelen bir imparatorluğun, bir dünya hükümranının dünyadaki her ülkeyi daha fazla kriminalizasyon ve gözetime maruz bırakmasıdır; yoksulları hapisle cezalandıracak ve mağdur ve sefillerin sosyal ağdan düşüp suç, delilik ve uyuşturucu bağımlılığına doğru yuvarlanmasına göz yumacaktır. George W. Bush'un sekiz yıllık iktidarı sırasında ABD bu distopyaya çok yaklaştı ve bu nedenle 2005 Katrina Kasırgası'nın yarattığı şok Amerikan psişesine kazındı. Adeta insanın ABD'deki distopya olasılıklarıyla ilgili en ciddi korkularına bir ayna tutulmuştu.

Eğer ABD bağlamındaki distopya, militarize ve postdemokratik bir siyasa ise, Avrupa bağlamında bu, bölgesel egoizmin artışı ve Kuzey-Güney, Doğu-Batı arasında çatışmaların alevlenmesidir. Avrupa'nın dokusundaki bu çatlaklar, 2010 yazında patlak veren ve Yunanistan krizi olarak adlandırılan olguyla beraber su yüzüne çıktı. Sanki Avrupa projesi iflasın eşiğine gelmişti ve hâlâ da oradaymış gibi görünüyor. Avrupa'nın dayanışma ruhu ağır bir darbe aldı ve kolayca, hızla iyileşecekmişe de benzemiyor. Avrupa distopyasının diğer tezahürleri ise yabancılara, bilhassa İslama yönelik nefret; emek piyasasına tekrar girmeyi başaramayan işsizlerin artan marjinalizasyonu; Fransız devlet başkanı Sarkozy'nin pek çok ifadesinde göze çarpan müthiş bir medeniyet şovenizmi; giderek sıkıcı hale gelen sosyal demokrasinin zayıflığı nedeniyle politik kültürün aşınmasıdır (ki sosyal demokrasi enternasyonalizmi benimseme ya da küresel kapitalizmi dizginleyecek iddialı ve yenilikçi tedbirleri uygulama noktasında son derece basiretsiz).

Çin, Brezilya ve Hindistan gibi ülkelerde de distopya olasılıkları mevcut. Söz konusu ülkeler küresel dünya pazarına girişten kaynaklanan bütün çalkantılarla karşı karşıya. Bunlar ve pek çok başka ülkede, küresel ağa erişimi olan bir elit, demir parmaklıklı siteleri bekleyen korumaların ve özel güvenlik güçlerinin marifetiyle yoksul kitlelerden uzaklaştırılıyor—daha doğrusu onlardan korunuyor. Brezilya'nın eliti helikopterle çatıdan çatıya uçarak, *favela*lardan arabayla geçerken karşılaşacakları sefalet ve tehlikeleri atlatmaya çabalıyor. Öte yandan Çin'deki emekçi kitlelerin çalıştıkları fabrikalar kapanıyor ve bebeklerine verilen mamaya kimyasal maddeler karışıyor; Tayland ve başka ülkelerdeki genç erkek ve kızlar istekli Batılı turistlere fahişelik yapıyor; ve Güneydoğu Asya'nın her yerinde fakir köylüler giderek şiddetlenen kuraklık ve sellerle boğuşuyor.

Somut ütopyacı düşüncenin, ya da düşünümsel ütopyacı düşüncenin bir görevi de bu distopyalarla yüzleşmektir. Bugün hem doğal haklar hem de sosyal ütopyaların hayat bulacağı bir çerçeve kurmak için kozmopolit tahayyül gerekiyor. O zaman ve belki de ancak o zaman, Bloch'un sözleriyle bir *experimentum mundi* ruhuyla geleceğe doğru yol alabiliriz: Yani bir gezegen etiği ve küresel kamusal alan yaratmak için dünya çapında ve dünya ile gerçekleştireceğimiz bir deney.

Notlar

ÖNSÖZ

1   Bkz. Esther Benbassa ve Aron Rodrigue, *Sephardi Jewry: A History of the Judeo-Spanish Community, 14th–20th Centuries* (Berkeley, CA: University of California Press, 2000).

BİRİNCİ BÖLÜM

Giriş: Yanılsamasız Kozmopolitizm

1   Samuel P. Huntington "Dead Souls: The Denationalization of the American Elite," *The National Interest* (1 Mart 2004): 5–18.

2   Alıntılayan Huntington, agy., s. 5.

3   David J. Depew "Narrativism, Cosmopolitanism, and Historical Epistemology," *CLIO* 14/4 (1985): 357–78; özellikle 375.

4   Düşünceler tarihine dair klasik çalışmalar için bkz. Friedrich Meinecke, *Cosmopolitanism and the National State*, çev. Robert B. Kimber (Princeton, NJ: Princeton University Press, 1970) ve Thomas Schereth, *The Cosmopolitan Ideal in Enlightenment Thought* (Notre Dame, IN: University of Notre Dame Press, 1977).

5   Bkz. Pheng Cheah ve Bruce Robbins (der.), *Cosmopolitics: Thinking and Feeling Beyond the Nation* (Minneapolis, MN: University of Minnesota Press, 1998); Pheng Cheah, *Inhuman Conditions: On Cosmopolitanism and Human Rights (*Cambridge, MA: Harvard University Press, 2006); felsefe bağlamında, şu kitaptaki tartışmalara bkz.: Joshua Cohen ve Martha Nussbaum (der.), *For Love of Country? Debating the Limits of Patriotism* (Boston, MA: Beacon Press, 1996) ve Nussbaum'un bu derlemedeki meşhur makalesi olan "Patriotism and Cosmopolitanism:" 3–17. Nussbaum'un daha sonra sözlerini geri

SAYFA 25'TEKİ NOTLAR | 247

aldığı yazı ise şuradadır: "Toward a Globally Sensitive Patriotism," *Daedalus* 137/3 (Yaz 2008). Bkz. Anthony Appiah, *Cosmopolitanism: Ethics in a World of Strangers* (New York: W.W. Norton and Company, 2006); Thomas Pogge, "Cosmopolitanism and Sovereignty," *Ethics* 103/1 (Ekim 1992): 48–75; Thomas Pogge, *World Poverty and Human Rights: Cosmopolitan Responsibilities and Reforms* (Cambridge: Polity, 2002); Stan van Hooft, *Cosmopolitanism: A Philosophy for Global Ethics* (Montreal and Kingston: McGill-Queen's University Press, 2009). Siyaset kuramı ve uluslararası ilişkiler alanındaki öncü çalışmalar için bkz. Daniel Archibugi, David Held ve Martin Kohler, *Re-Imagining Political Community: Studies in Cosmopolitan Democracy* (Stanford, CA: Stanford University Press, 1998); David Held, *Democracy and the Global Order* (Stanford, CA: Stanford University Press, 1994); David Held, *Cosmopolitanism: Ideas and Realities* (Cambridge: Polity, 2010); Daniel Archibugi, *The Global Commonwealth of Citizens: Toward Cosmopolitan Democracy* (Princeton, NJ: Princeton University Press, 2008); sosyoloji bağlamında, yorulmak bilmez Ulrich Beck'in araştırmalarına bakabilirsiniz: Ulrich Beck, *Power in the Global Age: A New Global Political Economy* (Londra: Sage, 2006); Ulrich Beck, *Cosmopolitan Vision*, çev. Ciaran Cronin (Cambridge: Polity, 2006); Ulrich Beck ve Edgar Grande, *Cosmopolitan Europe* (Cambridge: Polity, 2007); kent araştırmaları bağlamında bkz. Leonie Sandercock, *Cosmopolis II. Mongrel, Cities in the 21st Century* (Londra: Continuum, 2003).

6 Vestfalya-Keynes-Ford paradigmasının sonuna dair yakın tarihli berrak bir inceleme için bkz. Nancy Fraser, *Scales of Justice: Reimagining Political Space in a Globalizing World* (New York: Columbia University Press, 2009), s. 1–30.

7 Pheng Cheah, *Inhuman Conditions: On Cosmopolitanism and Human Rights*, s. 18.

8 Bkz. Cheah, *Inhuman Conditions*, s. 45–73.

9 Huntington'ınkine benzer bir eleştiri için bkz. Craig Calhoun, "The Class Consciousness of Frequent Travelers: Toward a Critique of Actually Existing Cosmopolitanism," *South Atlantic Quarterly* 101/4 (2002): 869–97.

10 Önemli bir örnek olarak bkz. Costas Douzinas, *Human Rights and Empire: The Political Philosophy of Cosmopolitanism* (New York ve Abingdon, Oxford: Routledge-Cavendish, 2007).

    Douzinas'ın incelikli yaklaşımı, kozmopolit projeye yönelik postmodernist kuşkuculuk ve sol eleştirinin en iyi örneklerinden biridir. Yazara göre kozmopolit proje sadece neoliberal küreselleşme ile değil George W. Bush yönetiminin sapkın dış politikasıyla da içli dışlıdır.

11 Darrin M. McMahon, "Fear and Trembling: Strangers and Strange Lands," *Daedalus* 137/3 (yaz 2008): 5–17; A. A. Long, "The Concept of the Cosmopolitan in Greek and Roman Thought," *Daedalus* 137/3 (yaz 2008): 50–8.

12 Michel de Montaigne, "Education of Children," *The Complete Essays of Montaigne,* çev. Donald M. Frame (Stanford, CA: Stanford University Press, 1965), s. 116.

13 Aktaran Montaigne, s. 7.

14 Alıntılayan McMahon, "Fear and Trembling: Strangers and Strange Lands," s. 9.

15 Kwame Anthony Appiah'ya göre, Roma imparatoru Marcus Aurelius her ne kadar Hıristiyanlara zulmettiyse de, *Düşünceler* adlı eseri milyonlarca Hıristiyan tarafından okunmuştur. Bkz. Kwame Anthony Appiah, *Cosmopolitanism: Ethics in a World of Strangers* (New York ve Londra: W.W. Norton, 2006), s. xiv. [Marcus Aurelius (2006) *Düşünceler*, çev. Şadan Karadeniz. İstanbul: Yapı Kredi Yayınları.]

16 Immanuel Kant [1795], "Zum Ewigen Frieden. Ein philosophischer Entwurf," *Immanuel Kants Werke,* der. A. Buchenau, E. Cassirer ve B. Kellermann (Berlin: Verlag Bruno Cassirer, 1923); İngilizce basımı, Immanuel Kant, "Toward Perpetual Peace: A Philosophical Sketch," *Toward Perpetual Peace and Other Writings on Politics, Peace, and History,* der. ve önsözünü kaleme alan Pauline Kleingeld; çev. David Colclasure; katkı sunanlar Jeremy Waldron, Michael W. Doyle ve Allen W. Wood (New Haven, CT ve Londra: Yale University Press, 2006), s. 67–110. Metindeki tüm referanslar bu iki basıma aittir: İlk sayfa numarası Almanca basıma, ikincisiyse İngilizce basıma aittir. Almanca metinden, İngilizcesiyle karşılaştırarak kendim çeviri yaptım.

Kant'ın kozmopolit kurama katkılarıyla ilgili başka değerlendirmeler için bkz. Seyla Benhabib, *The Rights of Others: Aliens, Citizens and Residents* (Cambridge: Cambridge University Press, 2004), [*Ötekilerin Hakları: Yabancılar, Yerliler, Vatandaşlar*, çev. Berna Akkıyal, 2006. İstanbul: İletişim Yayınları, s. 35–57].

17 Şeyla Benhabib, *Ötekilerin Hakları*, s. 35–45.

18 Jacques Derrida, *On Cosmopolitanism and Forgiveness*, çev. Mark Dooley ve Michael Hughes (New York: Routledge, 2001), s. xx.

19 Kant'ın metninin oturduğu genel bağlama dair çarpıcı bir inceleme için bkz. Sankar Muthu, *Enlightenment and Empire* (Princeton, NJ: Princeton University Press, 2003). Meselenin daha kapsamlı bir değerlendirmesi için bkz. Benhabib, *Ötekilerin Hakları*, s. 35-45. *Gastrecht*, "sürekli misafirlik hakkı" ve *Besuchsrecht*, "geçici ziyaret hakkı" arasındaki ayrım, on sekizinci Avrupa deniz emperyalizmindeki gelişmeler bağlamında ilerici bir niteliğe sahipti ve Çin İmparatorluğu gibi Avrupa'yla temasa girmekten kaçınan uluslara göz yummak için felsefi-söylemsel bir gerekçe sunuyordu; ancak artık bu ayrım ilerici sayılamaz. Yabancının vatandaşlık hakkı talebi, demokratik anayasalarca garanti altına alınmalıdır; Kant'ın düşüncesinde olduğu gibi hükümran tarafından bahşedilen bir *wohltätiger Vertrag*, "özel bir müşfik anlaşma" olarak düşünülemez. Vatandaşlık hakkının kendisi elbette, her demokratik egemen iktidar tarafından belirlenen bir dizi az çok net şartın karşılanmasına bağlı olacaktır. Hem "göç etme hakkı" hem de "yurttaşlık hakkı," İHEB'in 13. ve 15. maddelerince güvence altına alınan insan haklarıdır.

Kant'ın bu makalesinin provokatif bir yeniden okumasını öneren David Harvey, Kant'ın antropolojik, coğrafi ve kültürel varsayımlarıyla birçok düzeyde hesaplaşır. Harvey'ye göre Kant, ben de dahil olmak üzere pek çoğumuzun sandığından çok daha fazla Avrupamerkezci proto-milliyetçilik ile maluldür. Bkz. David Harvey, *Cosmopolitanism and the Geographies of Freedom* (New York: Columbia University Press, 2009), s. 17–37. Harvey'nin savlarını provokatif ama isabetsiz buluyorum. Kant zorlu bir düşünürdür; sisteminin ahlaki ve politik felsefe, antropoloji ve coğrafya gibi parçalarını zihinde bir araya getirmek her zaman kolay olmaz. Kant'ın konumunun Harvey'nin önerdiğinden daha dikkatli bir sunumu için bkz. Thomas A. McCarthy, *Race, Empire, and the Idea of Human Development* (Cambridge: Cambridge University Press, 2009), s. 42–69.

20 Peter Niesen şu gözlemde bulunur: "Kozmopolit haklar; bireyler arasında, birey ve halk arasında ve halklar arasında geçerlidir—ilgili halklar bir devlet kurmuş olsun olmasın. Temel varsayıma göre, x ve y gibi iki aktörü ele aldığımızda x'in y ile iletişim kurma ve örgütlenme ya da bunları önerme hakkı vardır. Madem ki x'in y ile iletişim kurmaya çabalama hakkı vardır, kimse onun bu çabasını engelleyemez." Peter Niesen, "Colonialism and Hospitality," *Politics and Ethics Review* 3/1 (2007): 90–108; özellikle 98. Niesen, benim *Ötekilerin Hakları*'nda (s. 42-45) Kant'ın "dışsal özgürlük" doktrinine atıfla kozmopolit hakkı gerekçelendirmemi eleştirir (Niesen, s. 100 vd). Eleştirisini burada uzun uzadıya ele alamayacağım, ancak şu kadarını söyleyeyim ki, Niesen'in alternatif bir gerekçelendirme olarak ileri sürdüğü "kazanılmış hakların gayri ihtiyari dinamiği" mefhumu, Kant'ın zamanında olmadığı kadar gelişkin bir ekonomik karşılıklı bağımlılık doktrinini bir varsayım olarak alır; Bkz. Niesen, s. 102 vd.

21 Ancak, bu müthiş başarıya rağmen Kant'ın liberalizminin istediğimiz kadar sağlam olmadığını ne unutalım ne de göz ardı edelim: Kant'ın cumhuriyetinde; kadınlar, ev hizmetçileri ve mülksüz çıraklar, "ortak zenginliğin yardımcıları" olarak tanımlanır ve hukuki statüleri erkek hane reisine tabi kılınır. Bu bağlamda, Kant'ın antropoloji ve din üzerine yazılarında Yahudiler ve Musevilik ile ilgili olarak öne sürdüğü görüşlerine dair süregiden ihtilafı da ele alma imkânım yok. Tartışma devam ediyor: Acaba Kant Yahudilerin bir cumhuriyette vatandaş olmaları için önce kendi hukuk ve geleneklerinden vazgeçmeleri gerektiğine mi inanıyordu; yoksa Kant, Almanya Yahudileri bağlamında Museviliğin "aklın sınırları dahilinde bir din" teşkil ettiğini ve dolayısıyla kendine özgü dua, beslenme vs kurallarıyla beraber kabul edilebilir olduğunu mu düşünüyordu? Bkz. Hermann Cohen, *Innere Beziehungen der Kantischen Philosophie zum Judentum, Jüdishe Schriften* (Berlin: der. Von Bruno Strauss, 1924); Julius Guttmann,

Kant und das Judentum: Ein philosophiegeschichtlicher Exkurs, Nathan Porges ve Joseph Becher Schor, *Ein Nordfranzösischer Bibelerklärer des XII Jahrhunderts* (Leipzig: 1908), s. 41–61; Joshua Halberstam, "From Kant to Auschwitz," *Social Theory and Practice* 14/1 (1988): 41–54. Avrupa Aydınlanması çerçevesinde Yahudilerle ilgili daha geniş bir değerlendirme için elinizdeki kitabın İkinci Bölümüne bakınız.

22 John Rawls, *The Law of Peoples: The Law of Peoples, with "The Idea of Public Reason" Revisited* (Cambridge, MA: Harvard University Press, 1999) [*Halkların Yasası,* çev. Gül Evrin, 2003. İstanbul: İstanbul Bilgi Üniversitesi Yayınları.]

23 Charles Beitz, *Political Theory and International Relations,* gözden geçirilmiş basım (Princeton, NJ: Princeton University Press, 1979 1999); Charles Beitz, "Rawls's Law of Peoples," *Ethics* 110/4 (Temmuz 2000): 669–96; Allan Buchanan, "Rawls's Law of Peoples: Rules for a Vanished Westphalian World," *Ethics* 110/4 (Temmuz 2000): 697–721; Andrew Kuper, "Rawlsian Global Justice: Beyond *The Law of Peoples* to a Cosmopolitan Law of Persons," *Political Theory* 28 (2000): 640–74.

24 John Rawls, "The Law of Peoples" [1993], J. Rawls, *Collected Papers,* der. Samuel Freeman (Cambridge, MA: Harvard University Press, 1999), s. 529–64; burada s. 552. Bu erken dönemli makale ile *The Law of Peoples* arasında önemli formülasyon farkları bulunur; bu farkları okuduğunuz Giriş bölümünde tartışmasam da Beşinci Bölümde ele aldım.

25 Rawls'un savunusu için bkz. Joshua Cohen, "Minimalism About Human Rights: The Most We Can Hope For?" *The Journal of Political Philosophy* 12/2 (2004): 190–213; özellikle 192.

26 Cohen, "Minimalism About Human Rights," s. 192.

27 Seyla Benhabib, *Situating the Self: Gender, Community and Postmodernism in Contemporary Ethics* (New York ve Londra: Routledge and Polity, 1992), s. 148–78. [*Modernizm, Evrensellik ve Birey: Çağdaş Ahlak Felsefesine Katkılar,* çev. Mehmet Küçük, 1999. İstanbul: Ayrıntı Yayınları.]

28 Lizbon Anlaşması AB üyesi devletleri tarafından 13 Aralık 2007'de imzalandı ve 1 Aralık 2009'da yürürlüğe girdi. Hem Avrupa Birliği

Anlaşması'nı (Maastricht Anlaşması) hem de Avrupa Topluluğu'nu kuran anlaşmayı (Roma Anlaşması) tadil eder. İsmi şu şekilde değiştirilmiştir: "Avrupa Birliği Anlaşmasını ve Avrupa Topluluğu Kuruluş Anlaşmasını Tadil Eden Lizbon Anlaşması." Bkz: <http://eur-lex. europa.eu/LexUriServ/LexUriServ.do?uri=OJ:C:2007:306:0001:001 0:EN:PDF>. 31 Ağustos 2010 ve 1 Aralık 2010 tarihlerinde erişildi.

29 İHEB, Giriş, 5. Paragraf. Şu adreste mevcuttur: <http://www.un.org/ en/documents/udhr/index.shtml>. 10 Eylül 2010 tarihinde erişildi. [Türkçesine www.uhdr.de/trk.html adresinden erişilebilir.]

30 Agy., Madde 2.

31 Cheah, *Inhuman Conditions,* s. 10.

32 Samuel Moyn, *The Last Utopia: Human Rights in History* (Cambridge, MA: Harvard University Press, 2010). Bu çalışma, insan hakları söyleminin ve siyasetinin "havasını almak" amacıyla bu ikisini de etkilemiş olan çelişkili kaymaları teşhir etmeye soyunan bir girişimdir. Moyn'a göre, modernite boyunca insan hakları söylemi, milli egemenlik ve ulus-devlet ile ittifaktan (12–14) tüm insanlığa ilham verecek "küresel çaplı bir ahlak"a doğru kaymıştır (213). Ona göre günümüzdeki kafa karışıklığı şu şekilde ifade edilebilir: "Siyaseti aşma özleminden doğan insan hakları, sol ve sağ şeklindeki eski ideolojik karşıtlığın enerjisini çekip alan yeni bir insanlık siyasetinin asli dili haline gelmiştir" (227). Moyn'un yaklaşımı "ince bir övgü" içerse de aslında yergi doludur. Ayrıca ahlak ve siyaset, insan hakları ve demokrasi, insan hakları ve egemenlik arasındaki karşılıklı bağlantıları etraflıca araştırmadan bu kavram çiftlerini bolca kullanır. Oysa insan hakları hem ahlaki hem siyasi kavramlardır; insan hakları hem demokrasiyi mümkün kılar hem de demokratik egemenliğe sınırlar getirir; haklar ancak karar alma düzeyinde bir kapanmayı kurumsal hale getiren bir kendi kaderini tayin eden birim tarafından hayata geçirilebilir, ama bu geleneksel egemenlik kavramlarındaki *suprema potestas*'a tekabül etmez.

33 "Committee for Human Rights Guidelines," *American Anthropological Association,* Leslie Sponsel (Başkan). Şu adresten ulaşılabilir: <http://www.aaanet.org/cmtes/cfhr/Committee-for-Human-Rights-Guidelines.cfm>; 31 Mayıs 2010 tarihinde erişildi.

34 Bkz. Robert Cover, "Foreword: Nomos and Narrative," The Supreme Court, 1982 Dönemi, *Harvard Law Review* 97/4 (1983/84): 4–68.

35 Cover, agy., s. 18.

36 Bkz. Seyla Benhabib, *Another Cosmopolitanism: The Berkeley Tanner Lectures,* Jeremy Waldron, Bonnie Honig ve Will Kymlicka ile birlikte, der. Robert Post (Oxford: Oxford University Press, 2006), s. 45 vd. Ayırca elinizdeki kitabın Sekizinci Bölümünde de, demokratik meşruiyet üreten süreçler olarak demokratik yinelemelerin statüsü netleştirilmektedir.

37 Bkz. Ernst Bloch, *The Principle of Hope* [1959], c. 1, çev. Neville Plaice, Stephen Plaice ve Paul Knight (Cambridge, MA: MIT Press, 1986). [*Umut İlkesi*, çev. Tanıl Bora, 2007. İstanbul: İletişim Yayınları.]

38 "Dergestalt also, dass menschliche Würde (die im Naturrecht wesentlich intendiert ist...) ohne ökonomische Befreiung überhaupt nicht möglich ist, dass auch nicht ökonomische Befreiung geschehen kann, ohne die Sache Menschenrechte in ihr [...] Keine wirkliche Installierung der Menschenrechte also ohne Ende der Ausbeutung, aber auch kein wirkliches Ende der Ausbeutung ohne Installierung der Menschenrechte." E. Bloch, "Naturrecht und menschliche Würde. Rundfunkvortrag 1961," *Bloch-Almanach. 5te Folge* (Baden-Baden: 1985), s. 165–79; burada s. 173.

İKİNCİ BÖLÜM

Aydınlanmanın Diyalektiği'nden Totalitarizmin Kaynakları'na
Theodor Adorno ve Max Horkheimer'ı
Hannah Arendt'le Birlikte Okumak

1 Martin Jay, *The Dialectical Imagination: A History of the Frankfurt School and the Institute of Social Research, 1923–50* (Boston, MA: Beacon Press, 1973); daha sonra Berkeley ve Los Angeles'ta 1996 tarihinde yeniden basıldı. [*Diyalektik İmgelem: Frankfurt Okulu ve Toplumsal Araştırmalar Enstitüsünün Tarihi*, çev. Ünsal Oskay, 2005. İstanbul: Belge Yayınları.] Metindeki tüm referanslar ilk baskıya aittir. Jay'in bu öncü çalışmasını, 1970'ler ve 1980'lerde birçok başka monografi izledi: Bkz. Susan Buck-Morss, *The Origin of Negative Dialectics* (New

York: Free Press, 1977); Andrew Arato ve Eike Gebhardt (der.), *The Essential Frankfurt School Reader* (New York: Urizen Books, 1978); Thomas McCarthy, *The Critical Theory of Jürgen Habermas* (Cambridge, MA: MIT Press, 1978); David Held, *Introduction to Critical Theory* (Berkeley ve Los Angeles, CA: University of California Press, 1980); Helmut Dubiel, *Wissenschaftsorganization und politische Erfahrung: Studien zur frühen kritischen Theorie* (Frankfurt: Suhrkamp, 1978); çev. Benjamin Gregg (Cambridge, MA.: MIT Press, 1985); Wolfgang Bonss ve Axel Honneth (der.) *Sozialforschung als Kritik* (Frankfurt: Suhrkamp, 1982); Axel Honneth, *Kritik der Macht: Reflexionsstufen einer kritischen Gesellschaftstheorie* (Frankfurt: Suhrkamp, 1985); Seyla Benhabib, *Critique, Norm and Utopia: A Study of the Foundations of Critical Theory* (New York: Columbia University Press, 1986). [*Eleştiri, Norm ve Ütopya: Eleştirel Teorinin Temellerine Dair Bir İnceleme,* çev. İsmet Tekerek, 2005. İstanbul: İletişim Yayınları.] On küsur yıl sonra, yeni ortaya çıkarılan arşiv malzemesine dayanan şu kitap yayınlandı: Rolf Wiggershaus, *Die Frankfurter Schule: Geschichte, Theoretische Entwicklung, Politische Bedeutung* (Münih, Viyana: Hanser Verlag, 1986). Jay'e nazaran Wiggershaus, Max Horkheimer'in enstitü müdürü olarak sergilediği entelektüel ve kişisel başarısızlıklara daha az olumlu ve anlayışlı yaklaşır.

2   Jay'in *The Dialectical Imagination*'da belirttiği gibi, Erich Fromm projenin direktörüydü; Paul Lazarsfeld, Ernst Schachtel vd projeye katkıda bulundular. İşçilere üç bin anket dağıtıldı ve onlara "çocukların eğitimi, sanayide rasyonalizasyon, yeni bir savaşın engellenmesi ihtimali ve devletteki gerçek iktidarın odak noktası gibi konularda görüşleri soruldu" (s. 116). Bkz. *Studien über Autorität und Familie* (Paris: Librairie Alcan, 1936). Mülakatlar tek tek yürütüldü ve cevaplar kelimesi kelimesine kaydedildi. Ardından bunların ortaya çıkardığı *gizil* kişilik özellikleri incelendi. Buna göre 586 katılımcının %10'u "otoriter" bir karakter, %15'i antiotoriter hatta devrimci bir karakter sergiliyordu; "Gelgelelim ezici çoğunluk son derece muğlaktı. Sonuç olarak Enstitü, sağın iktidara el koymaya çalışması halinde, Alman işçi sınıfının militan ideolojisinin düşündürdüğü ölçüde direniş sergile-

meyeceği sonucuna vardı " (Jay, *The Dialectical Imagination*, s. 117). Erich Fromm tarafından kaleme alınan ampirik bölümler, orijinal çalışmaya dahil edilmemişti ve çok daha sonra yayımlandı: *Arbeiter und Angestellte im Vorabend des dritten Reichs: Eine sozialpsychologische Untersuchung*, der. Wolfgang Bonss (Stuttgart: Deutsche Verlaganstalt, 1980).

3   Bkz. *The Authoritarian Personality*, T. W. Adorno, Else Frenkel-Bruns-wik, Daniel J. Levinson ve R. Nevitt Sanford, kısaltılmış versiyon, *Studies in Prejudice*, der. Max Horkheimer ve Samuel H. Flowerman (New York ve Londra: W.W. Norton and Company, 1950); 1969 ve 1982 tarihlerinde Norton tarafından karton kapaklı versiyonları yayımlandı. Aslında Enstitü mensupları iki çalışma yürütmüştü: Biri Jewish Labor Committee sponsorluğu altında Amerikan işçi sınıfındaki antisemitizme odaklanıyor; ötekiyse American Jewish Committee sponsorluğunda otoriter kişiliği ele alıyordu.

4   Jay, *The Dialectical Imagination*, s. 133. Jay'in kitabının yayımlanma-sının hemen ertesinde, Frankfurt Okulu'nun antisemitizmi ihmal edişine dair oldukça sert eleştiriler ortaya atıldı ve tam olarak bu pa-sajlara dikkat çekildi: Bkz. Erhard Bahr, "The Anti-Semitism Studies of the Frankfurt School: The Failure of Critical Theory," *German Studies Review* 1/2 (Mayıs 1978): 125–38.

5   Bkz. Gershom Scholem'in "Alman-Yahudi" simbiyozunun başarılama-masına dair yorumları: "Jews and Germans," Gershom Scholem, *On Jews and Judaism in Crisis: Selected Essays*, der. Werner J. Dannhauser (New York: Schocken Books, 1976), s. 82 vd, Leo Strauss, *Jewish Philosophy and the Crisis of Modernity: Essays and Lectures in Modern Jewish Thought*, der. ve önsözü kaleme alan Kenneth Hart Green (Albany, NY: SUNY Press, 1997); Leo Strauss, "German Nihilism," 26 Şubat 1941 tarihli seminer, Interpretation 26 (1999): 353–78 (Strauss'un çalışmasına yönelik faydalı referanslar için meslektaşım Steven Smith'e teşekkürü borç bilirim); Jacob Taubes, *The Political Theology of Paul*, çev. Dana Hollander (Stanford, CA: Stanford University Press, 2004 [1987]); Martin Buber, *Zwei Glaubensweisen* [1950], *Werke* (Münih: Koesel, 1962), c. 1, s. 651–782; Leo Baeck, *Das Wesen des Judentums*,

3. baskı (Darmstadt: Melzer, 1985 [1923]); Kurt Blumenfeld, *Erlebte Judenfrage: Ein Vierteljahrhundert Deutscher Zionismus*. Bir Leo Baeck Institut yayınıdır (Stuttgart: Deutsche Verlagsanstalt, 1962).

6   Nazilerin araçsal akla meydan okuyuşu ve dolayısıyla "araçsal akıl" kategorisinin Nazi antisemitizmini anlamada büyük ölçüde işlevsiz olduğu iddiası için bkz. Dan Diner, "Historical Understanding and Counterrationality: The Judenrat as Epistemological Vantage," Saul Friedlander (der.), *Probing the Limits of Representation: Nazism and the "Final Solution"* (Cambridge, MA: Harvard University Press, 1992) ve daha yakın tarihte, Dan Diner, *Gegenläufige Gedächtnisse: Über Geltung und Wirkung des Holocaust, Toldot: Essays zur jüdischen Geschichte und Kultur*, c. 7 (Göttingen: Vandenhoeck and Ruprecht, 2007.)

7   Burada aklımda elbette şu kaynaklar var: Daniel Goldhagen, *Hitler's Willing Executioners: Ordinary Germans and the Holocaust* (New York: Alfred Knopf, 1996); karşıt konum olarak Christopher Browning, *Ordinary Men: Reserve Police Batallion 101 and the Final Solution in Poland* (New York: HarperCollins, 1992); Christopher Browning, *The Origins of the Final Solution: The Evolution of Nazi Jewish Policy, September 1939–March 1942* (Kudüs: Yad Vashem ve University of Nebraska Press, 1992); ve Dan Stone (der.), *The Historiography of the Holocaust* (Basingstoke: Palgrave Macmillan, 2004). George Steiner, Yahudilerin Batı ve Hıristiyan kültüründeki, dışarılıklarını, "misafirler" olarak eşsiz konumunu vurgulayageldi: Buna göre Yahudiler asla aşılamaz ötekilikleri kanalıyla, Batı kültürüne kendi hüsrana uğramış emellerini ve kozmopolit ideallerini hatırlatıp durur. Bkz. George Steiner, "The Wandering Jew," *Petahim* 1/ 6 (1988); George Steiner, *Errata: An Examined Life* (Londra: Weidenfeld and Nicholson, 1997). Burada şu eleştirel ve zihin açıcı makaleden de yararlandım: Assaf Sagiv, "George Steiner's Jewish Problem," *Azure* 5763 (Yaz 2003): 130–54. Sagiv, Steiner'in çalışmasını, kozmopolit emellere kuşkuyla yaklaşan Siyonist bir perspektiften ele alır.

8   Arendt ve Frankfurt Okulu arasındaki faydalı ve oldukça gecikmiş diyaloğun başlangıç noktaları olabilecek çok sayıda başka tema ve kavram

da vardır: Liberalizm, kitle toplumu ve bürokrasi eleştirisi; ortodoks Marksizm ve onun tarih felsefesine yönelik şüpheler; Hegel eleştirisi ve Kant'a dönüş; ve elbette, özellikle Adorno ve Arendt'teki Walter Benjamin hayranlığı. Burada tercihimi "antisemitizm" konusundan yana kullandım, zira Hannah Arendt'in siyasi felsefesinin kökenlerinin Heidegger'in tesirinden ziyade, Arendt'in Yahudi meselesi ve Avrupa antisemitizminin yükselişi üzerine düşünceleriyle ilişkili olduğuna inanmışımdır. Nitekim Arendt ile Adorno ve Horkheimer arasındaki en çarpıcı farkların bazıları da bu tema etrafında gözler önüne serilir.

9   Bu terimi, Weber'in "genelleştirici" ve "ideografik" sosyal birimler arasında yaptığı ayrıma atfen kullanıyorum. Arendt'in metodolojisini nitelemenin zorlukları üzerine, bkz. Eric Vogelin'in *Totalitarizmin Kaynakları* üzerine erken tarihli eleştiri yazısı: *The Origins of Totalitarianism* (*Review of Politics 15* [January 1953]) ve Seyla Benhabib, "Hannah Arendt and the Redemptive Power of Narrative," *Social Research* 57/1 (1990): 167–96.

10 Bkz. Martin Jay ve Leon Botstein, "Hannah Arendt: Opposing Views," *Partisan Review* xlv/3 (1978): 348–81. (Bu metin sonradan şu kitapta aynen basılmıştır: Martin Jay, *Permanent Exiles: Essays on the Intellectual Migration From Germany to America* [New York: Columbia University Press, 1986], "Hannah Arendt's Political Existentialism," s. 237–57. Buradaysa *Partisan Review*'da çıkan orijinal makaleden yararlandım.) *Permanent Exiles* kitabının giriş kısmında, Jay makalesinin yarattığı ihtilafı ele alır; ama görünüşe göre, iddialarını değiştirme ihtiyacı duymamıştır: Bkz. s. xix–xx.

Carl Schmitt ve Alfred Baeumler'in Arendt'i etkilediği iddiası için bkz. Jay, s. 353: "Siyaset uğruna yapılan siyaset; hâkimiyet, zenginlik, kamu refahı veya sosyal adalet gibi başka bir amaç gütmez; kısacası *politique pour la politique* söz konusudur burada" (s. 363). Arendt'in eserinde, Schmitt (ki *Totalitarizmin Kaynakları*'nda sadece iki kez zikredilir) veya Alfred Baeumler'den etkilendiği gösteren pek az metinsel kanıt vardır. Jay'in de teslim ettiği gibi bu iddialar bağlama dair tahmini birer yakıştırmadır (agy., s. 351). Heidegger'in fikriyatının Arendt üzerindeki tesiri şüphe götürmez; ancak bunun doğru yorumlanması gerekir. Jay ayrıca Arendt'in *Partisan Review* dergisindeki erken dönem makalesine de gönderme yaparak Arendt'in "siyasi varoluşçuluğu" ile ilgili iddialarının altını doldurmaya çalışır; ancak bunu "siyasi kararcılık"tan net bir biçimde ayırt etmez (Bkz. Hannah Arendt, "What is Existenz Philosophy?" *Partisan Review* 18/1 (1946): 35–46; tekrar basımı: "What is Existential Philosophy?" Jerome Kohn (der.), *Arendt: Essays in Understanding: 1930–1954* [New York: Harcourt, Brace and Jovanovich, 1994], s. 163–87. Orijinal metin ve bu sonraki versiyon arasındaki farklar üzerine yorumlar için bkz. Seyla Benhabib, *The Reluctant Modernism of Hannah Arendt*, yeni basım [New York: Rowman and Littlefield Publishers, 2003, dipnot 35, s. 59–60]). Siyasi varoluşçuluk ve siyasi kararcılık aynı değildir: İnsan bir siyasi varoluşçu olup siyasi düzlemde akıl veya tarih ile kanıtlanabilecek herhangi bir nihai garanti veya temel olmadığına inanabilir; ancak siyasi kararcılığın başlıca tezini, yani egemenliğin tekil, bireysel bir edim üzerine kurulduğu fikrini savunmak zorunda değildir. Siyasi kararcılığın bir örneği Schmitt'in "Egemen, olağanüstü hale karar verendir" sözüdür (Carl Schmitt, *Political Theology: Four Chapters on the Concept of Sovereignty* [1922], çev. ve önsözü kaleme alan George Schwab [Chicago, IL: University of Chicago Press, 1985], s. 5). Jay bu makalesinde, Arendt'in diğer siyasi kararcılık yanılgıları için de geçerlidir. Heidegger'i eleştirdiği o son derece kritik pasajı zikretmez. Arendt, Heidegger'in *Dasein* kavramı için şöyle yazar: "Kendi'nin asli karakteri, mutlak Kendiliği, yani bütün arkadaşlarından radikal bir biçimde ayrılmasıdır. [...] Daha sonrasında, Heidegger 'halk' ve 'yeryüzü' gibi mitolojik ve bulanık kavramlara başvurarak, bu yalıtılmış Kendilere üzerine basacakları bir müşterek, ortak zemin sunmaya çalışır. [...] Bunun olası tek sonucu, salt kendileriyle ilgilenen bu Kendilerin bir şekilde bir Üst-kendi halinde örgütlenerek, tereddütsüzce suçluluk duygusundan çıkıp eyleme geçmeleridir" (Arendt, "What is Existenz Philosophy?" *Arendt: Essays in Understanding*, s. 181–2). Bu pasajın siyasi kararcılık içerdiği söylenemez; bilakis, Heidegger'in yalıtık bir kendi—*Dasein*—kavramından yola çıkıp da her zaman için başkalarıyla rabıta anlamına gelen siyasete amatörce varma çabasına ironik, hatta alaycı bir bakış getirir. Heidegger'in nasyonal sosyalizme dahil olmasını minimize etme eğilimi bir yana, Arendt siyasi biçimde düşünmek için kişinin yalıtık bir *Dasein*'dan değil indirgenemez bir insan çoğulluğu varsayımından yola çıkması gerektiği tezinden asla geri adım atmadı. Arendt ve Heidegger hakkında şu çalışmamın dördüncü bölümüne bakınız: *The Reluctant Modernism of Hannah Arendt*, "The Dialogue with Martin Heidegger: Arendt's Ontology of The Human Condition," s. 102–23. İlişkileri ve bu ilişkinin yanlış yorumlanışı konusunda, bkz. Elzbietta Ettinger, *Hannah Arendt—Martin Heidegger* (New Haven, CT: Yale University Press, 1995) ve Richard Wolin, *Heidegger's Children: Hannah Arendt, Karl Löwith, Hans Jonas and Herbert Marcuse* (Princeton, NJ: Princeton University Press, 2003) ve Seyla Benhabib, "The Personal is not the Political," *Boston Review* (Ekim–Kasım 1999): 45–48; gözden geçirilmiş ve genişletilmiş yeniden basım: "Appendix" *The Reluctant Modernism of Hannah Arendt*, 2. baskı, s. 221–33. Ayrıca Richard Wolin'in *Heidegger's Children* adlı kitabına dair tenkit yazım: "Taking Ideas Seriously," *Boston Review: A Political and Literary Forum 11 (Aralık 2002/ Ocak 2003): 40–4.*

11 Max Horkheimer, "Die Juden und Europa," *Zeitschrift für Sozialforschung,* (der.) Max Horkheimer, c. viii (1939); kullanılan versiyon (Deutscher Taschenbuch Verlag: Münih, 1980), s. 115–37; özellikle s. 115; benim çevirim.

12 Zorlu bir sentaksı olan tam metin şu şekildedir: "Der Faschismus ist die Wahrheit der modernen Gesellschaft, die von der Theorie von Anfang an getroffen war. Er fixiert die extremen Unterschiede, die das Wertgesetz am Ende produzierte." (Faşizm modern toplumun, oluşumundan itibaren Teori tarafından tespit edilmiş hakikatıdır. Faşizm, nihayetinde değer yasası tarafından yaratılmış olan aşırı farkları sabitler.) agy., s. 116.

13 Bkz. Friedrich Pollock'ın makalesi: "State Capitalism: Its Possibilities and Limitations," *Studies in Philosophy and Social Sciences IX/2* (1941): 200–25. Pollock'un Büyük Buhrana rağmen istikrarlı bir kapitalist ekonomi kurma üzerine fikirleri ve ortodoks Marksist kriz kuramını reddi üzerine bkz. Jay, *The Dialectical Imagination,* s. 153 vd.

14 Agy., s. 115.

15 Agy., s. 129. Eylül 1939'de tamamlandığı iddia edilen bu makale, İngiliz ve Fransızların nasyonal sosyalizmle mücadele etme niyet ve yeterliliğine dair müthiş bir kuşkuculuk sergiler. Horkheimer'e göre yaklaşan savaş, "süper güçler" arasında dünya hâkimiyeti mücadelesine sahne olacak emperyal hatta küresel bir savaştır (bkz. s. 128 ve 135). Horkheimer'in liberalizme dair nefret dolu yorumları büyük ölçüde, Büyük Britanya ve Fransa'nın, ABD ile birlikte veya tek başlarına nasyonal sosyalizme direnme isteği veya becerisine dair derin şüphelerine bağlanabilir.

16 Martin Jay, "The Jews and the Frankfurt School: Critical Theory's Analysis of Anti-Semitism," *Permanent Exiles: Essays on the Intellectual Migration from Germany to America*, s. 90–100.

17 Max Horkheimer'den Herbert Marcuse'ye mektup, 17 Temmuz 1943, Alfred Schmidt ve Gunzlein Schmid Norr (der.), *Gesammelte Schriften* 17 (Frankfurt am Main: Fischer, 1985), s. 463. Alıntılayan Anson Rabinbach, "Why Were the Jews Sacrificed?: The Place of Anti-Semitism in Dialectic of Enlightenment," *New German Critique 81, Aydınlanmanın Diyalektiği* özel sayı (Sonbahar 2000): 49–64; burada 51–2.

18 Rabinbach, "Why Were the Jews Sacrificed?: The Place of Anti-Semitism in *Dialectic of Enlightenment*," s. 52.

19 Theodor Adorno ve Max Horkheimer, *Dialektik der Aufklärung* (1944). 7. baskı (Frankfurt: Fischer Verlag, 1980), özellikle s. 27; İngilizce çev. John Cumming, *Dialectic of Enlightenment* (New York: Herder and Herder, 1972) [*Aydınlanmanın Diyalektiği*, çev. Elif Öztarhan ve Nihat Ünler, 2010. İstanbul: Kabalcı Yayınevi.]; çoğunlukla Almancadan kendi çevirilerimi kullandım. Gerek bu metni, gerekse de Horkheimer'in "kendini koruma" kavramını şurada daha etraflıca tartıştım: Şeyla Benhabib, *Eleştiri, Norm ve Ütopya*, s. 215-221 ve 243-257.

20 Adorno ve Horkheimer, *Dialectic of Enlightenment*, s. 207; ayrıca bkz. Benhabib, *Eleştiri, Norm ve Ütopya* s. 216.

21 Bu kavramın kökenleri ve önemi üzerine bkz. Jay, *The Dialectical Imagination*, s. 269–73; Rabinbach, "Why Were the Jews Sacrificed?" s. 56–9.

22 Bkz. Yirmiyahu Yovel, *Dark Riddle. Hegel, Nietzsche and the Jews* (Pennsylvania, PA: Pennsylvania State University Pres, 1998).

23 A. Rabinbach, "Why Were the Jews Sacrificed?" s. 61.

24 Thomas Baumeister ve Jens Kulenkampff, "Geschichtsphilosophie und philosophische Ästhetik," *Neue Hefte für Philosophie* 6 (1974): 74 vd.

25 Jay, "The Jews and the Frankfurt School: Critical Theory's Analysis of Anti-Semitism," s. 99.

26 Bkz. Erhard Bahr, "The Anti-Semitism Studies of the Frankfurt School," s. 133 vd; Arendt üzerine, bkz. Leon Weiseltier, "Understanding Anti-Semitism: Hannah Arendt on the Origins of Prejudice," *The New Republic* 7/32 (1981): 20 vd.

27 Hannah Arendt, *Eichmann in Jerusalem: A Report on the Banality of Evil,* gözden geçirilmiş ve genişletilmiş basım (New York: Penguin Books, 1965); ilk basımı 1963, benim yararlandığım yeniden basımı ise 1992 tarihli Arendt'in Blumenfeld'le tanışması üzerine bkz. Elisabeth Young-Brühl, *For Love of the World* (New Haven, CT: Yale University Press, 1982), s. 70f vd. Hannah Arendt ve Kurt Blumenfeld mektupları için bkz. *-in keinem Besitz verwurzelt. Die Korrespondenz,* Ingeborg Nordmann ve Iris Philling (der.) (Nördlingen: Rotbuch, 1995), s. 257–65 ve Ingeborg Nordmann, "Nachwort. Eine Freundschaft auf des Messers Schneide," *-in keinem Besitz verwurzelt. Die Korrespondenz,* s. 349 vd.

28 Aile kökenleri hakkında daha ayrıntılı bilgi için bkz. Young-Brühl, *For Love of the World,* s. 8 vd.

29 Oyuncu bir tavırla "Golem" diye hitap ettiği kocası Heinrich Blücher'e bir mektubunda Arendt şöyle yazar: "Golem, Yahudilerin bir halk olduğunu ya da ötekiler gibi kendini gerçekleştirme sürecindeki bir halk olduğunu iddia ederken yanılıyor. Doğuda Yahudiler çoktan yurtsuz bir halk haline geldi. Batıdaysa, (ben de dahil) Yahudilerin ne halde olduğunu bir Tanrı bilir." [*Hannah Arendt—Heinrich Blücher, Briefe. 1936–1968,* Lotte Köhler (der.) (Münih: R. Piper Verlag, 1996), s. 58.] Daha ayrıntılı bir inceleme için ayrıca bkz. Seyla Benhabib, "Arendt's Eichmann in Jerusalem," *The Cambridge Companion to*

Hannah Arendt, Dana Villa (der.) (Cambridge: Cambridge University Press, 2000), s. 65–86.

30 Hannah Arendt, *Rahel Varnhagen: The Life of a Jewish Woman,* gözden geçirilmiş basım, çev. Richard ve Clara Winston (New York: Harcourt, Brace, Jovanovich, 1974).

31 İfadenin kaynağı: Önsöz, Rahel Varnhagen, s. xv-xvi. Arendt'in bu çalışmasını şurada daha etraflıca ele aldım: Benhabib, *The Reluctant Modernism of Hannah Arendt,* 1. Bölüm, "The Pariah and Her Shadow: Hannah Arendt's Biography of Rahel Varnhagen," s. 1–34.

32 Dana Villa, Arendt'in "toplumsal"ı niteleme biçiminin Heidegger'in *Varlık ve Zaman*'da "das Man" mefhumunu niteleme tarzına çok şey borçlu olduğuna işaret etmekte haklıdır [Dana Villa, *Arendt and Heidegger: The Fate of the Political* (Princeton, NJ: Princeton University Press, 1995)]. Ancak o denli ilginç olan bir diğer husus, Arendt'in toplumsalın üç boyutunu harmanlama biçimidir: Kitle toplumu, meta mübadelesine dayalı toplum ve modern toplumdaki yeni sosyal ilişki düzlemi ya da "sivil toplum." Toplumsalın bu farklı boyutlarının iç içe geçişi, Arendt'in sosyal kuramının başlıca zayıf yönüdür ve politik yaşamda ekonominin önemini göz ardı etmesinin nedeni de budur. Benhabib, "The Social and the Political: An Untenable Divide," *The Reluctant Modernism of Hannah Arendt,* s. 138–72.

33 Hannah Arendt, *The Origins of Totalitarianism* [1951] (New York: Harcourt, Brace and Jovanovich, 1979 basımı). [*Totalitarizmin Kaynakları 1-2,* çev. Bahadır Sina Şener, İstanbul: İletişim Yayınları.] İlk olarak Büyük Britanya'da basılmıştır: *The Burden of Our Time* (Londra: Secker and Warburg, 1951), s. 54.

34 Bu bölümün bazı kısımları daha önce şurada yer almıştır: Seyla Benhabib ve Raluca Eddon, "From Anti-Semitism to the 'Right to Have Rights.' The Jewish Roots of Hannah Arendt's Cosmopolitanism," *Babylon: Beiträge zur jüdischen Gegenwart 22* (Frankfurt: Verlag Neue Kritik, 2007): 44–62. Arendt'in siyaset ve felsefe tasavvuru açısından Yahudi siyasetinin önemi konusunda bkz. Richard Bernstein, *Hannah Arendt and the Jewish Question* (Cambridge, MA: MIT Press, 1996). Ayrıca bkz. Jerome Kohn, "Preface: A Jewish Life: 1906–1975," Jerome

Kohn ve Ron H. Feldman (der.), *Hannah Arendt: The Jewish Writings* (New York: Schocken Books, 2007), s. ix–xxxiii.

35 Arendt'in, daha genel Avrupa'nın ahlaki ve politik çöküşü öyküsünde Yahudilerin oynadığı merkezi rol üzerindeki ısrarı, onun antisemitizm kuramının altında yatan karmaşık ve müphem filosemitizme ışık tutar. Arendt'in "Hayatımda asla herhangi bir halk ya da kolektiviteye karşı 'aşk' hissetmedim," hatta "Yahudi olduğum için 'Yahudi sevgisi' benim gözüme biraz şüpheli görünür," sözleri meşhurdur; ancak yazar yine de Yahudilere, Avrupa tarihinde ayrıcalıklı bir kültürel ve politik rol atfetmiştir (Bkz. Hannah Arendt, *The Jew as Pariah*, der. ve önsözü kaleme alan Ron H. Feldman (New York: Grove Press, 1978), s. 247; ayrıca *The Jew as Pariah*'daki makalelerin gözden geçirilmiş, genişletilmiş ve başka malzemeyle zenginleştirilmiş versiyonu için bkz. Jerome Kohn ve Ron H. Feldman (der.), Hannah Arendt, *The Jewish Writings*. Belirli bir anlamda, örneğin Heinrich Heine'nin cisimleştirdiği *schlemiel* figüründe ya da Bernard Lazare'ın *parya*'sında, Arendt "politik gerçeklikler dünyasından dışlandığı için hürriyet yanılsamasını bir dönem muhafaza edebilen" eşsiz bir insanlık modeli görüyordu. Nazi totalitarizmi bu yanılsamayı sildiyse de, Arendt, paryanın insanlığında ve bağımsız zihnini kendi zamanı için son derece politik nitelikler—hatta, insan özgürlüğü için *sine qua non*—olarak görüyordu

36 "Ayaktakımı"nın [mob] tam olarak ne olduğu ve kimin bu kategoriye girdiği, Arendt bağlamında biraz çetrefilli bir meseledir. Margaret Canovan'ın belirttiği gibi, Arendt "ayaktakımından 'bütün sınıfların artığı' hatta 'atığı' diye, kapitalizmin ekonomik çevrimlerinin adından geriye kalanlardan oluşan bir yığın diye bahseder. Bu bireyler sınıf yapısındaki konumlarını yitirmiştir. Kurulu topluma karşı hınçla yanıp tutuşurlar ve demogoglar tarafından kolayca şiddete sevk edilebilirler" (Margaret Canovan, "The People, the Masses and the Mobilization of Power: The Paradox of Arendt's Populism," *Social Research 69/2* (Yaz 2002): 403–22; özellikle 405). Gelgelelim, şu nettir: Ayaktakımının ulus-devleti ayakta tutan herhangi bir kuruma yönelik ilgisi veya saygısı yoktur, özellikle de onun tam kalbindeki kurum olan hukukn üstünlüğü ilkesine karşı öfke doludur.

37 *Totalitarizm*'in "Emperyalizm" başlıklı ikinci bölümünün açılış sayfalarında Arendt'in ileri sürdüğü tez, Belçikalılar, Hollandalılar, İngilizler, Almanlar ve Fransızlar gibi sömürgeci beyaz ulusların Afrika'yla karşılaşmalarının, onların, normalde anavatanlarında iktidarın uygulanmasını denetleyen ahlaki ve sivil kısıtları ihlâl etmelerini sağladığı yolundadır. Afrika'yla karşı karşıya kalan medeni beyaz adamlar, önlerine çıkan "vahşileri" yağmalayıp, yakıp yıkıp, tecavüz ederek insanlık dışı düzeylere gerilediler. Arendt bu karşılaşmanın alegorisi olarak Joseph Conrad'ın meşhur öyküsü "Karanlığın Yüreği"ne gönderme yapar. "Karanlığın yüreği" sadece Afrika'yla da sınırlı değildir; yirminci yüzyıl totalitarizmi bu karanlık odağını Avrupa kıtasına geri getirir. Adeta Afrika'da öğrenilen dersler Avrupa'nın yüreğinde hayata geçirilmiş gibidir. Arendt'in emperyalizm analizi, Avrupalıların "Afrika için kapışması" ile başlar ve "Ulus-devletin Çöküşü ve İnsan Haklarının Sonu" ile neticelenir. Bu bakımdan Arendt kendi zamanının çok ilerisindeydi. Holokost ve emperyalizm arasındaki ilişkiye dair yakın tarihli bir inceleme olarak bkz. Richard King ve Dan Stone (der.), *Hannah Arendt and the Uses of History: Imperialism, Nation, Race and Genocide* (Londra ve New York: Berghan Books, 2007).

38 Arendt şöyle yazar: "Ancak ulus-devletin kapitalist ekonominin daha da büyümesi için gerekli çereçveyi sağlamak bakımından uygun bir yapı olmadığı ortaya çıktığında, devlet ile toplum arasında gizliden gizliye süren çekişme de, açık bir iktidar mücadelesi halini aldı. Emperyalist dönem boyunca ne devlet de de burjuvazi tayin edici bir zafer kazanabildi. [...] Alman burjuvazisi bütün varlığını Hitler hareketine bağlayıp ayaktakımının yardımıyla toplumu yönetme hevesine kapıldı, fakat daha sonra bunun için çok geç kalındığı ortaya çıktı" (*Emperyalizm*: 11).

39 İnsan hakları ve milli egemenlik arasındaki çelişkilere dair bu felsefi tezler Hannah Arendt'in *On Revolution* adlı eserinde daha net bir biçimde incelenir (New York: Penguin Books, 1963). Arendt'in siyasi düşüncede egemenlik kavramına karşı husumeti, bir kez daha onun "kararcı" önkabullere sahip olmadığını gösterir. Bu konulara dair daha ayrıntılı bir tartışma için bkz. Şeyla Benhabib, *Ötekilerin Hakları*, 2. Bölüm.

40 Bkz. Herbert Marcuse, "Der Kampf gegen den Liberalismus in der totalitären Staatsauffassung," *Zeitschrift für Sozialforschung* 3/1 (1934): 161–95.

41 Carole Fink, "Defender of Minorities: Germany in the League of Nations, 1926–1933," *Central European History* 4: 330 vd; özellikle s. 331. Ayrıca Carole Fink, *Defending the Rights of Others: The Great Powers, the Jews and International Minority Protection* (Cambridge: Cambridge University Press, 2004).

42 Bu ifadenin Eleştirel Teori içinde de bir tarihe sahip olduğunu ve Friedrich Pollock'un şu önemli makalelerinin ardından teorinin geçirdiği dönüşümü tarif etmek için kullanıldığını unutmayalım: "State Capitalism," *Studies in Philosophy and Social Science* IX/2 (1941): 200–25 ve "Is National Socialism a New Order?" *Studies in Philosophy and Social Science* 9 (1941): 440–55. Pollock'un konumunun eleştirel bir değerlendirmesi için bkz. Moishe Postone, *Time, Labor and Social Domination: A Reinterpretation of Marx's Critical Theory* (Cambridge: Cambridge University Press, 1993), "Friedrich Pollock and the Primacy of the Political" başlıklı bölüm, s. 90-6.

43 Arendt'in eserinde "siyasi olanın önceliği"nin bir kaynağı daha bulunur. Bu da, *Spartakist* partinin diğer üyeleri gibi kocası Heinrich Blücher'in de benimsediği, ortodoks Marksizm-Leninizm eleştirisiydi. Arendt, çeşitli komünist ve eski komünist militanlar arasındaki bu tür tartışmaları bizim sandığımızdan çok daha yakından izliyordu, ki bu insanların çoğu aynen kendisi gibi 1930'ların ikinci yarısında Paris'te sürgünde bulunuyordu. Paris sürgününün Arendt açısından önemi konusunda bkz. Seyla Benhabib, "Hannah Arendt's Political Engagements," Roger Berkowitz, Jeffrey Katz ve Thomas Keenan (der.), *Thinking in Dark Times: Hannah Arendt on Ethics and Politics* (New York: Fordham University Press, 2009), s. 55–62. Jay'in çarpıcı bir biçimde gözlemlediği gibi, Rosa Luxemburg'un Lenin'e karşı yönelttiği polemik, kitlelerin özyönetime demokratik katılımın ehemmiyeti konusunda Arendt'in kavrayışı için çok önemliydi (Jay, "Hannah Arendt: Opposing Views," s. 358). "Siyasi olanın önceliği" kavramı Vaclav Havel, Adam Michnik, Jacek Kuron, Janos

Kis ve diğer Doğu Avrupalı muhaliflerin yazılarında 1989'dan sonra yeniden karşımıza çıkar; zira, "nesnel ve öznel etkenlerin zorlama olmaksızın bir araya gelmesi"ne yönelik bu inancın, tam da, Arendt'in Marksist tarih tasavvurunu meydana getirdiğini söylediği şey—yani tarihin anlamını çözecek anahtara sahip olma şeklindeki dayanaksız inanç—olduğu ortaya çıkmıştır. Arendt'in genelde yanlış anlaşılan Marx eleştirisi için şu eserindeki genelde göz ardı edilen, son derece önemli "Emek Hareketi" başlıklı bölüme bakınız: H. Arendt, *The Human Condition* (Chicago, IL ve Londra: University of Chicago Press, 1958), s. 212–20.

44 Jay, *Dialectical Imagination,* 1. Bölüm.

45 John Rawls, *Political Liberalism* (New York: Columbia University Press, 1993; karton kapak baskısı 1996 tarihli). Siyasi liberalizmin özü; siyasi yönetimi meşrulaştıran ilkelerin, tek tek bireyler olarak neyin "iyi" olduğuna dair inancımız temelinde değil, hepimiz için "hakkaniyetli" olanın, sekter veya ayrımcı olmayan terimlerle kendi ayakları üzerinde duran bir biçimde gerekçelendirilmesidir. Frankfurt Okulu'nun perspektifinin siyasi liberalizme eleştirel bakabileceği birçok başka mesele olabilir ama bir yönetim teorisi olarak liberalizmin serbest piyasayla bir araya getirilmesi baştan işe yaramayacaktır. Zira siyasi liberalizm ekonomik liberalizme yaslanmaz; hatta, siyasi liberalizm, ekonominin sosyal demokrat bir açıdan yeniden yapılandırılmasını gerektirir.

46 Arendt'in eserinde "kurtuluş" ile "özgürlük" arasında önemli bir ayrım bulunur: Bkz. *On Revolution* (New York: Viking, 1963), s. 54 vd; ayrıca Benhabib, *The Reluctant Modernism of Hannah Arendt,* s. 157 vd.

47 Raphael Lemkin, *Axis Rule in Occupied Europe: Laws of Occupation, Analysis of Government, Proposals for Redress* (Washington, DC: Carnegie Endowment for International Peace, 1944), s. xi.

48 Dan Stone, "Raphael Lemkin on the Holocaust," *Journal of Genocide Research* 7/4 (Aralık 2005): 539–50; özellikle 546.

49 Lemkin, *Axis Rule,* s. 79.

ÜÇÜNCÜ BÖLÜM

Totalitarizmin Gölgesinde Uluslararası Hukuk ve İnsan Çoğulluğu:
Hannah Arendt ve Raphael Lemkin

1 Ralph Lemkin'e dair bu ve ilerleyen biyografik bilgiler şu kaynaklardan alınmıştır: Samantha Power, *"A Problem from Hell": America and the Age of Genocide* (New York: Basic Books, 2002), s. 17–87; Ann Curthoys ve John Docker, "Defining Genocide," Dan Stone (der.), *The Historiography of Genocide* (Palgrave Macmillan, 2008), s. 9 vd. Ayrıca bkz. Dominik J. Schaller ve Jurgen Zimmerer, "From the Guest Editors: Raphael Lemkin: the 'founder of the United Nation's Genocide Convention' as a historian of mass violence," *Journal of Genocide Research* 7/4 (Aralık 2005): 447–52.

2 Bkz. Raphael Lemkin, *Axis Rule in Occupied Europe: Laws of Occupation, Analysis of Government, Proposals for Redress* (Washington, DC: Carnegie Endowment for International Peace, 1944). Metinde *ARiE* şeklinde kısaltıldı. *Axis Rule in Occupied Europe*'un basılmasını müteakip, *New York Times Book Review* Ocak 1945 sayısının kapağını bu esere ayırdı. O dönemde New York City'de yaşayan ve bu meselelere yönelik genel ilgisini ve bilgisini bildiğimiz Arendt'in Lemkin'in kitabını bilmemesi pek akla yatkın gelmiyor. Bkz. Otto D. Tolischus, "Twentieth Century Moloch: The Nazi-Inspired Totalitarian State, Devourer of Progress—and of Itself," *New York Times Book Review* (Ocak 21, 1945): 1, 24, alıntılayan Samantha Power, *"A Problem from Hell:" America and the Age of Genocide*, s. 525, n.35.

3 Arendt, Lemkin ve diğerlerinin "dünya vatandaşı" kategorisine dair duyarlıklarına dair incelikli bir tahlil Ned Curthoys tarafından şöyle dile getirilir: "Birer émigré akademisyen ve kamusal entelektüel olan Arendt, Jaspers, Spitzer, Auerbach ve Lemkin kişisel deneyim ve hermenötik sezginin dizginlenemez güdüsüyle yüklü, cömert, ortodoks olmayan metodolojik yöntemleri aydınlatmaya adamışlardı kendilerini" (Ned Curthoys, "The Émigré Sensibility of 'World Literature': Historicizing Hannah Arendt and Karl Jaspers' Cosmopolitan Intent," *Theory and Event* 8/3, şu adresten erişildi: <http://muse.jhu.edu/ journals/ theory_and_event/v008/8.3curthoys.html>).

4   Burada kati konuşmuyorum, çünkü Washington, DC'deki Kongre
     Kütüphanesi'ndeki 80 küsur kutunun içeriği henüz tamamen kata-
     loglanmış değil; ancak birçok üniversitede mikrofilm koleksiyonları
     mevcut. Aynı durum Bard College'deki kapsamlı Hannah Arendt
     ve Heinrich Blücher Kütüphanesi için de geçerli. Bu kütüphanenin
     elindeki malzeme de halihazırda kataloglanıyor. Elektronik katalogda
     Lemkin'e herhangi bir referans yok.
5   Hannah Arendt'in insan hakları kavramı ve gerekçelendirmesi etra-
     fında bolca ihtilaf mevcuttur. Bkz. Jeffrey Isaac, "Hannah Arendt on
     Human Rights and the Limits of Exposure, or Why Noam Chomsky
     is Wrong About the Meaning of Kosovo," *Social Research* 69/2 (2002):
     263–95; Ş. Benhabib, *Ötekilerin Hakları*, s. 59–71; Christoph Men-
     ke, "The 'Aporias of Human Rights' and the 'One Human Right':
     Regarding the Coherence of Hannah Arendt's Argument," *Social
     Research: Hannah Arendt's Centennary* 74/3 (Sonbahar 2007): 739–62;
     Peg Birmingham, *Hannah Arendt and Human Rights: The Predica-
     ment of Common Responsibility* (Bloomington, IN: Indiana University
     Press, 2006) ve elinizdeki kitabın Dördüncü Bölümü olan "Başka Bir
     Evrenselcilik: İnsan Haklarının Birliği ve Çeşitliliği Üzerine."
6   Bkz. Leora Bilsky, "The Eichmann Trial and the Legacy of Jurisdicti-
     on," Seyla Benhabib, *Politics in Dark Times: Encounters with Hannah
     Arendt*, s. 198–219. Ayrıca Eichmann davasının gündeme getirdiği
     hukuki içtihat meselelerinin derinlikli bir analizi için bkz. Benhabib,
     Another Cosmopolitanism: The Berkeley Tanner Lectures, s. 13–44.
7   Birleşmiş Milletler Soykırım Suçunun Önlenmesi ve Cezalandırılması
     Sözleşmesi. BM Genel Kurulu'nun 260 (III) A sayılı kararıyla, 9 Aralık
     1948 tarihinde kabul edilmiştir (bölüm II). Bu sözleşmenin kabulüne
     giden olayların oldukça dramatik bir aktarımı için bkz. Samantha Power,
     "A Problem from Hell": America and the Age of Genocide, s. 54–60.
8   Bkz. Christian Volk, "The Decline of Order: Hannah Arendt and
     the Paradoxes of the Nation-State," Benhabib (der.), *Politics in Dark
     Times* içinde, s. 172–98.
9   "Genç bir delikanlıyken Henry Sienkiewicz'in *Quo Vadis* adlı eserini
     okumuştum—ilk Hıristiyanların çektiği ıstıraplar ve ve Romalıların

onları sırf İsa'ya inandıkları için yok etme çabalarına dair bir öykü...
Beni, Huguenot'lar, İspanya'daki Mağribiler, Meksika Aztekleri, Japonya'daki Katolikler ve Cengiz Han yönetimi altındaki pek çok millet gibi benzer tarihi örnekler aramaya iten şey salt merak değildi. Kötülüğün sıklığı, müthiş yaşam ve kültür kayıpları, ölmüşleri geri getirmenin ya da yetimleri teskin etmenin umut kırıcı imkânsızlığı ve her şeyden önce suçluların cezasız kalacaklarından soğukkanlılıkla emin olması beni dumura uğratmıştı" (Raphael Lemkin, "Tamamen gayri resmi" not, tarihsiz, New York Halk Kütüphanesi, Elyazmaları ve Arşivler Bölümü, Raphael Lemkin Defterleri, Kutu 2). Lemkin'e dair biyografik ve otobiyografik bilgiler için bkz. Dominik J. Schaller ve Jürgen Zimmerer, "From the Guest Editors: Raphael Lemkin: the 'founder of the United Nation's Genocide Convention' as a historian of mass violence," *Journal of Genocide Research* 7/4 (Aralık 2005): 447–52; özellikle 450–51.

10 İfadenin tamamı şu şekildedir: "Yalnızca insan hukuka sahiptir. [...] Hukuku sizin inşa etmeniz gerekir!" Alıntılayan Samantha Power, "*A Problem from Hell:" America and the Age of Genocide*, s. 47 ve 55.

11 Ann Curthoys ve John Docker'ın belirttiğine göre, Soykırım Sözleşmesi'nin yürürlüğe girmesinden yalnızca 11 ay sonra, Aralık 1951'de Afrika kökenli Amerikalılar adına "Paul Robeson ve başka isimler New York'taki BM Sekreterliğine We Charge Genocide [Soykırımla Suçluyoruz] başlıklı bir dilekçe sunup" köleliğin bir soykırım biçimi olduğu suçlamasında bulundu. Bkz. "Defining Genocide," s. 15 vd. Genel Kurul dilekçeyi kabul etmedi; dahası, "Hukuk alanındaki akademisyenler istisnasız buna kesin olarak karşıydı; çünkü Soykırım Sözleşmesi'ni ABD koşullarına uyarlamak yollu herhangi bir çaba 'milletimiz'in bütünlüğüne halel getirecekti" (agy., s. 19). Lemkin de bu akademisyenlerden biriydi; Soğuk Savaş bağlamında bu suçlamaları, Sovyetlerin "Estonyalı, Litvanyalı, Letonyalı, Polonyalı ve Sovyet boyunduruğu altındaki halklara karşı işlenmiş soykırım suçlarından ilgiyi başka yönlere çekmek amaçlı girişimleri" olarak görüyordu (18 Aralık 1951 tarihli *New York Times*'da çıkan bir söyleşisi, alıntılayan Curthoys ve Docker, agy., s. 19). Tartışmanın devamı için bkz. Anson

Rabinbach, "The Challenge of the Unprecedented—Raphael Lemkin and the Concept of Genocide," *Simon Dubnow Institute Yearbook*, c. 4 (2005), s. 397–420.

    Lemkin'de de bir tür "renk körlüğü" ile karşı karşıyayız; etnisite, dil veya din üzerinden değil renk üzerinden tanımlanan ırka karşı duyarsızdır. Hannah Arendt de bu açıdan sık sık eleştirilmiştir; özellikle de ABD'nin güneyindeki okullardaki ırk ayrımının kaldırılmasıyla ilgili tartışma götüren yazısı yüzünden: "Reflections on Little Rock," *Dissent* 6/1 (1959): 45–56. Bkz. ABD'deki siyahlar ve beyazlar arası ilişkilere ve Afrika'daki ırk meselesine dair Arendt'in tutumu hakkında benim analizim, *The Reluctant Modernism of Hannah Arendt*, s. 146–55 ve émigré entelektüeller için ırk meselesinin görünmez olması üzerine Richard King'in makalesi "On Race and Culture: Hannah Arendt and Her Contemporaries," *Politics in Dark Times*, s. 113–37.

12   Grup meselesine dair daha kapsamlı değerlendirmeler için bkz. A. Dirk Moses, "Moving the Genocide Debate Beyond the History Wars," *Australian Journal of Politics and History* 54/2 (2008): 248–70; özellikle 267. Ayrıca bkz. Daniel Marc Segesser ve Myriam Gessler, "Raphael Lemkin and the International Debate on the Punishment of War Crimes (1919–1948)," *Journal of Genocide Research* 7/4 (2005): 453–68.

13   Arendt'in eserinde varoluşsal (ama ahlaki olmayan) değerlerin konumuna dair şu zihin açıcı makaleye bakınız George Kateb, "Existential Values in Arendt's Treatment of Evil and Morality," Seyla Benhabib (der.), *Politics in Dark Times*, s. 342–75. Kateb'in makalesinin daha eski bir versiyonu ise şurada yayımlandı: *Hannah Arendt's Centennary: Political and Philosophic Perspectives*, Konuk Editör Jerome Kohn, 1. Bölüm, 74/3 (Sonbahar 2007): 811–55.

14   Birleşmiş Milletler Soykırım Suçunun Önlenmesi ve Cezalandırılması Sözleşmesi. BM Genel Kurulu'nun 260 (III) A sayılı kararıyla, 9 Aralık 1948 tarihinde kabul edilmiştir (2. Bölüm).

15   Anson Rabinbach, "The Challenge of the Unprecedented—Raphael Lemkin and the Concept of Genocide," *Simon Dubnow Institute Yearbook*, c. 4 (2005), s. 397–420; burada s. 401.

16   Bu süreçte genel soykırım tasavvuru "karşılaştırmalı soykırım çalışmaları" diye yepyeni bir alana hayat verdi. Bkz. Raphael Lemkin özel sayısı, *Journal of Genocide Research* 7/4 (Aralık 2005); Michael A. McDonnell ve A. Dirk Moses, "Raphael Lemkin as Historian of Genocide in the Americas," aynı sayıda, s. 501–29 ve A. Dirk Moses, "The Holocaust and Genocide," Dan Stone (der.), *The Historiography of the Holocaust* (Basingstoke: Palgrave Macmillan, 2004), s. 533-55.

17   Dan Stone'un şu parlak makalesine bkz.: "Raphael Lemkin on the Holocaust," *Journal of Genocide Research* 7/ 4 (Aralık 2005): 539-50.

18   Rousseau-Portalis doktrini muharip/ muharip olmayan ayrımına zemin teşkil etti. Fransız Ganimet Mahkemesi'nin 1801 yılındaki açılışında konuşan Portalis, Jean-Jacques Rousseau'dan (*Toplum Sözleşmesi,* kitap 1, bölüm 4) bolca alıntı yaptıktan sonra şöyle der: "Savaş, bireyler arasında değil devletler arasında bir ilişkidir. Savaş halindeki iki ya da daha fazla milleti teşkil eden özel şahıslar sadece ezkaza düşmandır; kişi ya da yurttaş olarak değil sadece asker olarak düşmandırlar" (alıntılayan A. Pearce Higgins ve William Edward Hall, *International Law* 611, 8. baskı [Oxford: Clarendon Press, 1924]); oradan alıntılayan ise Myres Smith McDougal ve Florentino S. Feliciano, *Law and Minimum World Public Order* (New Haven, CT: Yale University Press, 1994), s. 543, dipnotlar.

19   Ralph Lemkin, "Genocide as a Crime Under International Law," *American Journal of International Law* 41/1 (1947): 147.

20   Bu nedenle, Lemkin'in Soykırım Sözleşmesi'ni Amerika kıtalarındaki kölelik koşullarına doğru genişletme fikrini reddetmesi daha da anlaşılmaz hale gelir Bkz. Bu bölümdeki 9. dipnot.

21   Mark Mazower şöyle yazar: "Soykırım Sözleşmesi'ne yalnızca bir kere 'kültürel soykırım'ı suç olarak tanıyan bir bent eklendi; bizzat Lemkin'in 'Sözleşme'nin ruhu' olarak nitelediği bent sonra çıkarıldı. Sömürgeci güçlerin ve özellikle de Güney Afrika'daki devletlerin itirazları sonucunda, azınlık haklarını Birleşmiş Milletler'e arka kapıdan sokmaya çalışan bu girişim engellendi" (*No Enchanted Palace. The End of Empire and the Ideological Origins of the United Nations* [Princeton, NJ: Princeton University Press, 2009], s. 130).

22 Lemkin, "Genocide," *American Scholar* 15/2 (1946): 228; alıntılayan Samantha Power, *"A Problem from Hell:" America and the Age of Genocide*, s. 53.

23 Bkz. Will Kymlicka, *Multicultural Citizenship: A Liberal Theory of Minority Rights* (Oxford: Oxford University Press, 1995); Will Kymlicka, *Citizenship in Diverse Societies* (Oxford: Oxford University Press, 2000); bu meselelerin günümüzdeki tartışmalardaki yansımaları için bkz. Seyla Benhabib, *The Claims of Culture: Equality and Diversity in the Global Era* (Princeton, NJ: Princeton University Press, 2002); ABD bağlamında grup temelli sınıflandırmalardan kaynaklanan ikilemler hakkında bkz. Robert Post ve Michael Rogin (der.), *Race and Representation: Affirmative Action* (New York: Zone Books, 1998); James Sleeper, *Liberal Racism* (New York: Viking, 1997).

24 Johann Gottfried Herder'in mirasına dair tartışmalar devam ediyor. Kimilerince o bir "Alman milliyetçisidir." Örneğin Karl Popper, *The Open Society and its Enemies* adlı eserinde (Londra: 1945), "Herder'i, Alman milliyetçiliğinin yükselişine boyun eğen isimlerden menkul bir tür Utanç Listesi'ne dahil eder," (Michael N. Forster, derleyen ve çeviren, "Giriş," Johann Gottfried Herder, *Philosophical Writings: Cambridge Texts in the History of Philosophy* (Cambridge: Cambridge University Press, 2002), s. xxxi, n.33. Isaiah Berlin ve Charles Taylor gibi başka yazarlarsa Herder'i, görececilikten farklı bir kültür ve değer eksenli çoğulculuğun öncülerinden biri addeder. Bkz. örnek olarak, Charles Taylor, "The Importance of Herder," E. Avishai Margalit (der.), *Isaiah Berlin: A Celebration* (Chicago, IL: University of Chicago Press, 1992).

Bu Herder bağlantısına işaret etmekteki kastım, Lemkin'e bir tür "savunmasız halklar için görececi milliyetçilik" eleştirisi yöneltmek değil! Niyetim, onun yazılarındaki yeterince araştırılmamış grup kavramına dikkat çekmek ve sıklıkla dil, ırk, etnisite ve dinin nasıl birlikte veya ayrı ayrı grup kimliklerinin işareti olarak kullanıldığını vurgulamaktır. Lemkin, bu işaretlerin kullanımının gerek hukuk gerek toplumda yol açabileceği çatışmaları ve muğlaklıkları araştırmaz. Buna karşın Herder'e göre, dilin ırksal değil dilsel ve kültürel bir grup olduğunu biliyoruz. Bkz. örneğin, J.G. Herder, "Treatise on the Origin of Language" [1772], *Philosophical Writings: Cambridge Texts in the History of Philosophy*, der. ve çev. Michael N. Forster, s. 65–167. Ayrıca bkz. 114. Mektup, "Letters for the Advancement of Humanity. Tenth Collection" ve "Purified Patriotism" başlıklı fragmanda Herder'in milletlerarası savaşları ve emperyalizm savaşlarını mahkûm edişi (*Philosophical Writings: Cambridge Texts in the History of Philosophy*, der. ve çev. Michael N. Forster, s. 380 ve devamı ve s. 406). Lemkin şüphesiz Herder'in şu sözlerde ifadesini bulan hislerini paylaşırdı: "Genel anlamıyla yamanmış, yabancı bir kültür, bir halkın kendi temayül ve ihtiyaçlarından doğmayan bir oluşum [Bildung] nedir öyleyse? Ya bastırır ve biçimsizleştirir; ya da dosdoğru cehenneme gider. Siz, güney denizlerinin adalarından koparılıp kültür öğrenin diye İngiltere'ye getirilen zavallı kurbanlık mağdurlar... Dolayısıyla Ch'ien-lung, kendisini ziyarete gelen yabancı kral naibini alelacele ağırlayıp, ardından bin bir havai fişek patlatıp nazikçe yolcu etmekle son derece adil ve bilgece davranmıştı. Keşke bütün milletler Avrupalıları bu şekilde kapı dışarı edecek kadar zeki ve kuvvetli olabilseydi" (agy., s. 382).

"Ebedi Barış"ta Kant, Herder'e yanıt vererek, milletler arasındaki "konukseverlik hakkı"na dayalı istenir temaslar ile kimi milletlerin temasa girdiği diğer milletlere karşı güttüğü emperyalist, sömürücü ve saldırgan niyetler arasında ayrıma gidilmesi gerektiğini belirtir. Kültürel tecrit politikası savunulabilir bir şey değildir. Bkz. Immanuel Kant [1795], "Perpetual Peace: A Philosophical Sketch," *Kant: Political Writings*, s. 93-131.

Ayrıca Arendt'in, Herder'in Aydınlanma sonrası Yahudiler açısından önemine dair ilginç düşüncelerini inceleyebilirsiniz. Arendt Herder'in Yahudi tarihini, "aslen Eski Ahit'e sahip olan halk olmalarıyla tanımlanan bir tarih" olarak Almanya'da görünür kıldığını belirtir (Hannah Arendt, "The Enlightenment and Jewish Ouestion," Jerome Kohn ve Ron H. Feldman (der.), *Hannah Arendt: The Jewish Writings* s. 12). Öte yandan söz konusu tarih teolojik bir tarih olduğu ve genel anlamda dünyanın tarihine bağlı bir tarih olmadığı için, Herder'e göre

"Yahudiler tarih içinde tarihsiz bir halk haline gelmiştir. Herder'in tarih anlayışı onları geçmişlerinden yoksun kılar" (agy., s. 16). Felsefe ve tarih yazımı açısından ortadaki mesele, evrensel ve tikel arasında, insanlığın genel tarihi ile özgül halkların özgül hafızaları, akıbetleri ve ıstırapları arasında denge kurma meselesidir.

25 Bu iradeci grup kavramı Hannah Arendt'in kendi Yahudi kimliğini vurgulu bir biçimde savunmasıyla çelişmez mi peki? Bana kalırsa çelişmez; zira Arendt Yahudi halkına aidiyetinin koşullarını ve anlamını tanımlamada ısrar eder. Ona göre aslolan, Yahudi olmanın Halakha'daki tanımı yani kişinin annesinin Yahudi olması değildir; kişinin bir kolektivite ve bir halkın kaderiyle bilinçli bir seçim sonucu özdeşleşmesidir. Arendt'in Museviliğinin bu bireyci, hatta belki varoluşçu boyutu, Arendt'in Gershom Scholem ile arasındaki çelişkinin kaynağında bulunur ve onu Leo Strauss gibi, Museviliğin kültürel ve teolojik anlamlarının Arendt'in istediği kadar keskin bir biçimde birbirinden ayrılamayacağını savunan düşünürlerden ayırır.

26 Hannah Arendt, "The Promise of Politics," *The Promise of Politics,* der. ve girişi kaleme alan Jerome Kohn (New York: Schocken Books, 2005), s. 175.

27 Patricia Owens, *Between War and Politics: International Relations and the Thought of Hannah Arendt* (Oxford: Oxford University Press, 2007), s. 110.

28 Hannah Arendt, *The Human Condition,* s. 7.

29 Arendt düşüncesinin bu boyutlarının daha kapsamlı analizi için bkz. Patchen Markell, "The Rule of the People: Arendt, Arche and Democracy," Şeyla Benhabib (der.), *Politics in Dark Times,* s. 58–83 (bu makalenin daha eski bir versiyonu için *The American Political Science Review* 100/1 (Şubat 2006): 1-14) ve Roy Tsao, "Arendt's Augustine," *Politics in Dark Times,* s. 39-58. Arendt'teki bu temaların Martin Heidegger felsefesindeki kökleri konusunda bkz. Dana Villa, *Arendt and Heidegger: The Fate of the Political* ve Seyla Benhabib, 4. Bölüm, "The Dialogue with Martin Heidegger," *The Reluctant Modernism of Hannah Arendt.*

30 Arendt'in idam cezasını haniyse militanca savunması bazı okurları şaşırtıp rahatsız edecektir. Acaba Arendt burada salt adaleti savun-

mak yerine kendini bir tür intikam duygusuna mı kaptırmıştı? Bu soru mevcut tartışmanın kapsamını aşıyor. Erfurt'taki Max-Weber Kollegium'dan Profesör Hans Joas'a, bir tartışmamız sırasında bu konuya dikkatimi çektiği için müteşekkirim.

31 Söz konusu mevzuların bazılarının hukuki ayrıntılarına dair zihin açıcı bir inceleme için bkz. Bilsky, "The Eichmann Trial and the Legacy of Jurisdiction," Seyla Benhabib (der.), *Politics in Dark Times,* s. 198–219.

32 Arendt'in ABD bağlamında egemen iktidar ve yürütmenin imtiyazları üzerine görüşlerine dair daha kuşkucu bir yaklaşım olarak bkz. Andrew Arato ve Jean L. Cohen, "Banishing the Sovereign: Internal and External Sovereignty in Arendt," Seyla Benhabib (der.), *Politics in Dark Times,* s. 137–72; ilk basımı *Constellations* 16/2 (Haziran 2009): 307–31. Ayrıca Eichmann davası hakkında bkz. Benhabib, *Another Cosmopolitanism: The Berkeley Tanner Lectures,* 1. Bölüm, s. 13–44.

33 Power, *"A Problem from Hell:" America and the Age of Genocide,* s. 56.

34 Mazower, *No Enchanted Palace,* s. 131.

DÖRDÜNCÜ BÖLÜM
Başka Bir Evrensellik: İnsan Haklarının Birliği ve Çeşitliliği Üzerine

1 Edmund Husserl, *The Crisis of European Sciences and Transcendental Phenomenology: An Introduction to Phenomenological Philosophy,* çev. ve girişi kaleme alan David Carr, Northwestern University Studies in Phenomenology and Existential Philosophy (Evanston, IL: Northwestern University Press, 1970). Metindeki bütün alıntılar *Crisis* diye kısaltılmıştır ve bu basıma aittir. Ayrıca bkz. *Die Krisis der europäischen Wissenschaften und die transzendentale Phänomenologie,* der. ve girişi kaleme alan Elisabeth Stroker (Hamburg: Felix Meiner Verlag, 1977).

2 Viyana Okulu'nun pozitivizmiyle eski öğrencisi Martin Heidegger'in varoluşsal ontolojisi arasında sıkışmış olan Husserl'e göre, felsefenin misyonu, iki düzeyli bir savaştı: Öncelikle doğayı konu alan modern matematiksel bilimlerin, kaydadeğer başarılarına rağmen, "akıl" denen şeyi tek başlarına tanımlayamayacaklarını göstermeliydi felsefe. Felsefi meseleler "insani ve insan dışı çevresine dair davranışlarında

özgür, kendi kaderini belirleyen bir varlık olarak insan" ile ilgiliydi ve bilimler "bu özgürlüğün öznesi olarak biz insanlar" konusunda hiçbir şey söyleyemezdi, Husserl'e göre (*Crisis*, s. 6). Husserl'in bir o kadar mesele ettiği başka bir yaklaşım ise *Geisteswissenschaften* ya da "beşeri-tarihi bilimler"le ilgiliydi. Onun görececi tarihselci yaklaşımına göre, "ruhani dünyanın bütün suretleri, insanın bel bağladığı bütün yaşam koşulları, idealler ve normlar, gelip geçici dalgalar misali bir oluşup bir dağılır; bu hep böyleydi ve hep böyle olacaktır; tekrar tekrar akıl saçmalığa, refah ise sefalete dönüşecektir" *(Crisis*, s. 7). "Bunda teselli bulabilir miyiz?" diye sorar Husserl.

3   Husserl, "The Vienna Lecture," Ek I: "Philosophy and the Crisis of European Humanity," *The Crisis of the European Sciences*, s. 273.

4   Bu notu düştüm, çünkü Husserl Hindistan ve Çin'de de dünyanın evrensel bilgisine ulaşmayı hedefleyen "benzer felsefeler"in geliştiğini belirtir (Husserl, "The Vienna Lecture," s. 280). Ona göre bu çabalar belirli mesleki toplulukların doğuşunu getirmiş, onlar da bilgilerini kuşaktan kuşağa aktarmıştır. Ancak Yunanlıların *theoria* arayışını bu diğer çabalardan ayırt eden, *"theoria* için, sadece ve sadece *theoria* için çaba sarf eden" adamlardan menkul bir topluluğun ortaya çıkışıyla beraber kozmolojik ve dini-cemaatsal çıkarlardan kopmasıdır (agy.).

Burada Husserl, döneminin birtakım yerleşik sosyolojik varsa-yımlarını tekrarlar: Buna göre, diğer yüksek kültürlerde, Yunan de-neyiminin aksine, "dünyanın evrensel bilgisi"ne ulaşma uğraşları asla birtakım kültürlü münevverlerin (Hindistan'daki Brahmanlar), bir rahipler kastının (Asya'daki Budist keşişler), ya da devlet bürokrasisinin (Çin'deki Mandarinler) çıkar ve mesleklerinden bağımsızlaşamamış-tır. Bkz. Reinhard Bendix, *Max Weber: An Intellectual Portrait*, yeni bir giriş kaleme alan Guenther Roth (Berkeley, CA: University of California Press, 1977), s. 90 ve devamı. Max Weber'ın şu sözleriyle karşılaştırabiliriz: "Hangi koşullar zinciri, Batı'da ve yalnızca Batı'da olmasına rağmen evrensel anlam [Bedeutung] ve geçerlilik [Gültigkeit] içeren—ya da en azından biz öyle düşünmeye meyilliyiz—bir geli-şim çizgisi izleyen bir dizi kültürel olgunun ortaya çıkmasına yol açmıştır?" (Max Weber, "Die Protestantische Ethik und der Geist

SAYFA 90'DAKİ NOT | 277

des Kapitalismus," *Gesammelte Aufsätze zur Religionssoziologie* (Mohr Verlag: Tübingen, 1920), s. 1). İngilizce çevirisi: *The Protestant Ethic and the Spirit of Capitalism*, çev. Talcott Parsons (New York: Scribner's, 1958). [*Protestan Ahlakı ve Kapitalizmin Ruhu*, çev. Milay Köktür, 2011. Ankara: BilgeSu Yayıncılık]. Başka çalışmalarımda açıkladığım nedenlerden dolayı, bu pasajı Talcott Parsons çevirisiyle değil kendi çevirimle alıntıladım. Bkz. Şeyla Benhabib, *Eleştiri, Norm ve Ütopya*, s. 324, dipnot 64.

Bir dizi etkileyici makalesinde Amartya Sen, Batı rasyonalizminin en çok el üstünde tutulan kamusal tartışma, tolerans ve yönetilenlerle istişare gibi kimi özelliklerinin diğer geleneklerce de geliştirilip el üstünde tutulduğunu belirtir. Bkz. Amartya Sen, "Elements of a Theory of Human Rights," *Philosophy and Public Affairs* 32/4 (2004): 315–56; özellikle 352; A. Sen, "Human Rights and Asian Values," *The New Republic* 217/2–3 (14-21 Temmuz 1997): 33–40; A. Sen, "The Reach of Reason: East and West," *The New York Review of Books* 47/12 (20 Temmuz 2000): 33–8; A. Sen, "Democracy and its Global Roots," *The New Republic* 229/14 (Ekim 2003): 28-35. Haliyle, Husserl ve Weber'in esas aldığı karşılaştırmalı kültürler ve medeniyetler kuramı, bugün ciddi biçimde güncellenmeye muhtaçtır.

5   Bkz. Michael Ignatieff'in makalesi, Amy Gutmann (der.), *Human Rights as Politics and Idolatry* (Princeton, NJ: Princeton University Press, 2001). "Kamusal kelime dağarcığı" ifadesini seçmemin sebebi, bunu Rawls'daki "kamusal akıl" kavramından ayrıştırmak istememdir. Rawls'a göre kamusal akıl, öncelikle, pek çok dünya görüşünün yurttaşların desteğini almak için rekabet halinde olduğu çoğulcu, liberal toplumda aklın bir gerekçelendirme girişimi olarak harekete geçirilmesini içerir. Bkz. John Rawls, *Political Liberalism* (New York: Columbia University Press, 1996). Rawlsyen kamusal akıl kavramı ile söylem kuramı modeli arasındaki epistemolojik ve metodolojik farklara dair bir değerlendirme için elinizdeki kitabın Beşinci Bölümüne bakabilirsiniz. Benim erken tarihli bir Rawls eleştirim ise şurada bulunabilir: Seyla Benhabib, "Toward a Deliberative Model of Democratic Legitimacy," Seyla Benhabib (der.), *Democracy and Difference* (Princeton, NJ: Princeton University

Press, 1996), s. 67-95. ["Müzakereci Bir Demokratik Meşruiyet Modeline Doğru," *Demokrasi ve Farklılık*, çev. Zeynep Gürata ve Cem Gürsel, 1999. İstanbul: WALD.]

6   "Haklara sahip olma hakkı" ifadesi, önceki bölümlerde gördüğümüz gibi, Hannah Arendt tarafından *Totalitarizmin Kaynakları*'nda ortaya atılmıştır (*Emperyalizm* s. 304). Hegel de *Hukuk Felsefesinin Prensipleri* adlı eserini "kişilik" hakkı ile açar; söz konusu hak, bireyin haklara sahip olmaya layık bir varlık olarak kabul görme hakkıdır. Arendt gibi Hegel de bu statünün dünya tarihindeki politik, kültürel ve sosyal mücadelelerin bir sonucu olarak ortaya çıktığını ifade eder, ancak bunun modern özgürlük kavramıyla bağdaşan yegâne bakış açısı olduğunu da belirtir. Bkz. G.W.F. Hegel, *Grundlinien der Philosophie des Rechts, Werke in zwanzig Bänden*, cilt 7, Eva Moldenhauer ve K. Markus Michel (der.), (Frankfurt: Suhrkamp, 1970); *Hegel's Philosophy of Right*, çev. T. M. Knox (Oxford: Oxford University Press, 1973). Bkz. "Abstraktes Recht" başlıklı bölüm. [G.W.F. Hegel, *Hukuk Felsefesinin Prensipleri*, çev. Cenap Karakaya, 2004. İstanbul: Sosyal Yayınlar.]

7   Susan Mendus, "Human Rights in Political Theory," *Political Studies* xliii (1995): 10. Okuduğunuz bölümün 2007 yılında ilk kez yayımlanmasının ardından insan hakları meselesi, insan haklarının gerekçelendirilmesi, kapsamı ve uluslararası hukukla ilişkisi felsefe çevrelerinde artan ilgiyle karşılaştı. Anglo-Amerikan ahlak ve siyaset felsefesindeki bu gelişmelerin son derece iyi bir analizi şurada bulunabilir: Allen Buchanan, "The Egalitarianism of Human Rights," Ethics 120 (Temmuz 2010): 679-710; özellikle 679-83. Dolayısıyla Mendus'un gözleminin bir ölçüde gözden geçirilmesi gereklidir.

8   John Rawls, "The Law of Peoples" [1993], J. Rawls, *Collected Papers*, Samuel Freeman (der.), (Cambridge, MA: Harvard University Press, 1999), s. 529–64; özellikle s. 552. 1993 tarihli bu makale ile Rawls'un daha sonra yayımladığı (ve aşağıda ele alacağım) *The Law of Peoples* arasında ilginç forümlasyon farkları göze çapar. Bkz. J. Rawls, *The Law of Peoples with "The Idea of Public Reason Revisited."*

9   Michael Walzer, "Thick and Thin: Moral Argument at Home and Abroad."

10 Charles Beitz, "Human Rights as a Common Concern," *American Political Science Review* 95/2 (Haziran 2001): 272.

11 Martha C. Nussbaum, "Capabilities and Human Rights," *Fordham Law Review* 66/273 (1997–8): 273–300. Ayrıca bkz. Martha Nussbaum, *Frontiers of Justice: Disability, Nationality, Species Membership* (Cambridge, MA: Harvard University Press, 2006), s. 281–91.

12 1946'da kurulan BM İnsan Hakları Komisyonu, "İki uluslararası insan hakları sözleşmesi de dahil olmak üzere önde gelen uluslararası insan hakları standartlarını kaleme almıştır ve bu metinler daha önce kabul edilen İnsan Hakları Evrensel Beyannamesi (1948) ile birlikte Uluslararası İnsan Hakları Mevzuatını meydana getirir" (Yvonne Terlingen, "The Human Rights Council: A New Era in UN Human Rights Work?," *Ethics and International Affairs* 21/2 (Yaz 2007): 167–79; burada 168.) İnsan hakları beyanname ve sözleşmelerinin dökümü için bkz. Henry J. Steiner ve Philip Alston, *International Human Rights in Context: Law, Politics, Morals*, 2. baskı (Oxford: Oxford University Press, 2000); Louis Henkin, "Ideology and Aspiration, Reality and Prospect," Samantha Power ve Graham Allison (der.), *Realizing Human Rights: Moving From Inspiration to Impact* (St Martin's Press: New York, 2000), s. 3–39.

13 Rawls, *The Law of Peoples* (1999), s. 65. Aynı başlıklı ama 1993 tarihli makaledeki eski liste kısmen farklı bir formülasyon içerir. Burada insan hakları arasında şunlar da sıralanıyordu: "Hukukun üstünlüğünün öğeleri, ayrıca belirli bir vicdan ve örgütlenme özgürlüğü hakkı ve göç etme hakkı" (Rawls, 1993, s. 554).

14 Bkz. "The Law of Peoples" (1993), s. 553–4; *The Law of Peoples* (1999), s. 79–80. Bu tez ve Joshua Cohen'in ateşli savunusu elinizdeki kitabın Beşinci Bölümünde ele alınacaktır. Bkz. Joshua Cohen, "Minimalism About Human Rights: The Most We Can Hope For?" s. 190–213; özellikle s. 192. Rawls'un *The Law of Peoples*'da sergilediği yöntembilimsel toptancılığın ve sorunlu sosyolojisinin bir eleştirisi için bkz. Seyla Benhabib, "The Law of Peoples, Distributive Justice, and Migrations," *Fordham Law Review* LXXII/5 (Nisan 2004): 1761–87.

15 Bu Rawlsyen konumun berrak bir açılımı için bkz. Joshua Cohen, "Is There a Human Right to Democracy?" *The Egalitarian Conscience: Essays in Honor of G. A. Cohen,* Christine Sypnowich (der.), (Oxford: Oxford University Press, 2006), s. 226–48. Cohen'in aksine ben, bir insan hakkı olarak demokrasinin, bizzat Cohen'in sözleriyle "üyeliğin temellerini güvence altına alan salahiyetler" olarak insan haklarını ifadelendirmek için kilit önemde olduğunu savunuyorum. Bkz. elinizdeki kitapta s. 104 vd.

16 Bkz. Johannes Morsink, *The Universal Declaration of Human Rights: Origins, Drafting and Intent* (Philadelphia, PA: University of Pennsylvania Press, 1999).

17 James Griffin, "Discrepancies Between the Best Philosophical Account of Human Rights and the International Law of Human Rights," The Presidential Address, *Proceedings of the Aristotelian Society* 101 (2001): 1–28. Bu tür bir çaba sonucunda şu görülebilir: "Listelerdeki bazı maddeler o denli hatalıdır ki, mümkün olduğunca hukuken dışlanmaları gerekir" (agy., s. 26). Buna katılıyorum, ancak Griffin oldukça basmakalıp bir insan hakları fikri ortaya koyar; buna göre insan hakları "faillik mefhumunu esas alır. [...] Birer fail olarak konumumuza büyük önem atfederiz—genelde mutluluğumuzdan bile daha büyük. Dolayısıyla insan hakları bizim failliğimizi—bir anlamda şahsiyetimizi—koruyan unsurlar olarak görülebilir" (s. 4). Bu tür bir insan hakları savunusu, diğer bütün fail eksenli bakış açılarıyla aynı eleştirilere açıktır. Bu durumda birbirimizin ahlaki varlıklar olarak eşit ve karşılıklı olduğumuzu kabul etmediğimiz sürece benim failliğimi tatbik etmem için belirli bir koşulun gerekli olması, sana bu koşula riayet etme yükümlülüğü dayatmaz. Argümandaki ilk gerekçelendirme adımı budur.

18 Rawls'un demokrasi hakkına dair görüşlerinin ilginç bir eleştirisi için bkz. Alessandro Ferrara, "Two Notions of Humanity and the Judgment Argument for Human Rights," *Political Theory* 31/X (2003): 1–30; özellikle 3 vd.

19 Rainer Forst, "The Justification of Human Rights and the Basic Right to Justification: A Reflexive Approach," *Ethics* 120 (Temmuz 2010): s. 711–40; özellikle 718. İleride tartışacağım gibi, "temel gerekçelen-

dirme hakkı" kişinin iletişimsel akla sahip bir varlık olduğu tasavvu-
rumuza dayanır—doğal ve sembolik bir dili kullanmaya muktedir
her kişi bu asgari kriteri karşılar.

20 Bu analizimin daha erken bir versiyonu için bkz. *The Claims of Cul-
ture: Equality and Diversity in the Global Era*, s. 26–8.

21 Richard Rorty'nin "postmodern burjuva liberalizmi" savunusu bu pa-
radigmaya girer; ölümünden önceki son on yılda Jacques Derrida'nın
apartheid aleyhine ve azınlıklar ve sivil haklar lehine yapmış olduğu
müdahaleler de öyle. İkisinin de amacı "haklı" ile "iyi"yi birbirinden
ayırt etmek ve benim "adli evrenselcilik" dediğim yaklaşımı—bilişsel veya
ahlaki—özcülükten ayırmaktır. Onlara göre evrenselcilik, metafiziksel
olmadan politik olmayı başarabilir. Bkz. Richard Rorty, "Postmodernist
Bourgeois Liberalism," *Journal of Philosophy* 80 (1983): 583–9; R. Rorty,
"Human Rights, Rationality and Sentimentality," Stephen Shute ve Su-
san Hurley (der.), *On Human Rights: The Oxford Amnesty Lectures 1993*
(New York: Basic Books, 1993), s. 11–34. Ayrıca bkz. Jacques Derrida,
"Declarations of Independence," *New Political Science* (Yaz 1986): 6–15.

22 Bu gelişmenin zihin açıcı bir analizi için bkz. Richard J. Bernstein,
The Pragmatic Turn (Cambridge and Malden, MA: Polity, 2010),
özellikle s. 32–53, 89–106.

23 Alan Gewirth, *The Community of Rights* (Chicago, IL: University of
Chicago Press, 1996); ayrıca bkz. *Human Rights: Essays on Justification
and Applications* (Chicago, IL: University of Chicago Press, 1982) ve
James Griffin, *On Human Rights* (Oxford: Oxford University Press,
2009).

24 A. MacIntyre, *After Virtue* (Londra: Duckworth, 1981), s. 67. Bkz.
Jeremy Bentham: "*Hak*, tözel *hak*, hukukun çocuğudur; *gerçek* ka-
nunlardan *gerçek haklar* doğar; oysa *hayali* kanunlardan, 'doğa ka-
nunlarından' [ancak] 'hayali haklar' [çıkabilir.]" (Jeremy Bentham,
"Anarchical Fallacies," The Works of Jeremy Bentham, John Bowring
(der.), c. 2 (Edinburgh ve Londra: W. Tait, 1843), s. 523).

25 Jeremy Bentham, "Anarchical Fallacies," agy., s. 501.

26 MacIntyre'ın sağduyu çağrılarındaki iç çelişkilerin titiz bir analizi
için bkz. Rainer Forst, *Contexts of Justice: Political Philosophy beyond*

Liberalism and Communitarianism, çev. John M. Farrell (Berkeley ve Los Angeles, CA: University of California Press, 2002), s. 200–15.

27 Richard Tuck, *Natural Rights Theories* (Cambridge: Cambridge University Press, 1979). Haklar söyleminin evriminin sağlam bir tarihsel analizi için bkz. ayrıca Anthony Pagden, "Human Rights, Natural Rights, and Europe's Imperial Legacy," *Political Theory* 31/ 2 (Nisan 2003): 171–99; ancak yazar Avrupamerkezciliği ne eleştirir ne de sahiplenir.

28 Jeremy Waldron, "Introduction," *Theories of Rights* (Oxford: Oxford University Press, 1984), s. xxx. Çok faydalı bulduğum bir diğer kaynak ise Matthew Noah Smith, "The Normativity of Human Rights" (yazarın arşivinden taslak makale).

29 Immanuel Kant [1797], *The Metaphysics of Morals,* der. ve çev. Mary Gregor, *Cambridge Texts in the History of Political Thought* (Cambridge: Cambridge University Press, 1996), s. 133.

30 Rainer Forst, "The Justification of Human Rights and the Basic Right to Justification," s. 719.

31 Bu, iletişim özgürlüğü kapasitesi sınırlı olan kişilerin—çocuklar, engelliler—veya zarar görmüş olan kişilerin—örneğin sinir hastaları— haklarıyla ilgili önemli bir soru işareti doğurur. Bana kalırsa, ötekilere haklara sahip ve eşit ahlaki ilgi hak eden varlıklar olarak davranma yükümlülüğümüz, onların insani failliğini bir şekilde genelleştirilmiş ve somut öteki olarak kavramamızı varsayar. Ötekiyi bir somut öteki olarak gördüğüm zaman, onlara yönelik yükümlülüklerimin, iletişim özgürlüğüne tam olarak sahip olsalardı ifade edebilecekleri özel ihtiyaçlarına ilgi göstermeyi gerektirdiğini görebilirim. Ayrıca, aynı ortak insanlık paydasında buluştuğumuz çocuklar, engelliler ve sinir hastalarıyla zaman zaman son derece derin, hatta sözlerin ötesine geçen iletişim biçimleri geliştirebiliriz.

32 Benim bu meselelere dair konumumun en yakın olduğu söylem kuramcısı Rainer Forst. Bir diğer söylem kuramcısı olan Jürgen Habermas'ın insan haklarını gerekçelendirme biçimi ise bana kalırsa erken tarihli görüşlerinden çok daha farklı yönlere doğru evriliyor. Bkz. Rainer Forst, "The Justification of Human Rights and the Basic

Right to Justification" ve R. Forst, *Das Recht auf Rechtfertigung: Elemente einer konstruktivistischen Theorie der Gerechtigkeit* (Frankfurt: Suhrkamp, 2007); Habermas'ın insan haklarına bakışı konusunda ise elinizdeki kitabın Yedinci Bölümüne bakabilirsiniz.

33 James Griffin'in aslında oldukça faydalı olan çalışmasındaki temel sorunlu nokta burasıdır: "Discrepancies Between the Best Philosophical Account of Human Rights and the International Law of Human Rights," özellikle s. 4 vd. Bkz. ayrıca Griffin, *On Human Rights*, s. 3–39, 44–8. Buchanan meseleyi daha keskin bir dille ifade eder: "Griffin'in normatif failliğe ve haysiyete dair görüşü özü itibariyle meselenin sosyal boyutunu dışarıda bırakır. Ona kalırsa, normatif failin sosyal konumu hiç değerlendirmeye alınmadan dahi, insan haklarınca korunması gereken yaşam biçimi tam olarak betimlenebilir. Griffin'e göre, ancak eğer kişinin daha düşük bir sosyal konuma sahip olması kişinin normatif failliğini sekteye uğratıyorsa, sosyal konum normatif faillik ve dolayısıyla insan haklarıyla ilişkilendirilebilir" ("The Egalitarianism of Human Rights," s. 703).

34 "Haklara sahip olma hakkı"nın iki farklı anlamı, yani ahlaki ve adli-sivil bileşenleri konusunda bkz. Şeyla Benhabib, *Ötekilerin Hakları*, s. 66-71.

35 Bkz. Şeyla Benhabib, *Modernizm, Evrensellik ve Birey*, s. 28–30.

36 Heiner Bielefeldt'in şu ifadesine katılıyorum: "Batı'da insan haklarının tarihi, insan haklarının dünyanın diğer yerlerindeki olanaklarına dair tahminlerde bulunmamıza imkân veren bağlayıcı bir 'model' teşkil etmez. [...] Olsa olsa Batı'daki insan haklarının tarihinin bize, uzun soluklu insan hakları mücadelesindeki çeşitli engeller, yanlış anlamalar, öğrenme süreçleri, başarılar ve fiyaskolara dair bir örnek—nihai paradigma değil sadece bir örnek—sunduğunu söyleyebiliriz ("'Western' versus 'Islamic' Human Rights Conceptions?: A Critique of Cultural Essentialism in the Discussion of Human Rights," *Political Theory* 28/1 (Şubat 2000): 90–121; burada 101–2.

37 Richard J. Bernstein'a bu konuyu gündemime getirdiği için çok teşekkür ederim. *The Claims of Culture* adlı çalışmamda bu meseleyi müzakere demokrasisi kipi içerisinden ele almış ve kamusal akıl

yürütmenin "sentaks" ve "semantiği" arasında ayrıma gitmiştim. Gerekçelerin iyi gerekçe sayılabilmesi için, demiştim, "ahlaki ve politik varlıklar olarak değerlendirilen herkesin çıkarına" olduklarının düşünülmesi gerekir. X veya Y'nin—bir politika, kanun, eylem ilkesi vs olabilir—"herkesin çıkarına" olduğu sonucuna varmak için de "X veya Y'nin, söz konusu normlar ve politikalardan etkilenen herkesin müdahil olduğu kamusal müzakere süreçleriyle belirlenmiş olması gerekir." (Benhabib, *The Claims of Culture*, s. 140 vd). O kitabımda, belirli bir semantik iddia ya da perspektifin "iyi gerekçe" sayılmasının peşinen mümkün olmadığını belirtmiştim. Söylem etiğinin, ayrıca söylem etiğini esas alan müzakere demokrasisinin en baştan dışarıda bıraktığı gerekçeler, ancak *belirli türden gerekçeler* olabilir—yani sentaks açısından genellenmesi mümkün olmayan gerekçeler.

38 Norberto Bobbio'nun son derece faydalı fikir yürütmelerine bakınız: "Human Rights Now and in the Future," *The Age of Rights*, çev. Allan Cameron (Cambridge: Polity, 1996), s. 12-32.

39 İnsan haklarının ahlaki ve etik boyutları ile bu hakların hukuken ifade edilme biçimi arasında net bir ayrıma giden bir tutum için bkz. Amartya Sen, "Elements of a Theory of Human Rights," s. 319. Sen'in tezleri elinizdeki kitapta da ayrıntılı biçimde tartışılıyor (s. 106–8).

40 Bkz. Seyla Benhabib, *Another Cosmopolitanism: Sovereignty, Hospitality, and Democratic Iterations*, s. 67 vd. Ayrıca elinizdeki kitabın Yedinci ve Sekizinci bölümlerine bakabilirsiniz.

41. Burada ilk makalemdeki beşinci bölümü dışarıda bıraktım, çünkü orada ileri sürdüğüm argümanı burada izleyen üç bölüme genişletmiş bulunuyorum. Bkz. Benhabib, "Another Universalism," *Proceedings and Addresses of the American Philosophical Association*, s. 19–22.

42 Bkz. Jürgen Habermas, *Faktizität und Geltung* (Frankfurt: Suhrkamp, 1992); *Between Facts and Norms: Contributions to a Discourse Theory of Law and Democracy*, çev. William Regh (Cambridge, MA: MIT Press, 1996), s. 121–3.

43 Bkz. Ronald Dworkin'in klasik makalesi: "Taking Rights Seriously" (1970), *Taking Rights Seriously* (Cambridge, MA: Harvard University Press, 1978), s. 184 vd.

44 Özyönetim ve demokrasi arasındaki ayrımı ileride, Beşinci Bölümde daha net bir biçimde çizeceğim.
45 "Karmaşık kültürel diyaloglar" meselesi için bkz. Benhabib, *The Claims of Culture: Equality and Diversity in the Global Era*, 1 ve 2. Bölümler. Boaventura de Sousa Santos ise bu konuda şöyle yazar: "Bütün kültürlerin insan haysiyeti tasavvuru eksik ve sorunludur. Eksikliğin nedeni tam da bir kültürler çoğulluğunun söz konusu olmasıdır; bu en iyi dışarıdan, başka bir kültürün bakış açısından görülebilir. Eğer her kültür iddia ettiği gibi tam, eksiksiz olsaydı, yalnızca tek bir kültür mevcut olurdu. Söz konusu kültürel eksikliğe dair bilinci mümkün olduğunca yükseltmek, çokkültürlü bir insan hakları tasavvuru inşasını bekleyen en önemli görevlerden biridir." "Toward a Multicultural Conception of Human Rights," Berta Hernandez-Truyol (der.), *Moral Imperialism: A Critical Anthology* (New York: New York University Press, 2002), s. 46–47.

BEŞİNCİ BÖLÜM
Demokrasi de Bir İnsan Hakkı mıdır?
Müdahaleciliğin ve Kayıtsızlığın Ötesi

1 Bkz. Joshua Cohen, "Minimalism About Human Rights: The Most We Can Hope For?" s. 190–213; özellikle s. 192.
2 Michael Ignatieff, *Human Rights as Politics and Idolatry*, s. 173.
3 Thomas Nagel, "The Problem of Global Justice," *Philosophy and Public Affairs* 33/2 (2005): 1508–42; özellikle 1522. Nagel'a göre "Bedensel bütünlüğün korunması, ifade özgürlüğü ve din özgürlüğü gibi menfi hakların savunusu ahlaki açıdan pek gizemli değildir" (1522). "İfade özgürlüğü" ve "din özgürlüğünü" menfi haklar addetmek; örgütlenme, ibadet ve vatandaşlığa ilişkin insan haklarına dair son derece sınırlı bir bakış açısını ele verir. Dar anlamda, Nagel hem "tözel" hem de "gerekçelendiren" bir minimalisttir; ama bu meseleyi burada daha fazla açamam.
4 Cohen, "Minimalism About Human Rights," s. 192.
5 Cohen, "Minimalism About Human Rights," s. 213.

6   İlginçtir, "politik bir insan hakları tasavvuru" savunan Risse ve Baynes, Cohen'in argümanındaki bu noktaya dair sessiz kalır. Bkz. Mathias Risse, "What are Human Rights? Human Rights as Membership Rights in the Global Order," Workshop on Law and Globalization'da sunulan tebliğ, Yale Law School, 11 Şubat 2008 ve Kenneth Baynes, "Toward a Political Conception of Human Rights?," *Philosophy and Social Criticism* 35/4 (2009): 371–90.

7   Yine, Joshua Cohen'in "insan hakları normları en iyi, örgütlü bir politik topluma *üyelik* veya *dahil olma* fikri ile ilişkili normlar olarak kavranabilir" sözleri ile "haklara sahip olma hakkı" arasında müthiş bir çakışma söz konusudur. Bkz. Cohen, "Minimalism About Human Rights," s. 197.

8   Baynes'in yaptığı gibi "politik" ve "metafiziksel" insan hakları tasavvurlarının karşı karşıya getirilmesi (bkz. "Toward a Political Conception of Human Rights?"), bana çok dar geliyor. Bu karşıtlık asla insan haklarının gerekçelendirilme yelpazesinin tamamını kapsamaz. Belirli bir insan failliği fikrine dayanmayan bir insan hakları tasavvuru geliştirmenin mümkün olmadığına inanıyorum. Hak sahibi kişinin bir fail olduğuna dair bu tür bir tasavvur, şüphesiz kapsamlı dünya görüşlerinden türetilen kuvvetli metafiziksel ve başka varsayımlar getirebilir gündeme, ama bu şart da değildir. Benim burada serimlediğim söylem etiği ve insan failliği yaklaşımı en iyi Risse'nin "ilke temelli" insan hakları yaklaşımı dediği olguya tekabül eder. Bkz. Risse, "What are Human Rights?" s. 5.

9   Martha C. Nussbaum, "Capabilities and Human Rights," *Fordham Law Review* 66/273 (1997–98): 273–300.

10 Üyelik ile vatandaşlık özdeş değildir; vatandaşlık, ulus-devlet merkezli bir sistemde politik üyeliğin en üst biçimidir. Politik olan ve olmayan üyelik biçimleri mevcuttur ve hepsinin de kanunlarla korunması gerekir. Bkz. elinizdeki kitap, s. 128–134.

11 Meslektaşım Alec Stone Sweet'e, İHEB Madde 29'un bu bağlamdaki önemine dikkatimi çektiği için müteşekkirim: "(1) Herkesin, kişiliğinin özgürce ve tam gelişmesine olanak sağlayan ortam olan topluluğuna karşı ödevleri vardır. (2) Herkes, hak ve özgürlüklerini

kullanırken, ancak başkalarının hak ve özgürlüklerinin gereğince tanınması ve bunlara saygı gösterilmesinin sağlanması ile demokratik bir toplumdaki ahlak, kamu düzeni ve genel refahın adil gereklerinin karşılanması amacıyla, yasayla belirlenmiş sınırlamalara bağlı olabilir. Bkz. <http://www.un.org/en/documents/udhr/index.shtml>. Bütün insan hakları ilkeleri, ifadelendirilmeye ve bağlama oturtulmaya muhtaçtır. [Türkçesi: www.ohchr.org/EN/UDHR/Pages/Language.aspx?LongID=trk]

12   Martha Nussbaum'un konumuna yönelik bu eleştiriyi ilk geliştirdiğimde şu kitabı henüz yayımlanmamıştı: *Frontiers of Justice: Disability, Nationality, Species Membership* (Cambridge, MA: The Belknap Press of Harvard University Press, 2006). Ancak bu kitap okuduğunuz bölümdeki eleştirilerini etkilemiyor. Nussbaum, insan kabiliyetlerini esas alan yaklaşımını "insan hakları yaklaşımının bir türü" diye tanımlıyor (*Frontiers of Justice*, s. 285) ve şöyle diyor: "İlgili haklar prepolitiktir; kanunlar ve kurumların birer ürününden ibaret değildir" (agy., s. 265). Ancak Nussbaum'a göre aynı zamanda, kabiliyet temelli yaklaşım "İnsan hakları yaklaşımı gibi [...] bir bakıma ulus merkezlidir; *kabiliyetler listesinin her bir toplumun içinde bir sosyal adalet kriteri, temel anayasal salahiyetlerin zemini olarak kullanılmasını önerir*" (agy., s. 291, İtalikler benim). Ancak bu tutarsız bir iddiadır: Eğer ilgili salahiyetler "prepolitik" ise, o zaman bunlar her bir ulus tarafından kendi temel anayasal salahiyetlerini geliştirmek için "kriter" olarak kullanılamaz. Bu noktada, bir yanda insan kabiliyetleri yaklaşımı ile öte yanda insan haklarının adli ya da yargıya konu olabilecek biçimi arasında bir dizi tercüme kuralı ve prosedürüne ihtiyaç vardır. Nussbaum'un daha sonraki çalışması da bunun nasıl başarılabileceği konusuna ışık tutumaz. Benim yaklaşımım ise insan haklarının hukuklaştırılması ile demokratik özyönetişim hakkı arasındaki ilişkiyi araştırır ve tam da bu tür bir tercümenin dayanacağı kriterleri ortaya koymayı amaçlar.

13   Bkz. Amartya Sen, "Elements of a Theory of Human Rights," s. 315–56; burada s. 333, dipnot 31.

14   Amartya Sen, *The Idea of Justice* (Cambridge, MA: The Belknap Press of Harvard University Press, 2009), s. 357–60.

15   Sen, *The Idea of Justice*, s. 363.

16   Agy., s. 364–5.

17   Sen, *The Idea of Justice*, s. 365–6. Bu bölümde, Sen'in argümanının tüm inceliklerinin hakkını vermem mümkün değil. Bahsi geçen kitapta takdir ettiğim ve onayladığım pek çok husus var. Örneğin, Batılı olmayan toplumların formüle ettiği, Aydınlanma'ya paralel ideallerin gün ışığına çıkarılması veya demokrasinin "akla dayalı angajmanları zenginleştirme kapasitesi" şeklinde ifade edilmesi gibi (s. xiii).

18   Joshua Cohen, "Minimalism About Human Rights: The Most We Can Hope For?" s. 192.

19   Terence Turner, "Anthropology and Multiculturalism: What is Anthropology that Multiculturalists Should be Mindful of it?" *Cultural Anthropology* 8/4 (1993): 411–29. Tartışmanın devamı için bkz. Benhabib, *The Claims of Culture: Equality and Diversity in the Global Era*, s. 5 ve devamı. Thomas Pogge, Charles Beitz ve Martha Nussbaum, Rawls'un "ulus merkezli" yaklaşımını eleştiri; ancak benim buradaki vurgum kısmen onlarınkinden ayrılır. Ben, Rawls'un salt normatif varsayımlarını değil, ulusun bakış açısına ayrıcalık tanırken dayandığı *sosyal kuramı* eleştiriyorum. Bkz. *Thomas Pogge, Realizing Rawls* (Ithaca, NY: Cornell University Press, 1989); Charles Beitz, *Political Theory and International Relations* (Princeton, NJ: Princeton University Press, 1979); Martha Nussbaum, *Frontiers of Justice*, s. 272–324.

20   Rawls'un eserindeki "yöntembilimsel holizm" sorununun geniş bir değerlendirmesi için bkz. Seyla Benhabib, "*The Law of Peoples*, Distributive Justice, and Migrations," *Fordham Law Review* LXXII/5 (Nisan 2004): 1761–87.

21   Bkz. Joshua Cohen, "Is There a Human Right to Democracy?," s. 226–48.

22   Cohen "Is There a Human Right to Democracy?" metninde şöyle yazar: "Adil bir politik toplumda güvence altına alınması gereken haklar ile insan hakları arasındaki ayrım, Rawls'un liberal toplumlar ve liberal olmayan saygın toplumlar arasındaki ayrımla yakından ilişkilidir," s. 228.

23 Agy., s. 237–8.

24 Cohen, "Is there a Human Right to Democracy?" s. 233.

25 Cohen, "Is There a Human Right to Democracy?" s. 242–3. Demokratik hükümet biçiminin özü bana kalırsa, kişilerin ifade özgürlüğü ve örgütlenme hakları kanalıyla ve hukuk dolayımıyla politik bir toplulukta görüş ve tercihlerini ifade etmek suretiyle, kolektif varoluşlarını yöneten süreçlere katılma noktasında eşit hakka sahip olmasıdır. Bunun dönemsel seçimlerle, çok partili bir sistemle, nispi temsille, mazbata verme ve geri çağırma sistemiyle kurumsallaşıp kurumsallaşmadığı meseleleri, *demokrasi fikriyle* değil onun özgül sosyotarihsel koşullar altında cisimleşmesiyle ilgilidir; burada oldukça geniş bir kabul edilebilir varyasyon marjı bulunur. John Dewey'nin yazılarında çok daha sağlam bir demokrasi tasavvuru mevcuttur. Bkz. Dewey'nin şu sözleri: "Demokrasinin *yalnızca* bir hükümet biçimi olduğunu söylemek, bir evin tuğla ve harcın geometrik kombinasyonlarından ibaret olduğunu söylemekle veyahut kilisenin içinde çan kulesi, kürsü ve sıralar bulunan bir bina olduğunu söylemekle aynı şeydir. Bu bir taraftan doğrudur; bu kelimeler sayılan unsurları içerir. Ancak, öte taraftan yanlıştır; çünkü sayılanlardan çok daha fazlasını kapsarlar. Başka herhangi bir siyasa gibi demokrasiye de, geçmiş tarihten bir anı, yaşayan bugünün bilinci, yaklaşan geleceğin ideali gibi tanımlar uygun görülmüştür. Tek kelimeyle söylersek, demokrasi sosyal, yani etik bir tasavvurdur; hükümetsel anlamı onun etik anlamına dayanır. Demokrasinin bir hükümet biçimi olmasının tek nedeni, aynı zamanda bir ahlaki ve manevi örgütlenme biçimi olmasıdır" (John Dewey, *The Collected Works of John Dewey 1882–1953: The Early Works of John Dewey, 1882–1898, Essays, Leibniz's New Essays Concerning the Human Understanding* [Carbondale, IL: Southern Illinois University Press, 1969–90], c. I, s. 240; alıntılayan Richard J. Bernstein, "Dewey's Vision of Radical Democracy," R. Bernstein, *The Pragmatic Turn* [Cambridge ve Malden, MA: Polity, 2010], s. 73.)

Bu demokrasi tasavvurunun son derece kuvvetli olduğunu düşünüyorum; ancak bu bölümdeki kaygım demokrasi diye bir insan hakkı

olduğunu külliyen reddeden kimi güncel yazarların tutarsızlıklarını
ortaya koymak olduğu için, bu tür daha geniş meselelere değinmi-
yorum. Demokrasinin katılım ve kuvvetli vatandaşlık üzerinden
tanımlandığı bir başka yaklaşım için bkz. Benjamin Barber, *Strong
Democracy* (Berkeley ve Los Angeles, CA: University of California
Press, 1984).

26 Bu gelişmelerin nasıl bir rota izleyeceğini söylemek için henüz çok
erken olsa da, dünyanın dört bir yanındaki milyonların gözünde
demokratik hükümetin meşru bir insan hakkı olduğu pek şüphe
götürmez. Elbette bu demokrasilerin nasıl biçimlere bürüneceğine
dair sorular bakidir: Bir insan hakları bildirgesine saygı duyacaklar
mı, anayasal denetime vs tabi olacaklar mı yoksa daha popülist bir
tabiata sahip olup bireylere bütün liberal özgürlükleri tanımayacaklar
mı? Bkz. Seyla Benhabib, "The Arab Spring. Religion, Revolution and
the Public Square," Social Science Research Council Public Sphere
Resources: <http://ow.ly/43jPD>.

27 Charles R. Beitz, *The Idea of Human Rights* (Oxford: Oxford Uni-
versity Press, 2009), s. 234–5.

28 Beitz, *The Idea of Human Rights,* s. 185.

29 Beitz'inkine koşut bir argümanla, Jean Cohen de Joshua Cohen'ın
yaklaşımını "yine de fazla talepkar" olmakla eleştirir ve şu soruyu so-
rar: "Bireysel itiraz, ifade özgürlüğü, temyiz ve politikaların kamuoyu
nezdinde gerekçelendirilmesi gereği gibi hakların ihlali durumunda
egemenlik argümanının askıya alınması, her tür rejime karşı askeri
müdahale düzenlenmesine yeşil ışık yakmaz mı?" (Jean Cohen, "Ret-
hinking Human Rights, Democracy, and Sovereignty in the Age of
Globalization," *Political Theory* 36/4 (2008): 586). İnsan haklarına dair
bu "işlevci yaklaşım" (Jean Cohen, s. 582), insan haklarını uluslararası
ilişkiler ve uluslararası hukuk alanındaki konumlarına göre ele alır
ve giderek artan müdahaleciliğin gerekçelerini törpülemeye çalışır.
Ancak bu meseleyi başaşağı çevirmek olur: Hangi asgari insan hakları
listesinin müdahaleciliği engelleyeceği sorusu sorularak yetkin bir
insan hakları tasavvuru oluşturulamaz. Bazı iktidarlar zaman zaman
veya çoğu zaman, mevcut formülasyon ve kurumları kendi amaçları

uğruna kullanacaktır; normatif kuram tek başına bu tür bir politik suiistimali engelleyemez. Yukarıda zikredilen insan hakları bildirgelerinden hiçbiri diğer devletlerin içişlerine müdahale yolunda *genel bir yükümlülük* doğurmaz. Jean Cohen'in de bizzat teslim ettiği gibi, ancak Soykırım Sözleşmesi bunu doğurur (s. 587). Politikacıların bu sözleşmeleri suiistimal etmesinin nedeni, anlaşmaların mantığındaki hatalar değil iktidar ve çıkarlardır. Hal böyle olunca neden insan hakları tasavvurlarını, mevcut devlet rejimleri ve sivil toplumlara karşı bir *eleştiri* aracı olarak görmekten ziyade onları bu "işlevsel yaklaşım" ile sınırlandıralım ki?

30   Eğer demokrasi bir insan hakkıysa, bu hakkı hayata geçirmek kimin sorumluluğu altındadır? Yoksa dünya camiası demokratik olmayan toplumlara müdahale edip bu hakkı uygulamalı mıdır? Soykırım Sözleşmesi'nde belirtilen soykırım, etnik temizlik, kölelik ve toplu sürgün gibi istisnai durumlar haricinde ve BM Antlaşması Madde II (7) tarafından hak olarak tanınan ve BM Güvenlik Konseyi daimi üyelerince onaylanan meşru müdafaa haricinde, pek çok insan hakları ihlali müdahale yükümlülüğü doğurmaz. İnsan hakkı olarak demokrasi, "azmedilen bir hedeftir" ve İHEB'in yazarlarının çok doğru bir biçimde söylediği gibi "bütün halklar ve milletler için ortak bir başarı standardı teşkil eder" (İHEB, Giriş). Bu tür azmedilen hedeflerin gücü, başlattıkları ve destek oldukları "demokratik yinelemeler" ve "hukuk yaratıcı siyaset" süreçlerinde ortaya çıkar. Bkz. bu kitapta Yedinci Bölüm.

31   Cohen, "Is There a Human Right to Democracy?" s. 230.

32   Demokratik yinelemeleri; anayasal hükümler ile demokratik siyaset arasındaki etkileşimi düşünmek için bir model olark öneriyorum. Demokratik yinelemeleri, *pouvoir constituant,* yani kurucu iktidar için bir model olarak kullanmak üzere genişletmek de mümkün olabilir. Okuduğunuz bölümde, demokratik yinelemelerin anayasal değil olağan siyasetle ilgili olduğunu varsayıyorum; ancak, olağan siyasetin halk anayasacılığı biçimlerine bürünebileceğini ve birikim yoluyla anayasal dönüşüme yol açabileceğini iddia ediyorum. Söylem kuramından hareket eden bir demokratik yinelemeler analizi ile

siyasi liberalizm arasındaki ilişki ise bu bölümün kapsamını aşıyor. Bkz. Rawls'un şu metindeki yorumları "Political Liberalism: Reply to Habermas," *The Journal of Philosophy* 92/3 (Mart 1995): özellikle 172 vd. Bu soruna ilişkin gözlemleri için Angelica Bernal'a teşekkürler.

33 Bu ayrımı ileride, Sekizinci Bölümde aydınlatıyorum.

34 Costas Douzinas'ın insan hakları ve imparatorluk üzerine kısa süre önce yayımladığı etkileyici eserin başlıca kusuru budur. Tekrar tekrar, Douzinas insan haklarının savunmasıyla ilgili ahlaki ikilemleri ve politik trajedileri adeta ütüyle dümdüz eder ve bunları İmparatorluğun—ki büyük ölçüde, hegemon ABD'ye tekabül eder—politikalarıyla ilişkilendirir. Bkz. Costas Douzinas, *Human Rights and Empire: The Political Philosophy of Cosmopolitanism* (Oxford ve New York: Routledge-Cavendish, 2009 [2007]). Şu ifadeye bkz.: "Nesnel bir gerçekliğe işaret etmek yerine, seçilen isim ve onunla ilişkili—ihtilaflı—kavram bir politik kararı ve normatif tercihi yansıtır. *Elinizdeki kitabın vardığı politik hüküm imparatorluk, emperyalizm ve kozmopolitizm arasındaki fark ve ayrımların, söz konusu yazarların savunduğundan daha küçük, süreklilikerin ise daha büyük olduğudur*" (İtalikler benim, s. 147). Buna karşın, benim *bu* kitaptaki argümanım, bahsi geçen farkların önem taşıdığı ve bu tür süreksizliklerin politik açıdan anlamlı olduğu yönündedir.

35 Bkz. Michael W. Doyle, "The New Interventionism," Thomas W. Pogge (der.), *Global Justice,* Metaphilosophy Series in Philosophy (Oxford: Blackwell, 2001), s. 219–41.

36 Bkz. J. L. Holzgrefe ve Robert O. Keohane (der.), *Humanitarian Intervention: Ethical, Legal, and Political Dilemmas* (Cambridge: Cambridge University Press, 2003); yargıçların bu alanda hukuk yarattığı görüşü için bkz. Allison Marsten Danner, "When Courts Make Law: How the International Criminal Tribunals Recast the Laws of War," *Vanderbilt Law Review* 59/1 (Ocak 2006): 2–63.

37 Kozmopolit taahhütleri "önleyici güç kullanımı" ile barıştırmaya çabalayan akıllıca bir argüman için bkz. Allen Buchanan ve Robert O. Keohane, "The Preventive Use of Force: A Cosmopolitan Institutional Perspective," *Ethics and International Affairs* 18/1 (2004): 1–22. Uygun

kurumsal alternatifler yaratılmaksızın, BM Güvenlik Konseyi'nin demokratik bir koalisyon adına pas geçilmesi önerisini fazla muğlak ve kibirli buluyorum; ayrıca ve George Bush'un Irak Savaşı'na giden süreçte dillendirdiği "istekliler koalisyonu" çağrısına da rahatsız edici derecede benzediğine inanıyorum. Bkz. s. 18 vd.

38 Kabul etmek gerek ki sivil toplum örgütleri, uluslararası sivil toplum örgütleri, diğer yardım ve kalkınma örgütleri ile muharip güçler arasındaki ayrım, fiili silahlı çatışma zamanlarında iyice bulanıklaşıyor. Ayrıca düzensiz silahlı güçler bu ayrımı göz ardı ediyor ve dolayısıyla çok sayıda sivil yardım çalışanının hayatı tehlikeye giriyor. Maalesef, bu tür sivillerin—ayrıca çok sayıda gazetecinin—Irak, Pakistan, Afganistan, Ruanda, Fildişi Sahili ve Kongo'da hayatını yitirdiği haddinden fazla olaya tanık olduk son yıllarda. Bu ayrımların silinmesinin nasıl bir tehlike doğurabileceği konusunda düşündürücü bir inceleme için bkz. Michael Ignatieff, *The Warrior's Honor: Ethnic War and the Modern Conscience* (New York: Henry Holt, 1997).

39 Bkz. Allen Buchanan, "From Nuremberg to Kosovo: The Morality of Illegal International Legal Reform," *Ethics* 111/4 (Temmuz 2001): 673–705.

40 Immanuel Kant [1795], "Perpetual Peace: A Philosophical Sketch," s. 116–19; ayrıca I. Kant, Ek II, "On the Agreement between Politics and Morality According to the Transcendental Concept of Public Right," s. 125–30.

ALTINCI BÖLÜM
Egemenliğin Alacakaranlığı mı, Kozmopolit Normların Yükselişi mi? Çalkantılı Zamanlarda Vatandaşlığı Yeniden Düşünmek

1 Bkz. *Transformation of Citizenship: Dilemmas of the Nation State in an Era of Globalization, The Spinoza Lectures* (Amsterdam: Van Gorcum, 2001); Seyla Benhabib, *The Claims of Culture: Equality and Diversity in the Global Era; The Rights of Others: Aliens, Citizens and Residents,* John Seeley Memorial Lectures.

2 1957 yılında, Avrupa Topluluğu Kuruluş Anlaşması ya da resmi dildeki adıyla "Roma Anlaşması"/ "AT Anlaşması" kabul edildi. Lizbon

Anlaşması'nın yürürlüğe girmesiyle birlikte ismi "Avrupa Birliği Anlaşmasını ve Avrupa Topluluğu Kuruluş Anlaşmasını Tadil Eden Lizbon Anlaşması" diye değiştirildi. Bkz: <http://eur-lex.europa.eu/ LexUriServ/LexUriServ.do?uri=OJ:C:2007:306:0001:0010:EN:PDF>; 31 Ağustos 2010 tarihinde erişildi.

3   Bkz. "The International Human Rights Movement," Louis Henkin, D. W. Leebron, G. L. Neuman ve D. Orentlicher (der.), *Human Rights* (New York: Foundation Press, 2003), s. 147 vd.

4   Kees Groenendijk, "Local Voting Rights for Non-Nationals in Europe: What We Know and What We Need to Learn," Publication of the Transatlantic Council on Migration (2008); 31 Ağustos 2010 tarihinde erişildi: <http://www.migrationpolicy.org/transatlantic/ docs/Groenendijk-FINAL.pdf>.

5   Bkz. Aihwa Ong, *Flexible Citizenship: The Cultural Logic of Transnationality* (Durham, NC ve Londra: Duke University Press, 1999).

6   Bkz. Aristide Zolberg ve Peter Benda, *Global Migrants. Global Refugees: Problems and Solutions* (New York ve Oxford: Berghan Books, 2001).

7   Arendt'in bu kavramının daha kapsamlı bir analizi için bkz. Benhabib, "Kantian Questions, Arendtian Answers," Seyla Benhabib ve Nancy Fraser (der.), *Pragmatism, Critique and Judgment: Festschrift for Richard J. Bernstein* (Cambridge, MA: MIT Press, 2004), s. 171–97. Ayrıca bkz. *Hauke Brunkhorst, Hannah Arendt* (Münih: C.H. Beck'sche Verlagsbuchhandlung,1999), s. 52–84.

8   Giorgio Agamben, *State of Exception,* çev. Kevin Attell (Chicago, IL ve Londra: University of Chicago Press, 2005)[*Olağanüstü Hal,* çev. Kemal Atakay, 2008. İstanbul: Varlık Yayınları.]. Michael Hardt ve Antonio Negri, *Empire* (Cambridge, MA: Harvard University Press, 2001) [*İmparatorluk,* çev. Abdullah Yılmaz, 2002. İstanbul: Ayrıntı Yayınları].

9   Etienne Balibar, *We, the People of Europe? Reflections on Transnational Citizenship,* çev. James Swenson (Princeton, NJ ve Oxford: Princeton University Press, 2004); David Held, *Global Covenant: The Social Democratic Alternative to the Washington Consensus* (Cambridge: Polity, 2004).

10 Jean L. Cohen, "Whose Sovereignty? Empire versus International Law," *Ethics and International Affairs* 18/3 (2004): 2.

11 Kozmopolit normların doğuşu iki dünya savaşı deneyimine, sömürgeciliğe karşı mücadelelere, Osmanlı İmparatorluğu'nun son dönemindeki Ermeni Soykırımı'na ve Holokost'a kadar geri gider. Uluslararası hukukun gelişimine dair bir değerlendirme için bkz. Martti Koskenniemi, *The Gentle Civilizer of Nations: The Rise and Fall of International Law 1870–1960* (Cambridge: Cambridge University Press, 2002). Ayrıca, Osmanlı İmparatorluğu'nda, Ermeni Soykırımı'nın sorumlusu olan İttihat ve Terakki Fırkası mensuplarına karşı açılan davalar için bkz.: Taner Akçam, *Armenien und der Völkermord: Die Istanbuler Prozesse und die türkische Nationalbewegung* (Hamburg: Hamburger Edition, 1996); Nürnberg davaları konusunda bkz. Michael Marrus, *The Nuremberg War Crimes Trial 1945–46: A Documentary History* (New York: Bedford/St Martin's, 1997); Ralph Lemkin'in Soykırım Sözleşmesi'ni kabul ettirme çabalarına dair, elinizdeki kitabın İkinci Bölümüne bakabilirsiniz. Ayrıca bkz. Burnkhorst'un "kuvvetli insan hakları" mefhumuna dair ateşli savunusu: *Solidarität: Von den Bürgerfreundschaft zur globalen Rechtsgenossenschaft* (Frankfurt: Suhrkamp, 2002).

12 Etienne Balibar, "Prolegomena to Sovereignty," Balibar, *We, The People of Europe? Reflections on Transnational Citizenship*, s. 152.

13 Anne-Marie Slaughter'ın *A New World Order* (Princeton, NJ ve Oxford: Princeton University Press, 2004) adlı eserini oldukça olumlu şekilde ele alan kısa bir değerlendirme yazısında, Kenneth Anderson devlet egemenliği, demokratik egemenlik, egemen devlet çoktaraflılığı ve çoktaraflılığa kanalize edilen egemenlik arasında ayrımlar çizer. Ancak demokratik egemenlik halk egemenliği olarak anlaşıldığı zaman, devlet egemenliği ile demokratik egemenlik arasında nasıl bir ayrıma gidilmesi gerektiği meselesine değinmez. Zira, ona kalırsa ulus-devlet temelli olmayan bir egemenlik tasavvuru söz konusu olamaz. Bkz. Kenneth Anderson, "Squaring the Circle? Reconciling Sovereignty and Global Governance Through Global Government Networks," *Harvard Law Review* 118 (2005): 1255-1312; özellikle 1261-3. Anderson devlet egemen-

liğini, Lincoln'ün klasik sözü uyarınca "Siyasi amiri olmayan bir siyasi topluluk" olarak tanımlar. Abraham Lincoln, "Message to Congress in Special Session (4 Temmuz 1861)," *The Collected Works of Abraham Lincoln,* Roy P. Basler (der.) (1953), s. 421, 434, alıntılayan Anderson, agy., s. 1299. Mesele, "siyasi amirliğin" *karar almada kati yetkiye sahip olma* anlamına mı yoksa *nihai iktidar* anlamına mı geldiğidir. Hiçbir devlet uluslararası düzlemde bu tür bir iktidara sahip değildir ve ulusal düzlemde de bu egemenlik tasavvuru kozmopolit normların yükselişiyle birlikte reddedilmiştir; nihai egemen iktidar dolayısıyla anlamsız bir kavramdır, ancak "karar almada kati yetkiye sahip olma" anlamındaki egemenlik—itirazlara maruz kalsa dahi—bakidir.

14 Bkz. David Apter, "Globalization, Marginality, and the Specter of Superfluous Man," *Journal of Social Affairs* 18/71 (Sonbahar 2001): 73–94.

15 Carl Schmitt, *Der Nomos der Erde im Völkerrecht des Jus Publicum Europaeum,* 4. baskı (Berlin: Duncker and Humblot, 1997), s. 99; İngilizceye çev. Gary L. Ulmen, *The Nomos of the Earth in the International Law of the Jus Publicum Europaeum,* (New York: Telos Press, 2003), s. 128–9.

16 Stephen D. Krasner, *Sovereignty: Organized Hypocrisy* (Princeton, NJ: Princeton University Press, 1999).

17 Yetkin bir inceleme ve Schmitt'in yoğun bir eleştirisi için bkz. Koskenniemi, *The Gentle Civilizer of Nations: The Rise and Fall of International Law 1870–1960,* s. 98–179. Belçikalı hukuk tarihçisi Ernest Nys'in şu sözlerini hatırlayalım: "Bir devlet, özel alanını teşkil eden toprakları istediği gibi kullanabilir; bunları satabilir, kiralayabilir, bahşettiği imtiyazlara uygun gördüğü şartları getirebilir, [...] bunları yaparken diğer devletlere hiçbir açıklama yapmak zorunda değildir" ("L'État Indépendent du Congo et les dispositions de l'acte generale," alıntılayan Koskenniemi, agy., s. 161).

18 Schmitt'in *Jus Publicum Europaeum* (Avrupa kamu hukuku) mefhumuna övgüsünde, bu sistemin, savaşı ortaçağdaki "adil savaş" kavramından uzaklaştırarak "nötr" kıldığı belirtilir. Buna göre, bu dönüşümde düşman artık *inimicus* değil *justi hostes* olarak görülür (ki

bu kategoriler Schmitt'in "siyasal" mefhumunda da karşımıza çıkar). Söz konusu "nötr" savaş mefhumu aynı zamanda "ayrımcı olmayan savaş kavramı" (*der nicht-diskriminierende Kriegsbegriff*) olarak da anılır. "Avrupa topraklarındaki bütün devletlerarası savaşlar, ki Avrupa milletler hukukunca (Völkerrecht) tanınan devletlerin askeri açıdan örgütlü ordularınca gerçekleştirilirler, bu devletlerarası dönemin Avrupa milletler hukuku çerçevesinde adildir" (Schmitt, *Der Nomos der Erde*, s. 115 (İtalik orijinal metinde); İngilizce çevirisinde bkz. *Nomos of the Earth*, s. 143). Schmitt burada "adalet" ve "hukukilik" kavramlarını iç içe geçirir; bir tür mantık hatasından dolayı değil, savaşların yargılanması noktasında, devlet çıkarlarının ötesine geçen her tür normatif standardı reddettiği için.

19   Burke, alıntılayan Arendt, *Emperyalizm*, s. 111-112. Ayrıca Hannah Arendt'in şu çarpıcı sözlerini hatırlayalım: "Emperyalizmin tek ihtişamı, ulusun ona karşı verdiği savaşı kaybetmesinde yatmaktadır," (*Emperyalizm*, s. 24).

20   Bkz. Janine Brodie, "Introduction: Globalization and Citizenship Beyond the National State" ve Satoshi Ikeda, "Imperial Subjects, National Citizenship, and Corporate Subjects: Cycles of Political Participation/Exclusion in the Modern World System," *Citizenship Studies* 8/4 (Aralık 2004): sırasıyla 323–33 ve 333–49.

21   Hania Zlotnik, "Past Trends in International Migration and Their Implications for Future Prospects," M. A. B. Siddique (der.), *International Migration into the Twenty-First Century: Essays in Honor of Reginald Appleyard* (Boston, MA: Edward Elgar, 2001), s. 227.

22   Birleşmiş Milletler, Ekonomik ve Sosyal İşler Dairesi, *International Migration Report* ST/ESA/SER.A/220, 2002. Uluslararası Göç Örgütü'ne göre, "Bugün dünyadaki uluslararası göçmen sayısı geçmişteki kayıtların hepsinden yüksektir ve bu sayı son on yıllarda son derece hızlı bir biçimde artmıştır. [...] Uluslararası göçün küresel kapsamı 1945'ten sonra genişlemeye başlamıştı; fakat ancak 1980'den sonra hızla yayılarak dünyanın bütün bölgelerini kapsar hale geldi. [...] Uluslararası göçün bu şekilde küreselleşmesi, artık hiç olmadığı kadar geniş bir etnik ve kültürel gruplar yelpazesini kapsıyor; ilk

göçmenler arasında kadınların oranı artıyor; az çok kalıcı ya da yerleşik göçler giderek yerini geçici ve dairesel göçlere bırakıyor ve her ne kadar ekonomik kriz göç çıkışlarını geçici olarak yavaşlattıysa da, göçün küreselleşmesinin altında yatan nüfus, emek piyasası ve çevre gibi etkenler baki." <http://www.iom.int/jahia/Jahia/policy-research/migration-research/world-migration-report-2010/cache/offonce/>; 1 Eylül 2010 tarihinde erişildi.

23 Bkz. Benhabib, *Ötekilerin Hakları*, s. 16 vd.

24 Bkz. Dieter Grimm, *Souveränität: Herkunft und Zukunft eines Schlüsselbegriffs* (Berlin: Berlin University Press, 2009).

25 Peter Evans, "The Eclipse of the State? Reflections on Stateness in an Era of Globalization," *World Politics* 50/ 1 (1997): 62–87. Orijinal terimin kaynağı: J.P. Nettl, "The State as a Conceptual Variable," *World Politics* 20 (Temmuz 1968): 559–92.

26 Ong, *Flexible Citizenship*, s. 221.

27 Agy., s. 222.

28 Carolin Emcke, *Echoes of Violence: Letters from a War Reporter* (Princeton, NJ: Princeton University Press, 2007), s. 77 ve genel olarak s.71-97.

29 Günther Teubner (der.), *Global Law Without a State: Studies in Modern Law and Policy* (Aldershot and Brookfield, Vermont: Dartmouth Publishing Company, 1997), s. 3-28; özellikle s. 5.

30 Teubner, agy., s. 8.

31 Agy., s. 21. Uluslararası kuruluşların insan hakları yükümlülüklerine ve bunları yerine getirmek için neler yapabileceklerine dair daha iyimser bir değerlendirme için bkz. Ernst-Ulrich Petersmann, "Time for a United Nations 'Global Compact' for Integrating Human Rights into the Law of Worldwide Organizations: Lessons from European Integration," *European Journal of International Law* 13/3 (2002): 621-50.

32 Andreas Fischer-Lescano ve Günther Teubner bu meseleyi şu makalelerinde etraflıca tartışıyor: "Regime-Collisions: The Vain Search for Legal Unity in the Fragmentation of Global Law," çev. Michelle Everson, *Michigan Journal of International Law* 25 (Yaz 2004): 999–1046. Özellikle ilginç olan husus, dev ilaç firmaları Merck, Pfizer, Roche gibi patent sahibi şirketler ile ulus-devletler arasındaki ihtilaflardır.

Bu ilaç şirketleri, 2001 yılında DTÖ'den, Brezilya hakkında, patentli ilaçların kopyalanması suretiyle yerel jenerik ilaç üretimine izin verdiği gerekçesiyle inceleme başlatmasını talep etti. Brezilya savunmasında, 1981'den bu yana AIDS salgınının 150.000 can aldığını ve önleyici tedbirlerle yıllık enfeksiyon sayısının 5.000'in altına indirilebileceğini belirtti. Sağlığa ve bulaşıcı hastalıklardan kamusal planda korunmaya ilişkin insan haklarının net biçimde gündeme geldiği bu vaka, TRIPS (Ticaretle Bağlantılı Fikri Mülkiyet Hakları) Anlaşması'nın şartlarının ciddi biçimde yeniden gözden geçirilmesini ve Dünya Sağlık Örgütü ile Dünya Ticaret Örgütü arasında patentli ilaçların önleyici, ticari olmayan kullanımları hakkında müzakereleri beraberinde getirdi. Nihayetinde BM İnsan Hakları Komisyonu 2003 yılında (2005 yılında da tekrar vurgulanan) bir karar alarak, jenerik ilaçların hastalık ve salgınların yayılmasına karşı mücadele amacıyla kullanılmasını güvence altına aldı. Bkz. BM İnsan Hakları Komisyonu, Karar 2003/ 47 (E/CN.4/ RES/2003/47) <http://data.unaids.org/Media/Information-No>. 2002 tarihli Doha görüşmelerinde yayımlanan TRIPS Anlaşması ve Kamu Sağlığı konulu deklarasyon, devletlerin ülkelerindeki sağlık krizleriyle mücadele etmek için mecburi lisanslama gibi önlemlere başvurmasına olanak tanıyan TRIPS maddelerinin hükümleri yeniden vurguladı. Genel olarak şirket temsilcileri farklılaştırılmış fiyatlandırma gibi yöntemleri tercih etseler de, devletlerin sağlık sorunlarıyla başa çıkma noktasındaki kararlarını kabul etmek durumunda olduklarını teslim ettiler. Ancak 2002 tarihli Doha görüşmelerinden bu yana, görünüşe göre, eğilim çok taraflı değil iki taraflı anlaşmalar yönünde. Bkz. "Intellectual Property Rights," Results of a Stakeholder Dialogue between the World Business Council for Sustainable Development and the Wissenschaftszentrum Berlin für Sozialforschung (yeniden basım Nisan 2004). İletişim adresi: <wbcsd@earthprint.com>. Ayrıca, Thomas Pogge'nin bu alandaki öncü çalışmasına bkz. *World Poverty and Human Rights: Cosmopolitan Responsibilities and Reforms* (Cambridge: Polity, 2002).

33 William E. Scheuerman, *Liberal Democracy and the Social Acceleration of Time* (Baltimore, MD ve Londra: Johns Hopkins University Press, 2004), s. 145.

34 Scheuerman, agy., s. 169.

35 Saskia Sassen, *Territoriality, Authority and Rights: From Medieval to Global Assemblages* (Princeton, NJ:Princeton University Press, 2006).

36 Anderson'ın Slaughter'ın çalışmasına yönelttiği, küresel yönetişimin kaçınılmaz olarak demokrasiye olan saygıyı aşındırdığı eleştirisini haklı bulmuyorum. Bkz.: "küresel hükümet ağları kanalıyla işleyen küresel yönetişim sistemi, Slaughter'ın belirttiği şekillerde büyüyüp geliştikçe, zaman içinde baştaki hedefi olan demokrasiye ve demokratik hesap verme süreçlerine olan saygıyı aşındırır ve nihayetinde bir tür liberal enternasyonalizme, fiili bir federal küresel yönetişime yol açabilir" (K. Anderson, "Squaring the Circle? Reconciling Sovereignty and Global Governance," s. 1301). Anderson, "kara kutu" biçimindeki egemenlik modelinden vazgeçilmesinin sağladığı hesap verebilirlik ve şeffaflık artışını ele almaz; ayrıca bu artışın nasıl halkın demokratik gücüne katkı sağlayabileceğine de değinmez.

37 İlk kez 2001 yılında İngilizceye çevrildiyse de, *İmparatorluk,* 1991 tarihli Körfez Savaşı ile 1994 tarihli Yugoslav İç Savaşı arası dönemde yazılmıştır. Bu kitabın ABD iktidarına yaklaşımı, Michael Hardt ve Antonio Negri'nin sonraki eseri *Çokluk*'a nazaran daha olumludur: *Multitude: War and Democracy in the Age of Empire* (New York: Penguin Press, 2004). [*Çokluk: İmparatorluk Çağında Savaş ve Demokrasi,* çev. Barış Yıldırım, 2004. İstanbul: Ayrıntı Yayınları.]

38 Hardt ve Negri'nin *Çokluk*'undaki son bölümün başlığı şudur: "Güç Seninle Olsun." Karnaval konusuyla ilgili şu bölüme bkz. "Bugünkü küreselleşme protestolarında iyice yaygınlaşan çeşitli karnaval ve gösteri biçimleri de [demokrasinin yeni silahlarına] bir diğer örnektir. Milyonlarca insanı bir eylemde sokaklara dökmek de bir silahtır; yasadışı göçlerle oluş-turulan basınç bir başka silah... Bir hafta sürecek küresel bir biyopolitik grev her tür savaşı engellerdi" (*Çokluk*, Hardt ve Negri, s. 362).

39 Nasıl Michel Foucault'nun iktidar kuramında, iktidarın tebaası iktidardan önce gelmez kısmen iktidar ağı tarafından kurulursa, Hardt ve Negri'nin analizinde de, devletler ve diğer dünya kurumları önceden kurulmuş birer direniş unsuru ve odağı olarak görülmez. Bu iktidar kuramını kabul etmiyorum. Devletin veya tebaanın metafiziksel

öncelliği varsayımında bulunmadan da, iktidar karşısında çok farklı ve yapılandırılmış direniş kurum ve örüntüleri tespit edilebilir. Hardt ve Negri'nin savunduğu kadar her yerde hazır ve nazır, her an her şeyi gören bir güç değildir imparatorluk.

40 Hannah Arendt, *On Revolution* (New York: Viking Press, 1963). Seyla Benhabib, *The Reluctant Modernism of Hannah Arendt*, s. 130-72.

41 Bkz. David Held, *Global Covenant: The Social Democratic Alternative to the Washington Consensus* ve Andrew Kuper, *Democracy Beyond Borders: Justice and Representation in Global Institutions* (Oxford University Press: Oxford, 2004); Anne-Marie Slaughter, *A New World Order* (Princeton, NJ: Princeton University Press, 2004). Anayasacılığı bir uzmanlar iktidarına—ki bu uluslararası hukuk yargıçları ve yetkilileri kadar iyi niyetli bir uzmanlar iktidarı da olabilir—teslim ederek onu demokrasiden ve vatandaşların irade ve aklından koparmanın taşıdığı tehlikeleri küçümseyen bu önerilerde aşırı iyimser ve neşeli bir yön var. Kenneth Anderson'la bu açıdan aynı kaygıyı paylaşıyoruz, ancak ben bu kaygıların bir liberal enternasyonalist yönetişim çerçevesinde karşılanabileceğine inanıyorum. Bu tür mekanizmalar demokrasi azaltıcı değil demokrasi pekiştirici olabilir. Bkz. yukarıda, bu bölümdeki 36. dipnot.

42 Burada savunulduğu şekliyle küresel sivil toplum; devlet iktidarını budamayı amaçlayan neoliberal tutumların gönüllülük ve özel dernekleşme çağrılarıyla karıştırılmamalıdır. Ben, kenetlenmiş bir kamusal otoriteler sistemi tarafından kamusal malların kamusal olarak tedarik edilmesini savunuyorum. Küresel sivil toplum bir küresel vatandaş aktivizmi alanıdır ve ileride geliştirdiğim cumhuriyetçi federalizm modeline tekabül eder. Nancy Fraser, yeni küresel sosyal hareketler meselesini inceleyen bir avuç çağdaş sosyal kuramcıdan biridir; bkz. Fraser, *Scales of Justice*, s. 21-7, 58-67; ayrıca bkz. Heather Gautney, "Is Another State Possible?" ve Michael Menser, "Disarticulate the State! Maximizing Democracy in 'New' Autonomous Movements in the Americas," Heather Gautney, Omar Dahbour, Ashley Dawson ve Neil Smith (der.), *Democracy, States, and the Struggle for Global Justice* (New York ve Londra: Routledge, 2009), sırasıyla s. 205-35 ve 251-73.

SAYFA 151-154'TEKİ NOTLAR

43   Judith Resnik, "Law's Migration: American Exceptionalism, Silent Dialogues, and Federalism's Multiple Ports of Entry," *The Yale Law Journal* 115 (2006): 1564-1670.

44   Demokratik yinelemeler kavramını *Ötekilerin Hakları*'nda ortaya atmamın ardından (s. 184 vd); şu hususları netleştirmem istendi: (a) Pratik gerekçelendirme söylemleri ile demokratik yinelemeler arasındaki ilişki ve (b) Demokratik yinelemelerin geriletici olmasının veya anlamsızlığı artırmasının mümkün olup olmadığı. Demokratik yinelemeler, *gerekçelendirme* değil *meşruiyet* süreçleridir. Demokratik yinelemeler ile normatif gerekçelendirme söylemleri arasındaki ilişki, demokrasi kuramları ile John Rawls'un *Theory of Justice* adlı eseri arasındaki ilişkiye denktir; yani, adaleti ele alan kuramlardan farklı olarak, demokrasi kuramları meşruiyet ile ilgilenir. İkincisi, "hukuk dondurucu," yani hak taleplerinin anlamının geliştirilmesini ve genişletilmesini akamete uğratan demokratik yinelemeler de mümkündür. Bkz. "Reply to My Critics," *Another Cosmopolitanism*, s. 158–65 ve bu kitapta Sekizinci Bölüm.

45   Jürgen Habermas'ın şu erken tarihli formülasyonuna bakabilirsiniz: "Ist der Herzschlag der Revolution zum Stillstand gekommen? Volkssouveränität als Verfahren. Ein normativer Begriff der Öffentlichkeit," *Die Ideen von 1789 in der deutschen Rezeption,* Forum für Philosophie Bad Homburg (der.) (Frankfurt am Main: Suhrkamp, 1989), s. 7-36.

46   Scheuerman, *Liberal Democracy and the Social Acceleration of Time,* s. 268-9, dn 52.

47   Gerekçelendirme eşiği kavramı için bkz. Şeyla Benhabib, *Ötekilerin Hakları,* s. 22-27.

48   İlk tutum için bkz. Andrew Arato ve Jean Cohen, "Banishing the Sovereign? Internal and External Sovereignty in Arendt," Seyla Benhabib (der.), *Politics in Dark Times: Encounters with Hannah Arendt,* s. 137–72; J.L. Cohen (2004), "Whose Sovereignty? Empire Versus International Law," *Ethics and International Affairs* 18/3: 1–24; J.L. Cohen (2006), "Sovereign Equality vs Imperial Right: The Battle over the 'New World Order'," *Constellations* 13/4: 485–505. İkinci tutum

için bkz. Carol C. Gould, *Globalizing Democracy and Human Rights* (Cambridge: Cambridge University Press, 2004), s. 162 vd; Michael Doyle ve Nicholas Sambanis, *Making War and Building Peace: United Nations Peace Operations* (Princeton, NJ: Princeton University Press, 2006).

49 Kozmopolit, dünya federasyonu yanlısı tutumlar için bkz. Eric Cavallero, "Federative Global Democracy," Ronald Tinnevelt ve Helder de Schutter (der.), Özel Sayı, "Global Democracy and Exclusion," *Metaphilosophy* 40/1 (Ocak 2009): 42–64; Rafaele Marchetti, *Global Democracy. For and Against* (Londra: Routledge, 2008); meselenin erken tarihli ve etkili bir sunumu için bkz. Thomas Pogge, "Cosmopolitanism and Sovereignty," Chris Brown (der.), *Political Restructuring in Europe* (Londra: Routledge, 1994), s. 89–122; ayrıca bkz. Jürgen Habermas, *The Divided West*, çev. Ciaran Cronin (Cambridge: Polity, 2006); bkz. Jürgen Habermas, "A Political Constitution for the Pluralist World Society," *Between Naturalism and Religion*, çev. Ciaran Cronin (Cambridge: Polity, 2006), s. 312-52; bölgeselci bakış açısı için bkz. Carol C. Gould, "Envisioning Transnational Democracy: Cross-Border Communities and Regional Human Rights Frameworks," Heather Gautney, Omar Dahbour, Ashley Dawson ve Neil Smith (der.), *Democracy, States, and the Struggle for Global Justice*, s. 63–79.

50 2010 yazından bu yana AB üyesi Yunanistan, İrlanda, Portekiz hatta İspanya ve İtalya gibi ülkelerin yaşadığı ekonomik kriz ve Brüksel'deki yönetici güçlerin ve Alman hükümetinin bu krizlere verdiği tepkiler, insanı Avrupa projesini sorgulama noktasına getiriyor. Euro bölgesinin çökeceğini düşünmesem de, dünyadaki ekonomik buhranın, Almanya Şansölyesi Angela Merkel ve Fransa Cumhurbaşkanı Nicolas Sarkozy gibi muhafazakar güçlerce, sosyal refah devletini ve ücretlilerin sosyal kazanımlarını budamak için kulanıldığı açık. AB'nin kaydadeğer politik başarılarının bu yeni muhafazakar saldırıya direnecek bir halk egemenliği ve demokratik egemenlik dinamiği yaratıp yaratmayacağı ucu açık bir sorudur.

YEDİNCİ BÖLÜM

Sınır Aşan Hak Talepleri:
Uluslararası İnsan Hakları ve Demokratik Egemenlik

1   Bkz. Adam Liptak, "U.S. Court, a Longtime Beacon, is Now Gui-
    ding Fewer Nations," *New York Times* (18 Eylül, 2008), s. A1 ve A30.
    Liptak, son on yılda, nasıl AB Yüksek Mahkemesi kararlarına yönelik
    atıfların azaldığını oysa Avrupa İnsan Hakları Mahkemesi ve Kanada
    Yüksek Mahkemesi'nin etkisinin arttığını ayrıntılı bir biçimde ortaya
    koyar. Bu oldukça şaşırtıcıdır, zira söz konusu mahkemeler ve onların
    önde gelen anayasal metinleri—örneğin Hindistan Anayasası (1949),
    Kanada Haklar ve Özgürlükler Bildirgesi (1982), Yeni Zelanda Hak-
    lar Bildirgesi (1990) ve Güney Afrika Anayasası (1996)—Amerikan
    anayasal ilkelerinden esinlenmiştir.

2   Bkz. Roper v. Simmons (2005); ve Liptak, s. A30.

3   Bkz. Roper v. Simmons, Mahkeme Reisi Roberts ve Yargıç Thomas
    imzalı karar, Yargıç Scalia'nın şerhi. ABD Kongresi de Amerikan mah-
    kemelerince yabancı hukuka atıfta bulunulmasına dair bir karar kabul
    etmiştir. Bkz. "Reaffirmation of American Independence Resolution,"
    H.R. Res. 568, 108th Congress (2004).

4   Yalnızca Yargıç Scalia değil Mahkeme Reisi Roberts da, diğer mahke-
    melerden öğrenmeye ve esinlenmeye açık olan bu liberal eğilimli sorun
    çözme yaklaşımını reddeder. Yargıç Roberts'a göre, yabancı hukuka
    bu şekilde atıfta bulunulması masum bir karar alma egzersizi değildir,
    egemenlikten taviz ya da egemenliğin sulandırılmasıdır. Liptak, Yargıç
    Roberts'ın 2005 tarihli teyit duruşmalarındaki şu sözlerini alıntılar:
    "Bizim Anayasa'mızın ne anlama geldiği konusunda, bir Alman yar-
    gıcından alıntı yapıyorsak, söz konusu yargıcın ABD halkına hesap
    veren bir cumhurbaşkanı tarafından atanmadığını ve bu atamanın
    halka hesap veren bir senato tarafından onaylanmadığını aklımızdan
    çıkarmamalıyız. Ancak buna rağmen bu yargıç, bu ülkenin halkını
    bağlayan kanunları şekillendirmede bir rol oynamış olur" (Liptak,
    "U.S. Court, a Longtime Beacon, is Now Guiding Fewer Nations,"
    s. A30). Burada "bir görüşe atıfta bulunmak" ile "emsal teşkil etmek"
    arasındaki ayrımı bulandıran Yargıç Roberts, demokratik egemenliğin

ve adli hesap verme mekanizmalarının zayıfladığı korkusunu körüklemektedir.

5 Bu ihtilaf, sadece yabancı mahkemelerin Yüksek Mahkeme yargıçlarının kararları üzerindeki tesiriyle değil, şu daha genel meselelerle de ilgilidir: Adli karar alma süreçlerinin dayanması gereken epistemoloji nedir? Yargıçların kendi yetki bölgelerinde benzer sorunlarla karşılaşan meslektaşlarından öğrenmesi neden yanlıştır? Örneğin Eric A. Posner ve Cass R. Sunstein "The Law of Other States" adlı çalışmalarında şöyle der: "'Yabancı emsaller'e başvurma pratiği, ABD Yüksek Mahkeme'sinin yakın tarihli kararları ile büyük ilgi topladı. [...] Ancak bazı açılardan, diğer yetki bölgelerinde alınan kararlara gönderme yapmak standart bir uygulamadır ve Yüksek Mahkeme'nin göndermeleriyle ilgili tartışma da bu standart pratik çerçevesinde anlaşılmalıdır" (Eric A. Posner ve Cass R. Sunstein, "The Law of Other States," *Stanford Law Review* 59/131 (2006): 131-80; özellikle 133). "Yabancı hukuka başvurmak istisna değil kuraldır," (s. 135) gözleminde bulunan yazarlar, diğer eyaletlerin ve ülkelerin kararlarına başvurmanın neden ve nasıl adli karar verme süreçlerinin kalitesini artırdığını gösteren bir çerçeve ortaya koyar.

Ayrıca bkz. Jeremy Waldron, "The Supreme Court, 2004 Term-Comment: Foreign Law and the Modern Jus Gentium," *Harvard Law Review* 119/1 (2005): 129-47; Mark Tushnet, "When is Knowing Less Better than Knowing More? Unpacking the Controversy over the Supreme Court Reference to Non-U.S. Law," *Minnesota Law Review* 90/5 (2006): 1275-1302.

6 "Küresel anayasalaşma" konulu literatür için bkz. Bardo Fassbender, "The United Nations Charter as Constitution of the International Community," *Columbia Journal of Transnational Law* 3 (1998): 529–619; " 'We the Peoples of the United Nations': Constituent Power and Constitutional Form," M. Loughlin ve N. Walker (der.), *The Paradox of Constitutionalism* (2007), s. 269–90; Arnim von Bogdandy, "Constitutionalism in International Law," *Harvard International Law Journal* 47/1 (2006): 223–42; Brun-Otto Bryde, "Konstitutionalisierung des Völkerrechts und Internationalisierung des Verfassungsbegriffs," *Der*

Staat 1 (2003): 61–75; Hauke Brunkhorst, "Globalizing Democracy without a State: Weak Public, Strong Public, Global Constitutionalism," *Millennium: Journal of International Studies* 31/3 (2002): 675–90; Hauke Brunkhorst, "Die Globale Rechtsrevolution. Von der Evolution der Verfassungsrevolution zur Revolution der Verfassungsevolution?," Ralph Christensen ve Bodo Pieroth (der.), *Rechtstheorie in rechtspraktischer Absicht* (Berlin: FS Müller, 2008), s. 9–34; ve bu literatüre dair faydalı bir tarama için bkz. Hauke Brunkhorst, "There Will be Blood: Konstitutionalisierung Ohne Demokratie?," H. Brunkhorst (der.), *Demokratie in der Weltgesellschaft,* özel sayı, *Soziale Welt, Nomos* (2009): 99–123. Tarihi emsaller için bkz. Hans Kelsen, *Das Problem der Souveränität und die Theorie des Völkerrechts: Beitrag zu einer reinen Rechtslehre,* 2. baskı (Viyana: Scientia Allen [1928] 1960); Alfred Verdross, *Die Verfassung der Völkerrechtsgemeinschaft* (Viyana, 1926).

AB, DTÖ, IMF gibi kurumlarda da bunlara paralel anayasalaşma tartışmaları sürüyor. Bkz. Alec Stone Sweet, "Constitutionalism, Legal Pluralism, and International Regimes," *Indiana Journal of Global Legal Studies* 16/2 (2009): 621 vd. Bu makale, "anayasalaşma" teriminin yakıştırıldığı çeşitli sistem ve kurumlara dair berrak bir panorama sunuyor. Ancak, Stone'un kuramı açısından bakıldığında benim tutumum; anayasalar, bir hukuki sistemin sosyal meşruiyeti ve topluluğun kolektif kimliği arasında bağlantılar gören naif normativistlerinkine denk düşecektir.

7 "Evrenselci uyumululaştırma şemaları"na karşı kuvvetli bir itiraz için bkz. Paul Berman, "Global Legal Pluralism," *Southern California Law Review* 80 (2008): 1155–1237: "Çoklu, birbiriyle çakışan sistemler arasında normatif ihtilaf kaçınılmazdır, hatta istenir bile olabilir— hem bir alternatif fikirler kaynağı hem de çoklu topluluk aidiyetleri arasında bir diyalog alanı olarak."

8 Ayrıca benzer bir argüman için bkz. Robert O. Keohane, Stephen Macedo ve Andrew Moravcsik, "Democracy-Enhancing Multilateralism," *International Organization* 63 (Kış 2009): 1-31

9 Etkileyici bir çalışmasında Beth Simmons, devletlerin çeşitli insan hakları anlaşmalarını kabulünün yurtiçinde insan hakları normlarına

riayeti nasıl etkilediğini inceleyen birtakım ampirik vaka çalışmaları sunar. Simmons şu gözlemde bulunur: "Ancak daha ilginç vakalar, hükümetlerin bir uluslararası insan hakları anlaşmasını kabul ettiği ancak onu uygulamak ya da onunla uyumu sağlamak için hiçbir adım atmadığı örneklerdir. Bu tür vakalarda, bir anlaşmanın kabul edilmiş olması nasıl bir fark yaratabilir?" Bkz. Beth Simmons, "Civil Rights in International Law: Compliance with Aspects of the 'International Bill of Rights'," *Indiana Journal of Global Legal Studies* 16/2 (Yaz 2009): 437-81; özellikle 443. Bunun bir nedeni, anlaşmaların belirli yargı sistemlerinde hukuka dahil olması ve dolayısıyla da sivil hakların savunulması amaçlı davaların elini güçlendirmesi olabilir. Daha da ilginç vakalar, kabul edilmiş anlaşmaların vatandaşların seferber olmasına olanak yarattığı durumlardır. Simmons "demokrasi olmayan rejimlere" odaklanarak şu iddiada bulunur: "Anlaşmanın onayı, yurtiçindeki söyleme yeni bir haklar modeli enjekte ederek, potansiyel olarak yurtiçindeki grupların beklentilerini değiştirir ve onları resmi düzeyde saygı hak ettiklerini düşünmeye teşvik eder" (agy., s. 445). Dahası, "Anlaşmalar bu koşullar altında, hakları savunan ittifaklar için ilave politik kaynaklar yaratır. Yeni yeni filizlenmekte olan bir hukukun üstünlüğü kültürüyle olumlu biçimde etkileşip, hem belirli hakların mevzubahis olduğunu düşünen hem de genel olarak kurallara dayalı politik davranışlara dair tutum takınmaları gerektiğine inanan gruplardan destek toplarlar" (agy., s. 447). Simmons ardından Kişisel ve Siyasal Haklar Uluslararası Sözleşmesi'nin sivil haklar ve dini özgürlükler üzerindeki etkisini incelemeye koyulur: "Bu sonuçlardan mütevazı ama kaydadeğer bir neticeye varmak mümkündür: Uluslararası anlaşmalara bağlılık, muhtemelen dünyanın pek çok ülkesindeki sivil haklar uygulamalarına olumlu bir katkıda bulunmuştur" (agy., s. 480). Simmons'un araştırması, benim kozmopolit normların "hukuk yaratıcı" etkisi dediğim olguya dair kanıtları artırmaktadır; ancak bahsi geçen makalenin hiçbir yerinde "demokrasi olmayan rejimler" "kuvvetli demokrasiler" ve "kuvvetli otokrasiler"e zıt bir biçimde tanımlanmaz. Araştırma büyük ölçüde sayısal ve tarihdışıdır; ayrıca, mücadelelerin politik ve sosyal bağlamını iyice anlamamıza pek olanak tanımaz. İleride de tartıştığım Women Living Under Muslim Laws örneği, Simmons'un vardığı neticeye ek kanıt taşır; zira, bu kadınların çoğu "demokrasi olmayan rejim" vatandaşıdır. Ancak onların Kanadalı kadınlarla kurdukları ittifak ulusaşırı aktivizmin öneminin altını çizer, oysa ki bu Simmons'un kategorilerine yerleştirilmesi pek kolay olmayan bir unsurdur. Bkz. elinizdeki kitaptaki s. 132-5. Gelgelelim, Simmons'un çalışması, "hukuk yaratımı"nın salt kuramsal bir soyutlama olmadığını göstermektedir.

10 Harold Koh, "International Law as Part of Our Law," American Journal of International Law 98/1 (2004): 43-57; özellikle 52. Ayrıca bkz. Harold Koh, "Transnational Legal Process," *Nebraska Law Review* 75: 181–208 ve Harold Koh, "Transnational Public Law Litigation," *Yale Law Journal* 100: 2347-2402. Ayrıca bkz. Judith Resnik, Joshua Civin ve Joseph Frueh, "Ratifying Kyoto at the Local Level: Sovereigntisme, Federalism, and Translocal Organizations of Government Actors (TPGAs), *Arizona Law Review* 50/3 (Sonbahar 2008): 709-86; ve Paul Schiff Berman, "Global Legal Pluralism," *Southern California Law Review* 80 (2008): özellikle 1165.

11 Ulus-devleti oldukça keskin bir dille savunan ve Avrupa Birliği'ni bir zamanlar Hitler'in Üçüncü Reich'ı tarafından güdülen Avrupa hâkimiyeti hayallerinin yeniden canlanması olarak gören bir argüman olarak bkz. Jeremy A. Rabkin, *Law without Nations? Why Constitutional Government Requires Sovereign States* (Princeton, NJ: Princeton University Press, 2005).

12 Amerikan politikalarının ve Amerikan istisnacılığı fikrinin en keskin eleştirilerinden biri, ki son yıllarda sık sık zikredilir oldu, Carl Schmitt'e aittir: "ABD'nin gücünün artışıyla birlikte, ülkenin kendine has salınımları da iyice görünür hale geldi: Bir tarafta Avrupa'ya karşı ve Avrupa'nın üstüne çekilen bir ayrım çizgisinin ardında net bir *yalıtılma* ile öte tarafta tüm yeryüzünü kapsayan bir evrenselci-insani *müdahale* arasında gidip gelen bir salınım" (çeviri ve vurgular bana ait). Bu, ABD'nin *Jus Publicum Europaeum* üzerindeki yıkıcı etkisine dair keskin yorumlarının başlangıç noktasını teşkil eder. Bkz. Carl Schmitt, *Der Nomos der Erde im Völkerrecht des jus publicum Europaeum*

(Berlin: Duncker and Humblot [1950] 1997), s. 200; İngilizceye çev. Gary Ulmen, *The Nomos of the Earth in the International Law of Jus Publicum Europaeum* (New York: Telos Publishers Ltd, 2006). George Bush'un başlattığı Irak Savaşı'nın öncesi ve sonrasındaki dönemde, Schmitt'in eseri kendine ilgili bir okur kitlesi buldu. Gary Ulmen, "The Military Significance of September 11th," *Telos* 121 (Sonbahar 2001): 174–84; Giorgio Agamben, *State of Exception,* çev. Kevin Attell, Chicago ve Londra: University of Chicago Press; Chantal Mouffe, "Carl Schmitt's Warning on the Dangers of a Unipolar World," Louiza Odysseos ve Fabio Petito (der.), *The International Political Thought of Carl Schmitt: Terror, Liberal War, and the Crisis of Global Order* (Londra ve New York: Routledge, 2007), s. 147–53; Susan Buck-Morss, "Sovereign Right and the Global Left," *Cultural Critique* 69 (Bahar 2008): 145–71.

Amerikan hükümetinin Osmanlı İmparatorluğu'nda 1915'te yaşanan Ermeni Soykırımı ile ilgili tereddüt ve bocalamalarının ve ardından Woodrow Wilson'un dış politika gitgellerinin çarpıcı bir tarihi aktarımı için bkz. Samantha Power, *"A Problem from Hell:" American Foreign Policy in the Age of Genocide* (New York: Basic Books, 2002) ve Gary J. Bass, *Freedom's Battle: The Origins of Humanitarian Intervention* (New York: Alfred A. Knopf, 2008). Bass, emperyalist siyasetin bir veçhesi olarak insani müdahale olgusunun muğlaklığını doğrudan ele alır, ancak emperyal ve insani müdahaleler arasında bir ayrım yapılabileceğine inanır. Bkz. Bass, özellikle s. 367-75.

13 John Bolton'un şu sözlerine bakalım: "Her ne kadar 'egemenlik' terimi genelde birbiriyle uyumsuz bir dizi tanıma sahip hale geldiyse de, Amerikalılar tarih boyunca egemenliği, kendi anayasal çerçevemiz içerisinde kendimizi yönetme şeklindeki kolektif hakkımız olarak anlayagelmiştir." Ayrıca: "Dolayısıyla egemenliği başka biri veya kurumla 'paylaşmak' Amerikalıların gözünde soyut bir olgu değildir. Bu paylaşım, Amerikan halkının kendi hükümetleri ve hayatları üzerindeki egemen iktidarını azaltacaktır; dolayısıyla da Anayasa'nın asli amacının altını oyacaktır" ("The Coming War on Sovereignty," *Commentary* 127/3 (Mart 2009), commentarymagazine.com, 25 Mart

2009 tarihinde erişildi: <http://www. commentarymagazine.com/
the-coming-war-on-sovereignty>). Bolton 2005-2006'da kısa sü-
re—oldukça tartışmalı bir biçimde—ABD Birleşmiş Milletler Daimi
Temsilcisi olarak görev yaptı.

14 Thomas Nagel, "The Problem of Global Justice," *Philosophy and Public
Affairs* 33 (2005): 113-47; Quentin Skinner, *Liberty Before Liberalism*
(Cambridge: Cambridge University Press, 2008 [1998]); Michael
Walzer, *Spheres of Justice: A Defense of Pluralism and Equality* (New
York: Basic Books, 1983); Michael J. Sandel, *Democracy's Discontent:
America in Search of a Public Philosophy* (Cambridge, MA: The Belk-
nap Press of Harvard University Press, 1996). Sandel şöyle yazıyor:
"Ekonomik olanın kürsesel karakteri, ulusaşırı yönetişim biçimleri-
ne ihtiyaç olduğu anlamına geliyorsa da, bu tür politik birimlerin,
demokratik otoritenin nihayetinde dayanak aldığı özdeşleşme ve
bağlılığa—ahlaki ve sivil kültür—ilham verip veremeyeceği henüz
kesin değildir" (Sandel, s. 399).

15 Ayrıca, Nagel'a göre, politik bir topluma üyelik açısından, "bir toplu-
mun içinde yaşamak için asli olan iradi angajman [...] ve her üyenin
hem toplumun tebaası hem de adına otoritenin uygulandığı bir kişi
olarak oynadığı çifte rol" büyük önem taşır. "Hepimizin genel irade-
nin katılımcıları olduğumuz söylenebilir. [...] [Bir] egemen devlet,
karşılıklı fayda amacıya kurulmuş bir kooperatif işletmesi değildir"
(Nagel, "The Problem of Global Justice," *Philosophy and Public Affairs*
33/2: 128). Nagel'ın argümanının bu veçhesi, bu bölümün beşinci kıs-
mında demokratik yinelemelerle ilgili olarak ortaya atılan argümanla
rahatlıkla bağdaşabilir. İki yaklaşımda da vurgu, özyönetime dayalı
bir topluluğun pratik ve kararları kanalıyla hakların *politik* olarak
yorumlanması ve vatandaşların hukukun hem yazarı hem tebaası
olarak oynadığı rol üzerinedir. Benim analizimin Nagel'ınkinden
ayrıldığı nokta, benim uluslararası insan hakları normlarının demok-
ratik yinelemeleri engellemek yerine kolaylaştırdığını düşünmem,
Nagel'ınsa söz konusu normları ya çok dar bir biçimde kurgulaması
ya da uluslararası hukuktaki otoritenin kaynağını salt devletler arası
sözleşmelere dayalı taahhütlere indirgemesidir.

16 Nagel, agy., s. 120.

17 Joshua Cohen ve Charles Sabel, "Extra Republicam Nulla Justitia?" *Philosophy and Public Affairs* 34 (2006): 157–75; Thomas Pogge, *World Poverty and Human Rights: Cosmopolitan Responsibilities and Reforms* (Cambridge: Polity, 2003; yeniden basım 2004); Thomas Pogge (der.), *Freedom from Poverty as a Human Right* (Oxford: Oxford University Press, 2007); ayrıca Rawls'un dünya toplumunun politik ekonomisine dair kavrayışındaki yetersizlikler konusunda bkz. Şeyla Benhabib, *Ötekilerin Hakları*, s. 107-115.

18 İstisnalar şunlardır: Jürgen Habermas, "The Postnational Constellation and the Future of Democracy," *The Postnational Constellation: Political Essays,* çev. Max Pensky (Cambridge: Polity, 2001), s. 58–112; Jürgen Habermas, *The Divided West,* çev. Ciaran Cronin (Cambridge: Polity, 2006); Jürgen Habermas, *Time of Transitions,* çev. Ciaran Cronin and Max Pensky (Cambridge, MA: MIT Press, 2006); bu meselelere dair Habermas'ın yakın tarihli yazıları hakkında bkz. Peter Niesen and Benjamin Herborth (der.), *Anarchie der kommunikativen Freiheit: Jürgen Habermas und die Theorie der internationalen Politik* (Frankfurt: Suhrkamp, 2007); William E. Scheuerman, "Global Governance without Global Government? Habermas on Postnational Democracy," *Political Theory* 36/1 (2008): 133–51. Bu alandaki öncü çalışma şudur: Daniele Archibugi ve David Held (der.), *Cosmopolitan Democracy* (Cambridge: Polity, 1995); David Held, *Democracy and the Global Order* (Cambridge: Polity, 1995); Joshua Cohen ve Charles F. Sabel, "Global Democracy," *International Law and Politics* 37 (2005): 763–97; ve Daniele Archibugi, *The Global Commonwealth of Citizens: Toward Cosmopolitan Democracy* (Princeton, NJ ve Oxford: Princeton University Press, 2008).

19 İlk tutum için bkz. Günther Teubner, "Global Bukovina," G. Teubner (der.), *Global Law Without a State,* s. 3-28; ikinci içinse bkz. Anne-Marie Slaughter, *A New World Order.* Her iki tutum da elinizdeki kitabın Altıncı Bölümünde tartışılıyor.

20 Bkz. Michael Hardt ve Antonio Negri, *İmparatorluk.* İmparatorluk tezinin daha ilginç bir versiyonu, kısa süre önce James Tully tarafından

ortaya atılmıştır. Tully, kozmopolit haklar söylemini, yerküreye yayılan neoemperyal bir düzenin "Truva atı" addeder. On sekizinci yüzyılda kozmopolit söylemin gelişimine atıfla şöyle yazar James Tully: "Söz konusu iki kozmopolit hak, yani ticaret şirketlerinin ticaret yapma hakkı ve gönüllü örgütlerin yerlilerin dinini değiştirme hakkı aynı şekilde ulus-devletle de uyumludur. Yerlilerle diyaloğa girme ve onların dinini değiştirmeye çalışma sürecine katılım hakkı, birincil hak olan ticaret hakkını tamamlar. [...] Batılı olmayan medeniyetlerin bakış açısından ve çeşitlilik arz eden vatandaşlık bakış açısından, bu iki kozmopolit hak Batı emperyalizminin Truva atı olarak görünür" (James Tully, "On Global Citizenship and Imperialism Today: Two Ways of Thinking about Global Citizenship," Sunuş, Political Theory Workshop, Yale Üniversitesi ISPS, 1 Mayıs 2008). Tully burada "çeşitlilik arz eden vatandaşlık" kavramını ortaya atar ve bunun modern, devletçi vatandaşlık mefhumunun karşısına hegemonya karşıtı bir unsur olarak çıkarılabileceğine inanır. Bana kalırsa—bu bölümde geliştirdiğim anlamıyla—kozmopolit normlar da çeşitlilik arz eden vatandaşlığın koşullarının önünü açmaktadır. İnsan hakları ve küresel ekonomi arasındaki ilişkiyi dengeli bir biçimde değerlendiren ve basit neden-sonuç genellemelerinden kaçınan bir yaklaşım olarak David Kinley'nin şu sözlerini ele alabiliriz: "İnsan hakları olgusu ve küresel ekonomi, uluslararası ilişkilerin en önde gelen ve etkili özellikleri arasında yer alır. Aynı sahneyi paylaşan yıldız aktörler gibi, onlar da ilgi toplamak için çekişir, taraftar toplamaya çalışır ve bazen birbirlerinin kuyusunu kazar. Bu sırada, her ikisi de—eğer biraz akıllılarsa—kendi başarısının diğerinin başarısından geçtiğini bal gibi bilir" (*Civilizing Globalization: Human Rights and the Global Economy* [Cambridge: Cambridge University Press, 2009], s. 1). Eylül 2008'de başlayan küresel ekonomik krizden önce kaleme alınmış olan bu kitap, küresel ekonominin geleceğine dair gereğinden fazla iyimser görünebilir. Ancak genel savı hâlâ sağlamdır.

21 Jean L. Cohen, "A Global State of Emergency or the Further Constitutionalization of International Law: A Pluralist Approach," *Constellations: An International Journal of Critical and Democratic Theory*

15/4 (Sonbahar 2008): 456–84; Kim Lane Scheppele, "International State of Emergency: Challenges to Constitutionalism After September 11," Yale Legal Theory Workshop, 21 Eylül 2006. Bu analize göre, özellikle dikkat edilmesi gereken durum, BM Güvenlik Konseyi'nin politikalarıyla bir *uluslararası olağanüstü hal* yaratılmasıdır: "Yurtiçi hak ihlallerinin keyfi bir tavırla uluslararası barış ve güvenliğe yönelik tehdit olarak yeniden tanımlanması ve gerek Güvenlik Konseyi gerek tektaraflı hareket eden devletler ("istekliler koalisyonu" gibi) tarafından ağır yaptırımların, askeri işgallerin ve otoriter işgal yönetimlerinin seçici bir biçimde 'dayatılması' halinin uluslararası topluluğun değerlerinin hayata geçirilmesi olarak sunulması karşısında, bazılarımız şaşakaldı. Bu söylem çerçevesi Pandora'nın kutusunu açtı; ki bunun önemi ancak şimdi, kamusal uluslararası hukukun dönüşümünün 11 Eylül saldırıları sonrasında girdiği üçüncü dönemde netleşiyor" (Jean Cohen, "A Global State of Emergency or the Further Constitutionalization of International Law: A Pluralist Approach," s. 456). BM'ye üye devletler ne bu tedbirlere itiraz edebiliyor ne de onları değiştirebiliyor; çünkü değişiklik kuralları uyarınca, BM Güvenlik Konseyi üyelerinin özel veto hakları olduğundan Konsey, devletler için erişilemez bir merci haline geliyor.

Fakat günümüzde Güvenlik Konseyi'nin otoritesi ciddi bir biçimde hukuk temelli itirazlarla karşılaşıyor: Avrupa Adalet Divanı 3 Eylül 2008 tarihli kararıyla, çok tartışılan Kadi (C-402/05P) ve Al Barakaat (C-415/05P) vakalarında, Avrupa İlk Derece Mahkemesi'nin aldığı hükmü bozdu. Bu kararıyla birlikte Avrupa Adalet Divanı, Avrupa İlk Derece Mahkemesi'nin Güvenlik Konseyi'nin Bölüm VII'ye gönderme yaparak belirli kişileri terörizm destekçisi ilan ettiği ve malvarlıklarını dondurduğu kararını uygulayan hükmünü iptal etti. Bu vakayı daha da ilginç kılan husus, daha önceki çeşitli durumlarda Avrupa İnsan Hakları Mahkemesi'nin BM Güvenlik Konseyi tedbirlerini benimsemiş olmasıdır. Bkz. *Behrami and Saramati v. France, Norway and Germany;* Avrupa İnsan Hakları Mahkemesi'nin 2 Mayıs 2007 tarihli kararı (Appl 71412/01, 71412/01 ve 78166/01). Avrupa İlk Derece Mahkemesi de bu emsali takip ederek, Avrupa Konseyi'nin Kadi ve Al Barakaat'ın malvarlıklarını dondurma yollu kararını onaylamıştı. Bkz. Avrupa İlk Derece Mahkemesi T315/01, *Kadi v. Council and Commission* (2005) ve Avrupa İlk Derece Mahkemesi T-306/02, *Yusuf and al Barakaat International Foundation v. Council and Commission* (2005). Bu vakayı, çoğul küresel düzende "normlar çatışması"nın çok iyi bir örneği olarak gören provokatif bir yaklaşım olarak bkz. Grainne de Burca, "The European Court of Justice and the International Legal Order After Kadi," Fordham Legal Studies Research Paper No. 1321313; *Harvard International Law Journal* 1/ 51 (Kış 2010): 1–50.

22 Mahmood Mamdani, "The New Humanitarian Order," *The Nation* 287/ 9 (29 Eylül 2008): 18 ve Mahmood Mamdani, *Saviors and Survivors: Darfur, Politics, and the War on Terror* (New York: Pantheon Books, 2009). Mamdani'nin siyasi tavrını pek paylaşmayan bir yazardan benzer bir katkı olarak bkz. Eric A. Posner, *The Perils of Global Legalism* (Chicago, IL: University of Chicago Press, 2009).

23 Mahmood Mamdani, "The New Humanitarian Order," s. 18.

24 Karl Marx, "The *Grundrisse,*" Robert C. Tucker (der.), The *Marx-Engels Reader,* 2. baskı (New York: W.W. Norton, 1978), s. 238–44. [*Grundrisse: Ekonomi Politiğin Eleştirisi için Ön Çalışma,* çev. Sevan Nişanyan, 2008. İstanbul: Birikim Yayınları.]

25 Dönemin BM Genel Sekreteri Kofi Annan'ın girişimiyle, Special Report of the International Commission on Intervention and State Sovereignty [Müdahale ve Devlet Egemenliği Üzerine Özel Uluslararası Komisyon Raporu] 2001 yılında yayımlandı. "The Responsibility to Protect" [Koruma Sorumluluğu] başlıklı bu rapor şöyle yazar: "Söz konusu olan, egemen devletlerin kendi vatandaşlarını engellenebilir felaketlere karşı koruma sorumluluğu bulunduğu, ancak bunu gerçekleştirmeye istekli veya muktedir olmadıkları zaman bu sorumluluğun genel devletler topluluğu tarafından üstlenilmesi gerektiği fikridir. Elinizdeki raporun bu açıdan çığır açarak, söz konusu meselelere dair yeni bir uluslararası mütabakat oluşumuna katkıda bulunacağını umuyoruz." Elbette buradaki hassas mesele, devletlerin "istekli veya muktedir olmadığına" kimin nasıl karar vereceğidir. Rapor, Genel Kurul tarafından kabul edilmemiştir ve uluslararası hukuk statüsüne

sahip değildir. Bkz. <http://www.iciss.ca/pdf/Commission-Report. pdf>, 22 Haziran 2009 tarihinde erişildi.

26 Seth Mydans, "Myanmar Faces Pressure to Allow Major Aid Effort," *New York Times* (8 Mayıs 2008); <http://www.nytimes. com/2008/05/08/ world/asia/08iht-08myanmar.12682654.html> ve Robert Kaplan, "Aid at the Point of a Gun," *New York Times* (14 Mayıs 2008), <www. nytimes. com/2008/05/14/opinion/14kaplan.html>.

27 Jean Cohen'in kaygılarının altında yatan güdü, BM Güvenlik Konseyi'nin ele geçirdiği hukuk dışı yetkilerin içeriden eleştirisini yapmaktır—yoksa "kamu hukukunun anayasalaşması"nın reddi değil: Yazar bu mehfumu, "olanaklı, ama gerçekleştirmesi zor bir ütopya" olarak niteler. (Cohen, "Constitutionalization of International Law," s. 467).

28 Nagel, "The Problem of Global Justice," s. 114; ayrıca bkz. Habermas'ın Nagel'ın makalesine dair yorumları: "The Constitutionalization of International Law and the Legitimacy Problems of a Constitution for a World Society," *Constellations: An International Journal of Critical and Democratic Theory* 15/4 (Aralık 2008): 444–55; insan hakları bağlamında, özellikle s. 445 ve 447. Şunu da belirtmeden geçmeyeyim, uluslararası geçerlilik sahibi insan hakları arasında Nagel sadece "bedensel bütünlüğün korunması, ifade özgürlüğü ve din özgürlüğü gibi menfi haklar"ı zikreder (Nagel, "The Problem of Global Justice," s. 152). Ayrıca bkz. yukarıda Beşinci Bölüm, dipnot 3.

29 Habermas, "The Constitutionalization of International Law," agy., s. 448–9.

30 Agy., s. 449.

31 İkinci Dünya Savaşı sonrası dönemde uluslararası hukukun dönüşümüne ve Uluslararası Daimi Adalet Divanı ve Birleşmiş Milletler Antlaşması kanalıyla bireyin uluslararası hukukun öznesi olarak yükselişine dair güçlü bir anlatım için bkz. Hersch Lauterpacht, *International Law and Human Rights,* girişi kaleme alan Isodore Silver, The Garland Library of War and Peace (New York: Garland Publishing, Inc., 1973). Lauterpacht şöyle yazar: "Ayrıca, uygulamaya koyma meselesi bir kenara, BM Antlaşması'nın temel insan haklarıyla ilgili

hükümlerinin BM üyelerine bunlara riayet etme noktasında *hukuki* bir yükümlülük getirdiği konusunda herhangi bir şüphe bulunmamalıdır" (s. 34).

32 İnsan Hakları Evrensel Beyannamesi'nin konumuna dair tartışmalar—bağlayıcı bir mevzuat mıdır ve eğer öyleyse nasıl uygulanacaktır; yoksa sadece ahlaki, tavsiye niteliğinde bir bildirge midir?—en başından beri süregelmiştir. *The Strange Triumph of Human Rights, 1933–1950* adlı çalışmasında tarihçi Mark Mazower, süper güçlerin, bilhassa ABD ve Büyük Britanya'nın nasıl "yurtiçi yargı yetkisi"ne vurgu yaptığını ve "BM Antlaşması'ndaki insan hakları hükümlerinin ülke içinde otomatik olarak uygulanmamasını" sağladığını çok etkili bir biçimde aktarır. Sonunda İHEB'i benimsemelerinin sebebi, metnin bir "sözleşme değil sadece beyanname" olmasıydı (Mark Mazower, "The Strange Triumph of Human Rights," *The Historical Journal* 47/2 (2004): 379–98; özellikle s. 393 ve 395). Ancak, Hersch Lauterpacht ve Hans Kelsen gibi uluslararası hukukçular, oldukça erken bir tarihte, ne İHEB'in ne de BM Antlaşması'ndaki insan hakları hükümlerinin, ne hak ihlalleri konusunda yargı yetkisi olan bir mahkeme ne de dilekçe verme hakkını öngördüğünü görerek hayalkırıklığına uğramıştı. Bkz. Hersch Lauterpacht, *International Law and Human Rights*, s. 286 ve devamı; Hans Kelsen, "The Preamble of the Charter—a Critical Analysis," *Journal of Politics* 8 (1946): 134–59.

Gelgelelim, BM Antlaşması, İHEB ve 1948 Soykırım Sözleşmesi'nin toplu etkisi, dünyanın her yanından insan hakkı ihlali ve ırk ayrımcılığı şikâyetlerini dile getiren bir dilekçeler selini harekete geçirmek oldu. Bu dilekçelerin en meşhurlarından biri, NAACP adına W.E.B. du Bois tarafından kaleme alınan dilekçeydi ve ABD'deki ırk ayrımcılığının tarihini ayrıntılarıyla ortaya koyuyordu. Soykırım Sözleşmesi'nin "baba"sı olan Ralph Lemkin bu dilekçeden rahatsız olmuş ve bunun ABD'yi diplomatik planda rencide etme amaçlı bir Rus manevrası olduğunu ileri sürmüştü. Bkz. yukarıda Üçüncü Bölüm. Bu beyanname, şart ve sözleşmelerin hukuk yaratıcı etkisi, onların temelindeki hukuki niyetleri fersah fersah aşarak, çeşitli ülkelerin yargı sistemlerinde hukuklaşmaları yolunda bir ahlaki dalga başlatmıştır. Mark Mazower gibi temkinli bir gözlemci bile bunu teslim eder ve bu belgeler ve külliyatı incelemenin nötr bir iş olmadığını savunur; bu metinler, "bir gün ahlaki özlemlerin hukukun kaynağı olarak görüleceği" umudunu sürdürmektedir (Mazower, agy., s. 397).

33 İnsan Hakları Evrensel Beyannamesi, BM Genel Kurulu'nun 217A (III) numaralı kararı, (10 Aralık 1948); kısaca "İHEB."

34 Mültecilerin Statüsüne Dair Sözleşme, BM Genel Kurulu'nun 429 (V) numaralı kararı (yürürlüğe giriş tarihi 22 Nisan 1954).

35 Kişisel ve Siyasal Haklar Uluslararası Sözleşmesi, BM Genel Kurulu'nun 2200A (XXI) numaralı kararı, 21 U.N. GAOR Sus. (No. 16) 52, U.N. Doc. A/6316 (1966), 999 U.N.T.S. 171 (yürürlüğe giriş tarihi 23 Mart 1976).

36 Ekonomik, Sosyal, Kültürel Haklar Uluslararası Sözleşmesi, BM Genel Kurulu'nun 2200A (XXI) numaralı kararı, 21 U.N.GAOR Supp (No. 16) 49, U.N. Doc. A/6316 (1966), 993 U.N.T.S. 3 (yürürlüğe giriş tarihi 3 Ocak 1976).

37 Kadına Karşı Her Türlü Ayrımcılığın Önlenmesi Sözleşmesi, BM Genel Kurulu'nun 34/180 numaralı kararı, 18 Aralık 1979 (yürürlüğe giriş tarihi 3 Eylül 1981), bkz.: <http://www.un.org/womenwatch/daw/cedaw/econvention.htm> (kısaca "CEDAW"). Bu belgelerdeki hükümler ayrıca şu belgelerle genişletilmiştir: Her Türlü Irk Ayrımcılığının Ortadan Kaldırılmasına İlişkin Uluslararası Sözleşme, BM Genel Kurulu'nun 2106 (XX) numaralı kararı, 21 Aralık 1965 (Madde 19 uyarınca, yürürlüğe giriş tarihi 4 Ocak 1969): <http://www2.ohchr.org/english/law/cerd.htm>; Çocuk Hakları Sözleşmesi, BM Genel Kurulu'nun 44/25 numaralı kararı, 20 Kasım 1989 (yürürlüğe giriş tarihi 2 Eylül 1990). Ayrıca bkz. Yaşadıkları Ülkenin Vatandaşı Olmayan Bireylerin İnsan Hakları Beyannamesi, BM Genel Kurulu'nun 40/144 numaralı kararı, ek, 40 U.N. GAOR Supp. (No. 53) 252, U.N. Doc. A/40/53 (1985) (bu beyanname, söz konusu "yabancılar"a, ülkeden ayrılma, ülke içinde hareket etme, ayrıca eşlerini ve küçük yaştaki çocuklarını yanlarına alma ve beraber yaşama özgürlüğü tanır ve ilgili duruşma ve karar alma süreçlerinin "ırk, renk, din, kültür, soy veya milli ya da etnik köken" temelli ayrımcılığa dayanmaması

şartı getirerek onları korur); Uyruksuzluğun Azaltılması Sözleşmesi, 989 U.N.T.S. 175, (13 Aralık 1975) (milletlere belirli koşullar altında, "kendi topraklarında doğan ve aksi takdirde uyruksuz olacak kişilere" vatandaşlık hakları bahşetme yükümlülüğü getirir); İstihdam Amacıyla Göç Sözleşmesi (Gözden Geçirilmiş) (ILO No. 97), 120 U.N.T.S. 70 (22 Ocak 1952) (ILO üyelerinin çalışma ve göç politikalarını ilan etme ve "istihdam amaçlı göçmenler"e adil muamele zorunluluğu getirir); Ülkesel Sığınma Bildirisi, BM Genel Kurulu'nun 2312 (XXII) numaralı kararı, 22 U.N. GAOR Supp. (No. 16) 81, U.N. Doc. A/6716 (1967).

38 *Ahlaki kozmopolitizmi*, her bir bireyin eşit ahlaki ilgi ve saygı hak ettiği esasına dayalı bir evrenselci ahlakı benimseyen bir tutum olarak tanımlıyorum. *Kültürel kozmopolitizm*, bütün kültürlerin birbirlerinden öğrendiğini ve esinlendiğini, ayrıca hep beraber baş döndürücü bir çoğulluk, çeşitlilik ve aykırılık teşkil ettiklerini vurgular. *Hukuki kozmopolitizm* ise her ikisinden de ayrılır. Ahlaki kozmopolitizm ile her kişinin eşit saygı ve ilgi hak ettiği görüşünü paylaşsa da, evrenselci yükümlülüklerin her zaman için akrabalık ve kavimle ilişkili tikelci yükümlülüklerden önemli olup olmadığı meselesi bağlamında, hukuki kozmopolitizm, agnostik bir tavır takınır. Bu terimlerin tanımı ve daha ayrıntılı bir değerlendirme için bkz. Seyla Benhabib, "The Legitimacy of Human Rights," *Daedalus: Journal of the American Academy of Arts and Sciences* 137/3 (Yaz 2008): 94–104; özellikle, 97.

39 Bkz. Robert Cover, "Foreword: Nomos and Narrative," The Supreme Court 1982 Term, *Harvard Law Review* 97/4 (1983/84): 4–68.

40 Robert Cover, "Foreword: Nomos and Narrative," s. 18.

41 Bu çarpıcı açılım elbette H.L.A. Hart'ın çalışmasında bulunuyor; bkz. *The Concept of Law*, Clarendon Law Series (Oxford: Oxford University Press [1961]; yararlanılan basım 1997 tarihli), s. 79–100.

42 Şunu netleştirmek isterim: Benim Cover'ın hukuk yaratımı mefhumundan faydalanmam, "meşruiyetin hukuki kökenleri"ni küçümsediğim ya da göz ardı ettiğim anlamına gelmiyor; hukuk yaratımı bir *yasama ya da hukuk yapma süreci değil hukuk yorumlama sürecidir*, ya da, daha net bir ifadeyle, hukuki ve hukuk dışı normativite kaynakları arasındaki etkileşimle ilgilidir. Cover'ın şu iddiasını paylaşmıyorum:

"Yorumlama her zaman zorun gölgesinde gerçekleşir. […] *Mahkemeler, en azından devlet mahkemeleri, karakteristik bir biçimde 'hukuk dondurucu' bir niteliğe sahiptir"* (Cover, "Nomos and Narrative," s. 40 [italikler benim]). Her ne kadar devlet ve mahkemeler şüphesiz "anlamın dolaşımı"nı kontrol etmeye çalışsalar da, mahkemelerin norm yorumlama ve anlam üretimi süreçleriyle ilişkisi, Cover'ın ileri sürdüğünden daha yaratıcı ve akışkan da olabilir. Cover'a kalırsa, "kurtarıcı anayasacılık" (33) formel kurumlardan ziyade, *"nomoi* toplulukları" ve toplumsal hareketlerden doğar. Burada hukuki süreçler, toplumsal hareketler ve ulusaşırı aktörlere dair, Cover'ın önerdiğinden daha karmaşık bir kavrayış öneriyorum.

43 Jacques Derrida, "The Force of Law: The 'Mystical Foundation of Authority'," *Cardozo Law Review* 11/919 (1989–90): 920–1046, iki dilli metin, çev. Mary Quaintance.

44 Daha ampirik bir perspektif için bkz. Margaret E. Kick ve Kathryn Sikkink, *Activists Beyond Border* (Ithaca, NY: Cornell University Press, 1998); Thomas Risse, Steven Rapp ve Katryn Sikkink, *The Power of Human Rights: International Norms and Domestic Change* (Cambridge: Cambridge University Press, 1999); Beth Simmons, *Mobilizing for Human Rights: International Law in Domestic Politics* (Cambridge: Cambridge University Press, 2009).

45 Ronald Dworkin'in şu klasik makalesine bkz.: "Taking Rights Seriously" (1970), *Taking Rights Seriously,* s. 184 vd. Ancak burada, Habermas'ın düştüğü şu şerhi de atlamayalım: "Dolayısıyla, anayasal norm biçimine bürünen *Grundrechte* ya da temel hakları, sadece ahlaki hakların birer taklidi olarak ele almamalıyız ve siyasi özerkliği de salt ahlaki özerkliğin bir kopyası olarak görmemeliyiz. Zira eylem normları, ahlaki ve hukuki kurallar şeklinde *dallanıp budaklanır"* (Jürgen Habermas, *Between Facts and Norms: Contributions to a Discourse Theory of Law and Democracy,* çev. William Regh (Cambridge: Polity, 1996), s. 107).

46 *A Theory of Justice* adlı çalışmasında Rawls, H.L.A. Hart'ın *The Concept of Law* kitabındaki değerlendirmelerine gönderme yaparak bu ayrımı ortaya koyar. Bkz. John Rawls, *A Theory of Justice* (Cambridge, MA:

Harvard University Press, 1971), özellikle s. 5 ve H.L.A. Hart, *The Concept of Law* (Oxford: Clarendon Press, 1975 [1961]), s. 155–9. Benim bu terimleri kullanımım ise bu bölümün 47 numaralı dipnotunda gönderme yaptığım Dworkin'in metnindeki kullanıma yakındır. Burada mevzubahis olan bazı metinlerarası meseleleri netleştirdiği için rahmetli Ed Baker'a müteşekkirim.

47 Dworkin, "Constitutional Cases," *Taking Rights Seriously*, s. 131–49; özellikle s. 134 vd.

48 Bireyler "genelleştirilmiş" ve "somut" ötekiler olarak ele aldığım için, kişilerin bedensel varlığının ve beden bütünlüğünün muhafazasının ve cinsel tacizle tecavüze karşı korunmalarının önemli bir insan hakkı olduğunu düşünüyorum. Cinsel şiddete maruz kalan tek kesim heteroseksüel kadınlar değil; pek çok gey erkek ve lezbiyen de şiddete maruz kalıyor; ancak hamile kalabildikleri için, keyfi ve cebri şiddet kadınların kişilik ve kapasitelerini gey erkekleri etkilediğinden daha farklı bir biçimde etkiliyor. Buradaki temel husus, kişinin cinsel farklar dolayısıyla maruz kalabileceği farklı şiddet türlerini göz önünde bulundurmak ve bunları insan hakları anlayışımıza entegre etmektir. ABD ve Kanada da dahil olmak üzere pek çok hükümet, artık kadın sünnetinden kaçan kadınların iltica taleplerini tanıyor ve meşru kabul ediyor.

49 Dördüncü Bölümde tartışığım gibi, insan haklarını felsefi olarak "konuşmaya içkin" [speech-immanent] taahhütleri esas alan varsayımlara dayandıran Rainer Forst ve benim gibi söylem kuramcılarıyla, insan haklarını küresel adalet ve akılla ilgili bir "siyasi tasavvur"un unsurları olarak görmeyi tercih eden Joshua Cohen ve Kenneth Baynes gibi Rawlsyenler arasında önemli farklar bulunur. Bkz. Rainer Forst, "The Basic Right to Justification: Toward a Constructivist Conception of Human Rights," *Constellations* 6/1 (1999): 35–60; R. Forst, "The Justification of Human Rights and the Basic Right to Justification: A Reflexive Approach," *Ethics* 120/4 (2010): 711–40. Bu tutumların faydalı bir panoramasını çizen ve ilgili felsefi mevzuları netleştiren bir metin için bkz. Kenneth Baynes, "Discourse Ethics and the Political Conception of Human Rights," *Ethics and Global Politics* (2009): DOI: 10.3402/egp.v2i1.1938.

50 Bkz. Seyla Benhabib, *The Claims of Culture: Equality and Diversity in the Global Era*, s. 154–68.

51 1972 tarihli Eğitim Tadilleri kanunu, Madde IX, 20 U.S.C. 1681–8 (1972): <http://www.justice.gov/crt/cor/coord/titleixstat.php>; 1 Aralık 2010 tarihinde erişildi.

52 Bu formülasyonu, Habermas'ın kamusal ve özel özerkliğin "eşkökenliliği" tezine borçluyum. Bkz. J. Habermas, *Between Facts and Norms*, s. 84–104. Son cümle ise elbette Kant'ın şu meşhur formülüne gönderme yapar: "Kavramlara dayanmayan düşünceler boştur, kavramlara dayanmayan seziler kördür." Bkz. Immanuel Kant, *Critique of Pure Reason*, kısaltılmamış basım, çev. Norman Kemp Smith (New York: St Martin's Press, 1965), s. 93 [*Pratik Aklın Eleştirisi*, çev. İsmet Zeki Eyuboğlu, 1999. İstanbul: Say Yayınları.] Her ne kadar Habermas'ın kamusal ve özel özerklik konusundaki genel değerlendirmelerine ve hukukun söylem temelinde meşrulaştırılmasına dair analizine çok şey borçlu olsam da, onun "temel hakların söylem kuramı kanalıyla türetilmesi" yaklaşımını paylaşmıyorum. Habermas'a göre, "Söylem ilkesini, hürriyete dair genel hakka uygulayarak—ki bu yasal biçim açısından başlı başına kurucu bir haktır—işe başlanır ve sonunda siyasi özerkliğin bu tür bir söylemsel uygulamasının koşulları hukuki olarak kurumsallaştırılır" (agy., s. 121). "'Bu 'türetme'—eğer bu terimi kullanabilirsek—temel hakların beş grup şeklinde sınıflandırılması sonucunu verir: Bireysel hürriyetlerle ilgili haklar; gönüllü bir örgütlenmeye üyeliğe dair haklar; bireyin hukuki açıdan korunmasıyla ilgili haklar; vatandaşların siyasi özerkliği gerçekleştirmesiyle ilgili temel haklar ve yaşama koşullarının (sosyal, teknolojik ve ekolojik açıdan) tedarikiyle ilgili temel haklar..." (agy., s. 122–3). "Söylem ilkesi" ve "hukuki biçim"den hareketle bu haklar sınıflandırmasına nasıl varılabileceğini, oradan da demokrasi fikrine nasıl ulaşılabileceğini pek anlayamıyorum. Sanki zaten en baştan demokrasinin ne anlama geldiğini ve demokratik vatandaşlığın hangi temel hakları beraberinde getirdiğini varsayıyormuşuz gibi geliyor bana. Türetme sürecindeki bu daireselliğin haricinde (ki Habermas da bunu teslim eder, agy., s. 122), "hakların mantıksal yaratılışı"na dair bu kurgunun

322 |

tarihteki toplumsal mücadeleleri göz ardı etmesi gibi bir sorun da söz konusu burada. Tarihsel bir kurum olarak demokrasinin her zaman için burada varsayılan haklar sınıflandırmasına dayandığı söylenemez; bizim meşru kabul etmeye hazır olduğumuz her hukuki sistemin bu tür bir sınıflandırmaya tabi tutulması gerektiği de savunulamaz. Bana kalırsa, Habermas demokrasi deneyiminin kavramsal ve tarihsel belirsizliğini asgariye indirmek için, birey haklarına dair liberal tasavvur ile vatandaş haklarına dair cumhuriyetçi kavrayışı bağdaştırmaya çalışıyor. Kamusal ve özel özerkliğin "eşkökenliliği" kavramı, garantili bir tarihsel zorunluk olarak görülmemeli, hak sahiplerini siyasanın "dış"ında konumlandıran bireyci, doğal hak temelli bir haklar kurgusunun eleştirisi olarak alınmalıdır. Ancak bu makul vurgunun ötesinde, özel ve kamusal özerklik iddiaları arasındaki ihtilaf potansiyeli de küçümsenmemelidir. Bkz. Habermas'ın *Between Facts and Norms* adlı eserine dair değerlendirme yazım: *American Political Science Review* 91/3 (1997): 725–6.

53 Bkz. Jacques Derrida, "Signature Event Context," *Limited, Inc.* (Evanston, IL: Northwestern University Press, 1988), s. 1–24.

54 Jürgen Habermas, *Between Facts and Norms*, s. 110.

55 Habermas, agy., s. 123.

56 Robert Post, "Theorizing Disagreement: Re-conceiving the Relationship Between Law and Politics, *California Law Review* 98/4 (2010): 1319–50. Ayrıca Robert Post ve Reva B. Siegel tarafından ortaya atılan "demokratik anayasacılık" kavramına bakabilirsiniz: "Roe Rage: Democratic Constitutionalism and Backlash," *Harvard Civil Rights and Civil Liberties Review* 42 (2007): 373–434.

57 Post, "Theorizing Disagreement," s. 1347.

58 Bu tür bağlama oturtma süreçlerini şu şekilde tarif eden David Owen'a müteşekkirim: "Gerekçelendirme ve uygulamanın birbirinden ayrılamazlığı; yani, her ne kadar kural/norm sadece belirli bir vakalar kümesine indirgenemez ya da sınırlanamazsa da, kural/normun ne olduğu belirli bir vakalar kümesindeki tatbikinden bağımsız olarak kavranamaz. Dolayısıyla bir yasanın kabulü pratik akıl yürütme sürecine 'standart' vakaların incelemesini dahil etmeyi gerektirir; ancak her

bir yeni vaka tekrar normun gerekçelendirilmesi meselesini gündeme getirir" (Haziran–Temmuz 2010 döneminde Bad-Homburg'daki Forschungskolleg Humanwissenschaften'de kaldığımız esnadaki bir kişisel sohbetimizden).

59 Sally Engle Merry, *Human Rights and Gender Violence: Translating International Law into Local Justice* (Chicago, IL: University of Chicago Press, 2006), karş. Beşinci Bölüm, "Legal Transplants and Cultural Translation: Making Human Rights in the Vernacular," s. 134.

60 Pek çok devletin sıkça başvurduğu bir uygulama, çeşitli anlaşmalara çekince, yorum ve deklarasyonlar ekleyerek, mevcut devlet uygulamaları ile anlaşmaların hüküm ve beklentileri arasındaki olası çelişkileri törpülemektir. Anlaşmaların kabulünün yurtiçi aktörler ve kurumlar üzerindeki etkisi için bu bölümdeki 9. dipnota bakınız.

61 Harold Koh, "Why Do Nations Obey International Law?" Review Essay, *The Yale Law Journal* 106/8 (Haziran 1997): 2599—2659; özellikle 2626–7.

62 "İşbu Anayasa ile onun uyarınca kanunlaştırılan ABD yasaları ve ABD otoritesi altında imzalanmış veya imzalanacak bütün anlaşmalar, ülkenin üstün hukukunu meydana getirir; Anayasa'da veya herhangi bir eyaletin yasalarında aksi bir madde olmadığı sürece, bunlar her eyaletin yargıçlarını bağlar" (Madde VI, ABD Anayasası "Borçlar, Hâkimiyet, Yeminler").

63 Bu eleştiri daha genel olarak pek çok uluslararası hukuk biçimine de yöneltilmiştir. Bkz. Martti Koskenniemi, *The Gentle Civilizer of Nations: The Rise and Fall of International Law 1870–1960* (Cambridge: Cambridge University Press, 2001).

64 Bkz. Judith Resnik, "Law's Migration: American Exceptionalism, Silent Dialogues, and Federalism's Multiple Ports of Entry," *The Yale Law Journal* 15/7 (2006): 1564–1670; Judith Resnik, "Law as Affiliation: 'Foreign' Law, Democratic Federalism, and the Sovereigntism of the Nation-State," *International Journal of Constitutional Law* 6/1 (2008): 33–66; Judith Resnik, "Categorical Federalism: Jurisdiction, Gender, and the Globe," *Yale Law Journal* 111 (2001): 619–80. Lauterpacht da şu iddialarda bulunur: "Uygun biçimde onaylanan

anlaşmalar belediye hukukunun işlevli bir parçasıdır" ve "ABD Ana-
yasası Kongre'ye 'milletler hukukuna aykırı cürümler'i *inter alia*
tanımlama ve cezalandırma hakkı da verir" madde 1, bölüm 8, bent
10, Lauterpacht, *International Law and Human Rights,* sırasıyla s. 28
ve 39. Bkz. Lauterpacht'ın *Oyama v. California* davasına (1948), 332
U.S., 633 dair değerlendirmesi. Bu davada, dört Yüksek Mahkeme
yargıcı da "[BM] Antlaşması hükümlerinin insan hakları meselelerinde
[...] bir hukuki yükümlülük kaynağı olduğu" noktasında hemfikirdi
(Lauterpacht, agy., s. 151, dipnot 12).

65 Örneğin Suudi Arabistan'a bakabiliriz: CEDAW ve Çocuk Hakları
Sözleşmesi'ni imzalayan Suudi Arabistan bunlara öyle kapsamlı çekin-
celer düşmüştür ki, sözleşmelerin bir maddesi ile İslami hukuk ilkeleri
arasında bir çelişki olduğu zaman İslami hukuk esas alınacaktır. Gel-
gelelim, uluslararası standartlar Suudi yargıçların hukuki hükümlerini
etkilemeye başladı. Zainah Almihdar, "Human Rights of Women and
Children under the Islamic Law of Personal Status and its Application
in Saudi Arabia," *Muslim World Journal of Human Rights* 5/1 (2008);
Berkeley Electronic Press, s. 1–15, <http://www.bepress.com/mwjhr/>.

66 Bkz. Gerald Neuman, "Human Rights and Constitutional Rights:
Harmony and Dissonance," *Stanford Law Review* 55/5 (Mayıs 2003):
1863–1901.

67 Valentine Moghadam, "Global Feminism, Citizenship, and the State,"
Seyla Benhabib ve Judith Resnik (der.), *Migrations and Mobilities:
Citizenship, Borders, and Gender* (New York: New York University
Press, 2009), s. 255–76.

68 Bkz. Judith Resnik, "Procedure as Contract," *Notre Dame Law Review*
80 (2005): 593.

69 Audrey Macklin, "Particularized Citizenship: Encultured Women and
the Public Sphere," Seyla Benhabib ve Judith Resnik (der.), *Migrations
and Mobilities,* s. 276–304.

70 Agy., s. 286.

71 Saygın hiyerarşik halklara dair bkz. John Rawls, *The Law of Peoples,*
s. 62–79.

SEKİZİNCİ BÖLÜM

Demokratik Dışlamalar ve Demokratik Yinelemeler:
Adil Üyeliğin İkilemleri ve Kozmopolit Federalizm Umutları

1   İlk erken tarihli incelemelerden biri olarak bkz. Michael Walzer, *Spheres of Justice: A Defense of Pluralism and Equality* (New York: Basic Books, 1983); diğer etkileyici erken tarihli çalışmalar arasında şunlar sayılabilir: Rainer Bauböck, *Transnational Citizenship: Membership and Rights in International Migration* (Cheltenhaim: Edward Elgar, 1994) ve Joe Carens, "Aliens and Citizens: The Case for Open Borders," Ronald Beiner (der.), *Theorizing Citizenship* (Albany, NY: SUNY Press, 1995), s. 229–55; ayrıca bkz. Philip Cole, *Philosophies of Exclusion: Liberal Political Theory and Immigration* (Edinburgh: Edinburgh University Press, 2000).

2   Angelia Means, "The Rights of Others," *European Journal of Political Theory* 6/4 (Ekim 2007): 406–23. Derginin bu sayısı okuduğunuz bölümde EJPT olarak kısaltılacaktır. Sayfa numaraları derginin bu sayısına aittir.

3   Rainer Bauböck, "The *Rights of Others* and the Boundaries of Democracy," *EJPT*, s. 398–406; burada s. 400.

4   Ayrıca bkz. Jeremy Bendik-Keymer'ın *Ötekilerin Hakları*'na dair yorumları: "Why Can't Democracies be Universal? How Do Democracies Resolve Disagreement Over Citizenship?" *Social Philosophy Today* 22 (2006): 233–8, Annual Meeting of the North American Society for Social Philosophy toplantısında sunulan tebliğ. Ayrıca *Social Philosophy Today*'de benim şu cevabımla birlikte yayınlanmıştır: "Democratic Boundaries and Economic Citizenship. Enhancing the 'Rights of Others'," s. 249–60.

5   David Jacobson, *Rights Across Borders: Immigration and the Decline of Citizenship* (Baltimore ve Londra: Johns Hopkins University Press, 1997). Angelia Means, "siyasi liberalizmdeki kapanma ilkesi"nden bahseder ve bununla John Rawls'un eserine gönderme yapar. Ancak, *The Law of Peoples*'daki pek çok ifadesinden anlaşılabileceği gibi Rawls'un tutumu cemaatçi ve vatandaşlık odaklı-cumhuriyetçi konumlar arasındaki biraz müphem bir noktada bulunur. Kapanmayı

gerekçelendirmek için her iki tip argümanı da—kültürel toplulukla ilgili argümanlar ve vatandaşlığın doğasıyla ilgili argümanlar—zaman zaman kullanır. (John Rawls, *The Law of Peoples*, s. 40, dipnot).

6   Thomas Hobbes, *Leviathan* (1651), der. giriş ve notları kaleme alan Edwin Curly (Indianapolis, IN: Hackett Publishing, 1994), bölüm xvi.

7   Means'in sorusunun iki parçası bulunur: Birincisi, *ne kadar* göç ve ikincisi *ne tür* bir göç? Müslüman göçmenlerin Avrupa'ya kültürel entegrasyonu ile ilgili bazı hususları kitabın Dokuzuncu Bölümünde ele alıyorum.

8   Bkz. Stephen Holmes, "Precommitment and the Paradox of Democracy," Jon Elster ve Rune Slagsted (der.), *Constitutionalism and Democracy* (Cambridge: Cambridge University Press, 1988), s. 195–240; ayrıca bkz. Jon Elster, *Ulysses Unbound: Studies in Rationality, Precommitment, and Constraints (*Cambridge: Cambridge University Press, 2000). Kapanma meselesi farklı farklı şekillerde ifade edilebilir. En iyi bilinen ifadeleri için bkz.: Frederick G. Whelan, "Prologue: Democratic Theory and the Boundary Problem," J. R. Pennock ve J. W. Chapman (der.), *Nomos XXV: Liberal Democracy* (New York: New York University Press, 1983), s. 13–47; Robert Dahl, *Democracy and its Critics* (New Haven, CT: Yale University Press, 1989), s. 119–31. Robert E. Goodin ona "*demos*un kuruluşu" demeyi tercih eder ki, bu aslında benim terminolojime de yakındır. Ancak ileride açıklayacağım gibi, ikimizin argümanları farklı yönlere işaret etmektedir. Bkz. Robert E. Goodin, "Enfranchising All Affected Interests, and its Alternatives," *Philosophy and Public Affairs* 35/1 (2007): 40–68.

9   Nancy Fraser şöyle yazar: "Dolayısıyla, bu mantıksal paradoks karşısında havlu atmak yerine, bu tür argümanların demokratik bir biçimde sonuçlandırılmasına yarayacak kurumsal düzenlemeler tahayyül ederek, bu paradoksu yönetmenin yollarını bulmalıyız" (*Reframing Justice, Spinoza Lectures* [Van Gorcum: University of Amsterdam, 2005] s. 33). Haliyle benim demokratik yinelemeler kavramım, tam da, Fraser'ın "adalet taleplerinin çerçevesi" dediği olguya yönelik bu tür eleştirel inceleme ve ayarlamalar içeren söylemsel süreçler öngörür.

Ancak, adalet taleplerinin tartışılması esnasında ortaya çıkan "kim"in gerekçelendirilmesi meselesi, bizi her seferinde yeni bir adalet çerçevesiyle karşı karşıya bırakacağı için, her zaman, bazıları dahil edilirken bazıları dışarıda kalacaktır. Tartışmalardaki "nasıl" boyutu, yani içerme ve dışlama prosedürleri, Fraser'ın temenni ettiği gibi değiştirilse ve daha esnek kılınsa dahi bu paradoks ortadan kalkmayacaktır. Adalet çerçevesine yönelik bu tür bir düşünümsel ayarlamanın gerekli olduğu noktasında Fraser'a katılıyorum; ancak yukarıda da netleştirdiğim gibi, içerme ve dışlama meselelerine nihai çözümler bulunamaz. Olsa olsa Fraser'ın "yeterince iyi müzakere" dediği şekilde, giderek daha fazla tartışmaya konu olan ayarlama süreçleri söz konusu olabilir. Bkz. Nancy Fraser, "Two Dogmas of Egalitarianism," *Scales of Justice: Reimagining Political Space in a Globalizing World* (New York: Columbia University Press, 2009) s. 45.

10 Arizona Senatosu Yasası 1070 (SB1070), 23 Nisan 2010'da kabul edildi: <http://www.azleg.gov/legtext/49leg/2r/bills/sb1070s.pdf>.

11 Haberleştiren Randal C. Archibold, "Judge Blocks Arizona's Immigration Law," *New York Times* (28 Temmuz 2010): <http:// www. nytimes.com/2010/07/29/us/29arizona.html>.

12 Bu bölümün son başlığında, "etkilenen tüm çıkarlar" kavramıyla ilgili birtakım nitelemelerde bulunacağım ve bunu nasıl kavradığımı daha net bir biçimde ifade edeceğim. Okuduğunuz bölüm 2007'de ilk kez makale olarak basıldığında, bu terimin barındırdığı güçlüklerin tam olarak ayırdında değildim, ancak aşağıda açıkladığım gibi, 1992 gibi erken bir tarihte bile, Habermas'ın "etkilenen tüm çıkarlar" ilkesini "evrenselleştirilebilirlik" kavramının formülasyonunda kullanımına dair şüpheler besliyordum. Bkz. aşağıda 46 numaralı dipnot.

13 Corey Robin'in *Ötekilerin Hakları* kitabıma dair değerlendirmesinde, göçmen aktivizmiyle ilgili olarak yaptığı şu çarpıcı aktarıma bkz.: "Meseleyi sekiz dokuz yıl önce bir Cumartesi akşamı, Los Angeles'ta halkoyuna sunulacak bir dizi önerge etrafında örgütlenme çalışması yaparken anladım. [...] İspanyolca konuşan, Guatemala kökenli bir otel işçisiyle kapı kapı gezerken, onun Amerikan seçim mevzuatının girdisini çıktısını, yerel yönetimler ve eyalet yönetimlerinin yetkilerini

ve ABD Anayasası'nı komşularına anlatışını dinliyordum. İroniyi his-setmemek mümkün değildi. Göçmenler sadece demokrasiyi derinleş-tirmekle kalmıyor; onlar bazen demokrasinin özünü ve prosedürlerini yerlilerden bile daha iyi kavrıyor" (Corey Robin, "Strangers in the Land," *The Nation* (10 Nisan 2006), s. 31).

14 Alexander Aleinikoff, "Comments on the *Rights of Others*," *EJPT*, s. 424–31.

15 Hermenötik dairenin doğasının en berrak formülasyonu hâlâ aynı kaynakta bulunuyor: Hans-Georg Gadamer, Garrett Barden ve John Cumming (der.), *Truth and Method* (New York: The Seabury Press, 1975). Orijinal basımı: *Wahrheit und Methode* (Tübingen: J.C.B. Mohr, 1960).

16 Bu mesele kulağa saçma, hatta yersiz gelebilir. Ancak değildir. Ahlaki bakış açısı, her ötekiyi düşman değil insan—genelleştirilmiş ve somut bir öteki—olarak değerlendirmemizi gerektirir. Bütün savaş karşıtı ve barış yanlısı hareketlerin dayandığı temel önerme, bizi insanlar olarak birleştiren unsurun, bizi milletlerin mensupları olarak birbirimizden ayıran unsurdan çok daha önemli ve derin olduğu şeklindedir. Bu, pasifizmin sorgusuz sualsiz savunusu olarak olarak görülmemelidir; eğer "öteki"yi düşman değil de diyalog partnerimiz olarak görürsek, siyasi tahayyülümüzü harekete geçirmeyi başarıp devlet şiddetine başvurmanın ötesine geçebiliriz. Hindistan'da Gandhi tarafından başlatılan hareket ve Polonya'daki Solidarnosc gibi kolektif ve barışçıl halk hareketleri, imparatorlukları yıkmayı başarmıştır. Siyasi felsefenin görevi, bu tür normatif ilkelere yönelik taahhütlerimizi derinleşti-rirken tahayyülümüzü de genişletmektir; biz devletlerin ve onların miyop siyaset vizyonunun elçisi değiliz. Bkz. Jonathan Schell, *The Unconquerable World: Power, Nonviolence and the Will of the People* (New York: Henry Holt and Company, 2003).

17 Corey Robin'in şu şiddetli itirazlarına bkz. "Strangers in the Land," s. 32. Bu konuya dair değerlendirmem içinse bkz. *Ötekilerin Hakları*, s. 152, dipnot 3.

18 Bir özgürlük hakkı olarak göç ile yeniden dağıtım adaleti arasında ayrıma giden bir avuç akademisyenden biri olan Rainer Bauböck'ün

yazdıklarına katılıyorum: "Sınırların açılması, en zor durumdakilere faydalı olacak şekilde zenginliğin uluslararası çapta yeniden dağıtımını beraberinde getirir miydi? Yoksa bu tür bir politika her toplumun içindeki eşitsizlikleri artırıp, gelişmekte olan ülkelerdeki hareketsiz nüfusları daha da zor durumda mı bırakırdı? Açık kapı politikası, liberal refah devletlerinin altını mı oyardı, yoksa istihdam standartlarının etkili bir iç kontrolü sayesinde söz konusu devletler daha da güçlenir miydi?" (Rainer Bauböck, "Global Justice, Freedom of Movement and Democratic Citizenship," *Archives Européennes de Sociologie* L/ı (2009): 1–31; özellikle s. 4).

19   Bkz. Joel P. Trachtman, *The International Law of Economic Migrations: Toward the Fourth Freedom* (Michigan, MI: W. E. Upjohn Institute for Employment Research, 2009).

20   Bu dil kriteri bazılarına, göçmeni anadilini inkâr etmeye zorlayan milliyetçi bir dayatma gibi görünebilir. Benim burada savunduğum şey tekdillilik değil çokdilliliktir. Göçmenlerin hem kendi dillerinde hem de evsahibi ülkenin dilinde yetkin olmalarını ve ikisini de rahatça kullanabilmelerini öngörüyorum. Eşit üyelik hakkı evsahibi ülkeye, vatandaş olmak isteyen herkese ücretsiz, devlet destekli dil dersleri sağlama yükümlülüğü getirir. Söz konusu olan dilsel milliyetçilik değil, bir çokdillilik çağrısıdır; ayrıca evsahibi ülkenin diline hâkim olamamanın yeni gelenlerin marjinalize olmasına yol açtığı ve başarılı biçimde iş bulma ve entegre olma şanslarını azalttığı gözlemine dayanan bir sosyal gerçekçilikle de iç içe geçmiştir. Elbette, Kanada'nın Quebec bölgesi ve İspanya'daki Katalonya gibi dünyanın pek çok kısmında birden çok dil resmi dil kabul edilir. Bu durumda göçmenlerin bu resmi dillerin birinde yetkin olduğunu göstermesi yeterli sayılmalı ve göçmenler bunlardan birini seçmeye zorlanmamalıdır (örneğin Fransızca konuşulan ülkelerden Quebec'e gelen göçmenler, İngilizce yetkinliklerini göstererek vatandaş olma hakkına sahip değildir). Başka örneklerdeyse, bir ülkenin aldığı göçün doğası sonucu, o ülkede çokdilliliğe geçiş ihtiyacı doğabilir ve birden fazla dilin resmi dil kabul edilmesi gerekebilir. Örneğin günümüzde ABD'de İspanyolca böylesi bir konuma sahiptir. Ülkenin çok geniş

330 | SAYFA 193-196'DAKİ NOTLAR

bölgelerinde İspanyolca her tür pratik düzeyde (yarı) resmi dil haline gelmiştir.

21 Vatandaşlık normlarına dair uluslararası düzenlemelerin yokluğu konusunda bkz. Peter Spiro, *Beyond Citizenship: American Identity after Globalization* (Oxford: Oxford University Press, 2008); AB içindeki uyumlulaştırma girişimleri konusundaysa bkz. Marc Moje Howard, *The Politics of Citizenship in Europe* (Cambridge: Cambridge University Press, 2009).

22 Corey Robin, "Strangers in the Land," *The Nation* 282/14 (10 Nisan 2006): 28–33. Robin şöyle yazar: "İroniktir, Benhabib'in 'pazarlanabilir beceriler' kriterlerini uygulayan bir rejim, bir asır önce dedemi kabul eden ABD'den bile daha kısıtlayıcı olabilir" (s. 32). Metinde açıkladığım gibi burada bir yanlış anlama söz konusu.

23 Saskia Sassen, *The Mobility of Labor and Capital: A Study in International Investment and Labor Flow* (Cambridge: Cambridge University Press, 1988); Saskia Sassen, *Losing Control? Sovereignty in an Age of Globalization* (New York: Columbia University Press, 1996).

24 İsrail'in vatandaşlık ve vatandaşlığa kabul politikalarına dair kapsamlı bir değerlendirme için bkz. "Israel's Stalemate" başlıklı makalem: <www.resetdoc.org>.

25 "Küresel kaynak temettüsü" konusunda bkz. Thomas Pogge, *World Poverty and Human Rights: Cosmopolitan Responsibilities and Reforms* (Cambridge: Polity, 2002).

26 Bu itiraz ilk kez Bonnie Honig tarafından, University of California in Berkeley'de Mart 2004 tarihli Tanner Lectures kapsamındaki seminerime cevaben ileri sürülmüştür. Bkz. Bonnie Honig, "New Facts, Old Norms. Response to Benhabib's 'Reclaiming Universalism'" (yazarın arşivinden). Bu cevap gözden geçirilerek tekrar basılmıştır: "Another Cosmopolitanism? Law and Politics in the New Europe," Seyla Benhabib, *Another Cosmopolitanism*, s.102–27.

27 Tutumumu ifade ettiğim daha erken tarihli bir metin olarak bkz. Seyla Benhabib, "Deliberative Rationality and Models of Democratic Legitimacy," *Constellations: A Journal of Critical and Democratic Theory* 1/1 (Nisan 1994): 25–53; gözden geçirilmiş ve genişletilmiş versiyonu:

Seyla Benhabib, "Toward A Deliberative Model of Democratic Legitimacy," Benhabib (der.), *Democracy and Difference: Contesting the Boundaries of the Political* (Princeton, NJ: Princeton University Press, 1996), s. 67–94. Nancy Fraser, demokratik yinelemelerin "popülist" olmasının, yani belki *demos*un müzakere kapasitelerini idealize ya da romantize etmesinin mümkün olup olmadığı sorusunu ortaya atar: "Abnormal Justice," *Scales of Justice: Reimagining Political Space in a Globalizing World* (New York: Columbia University Press, 2009), s. 189, dipnot 34. Demokratik yinelemelerin demokratik olabilmesi için pratik söylemlerin koşullarını karşılamaları gerektiği ölçüde ve bana göre demokrasi sadece çoğunluk yönetimiyle özdeş addedilemeyeceği için, popülizm suçlaması temelsizdir.

28 Bkz. Seyla Benhabib, *Evrensellik, Modernizm ve Birey*, s. 43–96.

29 Bkz. Ian Shapiro, *Democratic Justice* (New Haven, CT: Yale University Press, 1999).

30 Robert Cover, "*Nomos* and Narrative," *Harvard Law Review* 97/1 (1983): 4–68; Frank Michelman, "Law's Republic," *Yale Law Journal* 97/8 (1988): 1493–1537. Hem Aleinikoff hem Sassen "demokratik yinelemeler" ile Harold Koh'un "ulusaşırı süreçler" kavramları arasındaki benzerliğe işaret eder. Koh ile ilgili tartışma için bkz. s. 165 vd.

31 Yukarıda tartıştığım üzere (Yedinci Bölüm, 39. dipnot), Robert Cover mahkemeler gibi formel kurumların bu tür bir "hukuk donduruculuk"un asli kaynağı olduğunu düşünür (Cover, "*Nomos* and Narrative*," s. 40). Cover'a göre, "özgürleştirici anayasacılık" (agy., s. 33) formel kurumlardan ziyade "*nomoi* toplulukları" ve toplumsal hareketlerden doğar. Yerküre çapındaki insan hakları siyasetinin son otuz yıldaki tarihi bu görüşü boşa çıkarıyor. *Ötekilerin Hakları*'nın beşinci bölümünde mahkemeler, toplumsal hareketler ve kamusal alan arasında daha karmaşık bir etkileşim olduğunu göstermeye çalıştım. Bkz. *Ötekilerin Hakları*, 179–219 ve okuduğunuz kitabın Dokuzuncu Bölümü "Politik Teolojinin Geri Dönüşü: Fransa, Almanya ve Türkiye'deki Türban Meselesine Karşılaştırmalı Anayasal Bakış."

32 Thomas Franck, *Fairness in International Law and Institutions* (Oxford: Clarendon Press, 1995), s. 24.

33 Saskia Sassen, "Response," *EJPT*, s. 431–45; burada s. 435.

34 Sassen, "Response," s. 436.

35 AB'nin göç meselesiyle ilgili gelişmekte olan hukuki içtihatları bağlamında Sassen, göç politikasının koordinasyonunun AB'nin (üye devletlerin otoritesine ve açık koordinasyon yöntemine dayanan) üçüncü ayağından (AB topluluk hukukunca düzenlenen) ilk ayağına doğru kayışıyla ilgili yeni literatüre gönderme yapar. 1 Mayıs 2004'te yürürlüğe giren Amsterdam Anlaşması'yla beraber, üye ülkelerin göç konusuyla ilgili yasaları Avrupa Konseyi bakanlarının oybirliğiyle alacağı kararlara tabi hale geldi. Bu açıdan üye devletlerin egemenliği ortadan kaldırılmış değil azaltılmış oldu; her bir üye devlet sınırlarından içeri ne kadar göçmen, mülteci ve sığınmacı alacağına kendisi karar verecekti. Ek olarak, Avrupa Komisyonu'nun Şubat 2004'te yürürlüğe giren 109 numaralı direktifiyle beraber, üçüncü ülke uyrukları için "sivil vatandaşlık" [civic citizenship] statüsünü hayata geçirildi. Bu direktif uyarınca, üçüncü ülke uyrukları evsahibi ülkede beş yıl geçirdikten sonra "uzun süreli ikamet" statüsüne kavuşabiliyordu ve onlara milli sınırların da ötesine geçen, vatandaşlarınkine denk bir "haklar ve görevler kümesi" bahşedilmesi tavsiye ediliyordu.

Bu gelişmelerin bazıları *Ötekilerin Hakları*'nın yayımlanmasından sonra gerçekleşti, ancak o zaman hâkim olan AB politikalarına yönelik eleştirilerim net bir biçimde, üçüncü ülke uyrukları için bir "sivil vatandaşlık" statüsüne işaret ediyordu. Dolayısıyla resmi AB politikasının bugün söz konusu normatif kaygılara daha yaklaşmasından memnunum. Bkz. s. 156–9.

"Avrupa Birliği Anlaşmasını ve Avrupa Topluluğu Kuruluş Anlaşmasını Tadil Eden Lizbon Anlaşması" (bkz.: <http://eur-lex.europa.eu/LexUriServ/LexUriServ. do?uri=OJ:C:2007:306:0001:0010:EN:PDF>; 31 Ağustos 2010 tarihinde erişildi) AB'nin göç, sığınma ve üçüncü ülkelerin uyruklarına dair politikasına yeni değişiklikler getirdi. En önemli değişiklik, önceki hukuki çerçevenin "üç ayaklı model"ini bir "ağaç modeli"ne dönüştürmesiydi. Lizbon Anlaşması'nın kabulünden bu yana, göç, iltica ve entegrasyonla ilgili tüm düzenlemeler Avrupa Parlamentosu ve Avrupa Konseyi arasındaki "ortak karar" mekanizması uyarınca belirleniyor. Konsey, nitelikli çoğunluk oluşması halinde, dış sınırların entegre yönetimi, ortak vize ve kısa süreli ikamet politikası ve üçüncü ülke uyruklarının AB içinde kısa süre seyahati (Madde 77) konularında ortak politika mevzuatı oluşturabiliyor. Madde 78'e göre AB, birlik çapında geçerli olacak ortak bir sığınma politikası ve türdeş bir sığınmacı statüsü geliştirecek. Madde 79 ise AB'ye bir ortak göç politikası belirleme hakkı veriyor; ancak "üye devletlerin, topraklarına iş bulma veya iş kurma amacıyla giren üçüncü ülke uyruklarının sayısını belirleme hakkı"nı etkilemiyor.

36 Bkz. Giorgio Agamben, *Homo Sacer: Sovereign Power and Bare Life,* çev. Daniel Heller-Roazen (Minneapolis, MN: University of Minnesota Press, 1998) [*Kutsal İnsan: Egemen İktidar ve Çıplak Hayat,* çev. İsmail Türkmen, 2001. İstanbul: Ayrıntı Yayınları.]; Giorgio Agamben, *State of Exception,* çev. Kevin Attell (Chicago, IL ve Londra: University of Chicago Press, 2005).

37 Bkz. Robert F. Goodin, "Enfranchising All Affected Interests, and its Alternatives," *Philosophy and Public Affairs* 35/1: 40–68; A. Abizadeh, "Democratic Theory and Border Coercion: No Right to Unilaterally Control Your Own Borders," *Political Theory* 36/1 (Şubat 2008): 37–65; David Miller, "Why Immigration Controls are not Coercive: A Reply to Arash," *Political Theory* 38/1 (2010): 111–20; David Miller, "Democracy's Domain," *Philosophy and Public Affairs* 37/3 (2009): 201–28. İzleyen tartışma, bu bölümde sayfa 181'da verilen orijinal yayın bilgilerinden sonra eklenmiştir.

38 Frederick G. Whelan, "Democratic Theory and the Boundary Problem," s. 22. Dikkat ederseniz, Whelan bu kitap boyunca benim de uğraştığım paradoksun ikinci veçhesini—yani "demokratik ön taahhütler" meselesini—ele almıyor. Burada söz konusu olan, *demos*un, kararları üzerinde kısıtlayıcı olacak, insan haklarını koruyan bir dizi içerik ve prosedüre dair taahhüt kabul etmesidir. Ardından söz konusu taahhütlerin *demos* üyeleri tarafından yinelenmesi gerekir—elbette kölece bir taklit değil yaratıcı bir yeniden sahiplenme şeklinde.

39 Robert Dahl, *Democracy and its Critics* (New Haven, CT: Yale University Press, 1989), s. 119–31; Robert Dahl, *After the Revolution* (New Haven, CT: Yale University Press, 1970), s. 59–63.

40   Goodin, "Enfranchising All Affected Interests," s. 51; Dahl'den alıntı
       yapar, *After the Revolution, s. 64.*

41   Goodin, "Enfranchising all Affected Interests," s. 64.

42   Agy., s. 68.

43   Nancy Fraser, "Two Dogmas of Egalitarianism," *Scales of Justice,* s. 40.
       Bizzat Fraser tüm bu zorluklar nedeniyle "etkilenen tüm çıkarlar"
       ilkesini bir kenara bırakır ve yerine "tabi tutulan herkes ilkesi"ni
       geçirir. Fraser'ın argümanlarını bu bölümün kalanında ele alacağım.

44   Rainer Bauböck'ün şu gözlemiyle hemfikirim: "Vardığım sonuç, 'et-
       kilenen tüm çıkarlar' ilkesinin demokratik yasa yapıcıların dışarıdaki
       etkilenen çıkarları hesaba katmasını, dışarıdaki etkilenen siyasaların
       temsilcileriyle anlaşmaya varmaya çalışmasını ve küresel meselelere
       dair bazı kararları uluslararası kurumlara devretmesini gerektiren etik
       görevler tanımladığı; ancak vatandaşlık ve siyasi katılım taleplerini
       karara bağlamak için bir kriter tespit edemediği şeklinde" (Bauböck,
       "Global Justice, Freedom of Movement and Democratic Citizenship,"
       s. 18).

45   Ian Shapiro'nun yaklaşımına göre "etkilenen tüm çıkarlar ilkesi" asla
       bir üyelik kuralı değildir, Robert Goodin'in sıraladıklarına oldukça
       zıt sonuçlar doğuran bir karar prosedürüdür. Shapiro şöyle yazar:
       "Sivil toplumun belirli bir alanındaki işleyişten etkilenen herkes,
       onun yönetişiminde de söz sahibi olmalıdır. Bu kabul, insanların
       kendi kendilerini yönetmesi gerektiği şeklindeki temel demokratik
       fikirden doğar." Ancak Shapiro'ya göre bu, "her sözün eşit ağırlığı
       olması gerektiği" anlamına gelmez; ya da "bir alanın dışındakilerin
       (onun dış etkilerine maruz kalsalar da)" alanın yönetişimine dair
       içeridekilerden daha az söz hakkına sahip olmasının haklı sebepleri
       bulunabilir, hatta bu durum bizi "bazı koşullarda bazı katılımcıları
       devre dışı bırakmaya götürebilir" (Ian Shapiro, "Elements of De-
       mocratic Justice," *Democracy's Place* (Ithaca, NY ve Londra: Cornell
       University Press, 1996), s. 232). Shapiro söz konusu sebeplerin hangileri
       olduğunu ya da bunların nasıl uygulanacağını belirtmiyor; çünkü ona
       kalırsa "etkilenen tüm çıkarlar" ilkesi bir üyelik kriteri ya da kuvvetli
       meşruiyet prosedürü değil, bir karar verme kuralıdır.

46 Söylem etiğindeki evrenselleştirilebilirlik ilkesinin erken formülasyonlarından birinde Habermas şöyle yazar: "Bir normun genel uygulamasının her bireyin çıkarlarının karşılanması açısından doğurabileceği sonuç ve yan etkileri, bundan etkilenen herkes özgürce kabul etmediği sürece" söz konusu norm geçerli kabul edilemez (J. Habermas, "Discourse Ethics: Notes on a Program of Philosophical Justification," *Moral Consciousness and Communicative Action* (Cambridge, MA: MIT Press, 1990), s. 43–116, burada s. 93). Bu formül hiç şüphesiz, aynen Goodin'inki gibi çıkarların belirsizliği, kelebek etkisi gibi itirazlara açıktır. Dolayısıyla şahsen bu formülü erken bir dönemde reddetmiş ve pratik söylemin şu temel ilkesinin (D) yeterli olduğunda ısrar etmiştim: "Yalnızca, bir pratik söylemin katılımcısı olma kapasitesine sahip, ilgili herkesin onayını alan (ya da alabilecek olan) normlar geçerli addedilebilir." Bu meselenin ayrıntılı bir değerlendirmesi için bkz. Seyla Benhabib, "Aristoteles ve Hegel'in Gölgesinde: İletişimsel Etik ve Pratik Felsefedeki Güncel Çekişmeler," Benhabib, *Modernizm, Evrensellik ve Birey*, s. 43–96.

47 Nancy Fraser'ın nihayetinde "etkilenen tüm çıkarlar" ilkesini reddetmesinin ve yerine "tabi tutulan herkes ilkesi"ni geçirmesinin altında yatan kilit fikrin bu olduğuna inanıyorum. Bu ikinci ilke uyarınca, verili bir yönetişim yapısına tabi olan herkes onun nezdinde bir özne olarak ahlaki konuma sahiptir. Buna göre bir insan kümesini, adaletin ortak öznelerine dönüştüren unsur, "ne vatandaşlık ne milliyet; ne soyut bir kişiliğin paylaşımı; ne de basit bir karşılıklı bağımlılığa dayalı neden-sonuç ilişkisidir; o unsur, aralarındaki etkileşimi düzenleyen temel kuralları belirleyen bir yönetişim yapısına birlikte tabi olmalarıdır" (Fraser, "Abnormal Justice," *Scales of Justice*, s. 65). Burada yönetişim yapılarının, dünya ekonomisinin temel kurallarını belirleyen DTÖ ve IMF gibi devlet dışı kurumları, ayrıca diğer devlet dışı ve devletötesi yönetimsellik biçimlerini de kapsadığı kabul edilir. Buradaki çetin soru, bu tür bir "tabiyet yapısı"nın sadece formel olarak kurulu örgütler bağlamında mı anlaşılacağı, yoksa kurumsallaşmamış ama önemli iktidar ilişkisi örüntülerinin de "tabiyet yapısı" mı sayılması gerektiği, dahası bu ikisini birbirinden nasıl ayırt edeceğimizdir. Benim "devlet

egemenliği" ve "halk egemenliği" arasında çizdiğim ayrım da benzer
bir akıl yürütme hattında ilerler. Bkz. Fraser, "Abnormal Justice" ve
"Reframing Justice in a Globalizing World," *Scales of Justice*, s. 12–29.

48 Bu kavrayışı David Owen'a borçluyum: "The Duty of Justification:
On the Form and Normative Role of the All Affected Interests Prin-
ciple," Bad-Homburg'daki Forschungskolleg Humanwissenschaften'da
öğretim görevlisi olan Owen tarafından, Mayıs 2010 tarihinde Rainer
Forst'un J.W. Goethe Üniversitesindeki kolokyumunda sunuldu;
yazarın arşivinden.

49 Abizadeh, "Democratic Theory and Border Coercion," s. 38.

50 Agy., s. 41.

51 Agy., s. 45.

52 Agy., s. 59.

53 Agy., s. 40.

54 Agy., s. 48.

55 Fraser, "Two Dogmas of Egalitarianism," *Scales of Justice*, s. 45. Burada,
Fraser'in "katılım eşitliği" dediği kavramı daha derinlemesine ince-
lemiyorum, ama pratik söylemlerde varsayılan karşılıklılık ve eşitlik
koşulları ile onun eşitlik kavramının birbirine kabaca eşdeğer olduğunu
farz ediyorum. Winnicott "yeterince iyi anne" mefhumunu şurada
ortaya atar: Donald Winnicott, "Transitional Objects and Transitional
Phenomena" [1953], *International Journal of Psycho-Analysis* 34 (1953):
89–97.

DOKUZUNCU BÖLÜM
Politik Teolojinin Dönüşü: Fransa, Almanya ve Türkiye'deki Türban Meselesine Karşılaştırmalı Anayasal Bakış

1 Elbette bütün bu süreç yoğun olarak özcüleştirme ve jeopolitik mistifi-
kasyon içeriyor. İslam adeta homojen bir bütünmüşçesine ele alınıyor.
İslamın tarihine dair bir fikir, evriminin karmaşıklığına dair derinlikli
bir kavrayış ya da Sünnilik, Şiilik, Alevilik, Sufilik vs arasındaki fark-
lara dair hiçbir kapsamlı bilgi sergilenmiyor; hatta Endonezya'daki
İslam ve Hindistan'daki İslam veya Türkiye'deki İslam ile İran'daki
İslam arasındaki farklar dahi tamamen göz ardı ediliyor. Söz konusu

jeopolitik indirgemecilik, "Batı" ve "geriye kalanlar" şeklinde işleyen zihniyetin bir başka versiyonudur ve bu sefer İslam genel olarak "geriye kalanlar" ile eşitlenmiştir. Mesele, bu tartışmanın jeopolitik cehalet üzerine kurulu olmasıyla da sınırlı değildir; karşıtlığın terimlerinin sergilediği istikrarsızlık bile—İslamcılık, siyasal İslam, İslami köktencilik, cihadizm, vs—mantıklı bir analizle değil mecazlar, bulanık önyargılar ve korkuyla karşı karşıya olduğumuzu gösterir. Bense, Olivier Roy'nın izinden giderek, rekabet ve zıtlıklarla bölünmüş, büyük çeşitlilik arz eden ve çelişkili bir teolojik-politik hareketler kümesini ifade etmek için "siyasal İslam" terimini kullanacağım. Bkz. Olivier Roy, *Secularism Confronts Islam* (New York: Columbia University Press, 2007); ayrıca yakın tarihli aktarımlar için bkz. Ian Buruma, *Murder in Amsterdam: The Death of Theo van Gogh and the Limits of Tolerance* (New York: Penguin, 2006); Jytte Klausen, *The Cartoons that Shook the World* (New Haven, CT: Yale University Press, 2009).

2   Max Weber, "Wissenschaft als Beruf" (1919), İngilizce çevirisi: "Science as a Vocation," *From Max Weber: Essays in Sociology,* çev. ve der. H.H. Gerth ve C. Wright Mills (New York: Oxford University Press, 1946).

3   Hans Blumenberg, *The Legitimacy of the Modern Age,* çev. Robert M. Wallace (Cambridge, MA: MIT Press, 1983); Karl Löwith, *Meaning in History: The Theological Implications of the Philosophy of History* (Chicago, IL: University of Chicago Press, 1949). [*Tarihte Anlam,* çev. Caner Turan, 2012. İstanbul: Say Yayınları.]

4   Seyla Benhabib, *The Claims of Culture: Equality and Difference in the Global Era,* s. 5 vd.

5   Bu tür meselelerin liberal anayasal demokrasilerdeki hukuki içtihat açısından ortaya çıkardığı ikilemlerin alışılmadık ölçüde berrak bir anlatımı için bkz. Dieter Grimm, "Conflicts Between General Laws and Religious Norms," *Cardozo Law Review* 30/6 (Haziran 2009): 2369–82.

6   Jürgen Habermas, "Notes on a Postsecular Society,": <http:// www. signandsight.com/features/1714.html>; 20 Haziran 2008'de erişildi. Ayrıca RESET Istanbul Konferansı'nda, 3 Haziran 2008 tarihinde sunuldu.

7   Carl Schmitt, *Political Theology: Four Chapters on the Concept of Sovereignty,* çev. ve girişi kaleme alan George Schwab (Chicago, IL ve Londra: University of Chicago Press, 1985); bu çeviride 1934 tarihli gözden geçirilmiş basım esas alınmıştır. Metindeki tüm referanslar İngilizce çeviriye aittir.

8   Carl Schmitt, *The Concept of the Political,* çev. ve girişi kaleme alan George Schwab, genişletilmiş basım (Chicago, IL: University of Chicago Press, 2007); Carl Schmitt, *Crisis of Parliamentary Democracy,* çev. ve girişi kaleme alan Ellen Kennedy (Cambridge, MA: MIT Press, 1988).

9   Otto Kirchheimer, "Remarks on Carl Schmitt's Legality and Legitimacy," William Scheuerman (der.), *The Rule of Law under Siege: Selected Essays of Franz L. Neumann and Otto Kirchheimer* (Berkeley, CA: University of California Press, 1996), s. 64–98. Carl Schmitt'in, Alman Barok draması konulu doktora tezini Schmitt'e adamak isteyen Walter Benjamin üzerindeki tesirine dair bkz. Richard Wolin, "Between Proust and *Zohar.* Walter Benjamin's *Arcades* Project," *The Frankfurt School Revisited and Other Essays on Politics ve Society* (Londra ve New York: Routledge, 2006), s. 21–45; Hans Morgenthau ve Carl Schmitt hakkında bkz. Martti Koskenniemi, *The Gentle Civilizer of Nations: The Rise and Fall of International Law 1870–1960,* s. 413–40 ve William Scheuerman, "Carl Schmitt and Hans Morgenthau: Realism and Beyond," Michael C. Williams (der.), *Realism Reconsidered: The Legacy of Hans. J. Morgenthau in International Relations* (Oxford: Oxford University Press, 2007), s. 62–92; Leo Strauss ve Carl Schmitt hakkında, bkz. Leo Strauss, "Notes on Carl Schmitt, The Concept of the Political," *Schmitt, The Concept of the Political,* çev. G. Schwab, s. 81–109 ve Heinrich Meier, *Carl Schmitt, Leo Strauss und "Der Begriff des Politischen"* (Stuttgart: J. B. Metzler Verlag, 1998); Chantal Mouffe, *The Challenge of Carl Schmitt* (Londra: Verso, 1999) ve Chantal Mouffe ve Ernesto Laclau, *Hegemony and Socialist Strategy: Towards a Radical Democratic Politics* (Londra: Verso, 1986; 2. baskı 2001).

10   Giorgio Agamben, *State of Exception,* çev. Kevin Attell (Chicago, IL: University of Chicago Press, 2005).

11 Agy., s. 23–35.

12 Hent de Vries, "Introduction. Before, Around, and Beyond the Theologico-Political," Hent de Vries ve Lawrence E. Sullivan (der.), *Political Theologies: Public Religions in a Post-Secular World* (New York: Fordham University Press, 2006), s. 3.

13 Hans Jonas, *Braucht der Mensch Religion? Über Erfahrungen der Selbsttranszendenz* (Freiburg im Breisgau: Herder, 2004), s. 124–5; alıntılayan de Vries, "Introduction," s. 4.

14 "İnsan Hakları Evrensel Beyannamesi," <http://www.un.org/en/documents/udhr/>. Bkz. Kişisel ve Siyasal Haklar Uluslararası Sözleşmesi, Madde 18. Söz konusu sözleşme Genel Kurul'un 2200A (XXI) numaralı ve 16 Aralık 1966 tarihli kararıyla kabul edildi ve imza, onay ve erişime açıldı; 23 Mart 1976 tarihinde de yürürlüğe girdi: <http://www1.umn.edu/humanrts/instree/b3ccpr.htm>; 13 Kasım 2009 tarihinde erişildi.

Avrupa İnsan Hakları Sözleşmesi, Madde 9: "düşünce, vicdan ve din özgürlüğü hakkını tanır. Söz konusu hak, din veya inanç değiştirme özgürlüğünü, ayrıca din ve inancını demokratik bir toplumda 'hukukla uyumlu' ve 'gerekli' olan belirli kısıtlamalar çerçevesinde ibadet, öğreti, uygulama ve riayet şeklinde ortaya koyma özgürlüğünü de içerir.'" Bkz.: <http://www. hri.org/docs/ECHR50.html#C.Art9>; 13 Kasım 2009 tarihinde erişildi.

15 Bu tartışmanın önceki versiyonları için bkz. Seyla Benhabib, *The Claims of Culture: Equality and Diversity in the Global Era*, bölüm 5 ve Seyla Benhabib, *The Rights of Others: Aliens, Citizens and Residents*, 5. Bölüm. Bu literatürde en iyi bilinen örnek olduğu için, yakın tarihli yayınlar ışığında konuyu kısaca güncelleyeceğim. Bu konudaki öncü çalışma için bkz. Nilüfer Göle, *The Forbidden Modern: Civilization and Veiling* (Ann Arbor, MI: University of Michigan Press, 1996). [*Modern Mahrem: Medeniyet ve Örtünme*, 1991. İstanbul: Metis Yayınları.]

16 Öncelikle terminolojiyi netleştirmek için bir not: Müslüman kadınların örtünme pratiği, karmaşık bir müessesedir ve Müslüman ülkeler arasında müthiş bir çeşitlilik arz eder. Çador, hicab, nikab, türban gibi terimler farklı Müslüman topluluklardan gelen Müslüman kadınlarca giyilen belirli giyim eşyalarını anlatır: Örneğin, aslen İran'da görülen

çador, uzun siyah bir elbise ve başörtüsünden menkuldür ve yüzün etrafını dikdörtgen şeklinde sarar; nikab ise gözleri ve ağzı kapatan ve sadece burnu açıkta bırakan bir örtüdür; çador ile birlikte giyilebilir de giyilmeyebilir de. Türkiye'den gelen çoğu Müslüman kadın uzun pardösüler giyip bir türban takar ya da çarşaf (çador'a oldukça benzeyen bir siyah elbise) giyer. Bu giyim eşyaları, bizzat Müslüman topluluğun içinde bir sembolik işlev görür: Farklı ülkelerden gelen kadınlar, giyim tarzlarıyla birbirlerine etnik ve milli kökenlerini, ayrıca geleneğe ne kadar yakın ya da uzak olduklarını ifade ederler. Dışarıdan bir bakışla, bu karmaşık giyim kodu semiyotiği bir iki giyim eşyasına indirgenir ve ardından da bu eşyalar Müslüman dini ve kültürel kimlikler ile Batı kültürleri arasındaki karmaşık müzakerelerde sembol işlevi görür.

17 Françoise Gaspard ve Farhad Khosrokhavar, *Le Foulard et la République* (Paris: Découverte, 1995); metindeki referanslar bu basıma aittir; bazı genç kadınların konuya bakış açısı için bkz. *Alma et Lilly Lévy: Des Filles comme les Autres,* söyleşileri gerçekleştiren Véronique Giraud ve Yves Sintomer (Paris: La Découverte, 2004).

18 Gaspard ve Khosrokhavar, *Le Foulard et la République,* s. 11.

19 Gaspard ve Khosrokhavar, agy., s. 44–5; benim çevirim.

20 Nilüfer Göle, *The Forbidden Modern: Civilization and Veiling* (Ann Arbor, MI: University of Michigan Press, 1996).

21 Nusrat Choudhury, "From the Stasi Commission to the European Court of Human Rights: L'Affaire du Foulard and the Challenge of Protecting the Rights of Muslim Girls," *Columbia Journal of Gender and Law* 16/199 (2007): özellikle 205.

22 Joan Wallach Scott, *The Politics of the Veil* (Princeton, NJ: Princeton University Press, 2007); bkz. Christian Joppke, *Veil: Mirror of Identity* (Cambridge: Polity, 2009), s. 52. Metindeki tüm referanslar bu basıma aittir.

23 Ağustos 2004'te iki Fransız gazeteci Irak'ta kaçırıldı. Eylemi gerçekleştiren İslamcı terörist grup, Fransız hükümetinin okullarda İslami başörtüsünü yasaklayan yasayı kabul etmesi halinde gazetecileri öldüreceği tehdidinde bulundu. Bunun üzerine, Müslüman grupların da katılımıyla Paris'te, gazetecilerin kaçırılmasını protesto

eden ve dışarıdaki örgütlerin Fransa'nın iç işlerine katılmasını kesin bir dille reddeden kitlesel gösteriler gerçekleştirildi. Daha fazla bilgi için bkz. European Social Survey: <http:// www.europeansocialsur-vey.org/index.php?view=details&id=48 09%3Afrench-journalists-kidnapped&option=com_eventlist &Itemid=326>.

24 Belçika'da Nisan 2010'da kabul edilen burka yasağıyla ilgili olarak bkz.: <http://news.bbc.co.uk/2/hi/europe/8652861.stm?utm_source= twitterfeed&utm_medium=twitter>; Ocak 2010'da CNN tarafından yayımlanan bir habere göre, Fransız kanun koyucular burkaya "kısmi yasak" getirmeye hazırlanıyordu. "Fransız parlamentosundaki bir komisyonun açıklamalarına göre, 'voile integrale' yani 'bütünsel türban' üzerindeki yasak, hastane ve okul, ayrıca toplu taşıma gibi kamusal alanlarda uygulanabilir. [...] Komisyona göre, söz konusu yasak kamu hizmeti almak isteyen kişilere de uygulanacak, fakat sokakta burka giyenler için geçerli olmayacak." <http://articles.cnn.com/201-01-26/world/ france.burqa. ban_1_veil-public-places-french-people?_s=PM: WORLD>.

25 Bu örneği de daha önce şurada tartıştım: Benhabib, *Ötekilerin Hakları*, s. 205–209.

26 Alman yasama meclisleri, mahkemenin bu kararına oldukça hızlı bir tepki verdi ve Baden-Württemberg'den sonra Bavyera da okullarda türban takılmasını yasaklayan bir yasa kabul etti. Söz konusu yasak Hıristiyan ve Musevi sembollerini kapsamıyordu. Medeni haklar örgütleri ve Almanya'da yaşayan Müslümanları (3.2 milyon civarında) temsil eden gruplar bu yasağı eleştirdi.

27 Alıntılayan Joppke, *Veil: Mirror of Identity, s. 53.*

28 C. Emcke'nin aktarımına göre, sınıflarda bulunan çarmıhlarla ilgili daha önceki bir kararında, Alman Yüksek Mahkemesi kamusal alanlarda ya da devlet okullarında dini sembollerin varlığını değil düzenli olarak çarmıh sergileme yükümlülüğünü anayasaya aykırı ilan etmiştir: "Dolayısıyla, bütün dini sembollerin anayasaya aykırı bulunması söz konusu değildir" (Carolin Emcke, *Kollektive Identitäten. Sozialphilosophische Grundlagen* [Frankfurt ve New York: Campus Verlag, 2000], s. 284).

29 Sosyolog Faruk Birtek'in belirttiği gibi, TBMM'nin türban yasağını iptal kararı, *strictu sensu*, YÖK Kanunu Madde 17 ile çelişiyordu.

Türban takmanın tamamen yasal hale gelmesi için, bu maddenin ilga edilmesi gerekirdi ki, bu olmadı. Bkz. Neşe Düzel'in Faruk Birtek'le Taraf gazetesinde yayımlanan söyleşisi: <http://www.taraf.com.tr/Detay.asp?yazar=7&yz=21>; 29 Haziran 2008 tarihinde erişildi.

30 Buna karşılık AKP de 2010 yılında Anayasa Mahkemesi'ne meydan okuyarak, askeri darbe sonucu yürürlüğe konan 1982 Anayasası'nda reform başlattı. Anayasa değişikliği paketi müphem bir niteliğe sahipti ve sivil hürriyetleri genişleten öğeler, örneğin özel hayatın gizliliğiyle ilgili maddeler içeriyordu; ancak hiç şüphesiz siyasetçilerin, mahkemenin bileşimi üzerindeki etkilerini artırma ve Anayasa Mahkemesi üyelerinin görev sürelerini kısaltma amaçlı bir girişimiydi. Eylül 2010'da anayasa değişikliği paketi seçmenlerin yüzde 51'inin oyuyla kabul edildi. Referandum arifesindeki genel tartışmalar konusunda bkz. Serap Yazıcı, "Turkey's Constitutional Amendments: Between the Status Quo and Limited Democratic Reforms," *Insight Turkey* 12/2 (2010): 1–11; Andrew Arato, "The Constitutional Reform Proposal of the Turkish Government: The Return of Majority Imposition," *Constellations: An International Journal of Critical and Democratic Theory* 17/2 (Haziran 2010): 345–51.

31 Rıfat Bali, *Cumhuriyet Yıllarında Türkiye Yahudileri: Bir Türkleştirme Serüveni. 1923–1945* (İstanbul, 1999).

32 Türkiye'de iç içe geçen demokratikleşme süreci, İslamın yükselişi ve kadın haklarına yönelik süregiden tehditler (ki AKP üyelerinin patriyarkal tavırları ve politikalarından kaynaklanmaktadır) konusunda bkz. Yeşim Arat, "Religion, Politics and Gender Equality in Turkey: Implications of a Democratic Paradox?," *Third World Quarterly* 31/6 (2010): 869–84.

33 Canterbury Başpsikoposu'nun şeriat mahkemelerine ilişkin açıklamalarıyla başlayan bu tartışma pek çok ülkede sürüyor. Bunun bir örneği Kanada'daki İslami Arabuluculuk Kurullarının aile hukuku meselelerinde yargı yetkisi sahibi olma yolundaki başarısız girişimiydi. Bkz. BBC News, 7 Şubat 2008, "Sharia Law in UK is 'Unavoidable.'" <http://news.bbc.co.uk/2/hi/uk_news/7232661.stm>; 13 Kasım 2009 tarihinde erişildi; Kanada örneğine dair berrak bir değerlendirme için bkz. Audrey Macklin, "Particularized Citizenship: Encultured Women

and the Public Sphere" Seyla Benhabib ve Judith Resnik (der.), *Migrations and Mobilities: Citizenship, Borders and Gender*, s. 276–304.

34 Normatif geçerlilik ve demokratik geçerlilik arasındaki ilişki hakkında bkz. Benhabib, *Another Cosmopolitanism*, s. 45 vd, ayrıca elinizdeki kitabın Sekizinci Bölümü olan "Demokratik Dışlamalar ve Demokratik Yinelemeler."

35 Bilhassa ağırlaşan dünya ekonomik krizinin, ayrıca Afganistan'da Taliban'la süregiden askeri çarpışmaların ve yurtiçindeki politik basınçların gölgesinde, ABD ve Avrupa kamuoyu bir hukuk dondurucu süreçten geçerek, kendi çaresizliğinin ve huzursuzluğunun kaynaklarını ötekiye yansıtıyor. ABD-Meksika sınırının artan biçiminde kriminalizasyonu ve militarizasyonu nasıl ABD'deki ekonomik sorunları çözemezse, aynı şekilde minarelerin yasaklanması da refahının önemli bir kısmını göçmen işçilere borçlu olan İsviçre gibi ülkelerdeki büyüyen kimlik kaygısı hissini dindiremez.

36 Jürgen Habermas, "Notes on a Post-secular Society," <http://www.signandsight.com/features/1714.html>; 20 Haziran 2008'de erişildi. Ayrıca İstanbul Konferansı'nda 3 Haziran 2008 tarihinde sunuldu.

ONUNCU BÖLÜM

Günümüzde Ütopya ve Distopya

1 Ernst Bloch, *Natural Law and Human Dignity* [1961], çev. Dennis J. Schmidt (Cambridge, MA: MIT Press, 1986), s. xxix.

2 Daha kapsamlı bir tartışma için bkz. Seyla Benhabib, *Critique, Norm and Utopia: A Study of the Foundations of Critical Theory* (New York: Columbia University Press, 1986); Almanca basımı *Kritik, Norm und Utopie: Zur normativen Grundlagen der Kritik* (Frankfurt: Fischer Verlag, 1992).

3 Jürgen Habermas, "Labor and Interaction: Remarks on Hegel's Jena *Philosophy of Mind*," *Theory and Practice*, çev. John Viertel (Boston, MA: Beacon Press, 1973), s. 142–69. Hegel'in *Tinin Fenomenolojisi*'nde bahsi geçen "bilinç deneyimi" düzeyinde, bir tarafta çalışma, üretim ve sanatsal yaratı etkinlikleri ile diğer tarafta ahlaki öğrenme ve tanınma mücadelesi deneyimleri arasındaki bu ayrımlar gözlemlenir ve tutulur; ancak *das Wir* denen deneyim düzeyinde, felsefi gözlemci bütün bu deneyimleri bütün-

lüklü bir anlatı şeklinde toparlar ve emek ile etkileşim arasındaki ayrım ortadan kalkar. Ayrıca bkz. Axel Honneth, *The Struggle for Recognition: The Moral Grammar of Social Conflicts*, çev. J. Anderson (Cambridge: Polity, 1995); Honneth'in bu iki boyutun Frankfurt Okulu'nun Eleştirel Teori'sinde birbirine karıştırılmasına yönelik tenkidi için bkz. "Horkheimer's Original Idea: The Sociological Deficit of Critical Theory," *The Critique of Power: Reflective Stages in a Critical Social Theory*, çev. Kenneth Baynes (Cambridge, MA: MIT Press, 1997), s. 5–31.

4 Bkz. Nancy Fraser, *Justice Interruptus: Critical Reflections on the "Postso-cialist" Condition* (New York: Routledge, 1997); Nancy Fraser ve Axel Honneth, *Redistribution or Recognition: A Political-Philosophical Exchange* (Londra: Verso, 2003).

5 Ernst Bloch, *The Spirit of Utopia* [1923], çev. Anthony A. Nassar (Stanford, CA: Stanford University Press, 2000), s. 240.

6 Marksist gelenekteki, bu türden siyaset etrafında dönen tartışmalar için bkz. Dick Howard ve Karl E. Klare, *The Unknown Dimension: European Marxism since Lenin* (New York: Basic Books, 1972).

7 Bkz. Mark Lilla'nın polemik niyetiyle Bloch'u "tanrıtanımaz bir ilahiyatçı" diye damgaladığı şu metin: *The Stillborn God: Religion, Politics and the Modern West* (New York: Vintage Books, 2007), s. 285–92; burada s. 288.

8 Ernst Bloch, "Naturrecht und menschliche Würde. Rundfunkvortrag 1961," *Bloch-Almanach. 5. Folge* (Baden-Baden, hrsg. Von Ernst-Bloch-Archiv, 1985), s. 165–79; burada s. 173, benim çevirim.

9 Bkz. Hans-Ernst Schiller'in şu zihin açıcı analizi: "Kant in der Philosophie Ernst Blochs," *Bloch-Almanach. 5. Folge* (Baden-Baden: hrsg. Von Ernst-Bloch-Archiv, 1985), s. 45–93.

10 Bkz. Ernst Bloch, *The Principle of Hope* [1959], c. 1, çev. Neville Plaice, Stephen Plaice, and Paul Knight (Cambridge, MA: MIT Press, 1986) [*Umut İlkesi*, çev. Tanıl Bora, 2007. İstanbul: İletişim Yayınları.]

11 Bkz. Benhabib, *Eleştiri, Norm ve Ütopya*, s. 357 vd.

12 Şeyla Benhabib, "Genelleştirilmiş Öteki ve Somut Öteki: Kohlberg-Gilligan Tartışması ve Ahlak Teorisi," *Modernizm, Evrensellik ve Birey* s. 198–234.

13 Immanuel Kant [1795], "Perpetual Peace: A Philosophical Sketch," çev. H.B. Nisbet, *Kant: Political Writings* içinde, (der.) Hans Reiss, s. 93–130.

Dizin

www.ingramcontent.com/pod-product-compliance
Lightning Source LLC
Chambersburg PA
CBHW071730270326
41928CB00013B/2619